AWS 시스템 설계와 마이그레이션

아마존 웹 서비스 업무 시스템 설계와
마이그레이션을 위한 베스트 프랙티스

AWS 시스템 설계와 마이그레이션

아마존 웹 서비스 업무 시스템 설계와 마이그레이션을 위한 베스트 프랙티스

지은이 사사키 타쿠로, 하야시 신이치로, 세토지마 토시히로, 미야카와 료, 카나자와 케이
옮긴이 홍보표

펴낸이 박찬규 엮은이 이대엽 디자인 북누리 표지디자인 Arowa & Arowana

펴낸곳 위키북스 전화 031-955-3658, 3659 팩스 031-955-3660
주소 경기도 파주시 문발로 115, 311호 (파주출판도시, 세종출판벤처타운)

가격 28,000 페이지 416 책규격 188 x 240mm

초판 발행 2018년 11월 30일
ISBN 979-11-5839-120-1 (93000)

등록번호 제406-2006-000036호 등록일자 2006년 05월 19일
홈페이지 wikibook.co.kr 전자우편 wikibook@wikibook.co.kr

이 도서의 국립중앙도서관 출판시도서목록(CIP)은
서지정보유통지원시스템 홈페이지(http://seoji.nl.go.kr)와
국가자료공동목록시스템(http://www.nl.go.kr/kolisnet)에서 이용하실 수 있습니다.
CIP제어번호 CIP2018037911

AWS
시스템 설계와 마이그레이션

아마존 웹 서비스 업무 시스템 설계와 마이그레이션을 위한 베스트 프랙티스

사사키 타쿠로, 하야시 신이치로, 세토지마 토시히로,

미야카와 료, 카나자와 케이 지음 / 홍보표 옮김

위키북스

이 책은 SB크리에이티브에서 출판된 세 번째 AWS 책입니다. 첫 번째 책인 《Amazon Web Services 패턴별 구축 운용 가이드》는 AWS의 가상 서버인 EC2, 스토리지 서비스인 S3, 네트워크 서비스인 VPC 등의 기본적인 서비스를 조합해서 어떻게 AWS 상에 시스템을 구축하는가를 주제로 한 책입니다. 이에 비해 두 번째 책인 《Amazon Web Services 클라우드 네이티브 애플리케이션 개발 기법》은 반대로 AWS의 서비스군을 잘 사용해 효율적으로 애플리케이션을 개발하는 방법을 주제로 삼고 있습니다. 둘 다 AWS의 서비스라는 관점에서 사용법을 설명하고 있습니다.

세 번째 책인 이 책은 기업 내에서 AWS를 이용할 때의 설계, 구축, 마이그레이션 방법을 주제로 합니다. 최근에는 클라우드의 이용이 일반화되고 있습니다. 기업의 홈페이지 서버 등의 정보 시스템뿐만 아니라 기반 시스템으로 불리는 기업의 중추 시스템의 클라우드화도 진행되고 있습니다. 그중에서도 엔터프라이즈라고 불리는, 특히 엄격한 기준을 갖춘 금융, 제약 업종의 기업에도 클라우드가 침투하고 있습니다. 기업 내의 클라우드를 안전하게 이용하기 위해 가이드라인이나 규칙을 제정하거나 감사에 대비할 수 있는 증거 취득 등 다양한 기준을 마련하고 있습니다. 다양한 규칙과 가이드라인에 맞춰 구축 및 운용할 때는 일반적으로 구축 운용 비용이 높아집니다. 그러므로 보안이냐 편리함이냐의 이율배반적 사고를 하는 경우가 많습니다. AWS의 기능을 잘 활용하면 운용상의 규칙 등을 기능으로써 구현할 수 있습니다. 즉, 이용자가 의식하지 않고 보안을 유지하는 것도 가능합니다. 보안과 편리함, 양쪽을 동시에 구현할 수 있습니다.

이 책에서는 온프레미스에서 AWS로의 시스템 마이그레이션이라고 하는 중요한 주제를 다루고 있습니다. 시스템의 마이그레이션에는 설계적 측면부터 실제 구축, 데이터 마이그레이션 등의 다양한 요소가 있습니다. 그리고 현재 돌아가고 있는 시스템의 경우 마이그레이션을 위해 장기간 정지하는 것은 매우 어렵습니다. 데이터 마이그레이션 하나만 봐도 정지 시간을 최소화해서 마이그레이션하는 데는 노하우가 필요합니다. 저자들은 지금까지 많은 기업에 AWS를 도입해 왔습니다. 거기서 경험한 노하우의 진수만 모아 일반 기업에 AWS를 도입할 때의 베스트 프랙티스를 제공합니다.

이 책의 대상 독자는 유저 기업의 정보시스템 부문이나 직접 서비스를 구축하는 사업 부문 또는 유저 기업에 AWS 도입을 제안하는 SI업계에 종사하는 분들입니다. 이 책을 통해 AWS의 이용이 늘어나는 것에 조금이나마 도움이 됐으면 하는 바램입니다.

또한 이 책의 내용은 저자들의 개인적 견해를 바탕으로 하고 있습니다. Amazon Web Services Inc., 아마존 웹 서비스 재팬 주식회사 및 저자의 소속 회사와는 아무 관련이 없음을 알려드립니다. 그리고 이 책은 공개된 정보를 바탕으로 하고 있으며 NDA 정보에 관해서는 포함하지 않고 있습니다.

사사키 타쿠로

클라우드는 단순히 비용 절감을 하기 위한 수단이 아닌 인프라 관리에 들어가는 리소스와 시간을 절약해서 서비스 개발을 비롯한 비즈니스 개선에 집중할 수 있다는 면에서 그 가치를 더하고 있습니다.

그 때문인지 최근 일본에서는 클라우드를 도입하는 기업이 점점 늘어나고 있습니다.

불과 몇 년 전만 해도 클라우드는 데이터 보관용으로 활용하거나 데이터 분석 기반 등의 서비스와 직결되지 않는 시스템에 사용되는 경우가 많았지만 지금은 실제 운영 서비스를 클라우드로 구축하는 사례를 쉽게 찾아 볼 수 있습니다. 일부 기업에서는 클라우드 퍼스트(새로운 시스템 도입 시 클라우드를 먼저 검토하는 것)를 선언하고 적극적으로 클라우드 사용을 권장하고 있습니다. 즉 클라우드를 보는 관점이 '왜 클라우드를 쓰는데?'에서 '왜 클라우드를 안 쓰는데?'로 바뀌고 있습니다.

클라우드와는 거리가 멀고 비관적인 자세를 취하던 이른바 글로벌 IT 벤더들도 클라우드에서 자신들의 서비스를 사용할 수 있게 했고, 심지어 일부 글로벌 공룡 IT 기업들은 직접 클라우드 사업에 뛰어들었습니다. 그만큼 클라우드 서비스는 점점 확대되고 일반화되고 있습니다.

이런 클라우드 서비스의 중심에 있는 것이 Amazon Web Services(이하 AWS)입니다. 인터넷 서점으로 시작한 아마존은 진화의 진화를 거듭하면서 현재는 AWS로 클라우드 산업을 선도하고 있습니다. 새로운 서비스는 계속 늘어나고 기존 서비스의 업데이트 속도는 너무 빨라 파악하기가 벅찰 정도로 AWS는 계속 진화하고 있습니다. 프로젝트를 진행하기 위한 대부분의 기능은 AWS가 이미 제공하고 있는 경우가 많습니다. 그러므로 얼마나 효율적으로 필요한 기능을 적재적소에 사용하느냐가 매우 중요한 포인트가 됩니다.

하지만 막상 AWS를 도입할 때는 무엇을 어디부터 시작해야 할지 막막할 수가 있습니다. 개인적으로 사용하는 경우는 그냥 기본 설정으로 사용해도 문제가 되지 않지만, 여러 명이 함께 프로젝트를 진행한 다거나 일반 고객에게 실제로 서비스를 제공하는 시스템을 구축할 경우에는 얘기가 달라집니다. 예를 들어 개발자 간 혹은 부서 간의 권한 관리, 보안, 네트워크, 감시, 운용 등등 고려해야 하는 부분이 많이 있습니다. 프로젝트의 시스템 환경도 상황에 따라 다릅니다. 예를 들어 처음으로 AWS로 구성하는 경우, 기존의 온프레미스 환경과 AWS를 연계하는 하이브리드 구성을 취하는, 기존 온프레미스를 완전히 AWS로 대체하는 경우 등이 있습니다.

이 책은 기업 내에서 AWS를 이용해 프로젝트를 시작할 때 가장 먼저 고려해야 하는 권한 관리를 비롯해 네트워크 설계·구성, 서비스 감시, 운용에 이르기까지의 AWS 설계·구축 방법과 온프레미스에서 AWS로의 마이그레이션 방법에 대해 구체적으로 다루고 있습니다. 즉 AWS를 이용해 프로젝트를 진행할 때 무엇을 고민해야 하고, 실제 구축은 어떻게 하는지 여러 프로젝트 경험에서 축적된 저자들의 노하우를 통해 배울 수 있습니다.

이 책을 통해 아직 AWS의 경험이 없는 독자에게는 AWS가 무엇인지를 알게 되는 계기가 되고, 이미 AWS를 사용하고 있는 독자에게는 평소 놓치고 지나가기 쉬웠던 부분, 알고 있던 부분이라도 저자들의 경험에서 나오는 새로운 관점과 베스트 프랙티스를 통해 AWS에 대한 이해가 더욱 깊어지길 기대합니다.

마지막으로 이 책의 번역을 믿고 맡겨주신 김윤래 님과 번역하는 데 도움을 주신 모든 분들께 감사 드립니다.

유난히도 더웠던 여름이 지나간 가을의 문턱에서
홍보표

02

전체 설계
(관리 방침과 마이그레이션 계획)

03

계정 관리와
권한 부여

04

네트워크의 설계와
구축 및 유지 관리

05

시스템 설계와
서비스의 도입

06

마이그레이션
테크닉

AWS 서비스 개요

1-1

AWS란?

Amazon Web Services(이하 AWS)는 아마존(Amazon) 사가 제공하는 클라우드 서비스입니다. 네트워크를 통해 가상 컴퓨터나 스토리지를 비롯한 다양한 서비스가 제공되고 법인, 개인을 불문하고 많은 사람들에게 이용되고 있습니다.

2006년에 AWS의 중심 서비스인 Amazon EC2와 Amazon S3라고 하는 2개의 서비스가 시작됐고 일본에서의 서비스는 2011년에 시작해서 이미 긴 역사와 실적이 있습니다[1].

서비스 시작 당시에는 기술 동향에 민감하고 빠르게 움직이는 벤처기업 등에서 주로 사용했지만 실적이 쌓이면서 많은 기업, 더 나아가 규제가 엄격한 제약업계, 금융업계조차도 이용하게 됐습니다.

이번 장에서는 먼저 온프레미스와 비교하는 관점에서 AWS를 설명하겠습니다. 다음으로 AWS 서비스의 전체적인 그림과 각 서비스에 대한 기본적인 설명을 이어가겠습니다. AWS에는 2018년 9월 현재 110개 이상의 서비스가 있습니다. 모두를 소개하기는 어렵기 때문에 이 책에서 이용하는 서비스를 중심으로 소개하겠습니다. 그럼 우선 AWS는 무엇인지 알아보겠습니다.

---

1 (옮긴이) 한국에서는 2016년 1월에 서울 리전이 오픈됐습니다.

1.1.1 AWS 서비스의 특징

AWS는 클라우드 서비스의 집합체입니다. 가상 컴퓨터나 스토리지, 네트워크 등의 인프라적인 서비스 (Infrastructure as a Service: IaaS)나 데이터베이스 또는 분산 처리 기반 등을 매니지먼트 서비스로 제공하는 Platform as a Service(PaaS), 백엔드의 리소스를 의식하지 않고 애플리케이션 레이어의 서비스를 이용할 수 있는 Software as a Service(SaaS) 등의 다양한 레이어를 포괄하고 있습니다. 또한 각 프로그래밍 언어에서 이용 가능한 SDK나 개발 지원 도구 또는 감사 추적을 대비할 수 있는 인증 메커니즘, 로깅 기능, 보안 서비스 등, AWS가 대상으로 하는 서비스의 폭은 점점 넓어지고 있습니다.

AWS의 특징은 개별 서비스 대부분이 파트(부품)로 제공되어 그것들을 조합함으로써 다양한 유스 케이스에 대응할 수 있다는 점입니다. 그리고 서비스는 API라 불리는 인터페이스를 통해 이용할 수 있으며, 프로그램 혹은 서비스 간에 직접 연계하는 것이 가능하며 코드로 자연스럽게 인프라 관리 (Infrastructure as Code)가 가능한 환경입니다.

이러한 특징을 최대한으로 활용함으로써 온프레미스 환경에 비해 몇 배나 효율적으로 구축 및 운용하는 것이 가능합니다.

1.1.2 AWS와 온프레미스의 차이

이 책의 목적은 기업 내에서 AWS를 이용하기 위한 지식 및 노하우를 습득하는 것입니다. 그럼 먼저 AWS와 온프레미스의 차이를 확인해 보겠습니다. 온프레미스란 '자사 운용형'이라고도 하고, 기업 자체에서 이용 및 관리하는 건물이나 데이터센터 등의 시설 내에 설치해서 운용하는 형태를 지칭합니다. 또는 조금 더 범위를 넓혀서 단순하게 물리적인 서버나 시설을 지칭하는 의미로도 많이 쓰입니다. 클라우드가 등장하기 전에는 일반적인 이용 방법이었기 때문에 딱히 특별한 이름이 없었습니다. 클라우드가 대두되면서 대소적인 의미로 온프레미스라는 표현을 사용하게 됐습니다.

온프레미스와 AWS의 차이점은 크게 두 가지가 있습니다. 소유자와 캐퍼시티에 대한 사고 방식의 차이입니다. 순서대로 살펴보겠습니다.

소유와 이용

온프레미스와 AWS의 차이점 중 하나는 '소유자가 다르다'는 것입니다. 온프레미스의 경우는(임대 등의 예외가 있긴 하지만) 기본적으로는 그 설비를 준비한 조직이 소유자가 됩니다. 이에 비해 AWS의 경우에는 아마존이 모든 리소스를 소유하고, 그 리소스를 서비스화한 것을 이용하는 형태입니다. 즉, 소유가 이용으로 바뀐 형태입니다. 이 소유자가 다르다는 점이 많은 부분에 영향을 주고 있습니다.

◆ 초기 비용에 미치는 영향

먼저 초기 비용입니다. 온프레미스의 경우에는 서버 등을 이용하고 싶을 때는 먼저 구입해야 하고 그 단계에서 비용이 발생합니다. 이에 비해 AWS의 경우에는 초기 비용이 필요하지 않습니다. 아마존이 미리 투자한 자산을 서비스 제공이라는 형태로 분산해서 회수하기 때문입니다.

◆ 조달 기간에 미치는 영향

다음으로 서버 등의 조달 기간입니다. 온프레미스의 경우는 견적부터 발주 및 배송까지 몇 주에서 몇 달이 걸리는 것이 일반적입니다. 이에 비해 AWS의 경우에는 브라우저 혹은 콘솔, 프로그램에서 실행하는 것만으로 몇 분만에 조달 가능합니다.

◆ 추가나 변경에 미치는 영향

이용 중인 서버를 추가하는 경우나 규모를 변경하는 경우에도 동일합니다. 온프레미스의 경우에는 추가하는 데 시간과 비용이 듭니다. 그리고 서버의 성능을 스케일 업할 때 CPU나 메모리로 해결할 수 있는 경우도 있지만 서버 자체를 새로 사야 하는 경우도 많습니다. AWS의 경우에는 조달의 경우와 마찬가지로 버튼 하나로 스케일 업을 할 수 있습니다. 추가로 변경되는 리소스의 차액 외에는 비용이 발생하지 않습니다.

표 1.1 온프레미스와 AWS의 차이

	온프레미스	AWS
비용	초기에 전액 필요	초기 비용 불필요. 종량제로 분산해서 비용 발생
서버의 조달 기간	몇 주 ~ 몇 개월	몇 분
서버의 추가/변경	시간과 비용 발생	추가 변경에 따른 비용은 없음(리소스의 차액은 제외)

캐퍼시티 설계

온프레미스와 AWS는 소유와 이용에 따른 비용의 발생 방식에 차이가 있습니다. 또한 서버의 조달 기간이나 조달 비용도 다릅니다. 이 두 가지 점에 따라 캐퍼시티 설계에 대한 사고 방식이 달라집니다.

온프레미스의 경우 서버의 조달이나 추가 변경의 기간이나 비용이 크기 때문에 필요한 리소스를 피크 시간에 맞춰서 준비할 필요가 있습니다. 이에 비해 AWS의 경우에는 리소스의 추가 변경이 쉽습니다. 그러므로 실제 수요에 맞춰서 리소스를 늘렸다 줄였다 하는 것이 가능합니다. 종량 과금제이므로 이용하는 리소스를 줄이면 비용도 절감됩니다.

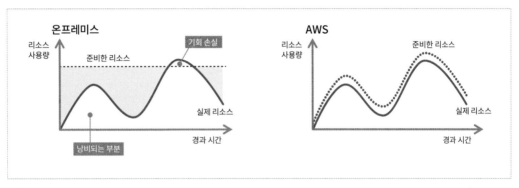

그림 1.1 캐퍼시티 설계의 차이

AWS를 효율적으로 이용하려면 기존의 캐퍼시티 설계와 다르게 사고할 필요가 있습니다. 이 책에서는 그러한 설계 사고와 테크닉을 소개하겠습니다.

클라우드 서비스를 구분하는 방법

AWS 외에도 클라우드라고 이름 붙인 서비스는 많이 있습니다. 무엇을 기준으로 클라우드라고 하는가는 말의 정의에 따라 다르므로 제공되는 서비스의 범위와 품질에도 차이가 있는 것이 사실입니다. 그중에는 클라우드라고 할 수 없는 것도 있을 수 있습니다. 그런 서비스를 구별할 수 있는 간단한 방법이 있습니다.

서비스를 이용 및 추가하려고 할 때 화면이나 콘솔에서 바로 추가되는지를 보면 됩니다. 서비스의 영업 담당자를 불러 주문을 하고 며칠 또는 몇 주 후에 사용할 수 있는 서비스는 클라우드가 아니라고 볼 수 있습니다.

1.1.3 AWS의 이점

다음으로 AWS를 이용하는 이점을 확인하겠습니다.

온프레미스를 AWS로 마이그레이션했을 때의 이점은 무엇일까요? 이용자에 따라 매력을 느끼는 부분은 다르겠지만 일반적으로 다음과 같습니다.

- 스몰 스타트로 시작, 필요 없어지면 삭제
- 빠른 인프라 구축 속도
- 사전 리소스 확보 불필요

각각에 대해 살펴보겠습니다.

스몰 스타트로 시작, 필요 없어지면 삭제

AWS의 서비스 대부분은 초기 비용이 없는 종량 과금제입니다. 사용한 만큼만 과금되며 이용을 중지하면 그 이후는 과금되지 않습니다. 스몰 스타트하기에 매우 적합한 가격체계라고 할 수 있습니다.

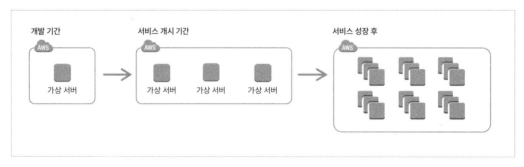

그림 1.2 스몰 스타트

온프레미스의 하드웨어를 조달하는 경우에는 그 비용을 초기에 전액 지불해야 하고 회계적으로는 매월 조금씩 할부 상환해야 하고 서버의 경우는 보통 5년에 걸쳐 할부 상환이 이뤄집니다.

프로젝트가 잘 안 돼서 중지될 경우에는 그 서버의 할부 상환 비용을 계속 지불하거나 남은 금액을 일괄 지불해야 합니다. AWS의 경우에는 사용한 만큼만 지불하면 되기 때문에 비용에 관해 고민하지 않아도 됩니다.

빠른 인프라 구축 속도

온프레미스 서버를 구축하려고 하면 일반적으로 견적 및 발주부터 시작해서 데이터센터에 가서 네트워크 설정 등의 준비와 작업을 해야 합니다. 그렇기 때문에 구축까지 1개월 정도의 시간이 필요합니다. 도입하는 서버가 많으면 그만큼 시간이 더 걸립니다.

이에 비해 AWS는 브라우저의 관리 콘솔에서 간단히 새로운 가상 서버를 추가할 수 있습니다. 익숙해지면 5분도 안 걸리는 작업입니다. 그리고 이미 가동 중인 서버와 동일한 설정으로 서버를 늘린다거나 한 번에 10대나 20대의 같은 서버를 시작하는 것도 가능합니다. 관리 콘솔에서 수작업으로 구축하는 것이 아니라 부하에 따라 자동으로 서버를 늘렸다 줄였다 한다거나 프로그램에서 서버를 시작시키는 것도 가능합니다. AWS를 잘 활용함으로써 온프레미스와는 비교할 수 없는 빠른 인프라 구축과 온프레미스로는 구현할 수 없는 구축 수단을 손에 넣을 수 있습니다.

사전 리소스 확보 불필요

온프레미스의 경우 서버의 조달 및 추가 변경에 필요한 기간이나 비용이 크기 때문에 미리 부하가 제일 높은 시점에 맞춰 리소스를 준비해야 합니다. 이에 비해 AWS는 리소스의 추가 변경이 쉽습니다. 그러므로 실제 수요에 맞춰서 리소스를 간단하게 늘렸다 줄였다 할 수 있습니다. 종량 과금제이므로 이용한 리소스를 줄이면 비용도 절감됩니다. AWS를 잘 활용하면 실제 수요와 사용하는 리소스를 최대한 맞출 수 있습니다.

이는 캐퍼시티 설계에도 변화를 줍니다. 온프레미스는 구축 후에 리소스 변경이 어려우므로 조달 전에 신중히 설계하고 계획할 필요가 있습니다. AWS는 실제로 테스트해보고 부족하면 늘리고 많으면 줄일 수 있으므로 사전 설계 부분은 간략화하고 구현 부분에 시간을 투자할 수 있습니다.

물론 AWS도 구축 중이나 구축 후에 설계 변경이 어려운 경우도 있습니다. 따라서 설계상 병목 현상이 발생하는 부분을 미리 파악해서 사전에 대책을 마련하는 것이 필요합니다.

AWS의 이점은 "빠르게 실패"가 가능한 점

AWS의 이점을 한마디로 정리하면 'Fail Fast(빠르게 실패)'라고 할 수 있습니다. AWS는 초기 비용이 들지 않고 소규모로 이용하기에 비용이 매우 저렴합니다. 따라서 사전 검토에 많은 시간을 투자하는 것보다 실제 테스트를 하고 결과를 확인해 보는 것이 효과적입니다. 즉, 빠르게 작은 실패를 반복하는 것으로 궤도 수정이 가능하고 큰 실패를 막을 수 있습니다.

1-2

서비스의 전체적인 그림

그럼 AWS의 서비스에 대해 살펴보겠습니다. 2018년 9월 현재 AWS에는 110개 이상의 서비스가 있습니다. 매년 서비스나 기능이 추가되고 있기 때문에 서비스의 전체적인 그림을 파악하기가 쉽지 않습니다. 여기서는 AWS를 이해하기 위해 기본적인 사고와 주요 서비스를 간단히 소개하겠습니다.

1.2.1 AWS의 기본적 사고

AWS의 각 서비스는 해당 서비스 하나로 문제를 해결할 수 있는 경우가 적습니다. 각 서비스 자체는 기본적이고 범용적인 기능의 집합으로 그것을 조합해서 상황에 맞게 솔루션이나 서비스를 구축할 수 있습니다. 그리고 서비스의 개발 방침 또한 '사용자의 요청을 소중히 한다'라고 AWS는 공표하고 있습니다. 즉, AWS의 서비스는 사용자의 공통된 요청을 최대한 반영한다고 이해할 수 있습니다.

반면 공통의 요청을 반영한 만큼 하나의 서비스만으로 요건에 정확히 들어맞는 시스템을 구축할 수 있는 것은 아닙니다. 그 때문에 AWS의 서비스를 적절히 선택해서 조합하는 것이 중요합니다. 먼저 AWS의 전체적인 그림을 파악하기 쉽게 레이어별로 나눠서 보겠습니다. 그리고 AWS의 서비스를 나타내는 이미지로서 Simple Icons라는 것이 있습니다. AWS를 사용하는 사람들 사이에서는 이 아이콘이 공통

언어로 쓰이고 있습니다. 한번 외워두면 AWS 관련 자료를 빨리 이해할 수 있습니다. 대표적인 서비스
와 아이콘은 아래와 같습니다.

그림 1.3 AWS의 서비스군

AWS의 핵심은 네트워크와 컴퓨팅, 스토리지 등의 IaaS로 불리는 서비스입니다. 이 밖의 PaaS나 SaaS
는 이것들의 기능을 AWS가 조합해서 제공합니다. 최근의 경향을 보면 IaaS 분야의 제품에 대해서는
CPU나 메모리, 디스크의 성능 등은 고성능화하고, 서비스의 가격은 계속 낮추고 있습니다. PaaS로 불
리는 미들웨어의 매니지먼트(관리형) 서비스나 SaaS로 불리는 애플리케이션 서비스 등 AWS가 담당할
수 있는 영역을 늘리기 위해 신제품이나 신기능을 계속해서 추가하고 있습니다. IoT나 AI로 불리는 분

야의 서비스도 늘어나고 있습니다. 그림에서 볼 수 있듯이 다양한 카테고리에 많은 서비스가 제공되고 있습니다. 이제는 모든 서비스를 혼자서 파악하기란 어렵습니다. 무리해서 모든 서비스를 사용하는 게 아니라 필요한 단계에서 AWS 서비스를 도입해 나가는 방식을 지향하면 좋겠습니다.

그럼 다음으로 구체적인 AWS의 개념과 용어, 그리고 서비스를 살펴보겠습니다.

1.2.2 리전 및 가용 영역

먼저 AWS의 글로벌 인프라를 지탱하는 물리적인 구성을 알기 위해 리전 및 가용 영역에 대해 설명하겠습니다.

리전

리전(Region)은 AWS가 서비스를 제공하는 거점(국가와 지역)을 말합니다. 2018년 9월 현재 세계 18곳에 리전이 있으며, 2018년 2월에 아시아 태평양(오사카-로컬) 리전이 추가됐습니다. 각 리전에서 이용 가능한 서비스는 조금씩 다르지만 이용 가능한 서비스는 모든 리전에서 동일하게 사용할 수 있습니다.

AWS는 서비스 운영을 위해 사용자에게 브라우저(관리 콘솔), 각종 프로그래밍 언어(SDK), 각종 OS 커맨드라인 인터페이스(CLI)를 제공합니다. 다른 국가에서 가동되고 있는 시스템 인프라를 동일한 방식으로 운영할 수 있다는 것은 해외에 DR 환경이 필요한 시스템을 구축하는 경우에 꼭 필요한 기능으로 AWS를 이용하는 큰 장점 중 하나입니다(DR은 Disaster Recovery의 약자로 재해가 발생했을 때 시스템의 조기 복구를 위한 대책을 말합니다).

AWS에서는 여러 리전을 이용한 시스템 구성을 멀티 리전(Multi-Region) 구성이라고 합니다. 리전을 선택할 때는 AWS 상에서 가동하는 시스템을 이용할 사용자에게 최대한 가까운 리전을 선택합니다.

멀리 떨어진 리전을 선택하면 네트워크 왕복 시간이 길어지고 시스템의 응답 시간이 길어질 수 있습니다. 이 책에서는 명시적인 지정이 없는 한 서울 리전을 이용하는 것을 전제로 합니다. 각 리전에서 이용 가능한 서비스는 AWS 사이트에서 확인할 수 있습니다.

제품 및 서비스 리스트(리전별)

https://aws.amazon.com/ko/about-aws/global-infrastructure/regional-product-services/

가용 영역

가용 영역(AZ)은 데이터센터의 개념에 가깝지만 하나의 AZ가 여러 개의 데이터센터로 구성돼 있습니다. 이용자 측은 물리적인 데이터센터를 식별하는 것이 불가능합니다. 중국 리전을 제외한 각 리전에는 최소 2개 이상의 AZ가 존재합니다. AWS 이용자는 임의의 AZ를 선택해서 시스템을 구축할 수 있기 때문에 온프레미스에서는 하기 힘들었던 여러 데이터센터를 이용한 시스템 구성(국내 DR 구성)을 간단하게 구현할 수 있습니다.

AWS에서는 여러 AZ를 이용한 시스템 구성을 멀티 AZ(Multi-AZ) 구성이라고 합니다. 각 AZ 간에는 고속 네트워크 회선으로 연결돼 있기 때문에 AZ 간의 지연은 2~3밀리초 정도에 그칩니다. AWS를 이용할 때는 가용성이나 내구성 측면에서 멀티 AZ 구성을 기본으로 시스템을 구축하도록 권장하고 있습니다.

각 AZ는 지진이나 그 밖의 재해·장애를 고려해서 네트워크나 전원 등 물리적인 인프라 구성이 완전히 독립적이고 위치 또한 다릅니다. 그러므로 한 AZ에서 데이터센터 레벨의 장애가 발생했다고 해도 다른 AZ에 영향을 끼치지 않습니다. 이것이 멀티 AZ 구성을 기본으로 시스템을 구축하는 것을 권장하는 이유 중 하나입니다.

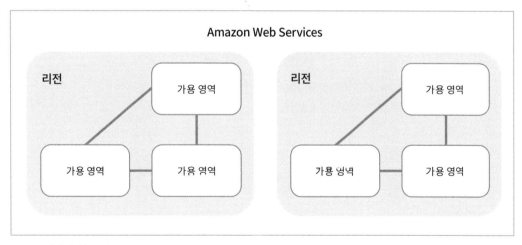

그림 1.4 리전과 가용 영역

표 1.2 각 리전의 가용 영역 수

리전 코드	리전 명	가용 영역 수
ap-northeast-1	아시아 태평양(도쿄) 리전	3
ap-northeast-2	아시아 태평양(서울) 리전	2
ap-southeast-1	아시아 태평양(싱가포르) 리전	2
ap-southeast-2	아시아 태평양(시드니) 리전	3
ap-south-1	아시아 태평양(뭄바이) 리전	2
eu-central-1	유럽(프랑크푸르트) 리전	3
eu-west-1	유럽(아일랜드) 리전	3
eu-west-2	유럽(런던) 리전	2
sa-east-1	남미(상파울루) 리전	3
us-east-1	미국 동부(버지니아 북부) 리전	6
us-east-2	미국 동부(오하이오) 리전	3
us-west-1	미국 서부(북 캘리포니아) 리전	3
us-west-2	미국 서부(오레곤) 리전	3
ca-central-1	캐나다(중부) 리전	2
–	GovCloud (※1)	2
–	중국(베이징) 리전(※2)	2
–	중국(닝샤) 리전(※3)	2

※1 GovCloud는 미국정부의 업무에 관련된 미국연방정부, 주, 각 지방자치 단체, 계약 업자만 이용 가능

※2 이용하려면 중국(베이징) 리전 고유의 계정이 별도로 필요

※3 이용하려면 중국(닝샤) 리전 고유의 계정이 별도로 필요

1.2.3 VPC와 Direct Connect

AWS의 네트워크 구성을 이해하는 데 VPC와 Direct Connect는 중요합니다.

VPC

VPC(Virtual Private Cloud)는 AWS 상에 프라이빗 네트워크 공간을 구축할 수 있는 서비스입니다. VPC를 이용하면 논리적인 네트워크 분리가 가능하고 라우팅 테이블과 각종 게이트웨이 등을 추가하거나 설정할 수 있습니다.

또한 데이터센터 및 오피스 네트워크와 하드웨어 VPN으로 연결하는 인터페이스를 제공합니다. 이로 인해 AWS 환경의 유연한 인프라 리소스를 마치 기존 네트워크 상에 존재하는 것처럼 이용할 수 있습니다. 즉, 인터넷으로 연결할 필요가 없는 사내 시스템 등도 보안을 유지하면서 AWS 상에서 가동하는 것이 가능합니다. 기업의 시스템을 AWS 상에서 동작하게 하려면 VPC를 사용하는 것이 거의 필수입니다. 구체적인 구축 방법은 4장에서 소개하겠습니다.

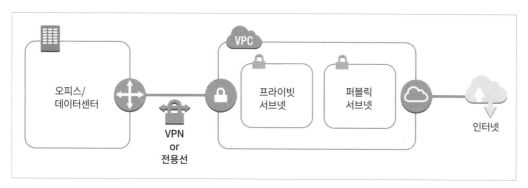

그림 1.5 오피스와 VPC

Direct Connect

Direct Connect(다이렉트 커넥트)는 데이터센터 및 오피스 네트워크와 AWS 간을 전용선으로 연결하는 서비스입니다. VPN보다도 안정된 고속 통신 환경이 필요한 경우에 이용합니다. 예를 들면, 웹 서버는 AWS 상에 있고 DB 서버는 온프레미스에 있는 하이브리드 구성의 경우 서버 간의 통신에 빠르고 안정적인 네트워크가 필요합니다. 또 온프레미스에서 가동하는 시스템의 데이터 백업을 AWS로 하는 경우, 데이터 용량에 따라 인터넷 회선 속도로는 백업 요건을 충족하지 못할 수도 있습니다. 이런 경우에 Direct Connect가 유용합니다.

실제로 Direct Connect를 이용하고 싶은 경우에는 APN 테크놀로지/컨설팅 파트너에 전용선 연결부터 AWS 환경 설정을 의뢰할 필요가 있습니다. 의뢰처는 AWS 공식 홈페이지에서 확인할 수 있습니다.

AWS Direct Connect를 지원하는 APN 파트너

https://aws.amazon.com/ko/directconnect/partners/

1.2.4 AWS 계정

AWS를 이용하려면 먼저 AWS 계정을 만들어야 합니다. 이 계정이 AWS 상에서 공유하는 리소스 관리 단위입니다. 하나의 AWS 계정에 여러 개의 환경을 만들어서 관리할지 여러 계정을 만들어서 환경을 완전히 분리할지에 대한 방침을 결정하는 것이 AWS를 어떻게 관리할 것인가의 큰 분기점이 됩니다. 정답은 없기 때문에 각 방법의 장단점을 확인한 후에 선택합니다. 비교 관점은 여러 가지가 있지만 주로 운용성과 보안에 한정해서 생각해 보겠습니다.

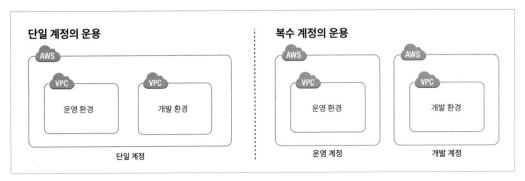

그림 1.6 단일 계정과 복수 계정

단일 계정

단일 계정의 장점은 단순함입니다. 처음 AWS를 사용하는 경우 대부분 예외 없이 첫 번째 AWS 계정을 만들고 시행착오를 겪게 되겠지만 모든 AWS의 리소스가 집약돼 있기 때문에 초보자도 비교적 간단하게 관리할 수 있습니다. 반면 운영 환경과 개발 환경 등 여러 개의 환경을 구축하거나 운용할 때는 문제가 있습니다. 운용 현장에서는 개발 환경만 이용 가능하고 운영 환경은 작업 권한이 없는 사용자가 필요합니다.

AWS는 IAM(Identity and Access Management)이라는 사용자 관리 기능을 사용해 권한을 제어하고 있습니다만 서버 단위로 작업 권한을 제어하기에는 조금 무리가 있습니다. 불가능한 것은 아니지만 리소스 단위로 권한을 부여해야 하므로 손이 많이 갑니다. 그래서 이런 경우에 좀 더 확실하고 간단한 권한 관리 방법으로 복수 계정을 이용하는 방법이 있습니다. 이에 대해서는 바로 뒤에 설명하겠습니다.

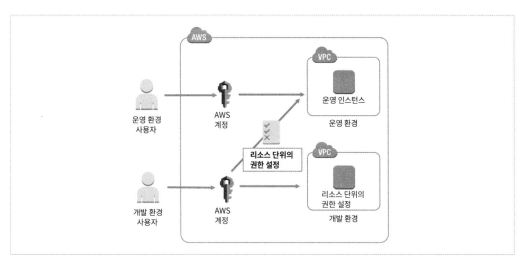

그림 1.7 단일 계정의 권한 관리

복수 계정

복수 계정의 장점은 환경 단위로 계정을 나눌 수 있다는 점입니다. 예를 들어, 개발용 계정과 운영용 계정을 따로 분리해서 각기 이용하는 사용자를 나눌 수 있습니다. 이는 운용 측면에서 매우 큰 장점이라고 할 수 있습니다.

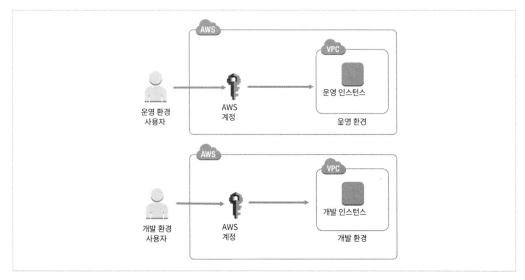

그림 1.8 복수 계정의 권한 관리

반면 계정을 분리하면 계정 관리나 환경 구축에 비용이 더 발생하지 않을까, 라는 의문이 들 수 있습니다. 수동으로 설정할 때는 그럴 수 있지만 AWS는 환경 구축을 자동화하는 기능과 여러 도구를 제공하고 있으므로 이것들을 적절히 잘 활용해 복수 계정에서도 별다른 비용 발생 없이 운용할 수 있습니다.

이 책에서는 환경마다 AWS 계정을 따로 관리하는 복수 계정 방식을 권장합니다. 2장에서 전체적인 구성을 하는 사고 방법, 3장에서 구체적인 계정 관리, 4장에서 네트워크 설계와 구축, 7장에서 운용과 모니터링에 대해 소개하겠습니다.

1.2.5 AWS의 감사 추적

감사 추적이란 시스템의 작업 이력 및 상태를 감사자가 추적할 수 있는 기록입니다. 추적하기 위해서는 네트워크 서비스 등의 변경 이력을 시간별로 기록할 필요가 있습니다. 기업의 시스템 운용에서는 필수입니다.

AWS의 감사 추적 대상

AWS의 감사 추적 대상은 크게 두 가지로 나눕니다.

◆ AWS 자체의 작업 상태와 이력

첫 번째는 AWS 자체의 작업 이력 및 상태입니다. AWS는 브라우저로 관리 콘솔 화면 또는 API를 이용해서 작업합니다. AWS 자체 감사 추적의 기본은 AWS Config와 AWS CloudTrail 서비스입니다. 이 두 가지 서비스를 이용해 대부분의 AWS 서비스의 감사 추적 기록을 취득할 수 있습니다.

◆ AWS 내의 리소스

두 번째는 AWS 내의 리소스입니다. AWS 내의 리소스에 대해서는 인스턴스(가상 서버)나 DB 인스턴스(가상 데이터베이스 서버) 등이 주된 대상입니다. 이 같은 서비스는 기본적으로 온프레미스와 같은 방법으로 취득하는 경우가 많습니다. 하지만 매니지먼트(관리형) 서비스라고 불리는 일부 서비스의 경우에는 OS 부분의 관리를 AWS가 수행하기 때문에 로그를 취득하기 위해 AWS가 제공하는 방식에 따를 필요가 있습니다.

감사에 대해서는 2장에서 사고 방법을, 7장에서 구체적인 구현 방법을 소개하겠습니다.

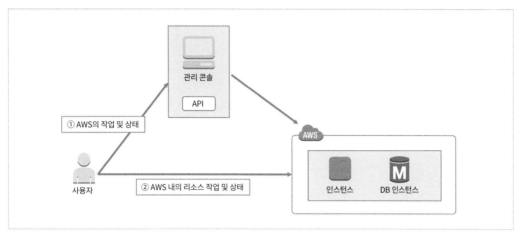

그림 1.9 AWS의 감사 추적 대상

1.2.6 AWS의 요금

AWS는 기본적으로 종량 요금제이지만 일부 무료로도 사용할 수 있습니다. 그리고 요금 체계도 서비스마다 달라 어렵게 느껴질 수도 있습니다. 하지만 원칙을 알고 있으면 금방 이해할 수 있습니다. 그럼 먼저 요금 체계부터 살펴보겠습니다.

AWS의 요금 체계

AWS의 요금 체계는 서비스마다 규정이 다릅니다. 하지만 기본적으로 사용한 만큼 지불하는 종량 과금을 원칙으로 삼고 있습니다. 종량 과금에는 시간 기준, 횟수 기준, 용량 기준의 세 가지 종류가 있고, 이 가운데 하나 혹은 조합에 의해 요금이 정해집니다. 대표적인 서비스인 가상 서버 Amazon EC2의 경우에는 인스턴스의 사이즈(CPU, 메모리 등의 조합)로 한 시간마다 이용량이 결정됩니다.

EC2뿐만 아니라 네트워크 통신량에 대한 과금도 있습니다. 네트워크 과금의 사고 방법에는 수신과 송신이 있습니다. 외부 네트워크에서 AWS로의 통신을 수신, AWS에서 외부 네트워크로의 통신은 송신이라고 합니다. 수신에 대해서는 기본적으로 무료입니다. 송신에 대해서는 '1GB에 얼마'라는 계산 방식으로 과금됩니다. 수신은 무료이므로 온프레미스 서버의 데이터를 AWS에 백업하는 방식은 통신료가 무료입니다. 데이터 복원 등의 이유로 그 데이터를 온프레미스로 송신할 때만 과금됩니다.

횟수 기준에 따른 과금은 API 호출 횟수를 기준으로 계산됩니다. 예를 들면, Amazon SQS라는 큐 서비스는 표준 큐의 경우 100만 건의 API 요청에 $0.4가 과금됩니다. 그리고 스토리지 서비스인 S3처럼 PUT, COPY, POST, LIST의 요청이 1,000건에 $0.0047인 것에 비해 GET 요청은 10,000건에 $0.0037로서 호출하는 API에 따라 가격 설정이 다른 경우가 많습니다.

마지막으로 조합형 과금입니다. 예를 들어, S3는 1개월간의 데이터 스토리지 이용량과 API의 호출 횟수로 과금됩니다. 스토리지 이용량은 1개월에 $0.025/GB입니다. 거기에 API 호출 이용료가 더해집니다. 이 부분을 알면 대부분의 AWS 요금 체계를 이해할 수 있습니다.

AWS의 프리 티어

AWS에는 프리 티어가 있습니다. 프리 티어에는 신규 이용자를 대상으로 한 것과 기존 이용자도 사용할 수 있는 것의 두 종류가 있습니다. 신규 이용자는 AWS 계정에 첫 로그인한 지 12개월 이내의 이용자를 말합니다.

표 1.3 주요 프리 티어

서비스 명	내용	기존 이용자 사용 가능 여부
Amazon S3	5GB 표준 스토리지, 20,000건의 GET 요청, 2,000건의 PUT 요청	X
Amazon Cognito	이용자 인증과 ID 생성(무제한), 10GB의 클라우드 동기 스토리지, 1개월의 동기 작업(100만 회)	O
Amazon DynamoDB	25GB의 스토리지, 25유닛의 쓰기 용량/읽기 용량	O
Amazon EBS	30GB, I/O(200만 회), 1GB 스냅숏 스토리지	X
Amazon CloudFront	50GB의 데이터 송신(아웃), HTTP및 HTTPS 요청(200만 건)	X
Amazon RDS	750시간, 1개월 마이크로DB 인스턴스 사용량(20GB), 20GB DB 백업 스토리지, I/O(1,000만 회)	X
Elastic Load Balancing	750시간, 15GB 데이터 처리	X
Amazon ElastiCache	750시간	X
Amazon SQS	요청(100만 건)	O
Amazon SNS	요청(100만 건), HTTP 및 HTTPS 알림(10만 건), 이메일 알림(1,000건)	O
Amazon CloudWatch	10사용자 정의 지표, 10알람, API 요청(100만 건)	O
데이터 전송	15GB 데이터 전송(송신)	X

최신 정보는 공식 사이트에서 확인 가능합니다.

AWS 무료 서비스

https://aws.amazon.com/ko/free/

AWS의 요금 계산기(Simple Monthly Calculator)

다음으로 AWS의 이용 요금을 계산하는 방법과 일반적으로 사용할 때의 가격에 대해 소개하겠습니다. AWS의 이용 요금을 산출하는 데는 AWS의 공식 간편 월 비용 계산기가 편리합니다. 이 계산기의 사용법과 일반적인 구성에서의 이용 요금을 설명하겠습니다.

AWS는 간편 계산기로 Simple Monthly Calculator를 제공합니다. Simple Monthly Calculator는 웹 기반의 도구로 이용 예정인 서비스의 사용량을 입력하면 한 달 사용 요금을 계산할 수 있습니다.

Amazon Web Services Simple Monthly Calculator

http://calculator.s3.amazonaws.com/index.html?lng=ko_KR

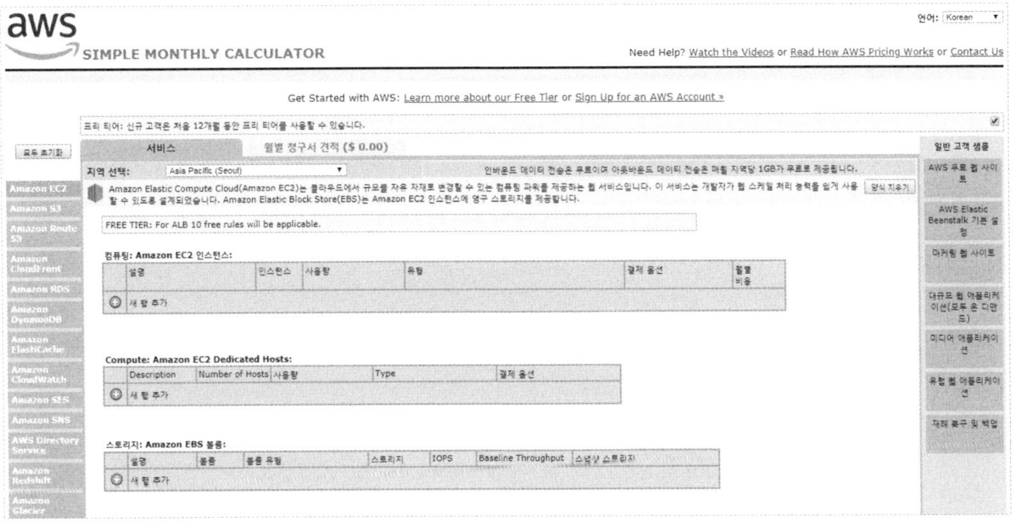

그림 1.10 Simple Monthly Calculator 이용 화면

사용하려면 아래의 순서대로 실행합니다.

1. 프리 티어 선택
2. 헤더에서 리전을 선택
3. 화면 왼쪽 메뉴에서 서비스 선택
4. 서비스마다 이용 예정 리소스와 사용량을 선택

◆ 프리 티어 선택

먼저 프리 티어를 선택합니다. 이용 시작 후 1년 동안은 프리 티어가 적용됩니다. 체크해 놓으면 자동으로 계산됩니다.

◆ 리전 선택

다음으로 리전을 선택합니다. 한국 내에서 이용할 경우에는 'Asia Pacific (Seoul)'을 선택하는 경우가 많을 것입니다. 리전은 제일 먼저 정확하게 선택합시다. 중간에 변경하게 되면 2개 리전을 이용하는 것으로 간주되므로 주의가 필요합니다.

◆ 서비스 선택

서비스 선택에서는 이용할 서비스마다 화면을 바꿔가며 입력합니다. 일반적인 이용의 경우 EC2나 S3의 입력이 중심이 됩니다.

◆ 리소스와 사용량 선택

처음 이용할 경우에는 이용하는 인스턴스는 물론 전송량, API의 사용 횟수 등 어느 정도의 값을 입력해야 하는지 모를 수 있습니다. 그럴 때는 다음의 네 가지, 즉 EC2, RDS의 타입과 인스턴스 수, EBS의 디스크 크기, S3의 디스크 크기만 입력하면 됩니다. 일반적인 경우 EC2, RDS의 사용 요금이 전체의 70~80%인 경우가 많습니다.

리소스를 선택할 때마다 실시간으로 계산되고, 견적 금액의 상세 내역은 고객의 월별 청구서 견적 탭에서 확인할 수 있습니다.

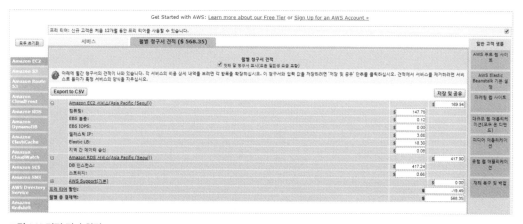

그림 1.11 견적 결과 화면

그리고 결과를 저장할 수 있습니다. 저장 및 공유 버튼을 누르면 입력된 값을 유지하고 있는 URL이 제공됩니다. 이 URL을 이용하면 언제든지 견적 결과를 다시 볼 수 있습니다.

일반적인 구성에서의 요금 내역

'애플리케이션 서버 + DB 서버'라는 구성을 생각하면 비용이 차지하는 비율은 다음 순서와 같습니다.

1. EC2/RDS 이용료

2. EBS/S3의 디스크 이용료

3. 데이터 전송료

4. 그 밖의 서비스 이용료

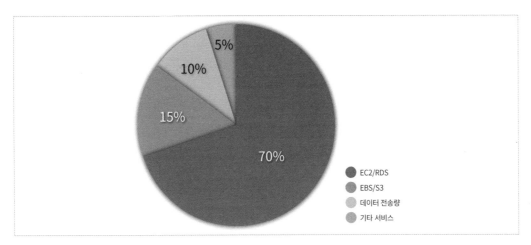

그림 1.12 AWS의 이용 요금 내역 예

그러므로 견적을 낼 때는 인스턴스의 크기, 이용 시간을 중점적으로 검토합니다.

1-3

AWS의 주요 서비스

AWS는 가상 서버 EC2와 온라인 스토리지 S3를 중심으로 다양한 레이어의 서비스를 제공하고 있습니다. 기업 내 시스템을 AWS에 구축하기 위해 먼저 주요 서비스에 대해 알아봅시다.

1.3.1 컴퓨팅 서비스

먼저 AWS의 중심인 컴퓨팅 서비스를 소개하겠습니다. AWS에는 몇 가지 종류의 컴퓨팅 서비스가 있지만 여기서는 가상 서버 EC2와 서버리스 컴퓨팅이라고 불리는 AWS Lambda를 중심으로 각기 관계가 깊은 서비스를 소개하겠습니다.

```
컴퓨팅
EC2
Lightsail
Elastic Container Service
Lambda
Batch
Elastic Beanstalk
```

그림 1.13 컴퓨팅 서비스

가상 서버 EC2

Amazon EC2(Elastic Compute Cloud)는 클라우드 상에서 가상 서버(인스턴스)와 서버 백업 이미지(AMI), 디스크(EBS)와 디스크 백업(EBS), 방화벽(보안 그룹), 고정 글로벌 IP(Elastic IP) 등을 이용할 수 있는 서비스입니다.

기본적인 이용 방법으로는 미리 AWS에 준비돼 있는 AMI에 EBS 용량, 보안 그룹에서 통신 제어 등을 설정한 후에 인스턴스를 생성합니다. 그리고 나서 인스턴스에 로그인해서 미들웨어를 설치하고 설정을 마친 다음에 백업이 필요한 시점에 AMI를 생성하거나 필요하면 Elastic IP를 할당해서 인터넷 통신이 가능하게 합니다.

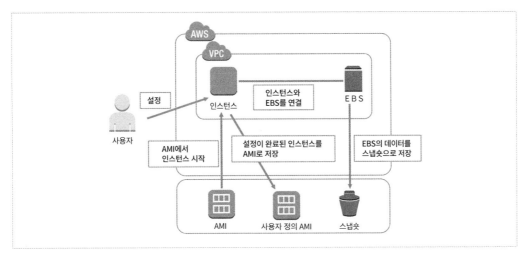

그림 1.14 EC2의 사용 이미지

◆ 인스턴스와 인스턴스 타입

인스턴스는 기존의 온프레미스 환경에서의 서버에 상응합니다. 리눅스나 윈도우 등의 다양한 OS에 대응한 인스턴스를 구축할 수 있습니다.

인스턴스는 유스 케이스에 따라 필요한 CPU, 메모리, 네트워크 캐퍼시티가 달라집니다. EC2에는 인스턴스 타입이라는 구성 패턴이 준비돼 있습니다. 범용적인 사용을 위한 M4 인스턴스, CPU 성능을 높인 C4 인스턴스, 메모리 용량을 키운 R3 인스턴스 등이 있습니다.

게다가 각 인스턴스에는 small, medium, large, xlarge와 같이 세부 옵션이 있어서 원하는 성능에 맞춰 선택할 수 있습니다. 상세한 내용은 공식 사이트에서 확인할 수 있습니다.

Amazon EC2 공식 사이트

https://aws.amazon.com/ko/ec2/instance-types/

◆ 블록 스토리지 볼륨(EBS; Elastic Block Store)

EBS는 기존의 온프레미스 환경의 하드디스크, SSD에 상응합니다. EBS는 여러 볼륨 타입 중에서 선택할 수 있고, 종류에 따라 IOPS(I/O 액세스 성능)와 가격이 달라집니다(ELB는 스토리지 서비스입니다).

SSD 타입과 HDD 타입의 두 종류가 있습니다. SSD 타입에는 범용 SSD라고 불리는 gp2와 성능 조정이 가능한 io1이 있습니다. HDD 타입에는 순차적 데이터에 강한 st1과 액세스 빈도가 낮은 데이터에 적합한 sc1, 구세대 마그네틱이 있습니다. 특별한 요건이 없는 한 범용 SSD(gp2)를 이용합니다. 마그네틱은 초창기 서비스로 현재는 사용상의 이점이 거의 없기 때문에 기본적으로는 사용하지 않습니다.

◆ 로드 밸런서(ELB)와 자동 스케일링(Auto Scaling)

EC2와 자주 같이 이용하는 것이 ELB(Elastic Load Balancing)입니다. ELB는 흔히 말하는 로드 밸런서로 여러 EC2 인스턴스 사이에서 트래픽을 자동으로 분산시킵니다. ELB를 이용함으로써 AWS 상에서도 가용성과 안전성이 높은 시스템을 구축할 수 있습니다.

ELB에는 제1세대인 CLB(Classic Load Balancer)와 제2세대인 ALB(Application Load Balancer)의 두 종류가 있고, 총칭해서 ELB라고 합니다. ALB는 애플리케이션 레이어(L7)의 라우팅이 가능하고 CLB로 구현 가능한 기능은 거의 커버하고 있습니다. 앞으로 시스템을 구축할 때는 ALB를 이용하면 됩니다.

또한 ELB는 자동 스케일링이라고 불리는 인스턴스를 늘렸다 줄였다 하는 기능과 같이 쓰이는 경우가 많습니다. 자동 스케일링을 이용하면 평상시에는 처리에 필요한 최소한의 대수로 운영하면서 부하가 늘어나면 그때 인스턴스를 늘리는 것이 가능합니다.

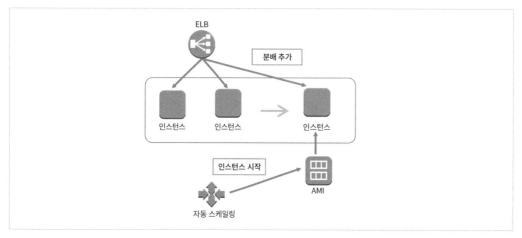

그림 1.15 ELB와 자동 스케일링

또한 자동 스케일링은 ELB와 같이 많이 쓰이지만 자동 스케일링만 이용할 수도 있습니다. 예를 들어, 배치 처리의 대기 건수가 늘어났을 때 자동 스케일링을 이용해 인스턴스를 늘리고 일시적으로 처리 능력을 향상시키는 이용 방법도 있습니다.

서버리스 컴퓨터 처리 기반(Lambda)

AWS Lambda는 프로그램을 실행하는 컴퓨팅 엔진입니다. 프로그램의 실행 기반으로 AWS가 관리하기 때문에 서버의 유지보수가 필요 없습니다. 필요한 프로그램을 업로드하기만 하면 이용할 수 있습니다.

Lambda는 API를 통해 실행하는 것 외에도 데이터 저장과 같은 이벤트 알림에서 호출하거나 API Gateway라고 하는 HTTP의 API 생성 서비스와 조합해서 이용합니다. 또한 이용 가능한 프로그램으로는 자바(Java), 노드제이에스(Node.js), C#, 파이썬(Python)이 있습니다. 이는 점점 늘어날 것으로 예상됩니다.

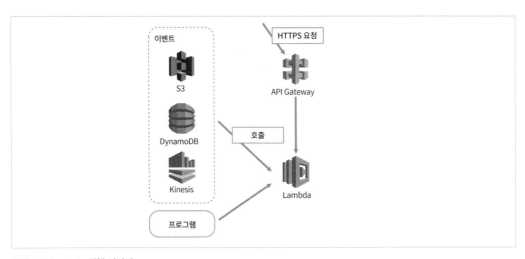

그림 1.16 | ambda 실행 이미지

1.3.2 스토리지 서비스

AWS의 스토리지 서비스는 방금 설명한 EBS 외에도 Amazon S3(Simple Storage Service), Amazon EFS(Elastic File System) 등이 있습니다. 특히 S3는 AWS의 근간이 되는 서비스의 하나로서 S3를 잘 활용하는 것이 AWS 이용의 요점이라 해도 과언이 아닙니다. 그럼 각 서비스의 특징을 살펴보겠습니다.

그림 1.17 스토리지 서비스

온라인 스토리지 볼륨(S3)

Amazon S3(Simple Storage Service)는 99.999999999%의 내구성을 구현하도록 설계된 용량 무제한의 스토리지 서비스입니다. 신뢰성이 높을뿐더러 요금도 저렴하기 때문에 AWS에서 데이터 저장의 중심적인 존재입니다. 그리고 AWS의 각종 서비스에서도 내부적으로 S3를 이용하고 있습니다. 예를 들어, 이용자가 의식하지 못하지만 AMI와 스냅숏은 S3에 저장합니다.

또한 이름이 Simple이라고 돼 있지만 단순한 스토리지 기능만이 아닌 웹 호스팅 기능과 암호화 기능, 세세하고 유연한 액세스 관리, 이벤트 알림, 라이프 사이클에서의 데이터 삭제 등의 풍부한 기능을 갖추고 있습니다. 아키텍처를 고려하는 데 있어 매우 사용하기 편하고 정적 콘텐츠 전송, 시스템 간의 데이터 송수신, 애플리케이션 배포 등 데이터 저장 외에도 많은 곳에서 활약하고 있습니다.

S3는 버킷과 오브젝트라는 두 가지 개념으로 구성돼 있습니다. S3는 지정한 리전 내에 버킷을 생성하고 버킷 내에 오브젝트(데이터 파일)를 저장합니다. 버킷은 리전 내에 여러 개 생성할 수 있고 버킷 단위, 오브젝트 단위로 액세스 제한이 가능합니다. 또한 오브젝트 한 개의 최대 용량은 5TB로, 버킷의 오브젝트 개수 제한은 없습니다. 따라서 사실상 무제한 용량으로 이용할 수 있습니다.

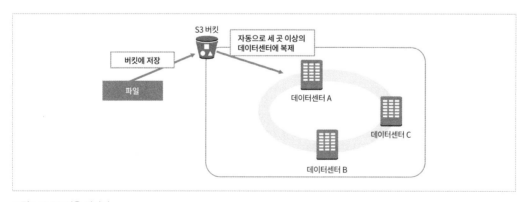

그림 1.18 S3 이용 이미지

◆스토리지 클래스와 라이프 사이클

S3에는 오브젝트마다 스토리지 클래스가 설정돼 있습니다. 스토리지 클래스마다 데이터 저장 요금, API 액세스 과금이 다르므로 오브젝트의 용도에 따라 스토리지 클래스를 구분해서 사용하면 비용을 절감할 수 있습니다.

- **표준 스토리지**: 기본 스토리지 클래스

- **저빈도 액세스 스토리지(STANDARD_IA)**: 표준 스토리지와 같은 내구성을 갖췄지만 가용성이 떨어진다. 데이터 저장 요금은 싸다.

- **Amazon Glacier**: S3와는 별도의 서비스지만 연계 서비스. 표준 스토리지와 같은 내구성을 갖췄지만 데이터를 꺼내는 데 몇 시간 이상 걸림. 데이터 저장 요금은 제일 저렴하다. 테이프 미디어의 대체 서비스로 이용 가능.

- **저 이중화 스토리지(RSS)**: 데이터 복제가 두 곳에 있으므로 내구성은 연간 99.99%. 썸네일 이미지의 저장 등 재생성 가능한 데이터에 이용.

S3에는 저장 오브젝트를 일정 기간이 지난 후에 삭제하거나 더 저렴한 저빈도 액세스 스토리지나 Amazon Glacier로 옮기는 등 오브젝트의 라이프 사이클을 설정할 수 있습니다. 예를 들어, 로그 같은 데이터는 일주일이 경과하면 저빈도 액세스 스토리지에 이동한 후, 한달 후에 Glacier로 이동하고, 몇 년 후에는 삭제하는 라이프 사이클을 설정하면 좋습니다. 단, Glacier의 API 이용 요금에 비하면 비싸므로 작은 파일을 대량으로 마이그레이션하면 생각지도 않은 결제 금액이 나올 수도 있습니다. 사전에 여러 파일을 압축하는 등의 검토가 필요합니다.

파일 스토리지 볼륨(EFS)

Amazon EFS(Elastic File System)는 NFS v4.1을 지원하는 파일 스토리지 서비스입니다. 여러 EC2에서 마운트할 수 있고, NAS처럼 사용할 수 있습니다. EBS와 비교하면 멀티 AZ, 자동 스케일링 등의 특징이 있습니다. 2017년 12월 현재 도쿄 리전에는 없으며 CIFS(Common Internet File System)도 지원되지 않기 때문에 윈도우 표준 구성에서 이용할 수 없는 등의 제약이 있습니다[2].

---

2 (옮긴이) EFS는 현재 서울, 도쿄 리전에서 사용 가능합니다. 2018년 5월에 서울 리전이, 2018년 7월에 도쿄 리전이 릴리스됐습니다.

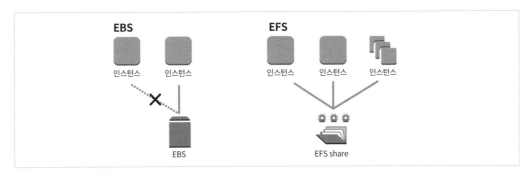

그림 1.19 EBS와 EFS

S3로의 데이터 전송 기능(")

AWS 스토리지 게이트웨이는 NFS, iSCSI 등 표준 프로토콜을 이용해 S3에 연계하는 서비스입니다. 주로 온프레미스 환경에서 S3로 데이터를 업로드할 때 이용합니다.

사용법으로는 파일 게이트웨이, 볼륨 게이트웨이, 테이프 게이트웨이 등이 있습니다. 게다가 볼륨 게이트웨이는 어느 데이터를 프라이머리로 하는지에 따라 Stored Volumes, Cached Volumes 등의 사용법이 있습니다. Storage Gateway는 AWS 상에도 배치할 수 있지만 기본적으로 온프레미스의 데이터센터 내에 배치하게 됩니다. 온프레미스 버전은 VMWare ESXi 상에 Storage Gateway의 어플라이언스 이미지를 배치해서 이용합니다. AWS 안에서도 비교적 독특한 서비스이며 일정 규모 이상의 데이터센터를 갖고 있는 경우에 검토하는 것이 좋습니다.

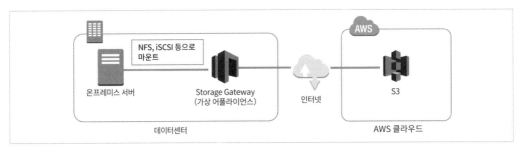

그림 1.20 스토리지 게이트웨이

1.3.3 데이터베이스 서비스, 데이터 처리 서비스

AWS에는 대규모 데이터 처리 혹은 고가용, 고속 애플리케이션을 만들기 위한 다양한 종류의 데이터베이스 서비스가 있고, 대용량 데이터 처리를 위한 기반도 제공됩니다.

그림 1.21 데이터베이스

Amazon RDS

Amazon RDS(Relational Database Service)는 클라우드상에서 관계형 데이터베이스(RDMS)를 이용할 수 있는 서비스입니다. AWS에서 RDMS를 이용할 경우 EC2 인스턴스에 RDMS를 설치하는 방법과 AWS가 제공하는 RDS를 사용하는 두 가지 방법이 있습니다.

EC2에서 RDMS를 이용할 때는 서버 구축은 물론, 패치 적용, 백업 처리 등을 자신이 직접 해야 합니다. 그러나 RDS를 쓰면 OS, 데이터베이스 설치 및 설정이 이미 돼 있고 패치 적용 및 백업도 자동으로 처리됩니다. 그러므로 RDS를 사용하면 구축과 운용 비용을 절감할 수 있습니다. 반면 RDS 인스턴스의 OS에 로그인할 수 없거나 유지보수 시간을 조정하기 어려운 등, 기존 운용 방식과 다른 점도 있습니다. 이 책에서는 AWS에서 RDMS를 이용할 경우에는 RDS를 이용하기를 권장합니다.

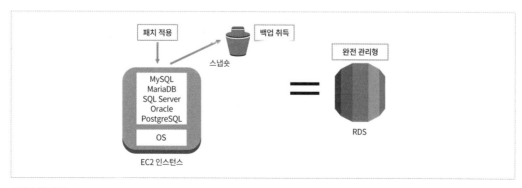

그림 1.22 RDS

◆ RDS에서 이용할 수 있는 데이터베이스 엔진의 종류와 Aurora

2017년 12월 현재, RDS는 아래의 다섯 가지 종류의 데이터베이스 엔진을 이용할 수 있습니다.

- SQL
- MariaDB
- PostgreSQL
- Oracle
- Microsoft SQL Server

그리고 MySQL과 PostgreSQL의 경우에는 Amazon Aurora라고 하는 AWS가 RDBMS를 독자적으로 재설계한 서비스를 사용할 수 있습니다. Aurora는 RDS와 같은 AWS의 관리형 서비스로 장애 발생시 감지, 자동 장애 조치(failover), 디스크의 자동 확장, 읽기 전용 레플리카 등의 가용성을 높이는 기능과 같은 스펙의 하드웨어에서 구축한 MySQL, PostgreSQL에 비해 몇 배의 성능을 발휘하는 등 뛰어난 특징이 있습니다.

아키텍처를 보면 데이터베이스 프로세스, 캐시 레이어, 스토리지 클러스터라는 3개 레이어로 나뉜 점이 특징이고, 현재의 기술을 이용해 데이터베이스를 다시 구현하면 어떻게 될까, 라는 명제를 실제로 실행한 AWS스러운 서비스입니다.

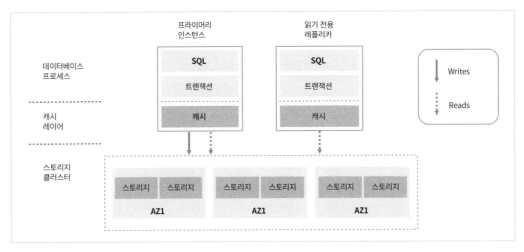

그림 1.23 Aurora의 아키텍처

Aurora는 DB의 라이선스 비용이 필요 없고 사용 데이터베이스에 비해 비용 측면에서 유리합니다. 또 RDS에 비해서도 내구성이 좋고 장애 시의 장애 조치 속도 등에서 뛰어납니다. 구성을 검토할 때는 먼저 Aurora를 적용할 수 있는지를 검토합시다.

AWS의 NoSQL 서비스

AWS가 제공하는 데이터베이스는 RDS만이 아닙니다. NoSQL이라고 하는 데이터베이스도 제공합니다. 한마디로 NoSQL이라고 말해도 칼럼 지향형, 키-값(Key-Value)형, 문서 지향형 등 여러 가지가 있습니다. 한마디로 설명하기에는 무리가 있지만 AWS의 데이터베이스 서비스와 데이터 모델의 대응표를 살펴보겠습니다.

표 1.4 AWS의 데이터베이스 서비스와 데이터 모델

서비스명	데이터 모델	특징
RDS	행 지향형	Oracle, SQL Server, MySQL 등 주요 RDBMS를 관리형 서비스로 이용 가능
DynamoDB	문서 지향형	키-값으로서도 사용 가능, 스키마리스로 문서 지향형의 성격도 가지며 유연한 사용법이 가능
ElastiCache	KVS형	Memcached, Redis를 관리형 서비스로 이용 가능
Redshift	칼럼 지향형	관리형 데이터 웨어하우스로서 페타바이트 급의 데이터 처리가 가능
Elasticsearch Service	문서 지향형	Elasticsearch를 관리형 서비스화한 것으로 검색 기능이 뛰어남
CloudSearch	문서 지향형	Apache Lucene/Solr를 관리형 서비스화한 것으로 텍스트 검색 기능을 제공

온프레미스를 마이그레이션할 때 자주 사용하는 서비스 중 하나로 RDS 외에 ElastiCache가 있습니다. ElastiCaches는 Memcached, Redis의 관리형 서비스로서 시작 후에 바로 사용할 수 있습니다. AWS에서는 가용성 향상을 위해 ELB를 사용할 때가 많지만 그때 AP 서버 인스턴스가 상태(스테이트) 정보를 갖고 있으면 장애가 발생해서 장애 조치가 이뤄졌을 때 상태 정보가 수신되는 문제가 있습니다. AWS의 베스트 프랙티스는 AP 서버에는 세션 등의 상태 정보를 맡기지 말고 ElastiCache에 상태 정보를 맡기는 방식으로 설계하는 것입니다.

DynamoDB는 Key-Value라는 특징과 문서 지향적인 성격이 있고 MongoDB와 대비되는 경우가 많은 서비스입니다. Lambda와의 궁합도 좋고, 서버리스 아키텍처 데이터베이스로 많이 이용되고 있습니다.

Redshift는 칼럼 지향형으로 대규모 데이터 웨어하우스 용도로 사용합니다. 페타바이트급 데이터를 취급할 수 있고 상용 데이터 웨어하우스 제품과 비교해서 비용 측면에서 뛰어나다는 점이 주목받고 있습니다.

또한 앞에서 소개한 데이터베이스 외에도 AWS에는 대용량 데이터를 처리하는 기반으로서 하둡 (Hadoop)을 중심으로 한 분산 처리 기반인 Amazon EMR(Elastic MapReduce), 분산 SQL 엔진인 Presto를 기반으로 한 Amazon Athena 등이 있습니다. Athena는 S3에 있는 데이터를 직접 처리할 수 있다는 특징이 있습니다.

1.3.4 네트워크 서비스

AWS의 네트워크 서비스의 중심은 앞에서 소개한 VPC입니다. 그리고 VPC와 온프레미스의 각 거점을 연결하는 서비스인 VPN과 Direct Connect 등이 있습니다. 그리고 인터넷 서비스를 위해 관리형 DNS 서비스인 Route 53과 CDN(Content Delivery Network)을 위한 CloudFront가 있습니다.

네트워킹 및 콘텐츠 전송

VPC
CloudFront
Route 53
API Gateway
Direct Connect

그림 1.24 네트워크 서비스

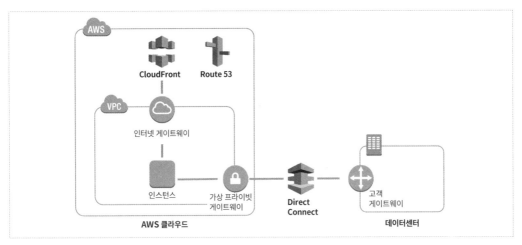

그림 1.25 AWS의 네트워크 서비스

프라이빗 네트워크 기능(VPC, Direct Connect)

AWS의 네트워크 서비스의 중심은 VPC에 있습니다. 글로벌 IP로 구성된 AWS의 광대한 네트워크 공간에 프라이빗 IP 체계의 네트워크를 구축하는 서비스입니다. VPC를 사용하면 AWS를 기업, 데이터 센터의 네트워크의 일부로 통합할 수 있습니다. VPC에는 인터넷 게이트웨이와 가상 프라이빗 게이트 웨이라는 2개의 출입구가 있어 임의로 부여하는 것이 가능합니다.

인터넷 게이트웨이는 VPC 내의 인스턴스와 인터넷 사이에서 통신할 때 이용합니다. 그리고 인터넷 게이트웨이에 라우팅되는 서브넷을 퍼블릭 서브넷이라고 합니다. 인터넷에는 글로벌 IP를 부여한 인스턴스 혹은 NAT를 이용한 인터넷 게이트웨이를 통해 액세스합니다. 인터넷 게이트웨이는 VPC당 1개만 부여할 수 있습니다. 인터넷 게이트웨이의 네트워크 대역폭은 AWS 측에서 자동으로 확장되므로 이용상의 제한은 없습니다. 그리고 가용성에 있어서도 AWS가 관리합니다.

가상 프라이빗 게이트웨이는 VPN이나 Direct Connect 등을 통해 특정 거점을 향한 통신을 할 때 출입구로 이용합니다. 인터넷 게이트웨이처럼 가상 프라이빗 게이트웨이도 VPC당 1개를 부여할 수 있습니다. 거점과의 연결 방법으로 VPN과 Direct Connect를 선택할 수 있습니다. 일반적으로 대용량 혹은 지연이 적은 통신이 필요한 경우에는 Direct Connect를 이용합니다.

VPC를 이용한 기업 내 네트워크의 연결 방법에 대해서는 4장에서 자세히 설명하겠습니다.

DNS 서비스(Route 53)

AWS의 네트워크 서비스 중 하나로 Amazon Route 53이 있습니다. Route 53은 한마디로 DNS 서비스로서 DNS 기능의 하나인 신뢰할 수 있는 DNS 서비스를 제공합니다. 현시점에서 가장 많이 보급된 DNS 서비스는 BIND라는 오픈소스 소프트웨어이지만 가끔 취약점이 발견돼 서버 관리자가 고생하곤 합니다. Route 53은 AWS가 관리하므로 이용자는 취약점에 대응할 필요가 없습니다. 매우 저렴한 서비스이므로 직접 구축한 DNS 서버를 관리하는 경우에는 Route 53을 도입하는 것을 권장합니다.

Route 53은 신뢰할 수 있는 DNS 서비스 외에도 도메인 레지스터로 도메인을 등록 및 관리하는 기능도 있습니다. 자동 갱신 같은 편리한 기능도 있으므로 준비 과실로 인해 도메인이 끊기는 사고도 방지할 수 있습니다. 그 밖에도 DNS를 확장한 다양한 기능이 있습니다. 예를 들어, 상태 확인(헬스 체크) 기능, 장애 조치, 지역 분산, 가중 라우팅 등이 있습니다. 상태 확인 기능으로 할당 서버의 장애를 감지하고 상애 조치 기능으로 대체 서버를 할당하는 것도 가능하므로 고가용성을 구현할 수 있습니다.

Route 53의 기능은 AWS 서비스에서 내부적으로도 많이 이용되며 AWS의 중심 서비스 중 하나라고 할 수 있습니다.

CDN 서비스(CloudFront)

Amazon CloudFront는 AWS의 CDN(Content Delivery Network) 서비스입니다. CDN이란 콘텐츠 배포에 최적화된 네트워크를 말합니다. 분산 배치된 서버를 콘텐츠 배포 포인트로 이용하고 효율적으로 콘텐츠를 배포하는 구조입니다. 예를 들어, 도쿄에 있는 서버에 콘텐츠가 있는 경우 미국에서 액세스하려면 바다를 건너 1만 킬로미터가 넘는 거리를 통신해야만 합니다. 이럴 때 미국에 서버를 배치하고 그 서버에서 콘텐츠를 배포하면 빠르고 효율적으로 서비스를 제공할 수 있습니다. 이런 시스템이 CDN입니다.

CloudFront는 AWS가 세계 각 지역에 배치한 엣지 서버를 이용해 효율적으로 콘텐츠를 배포합니다. 엣지 서버는 CloudFront의 콘텐츠 배포 포인트입니다. 사용자의 액세스를 가장 가까운 위치에 있는 엣지 서버로 유도합니다. xxx.cloudfront.net이라는 도메인에 액세스하면 가장 가까운 엣지 서버의 IP 주소가 반환됩니다.

CloudFront는 단순한 CDN 기능만이 아니라 다양한 부가 기능을 추가할 수 있습니다. 웹 애플리케이션 방화벽인 AWS WAF와 연계한 보안 강화, Lambda@Edge와의 연계로 엣지 측에서 처리 등이 가능합니다. 사용자에게 가까운 곳에서 대처하는 것은 앞으로 점점 중요해집니다. CloudFront는 그럴 때 중요한 역할을 합니다.

1.3.5 AWS 관리 도구

AWS에는 가상 서버, 스토리지, 네트워크 등의 기반 기능이나 각종 애플리케이션 서비스 외에 AWS 자체를 편리하고 안전하게 사용하기 위한 각종 관리 도구가 준비돼 있습니다. 대표적인 것으로 AWS의 설정을 관리하고 템플릿화하는 AWS CloudFormation과 AWS의 이용 상태를 파악하고 추적하는 AWS Config, AWS CloudTrail 등이 있습니다. 그 밖에도 리소스의 이용 상황에 대해 어드바이스하는 Trusted Advisor나 AWS의 기술 지원 직원에게 연락할 수 있는 AWS Support 등의 기능이 있습니다.

관리 도구
CloudWatch
AWS Auto Scaling
CloudFormation
CloudTrail
Config
OpsWorks
Service Catalog
Systems Manager
Trusted Advisor
Managed Services

그림 1.26 관리 도구

템플릿을 이용한 자동 구축 도구(CloudFormation)

AWS의 특징 중 하나로 GUI에서 이용하는 기능이 API로 준비돼 있어 커맨드라인 도구(CLI)나 프로그램에서 실행할 수 있다는 점이 있습니다. 그로 인해 'Infrastructure as Code'로 불리는 인프라 구성을 소스코드로 관리하는 것이 가능해져 Git 등의 소스 관리 시스템에서 사용할 수 있게 됐습니다. 그 결과, 인프라 구축도 코드 리뷰, Pull Request, CI 도구로 관리하는 등 애플리케이션 개발과 같은 개발 순서로 진행할 수 있습니다.

AWS는 API의 제공 외에도 구축의 자동화를 지원하는 도구를 여러 개 제공합니다. 그중 하나가 AWS CloudFormation입니다. CloudFormation은 AWS 상의 구성을 템플릿화해서 재사용하기 쉽게 만드는 도구입니다. 예를 들어 VPC의 네트워크를 CloudFormation으로 템플릿해 놓으면 같은 VPC 네트워크를 언제든지 재현할 수 있습니다.

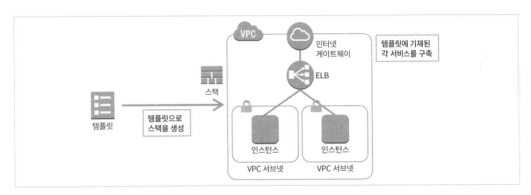

그림 1.27 CloudFormation의 템플릿을 이용한 구축

또한 CloudFormation에는 갱신 기능도 있어서 원래 템플릿의 소스 관리를 통해 변경 이력을 보관하면서 구성을 변경하는 것이 쉬워집니다. 언제, 무슨 이유로 변경했는지에 대한 추적 요소도 강화할 수 있습니다.

AWS의 이용 상태 관리 도구(CloudTrail, Config)

AWS CloudTrail은 AWS의 API 호출을 기록하고 로깅하는 서비스입니다. AWS를 올바르게 잘 운용하고 있는지를 증명하기 위해서는 CloudTrail과 같은 서비스를 이용해 감사 추적에 대비할 수 있는 데이터를 축적하고 분석할 필요가 있습니다.

CloudTrail과 달리 AWS Config는 AWS의 이용 상황을 관리하는 서비스입니다. AWS의 리소스에 대해 설정 이력을 모니터링하고 구성의 변경을 통지하는 것이 가능합니다. CloudTrail은 AWS의 작업을 로그로 출력하지만 Config는 상태를 파악하는 것이 가능합니다. AWS를 올바르게 관리하려면 이 두 가지를 잘 조합하는 것이 중요합니다.

게다가 Config의 기능을 확장한 Config Rules라는 기능이 있습니다. Config Rules는 설정한 규칙에 대해 조건이 일치하는지를 검사하고 정해진 동작을 실행할 수 있습니다. 예를 들어, 규칙에 맞지 않으면 인스턴스의 시작을 취소하거나 관리자에게 통지하는 것이 가능합니다. 이처럼 CloudTrail과 Config는 기업 내에서 AWS를 이용하는 데 매우 중요한 역할을 합니다.

지원 서비스(Trusted Advisor, AWS Support)

AWS Support 장애나 문제를 조사하는 것만이 아니라 각 서비스의 사용법이나 서비스의 조합 방법 등도 상담 가능하며 한국어로 기술 지원을 받을 수 있습니다. 서포트 레벨은 '기본(무료)', '개발자', '비즈니스', '엔터프라이즈'의 4개로 나뉩니다. 제품 서비스를 제공하는 AWS 계정은 최소 비즈니스 레벨 이상의 서포트를 이용하는 것을 권장합니다.

엔터프라이즈 레벨의 서포트는 AWS 상에서 가동 중인 시스템의 구성을 이해한 전담 테크니컬 어카운트 매니저(TAM)가 담당합니다. 비용이 고액($15,000/월~)이긴 하지만 대규모 시스템을 AWS로 운용할 때 AWS에 관한 높은 지식과 기술력을 갖춘, 게다가 시스템의 구성을 숙지한 운용 담당자가 있다고 생각하면 유용한 서비스라고 할 수 있겠습니다.

AWS Support
https://aws.amazon.com/ko/premiumsupport/

Trusted Advisor는 AWS의 이용 상황을 파악해서 자동으로 어드바이스를 해줍니다. 예를 들면, 보안상으로 문제가 될 것 같은 설정이 있으면 경고 표시를 합니다. 또한 이용률이 낮은 리소스가 있으면 비용 절감을 위한 처방을 지시해 줍니다. Trusted Advisor는 아래의 네 가지 관점에서 AWS 이용 상황을 체크합니다. 체크 항목은 50개 이상입니다.

- 비용 최적화
- 보안
- 내구성
- 성능 향상

AWS Support가 비즈니스 레벨 이상인 경우에는 Trusted Advisor의 모든 체크 항목에 대해 기술 지원을 받을 수 있습니다.

1.3.6 AWS 마이그레이션 서비스

AWS에는 온프레미스를 AWS로 마이그레이션하는 다양한 도구가 있습니다. 애플리케이션의 검출과 의존성 조사 등의 사전 조사를 수행하는 AWS Application Discovery Service, 온프레미스의 가상 머신을 AWS로 마이그레이션하는 AWS Server Migration Service 같은 서버의 마이그레이션에 초점을 맞춘 서비스나 데이터베이스 간의 마이그레이션을 지원하는 AWS Database Migration Service(DMS), 80TB의 데이터를 직접 AWS에 반입할 수 있는 AWS Snowball과 같은 데이터 마이그레이션을 지원하는 서비스가 있습니다. 여기서는 DMS와 Snowball의 개요에 대해 설명하겠습니다.

마이그레이션
AWS Migration Hub
Application Discovery Service
Database Migration Service
Server Migration Service
Snowball

그림 1.28 마이그레이션 서비스

데이터 마이그레이션 서비스(DMS)

AWS DMS(Database Migration Service)는 데이터베이스 간의 마이그레이션을 지원하는 서비스입니다. '온프레미스 → AWS'의 마이그레이션뿐만 아니라 'AWS → AWS' 'AWS → 온프레미스'의 마이그레이션도 가능합니다. 단지 '온프레미스 → 온프레미스'의 마이그레이션은 할 수 없습니다. 그리고 'Oracle → Oracle' 같은 동일 데이터베이스 간은 물론 'Oracle → MySQL'과 같은 마이그레이션도 가능하고 스키마 자동 변환 같은 기능도 있습니다. 스키마 변환에는 테이블 정의는 물론 스토어드 프로시저의 변환도 가능합니다. 또한 DMS는 단발성 데이터 마이그레이션뿐 아니라 연속적 데이터 레플리케이션으로서의 기능도 있습니다. 이 기능을 사용하면 온프레미스의 데이터를 연속적으로 AWS 상의 데이터베이스에 동기화하는 것도 가능합니다.

DMS의 유스 케이스로 주목받는 것이 오라클을 Amazon Aurora로 마이그레이션하는 것입니다. Aurora는 EC2의 인스턴스 상에 구축하는 데이터베이스나 RDS보다도 기용싱이 높고 성능 면에서도 뛰어납니다. 또한 고기의 상용 데이터베이스의 라이선스도 필요 없기 때문에 비용 면에서의 이점이 큽니다. 그런 이유로 오라클을 Aurora로 바꾸는 것을 검토하는 케이스가 늘고 있습니다. 이때 DMS를 사용하면 마이그레이션 작업의 수고를 크게 줄일 수 있습니다. 반면 다른 데이터베이스로 변경하는 것이기 때문에 모든 것이 자동으로 해결되는 것은 아닙니다. DMS가 지원할 수 있는 것은 데이터 마이그레이션의 80% 정도라는 생각으로 작업에 임할 필요가 있습니다.

대량 데이터 반입 서비스(Snowball)

AWS Snowball은 대량의 데이터를 AWS로 마이그레이션할 때 이용하는 하드웨어 어플라이언스입니다. 서비스를 의뢰하면 여행용 트렁크 같은 케이스가 배송됩니다. 10GBaseT의 네트워크 연결이 가능하고 마이그레이션용 서버에 직접 연결하거나 네트워크 경유로 데이터를 복사합니다. 복사 후에 운송회사를 통해 Snowball을 보내면 미리 설정해둔 S3 버킷에 AWS 데이터를 복사합니다. 그럼 Snowball은 어떤 상황에 필요할까요? 수십 TB를 넘는 데이터를 AWS로 마이그레이션할 경우는 Snowball의 이용을 검토하는 게 좋겠습니다. 예를 들어, 80TB의 데이터를 마이그레이션하는 경우는 1Gbps의 인터넷 회선이 있어도 실제 실효 효율이 25%이면 19일이나 걸립니다. 150Mbps의 경우는 126일 걸립니다. Snowball이면 모든 준비를 합쳐도 1주일 정도에 완료됩니다.

표 1.5 80TB 데이터를 전송하는 데 걸리는 날짜 수

실효 효율	1Gbps	500Mbps	300Mbps	150Mbps
25%	19일	38일	63일	126일
50%	9일	19일	32일	63일
75%	6일	13일	21일	42일

자사 거점이든 데이터센터이든 큰 대역을 점유할 수 있는 케이스는 적습니다. 현실적인 방안으로 Snowball은 유용한 수단이라고 할 수 있습니다. 그리고 Snowball의 케이스 자체가 매우 크기 때문에 랙 안에 들어가지 않는 경우도 있습니다. 이용하기 전에 실제로 여유 공간을 확인하는 등 물리적인 측면의 조사도 필요합니다.

1.3.7 계정 관리

AWS를 안전하게 사용하기 위한 첫걸음은 계정 관리입니다. 그럼 먼저 AWS의 계정의 종류를 알아보겠습니다.

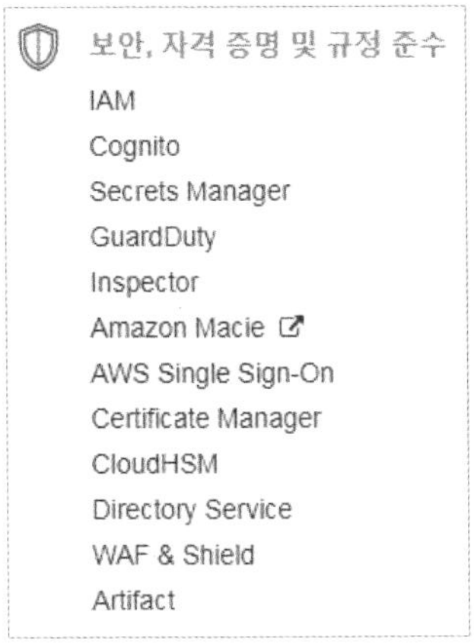

```
🛡 보안, 자격 증명 및 규정 준수
   IAM
   Cognito
   Secrets Manager
   GuardDuty
   Inspector
   Amazon Macie ☑
   AWS Single Sign-On
   Certificate Manager
   CloudHSM
   Directory Service
   WAF & Shield
   Artifact
```

그림 1.29 계정 관리와 보안 도구

AWS의 계정 종류

AWS에는 AWS 계정과 IAM 사용자(멤버 계정)라고 불리는 두 종류의 계정이 있습니다. AWS 계정이란 AWS에 로그인할 때 생성되는 계정입니다. 이 계정은 AWS의 모든 서비스를 네트워크 상의 어디서든 이용 가능하기 때문에 마스터 계정이라고도 합니다. 반면 IAM 사용자는 AWS를 이용하는 각 이용자를 대상으로 만들어지는 계정입니다. 최초로 AWS 계정을 만들고 로그인한 후에 필요에 따라 IAM 사용자를 만듭니다.

그리고 복수의 AWS 계정을 관리하기 위해 조직 계정(AWS Organizations)이라는 기능도 생겼습니다. 조직 계정을 사용하면 예전부터 존재하는 여러 AWS 계정의 요금 결제를 하나로 모으는 일괄 결제뿐만 아니라 서비스 제어 정책(SCP)이라는 AWS 계정 단위로 이용 가능한 서비스를 제한하는 것이 가능해집니다.

AWS 계정

AWS 계정은 마스터 계정이라고도 불리며 AWS의 모든 서비스를 네트워크 상의 어디서든지 작업할 수 있는 권한을 갖고 있습니다. 매우 강력한 계정이기 때문에 사용할 때 충분한 주의가 필요합니다. AWS로 시스템을 구축 및 운용하는 경우 AWS 계정은 가급적 이용하지 않고 IAM 사용자를 이용하길 바랍니다.

AWS 계정 단위로는 AWS 계정 자체가 이용 가능한 장소를 제한할 수 없습니다. 이런 경우 기업에서 AWS를 이용할 때 불편을 겪는 경우가 많습니다. 그래서 2단계 인증 디바이스를 물리적인 하드웨어 토큰에 설정해서 그 토큰 자체를 기업 내에서 관리함으로써 외부에서 사용하지 못하게 하는 방법도 생각할 수 있습니다. 실제로 하드웨어 토큰을 금고에 보관하는 케이스도 있습니다.

IAM 사용자

IAM 사용자는 AWS의 각 이용자가 콘솔에 로그인하거나 API를 이용해 작업할 때 사용하는 계정입니다. 각 IAM 사용자에 대해 서비스에 따라 작업의 허가 여부를 정의할 수 있습니다.

각 IAM 사용자의 권한을 정확히 제한하는 것으로 AWS를 더욱 안전하게 사용할 수 있습니다. 예를 들어, EC2 인스턴스를 시작(Start), 정지(Stop)하는 권한만 부여하고 삭제(Terminate)는 못하는 IAM 사용자를 만들거나 네트워크(보안 그룹, VPC, Route 53 등)에 관련된 권한만 있는 네트워크 관리자용 IAM 사용자를 만들 수도 있습니다.

IAM 사용자의 관리는 기업 내에서 이용할 때의 보안의 중심이 됩니다. VPC, EC2, S3를 아무리 철저하게 보안을 유지한다고 해도 IAM 사용자 관리가 허술하면 쉽게 AWS 자체를 해킹당할 수 있습니다. IAM 사용자는 그 정도로 중요하다는 것을 주의하길 바랍니다.

조직 계정(AWS Organizations)

AWS 이용이 활발해지면서 1개의 기업에서 복수의 AWS 계정을 사용하는 케이스가 많아졌습니다. 앞에서 설명한 것처럼 계정 관리는 AWS 보안의 핵심입니다. 반면 모든 AWS 계정에 일관된 정책을 계속 유지하는 것은 어려운 일입니다. 그럴 때 이용하는 것이 AWS Organizations입니다. 여러 AWS 계정을 일괄해서 공통 정책으로 관리하는 것이 가능합니다.

이 책에서는 2장에서 계정의 전체적인 사고 방식, 3장에서 구체적인 관리에 대해 다루겠습니다.

1.3.8 보안 도구

AWS가 제공하는 모든 서비스는 보안을 제일 중요한 요소로 해서 설계했습니다. 그런 면에서 모든 서비스가 보안과 관계가 있습니다. 여기서는 특히 보안에 특화된 서비스를 소개하겠습니다.

자동화된 보안 평가 서비스인 Amazon Inspector, AWS 내에서 무료로 사용하는 SSL/TLS 증명서를 배포 및 관리하는 AWS Certificate Manager, 웹 애플리케이션 방화벽인 AWS WAF, 분산 서비스 거부 공격(DDoS)에 대한 방어 서비스인 AWS Shield 등이 있습니다.

지속적 보안 평가 도구(Inspector)

Amazon Inspector는 에이전트 형의 보안 평가 서비스입니다. 보안 대상인 EC2 인스턴스에 에이전트를 설치해서 EC2 내의 애플리케이션에 취약점이 없는지 평가합니다.

일반적으로는 시스템을 구축할 때나 분기별 혹은 1년에 한 번 보안 진단을 하는 케이스는 늘어났습니다. 하지만 매일 새로운 취약점이 발견되는 요즘에는 지속적인 보안 진단이 필요해졌습니다. Inspector를 이용하면 애플리케이션 측면에서 지속적인 진단을 자동으로 실시할 수 있습니다.

EC2 내에 설치된 애플리케이션 검출이라는 점에서는 Amazon EC2 Systems Manager라는 서비스도 있습니다. 애플리케이션 검출이라는 의미에서는 동일하지만 EC2 Systems Manager는 시스템의 모듈 관리 측면의 서비스이고 Inspector는 보안 관리를 위한 서비스입니다. 둘 다 유용한 서비스이므로 상황에 맞게 잘 나눠서 사용하면 되겠습니다. Inspector에 대해서는 7장 '운용 모니터링의 설계 및 실시'에서 자세하게 설명하겠습니다.

무료 서버 인증서 발행 도구(Certificate Manager)

AWS Certificate Manager(ACM)는 서버 인증서의 발행을 관리하는 도구입니다. 최근에는 SSL 전용이 당연한 것처럼 여겨지고 있습니다. 구글 검색에서 SSL 사이트를 우선하고 iOS 애플리케이션이 비SSL사이트와 통신하는 것이 사실상 NG가 되는 등 보이지 않게 SSL화가 진행되고 있습니다. 반면 여러 개의 인증서를 구입하거나 관리하는 것은 비용 측면에서 부담이 큰 것도 사실입니다. ACM을 사용하면 AWS 내에서 이용하는 인증서는 무료입니다. ACM이 대상으로 하는 서비스는 ELB, CloudFront, Elastic Beanstalk의 세 종류입니다. EC2에 직접 이용하는 것은 불가능하므로 주의하길 바랍니다.

또한 ACM이 증명하는 것은 도메인 인증(DV)입니다. 조직인증(OV)이나 확장인증(EV)은 지원하지 않습니다.

DDoS, 애플리케이션 레이어의 방어(WAF, Shield)

분산 서비스 거부 공격이라고 불리는 DDoS(Distributed Denial of Service attack)가 자주 발생하고 있습니다. DDoS는 복수의 머신으로부터 표적이 되는 시스템이나 컴퓨터에 처리 부하를 발생시켜 서비스 정지로 몰아 넣는 공격 방식입니다. 공격하는 쪽은 컴퓨터 바이러스 등으로 감염시킨 복수의 단말에서 동시에 공격을 시작합니다. 그 규모는 수천~수만 대까지 이르고 방어하는 쪽이 개별로 대처하기에는 어려운 점이 많습니다.

AWS에는 AWS Shield라는 DDoS 대책 서비스가 기본으로 내장돼 있습니다. 또한 AWS Shield Advanced라는 고객 지원이 가능한 유료 서비스도 있습니다. Shield는 레이어 3/4에서 자주 발생하는 공격(SYN/UDP flood, 반사 공격 등)을 방어하고 자동 감지 및 자동 완화를 수행합니다.

그리고 레이어7의 방어에 대해서는 AWS WAF로 구현할 수 있습니다. WAF는 CloudFront나 ELB의 ALB(Application Load Balance)와 조합해서 이용합니다. WAF를 이용하면 SQL 인젝션이나 크로스 사이트 스크립팅 같은 일반적인 공격에 대해 규칙을 만들 수 있습니다.

또한 WAF나 Shield 등 서비스에 관계없이 AWS에서는 DDoS 공격을 받았을 때의 비용은 결제 대상에서 제외됩니다. CloudFront, ELB, Route 53 등에서 DDoS 공격 탓에 결제 금액이 늘어났을 때는 AWS의 고객 지원 센터에 연락해서 상담하기를 바랍니다.

1.3.9 알림 및 모니터링 서비스

AWS에는 메일 알림이나 SMS, 모바일 푸시 등 다양한 알림 서비스가 있습니다. 그중에서 중심이 되는 것이 Amazon SNS(Simple Notification Service)입니다. 그리고 AWS의 상태를 모니터링하는 도구로서 Amazon CloudWatch가 있습니다. 온프레미스를 그 구성 그대로 마이그레이션했다고 해도 이 두 개는 사용하게 되므로 제대로 파악해 둘 필요가 있습니다.

애플리케이션 통합
Step Functions
Amazon MQ
Simple Notification Service
Simple Queue Service
SWF

그림 1.30 알림 및 모니터링 서비스

알림 서비스(SNS)

Amazon SNS(Simple Notification Service)는 푸시형 알림 서비스입니다. 멀티 프로토콜로 다수의 프로토콜에 간단하게 송신 가능합니다. 이용 가능한 프로토콜은 2017년 12월 기준으로 SMS, 이메일, http/https, SQS와 더불어 iOS, 안드로이드 등 모바일 단말로 보내는 푸시 알림입니다.

그리고 그 밖에도 Lambda 호출을 할 수 있는 등 이벤트가 발생하면 코드가 자동으로 처리되게 하는 것이 가능합니다. 메시지를 프로토콜마다 변환하는 부분은 SNS가 담당하므로 알림을 보내는 사람은 프로토콜의 차이를 의식하지 않고 배포할 수 있습니다. SNS는 AWS 시스템 연계의 중요한 요소 중 하나입니다. 잘 활용하면 느슨한 결합 시스템(loosely coupled system)이 되고 유연성이 늘어납니다.

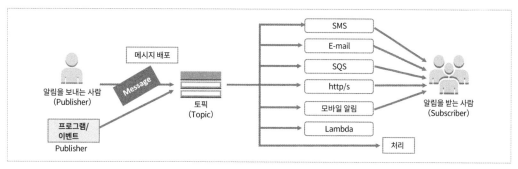

그림 1.31 SNS에 의한 알림

모니터링 서비스(CloudWatch)

Amazon CloudWatch는 AWS의 각종 리소스를 모니터링하는 서비스입니다. 기능으로 크게 세 가지가 있습니다. 정의한 모니터링 조건(지표)에 달했을 때 경고를 통지하는 기능과 CloudWatch Logs라는 인스턴스의 로그를 저장하는 기능, 정기적인 cron 같이 타이머 기능으로 잡을 실행하는 CloudWatch Events라는 기능입니다.

◆ CloudWatch의 경고 기능

CloudWatch의 경고 기능은 AWS 상의 각종 리소스에 대해 지표(모니터링 조건)를 만듭니다. 지표는 EC2나 RDS, ELB와 같은 리소스마다 기본직인 모니터링 항목이 설성돼 있습니다. 예를 들어, EC2는 CPU나 네트워크의 사용률, 디스크의 I/O 등이 있습니다.

그리고 기본 설정 이외의 것은 사용자 정의 지표로 모니터링할 수 있습니다. 사용자 정의 지표는 EC2 인스턴스 등에 모니터링 대상 항목을 모니터링할 배치를 작성하고 일정 간격으로 CloudWatch에 계속 보냅니다. 경고의 임곗값 및 알림은 CloudWatch 측에서 설정할 수 있습니다.

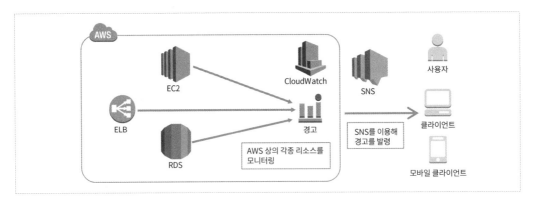

그림 1.32 CloudWatch로 하는 모니터링

◆ CloudWatch Logs의 로그 수집

CloudWatch Logs에는 로그 수집과 모니터링이라는 두 가지 기능이 있습니다. 먼저 로그 수집은 EC2 인스턴스나 Elastic Beanstalk 등의 로그를 S3에 저장합니다. 인스턴스의 경우 전용 에이전트를 설치합니다. 이 로그 수집 기능은 로그 수집 관리 도구인 Fluentd와 매우 비슷합니다.

수집한 로그를 설정된 지표로 모니터링하고 조건에 일치하면 경고를 보냅니다. 지표의 조건으로는 특정 문자열의 출현이나 출현 횟수 등이 있습니다. 예를 들어, 503 에러의 발생 여부를 모니터링하거나 로그인 화면에서 과도한 로그인 시도가 발생하고 있지 않은지 등을 생각할 수 있습니다.

◆ CloudWatch Events의 로그 기동

CloudWatch Events는 이벤트를 감지하고 지정된 규칙에 따라 처리하는 서비스입니다. 규칙에는 5분 간격이나 특정 일시 등의 스케줄, DynamoDB 테이블의 생성, 삭제 등 AWS 리소스에 발생한 변경을 지정하는 것이 가능합니다. 감지한 이벤트가 규칙에 해당되면 Lambda를 실행하거나 SNS 알림 등을 처리합니다.

CloudWatch Events로 하는 스케줄 실행은 Lambda 함수를 10분 간격, 1시간 간격으로 정기적으로 실행하거나 특정 일시에 실행하는 것이 가능합니다. 스케줄 내용은 Lambda 특유의 rate 형식 또는 cron 형식으로 기술합니다. 그리고 5분보다 짧은 간격으로 실행하는 것은 불가능합니다.

주의할 점으로는 타임존이 UTC라는 제약이 있다는 것입니다. 예를 들면, 9시에 실행하도록 지정한 경우 UTC의 9시에 실행되므로 KST로는 18시에 실행됩니다.

전체 설계
(관리 방침과 마이그레이션 계획)

2-1

계정 관리의 사고 방식

이번 장에서는 이 책의 테마 중 하나인 '기업 내에서 AWS를 어떻게 최대한 안전하고 효율적으로 사용할까'에 대한 개요를 소개합니다. 그리고 주요 토픽으로 3장에서 '계정 관리와 권한 부여', 4장에서 '네트워크 연결의 설계, 구축, 유지관리', 7장에서 '운용 모니터링 설계 및 실시'에 관해 다룹니다. 또한 설계상의 구체적인 테크닉으로 5장에서 '시스템 설계와 서비스의 도입', 시스템을 AWS로 마이그레이션할 때의 노하우를 6장의 '마이그레이션 테크닉'에 정리했습니다.

먼저 계정 관리의 개요에 대해 살펴보겠습니다. AWS의 계정 관리는 크게 AWS 계정과 IAM 사용자의 두 가지로 나눕니다. 그리고 AWS 계정을 그룹화하는 조직 계정(AWS Organizations)이 있습니다. 먼저 AWS 계정과 IAM 사용자의 관계부터 확인하겠습니다.

2.1.1 AWS 계정과 IAM 사용자

AWS를 개설할 때 만드는 AWS 계정에는 루트 사용자가 속해 있습니다. 루트 사용자는 해당 계정에 관련한 모든 권한이 있습니다. 권한이 강력하기 때문에 평소에 사용하기에는 매우 위험하므로 AWS를 안전하게 이용하기 위한 기본 전략은 AWS 계정(루트 사용자)을 사용하지 않는 것입니다.

AWS 계정

AWS 계정의 기본 설정은 메일 주소와 패스워드만으로 로그인이 가능하게 돼 있습니다. 이는 권한의 강도에 비해 보안 수준이 낮으므로 먼저 다요소 인증(MFA) 설정을 합니다.

다요소 인증은 2단계 인증이나 2요소 인증이라고도 합니다. AWS 계정은 보안 토큰 기반을 이용할 수 있습니다. 보안 토큰은 하드웨어 혹은 가상 디바이스(소프트웨어)를 이용할 수 있습니다.

◆ 소프트웨어 토큰

가상 디바이스(소프트웨어)로는 서드파티 스마트폰 애플리케이션 혹은 브라우저/데스크톱 애플리케이션을 이용합니다. 이용자 수는 Google Authenticator가 가장 많습니다. 이 밖에도 패스워드 관리 애플리케이션에 기능이 들어 있는 경우가 많으므로 자사 정책에 따라 사용하면 됩니다.

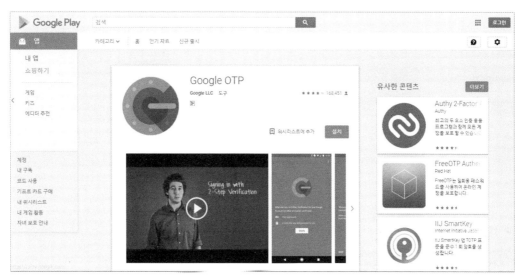

그림 2.1 Google Authenticator

반면 소프트웨어의 문제는 토큰 자체를 쉽게 갖고 다닐 수 있다는 점입니다. AWS 계정의 로그인이나 권한은 IP 주소 등으로 제한할 수 없습니다. 그렇기 때문에 ID, 패스워드를 알고 있고 보안 토큰을 갖고 있으면 어디서든 로그인할 수 있습니다. 즉, 장소로 제약하는 것은 불가능합니다. 이런 점이 감사 정책에 적절치 못할 경우는 하드웨어 토큰을 이용합시다.

◆ 하드웨어 토큰

하드웨어 토큰은 AWS가 지정한 것을 구입해야 합니다. 2017년 12월 현재 열쇠 고리형과 카드형의 두 종류가 있습니다. 모두 미국 아마존닷컴(Amazon.com)에서 구입해야 하며 배송까지는 몇 주 정도 걸립니다. 하드웨어형의 경우 물리적인 디바이스라는 점에서 저장 및 관리 방법에도 주의가 필요합니다. 기본적으로는 사용하지 않는, 사용하지 않게 하는 물건이므로 열쇠로 잠글 수 있는 장소에 보관합니다. 간이형 금고에 보관하는 경우도 많습니다.

하드웨어 토큰을 사용할 때 주의할 점은 시간의 오차로 인해 재동기(재설정)가 필요한 경우가 많다는 것입니다. 몇 개월 ~ 반년에 한 번은 거의 예외 없이 재동기가 필요합니다. 그때는 당황하지 말고 화면의 지시에 따라 재동기를 실시합니다. 몇 번 실패하면 미국에서 전화가 걸려오므로 주의합니다.

그 밖의 주의할 점으로는 초기의 AWS 계정으로 액세스 키가 생성된 경우는 반드시 삭제해 둬야 한다는 것입니다. 그리고 계정 설정에서 요금 결제와 관련해서 액세스 권한을 부여해 놓지 않으면 IAM 사용자의 권한을 설정해도 결제 정보를 볼 수 없습니다. 이 부분은 3장에서 자세히 설명하겠습니다.

IAM의 구조

IAM(Identity and Access Management)은 AWS를 사용하기 위한 인증(Authentication)과 인가(Authorization)를 수행하는 시스템입니다. AWS를 이용하는 것이 누구인지를 파악해서 이용자마다 이용 가능한 리소스를 제어하는 기능을 제공합니다. IAM의 구성 요소로는 IAM 사용자, IAM 그룹, IAM 정책, IAM 역할로 다방면에 걸쳐 있습니다.

◆ IAM 사용자

IAM 사용자는 그 이름대로 AWS의 이용자를 말합니다.

◆ IAM 그룹

IAM 그룹은 IAM 사용자를 모아놓은 것입니다. 일반적으로는 역할별로 그룹을 만듭니다. 그리고 사용자는 복수의 그룹에 속할 수 있습니다.

◆ IAM 정책

IAM 정책은 권한을 기술한 규칙입니다. 인라인 정책과 관리 정책이 있으며 관리 정책은 AWS 관리 정책과 고객 관리 정책이 있습니다. '인라인 정책'은 2015년 2월 이전부터 있던 오래된 기능으로, 단일

IAM 사용자, 그룹, 역할 안에서만 이용할 수 있습니다. 사용자 A용으로 만든 인라인 정책은 사용자 B에게 재사용할 수 없습니다. 그래서 예전에는 복사해서 붙이기로 사용자 수만큼 인라인 정책을 만들어야만 했고 수정할 때는 하나하나 고칠 필요가 있었습니다. 이에 비해 '관리 정책'은 복수의 IAM 사용자, 그룹, 역할에 부여할 수 있는 정책입니다. AWS가 미리 정의한 'AWS 관리 정책'과 이용자가 직접 정의하는 '사용자 정의 관리 정책'이라는 두 가지가 있습니다.

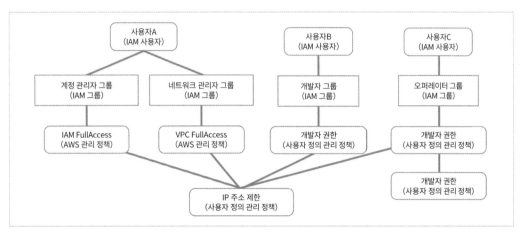

그림 2.2 IAM 사용자와 IAM 그룹, 정책의 이용 예

◆ IAM 역할

IAM 역할은 AWS의 서비스에 권한을 부여하는 방식입니다. EC2나 Lambda 등에 부여하면 그 안에 있는 애플리케이션이 AWS의 리소스를 사용할 수 있습니다.

IAM의 원칙은 다음과 같이 요약할 수 있습니다.

- IAM 사용자는 개개인마다 생성하고 여러 명이 같은 IAM 사용자를 공유하지 않습니다. 그리고 원칙적으로 IAM 사용자에게 직접 권한을 부여해서는 안 됩니다.

- IAM 그룹은 관리자, 개발자, 오퍼레이터 등 역할마다 생성하길 바랍니다. IAM 사용자는 IAM 그룹에 속하는 것으로 필요한 권한을 얻을 수 있습니다. IAM 그룹에 권한을 부여할 때 IAM 정책을 이용하는데, 가능한 한 관리 정책 또는 사용자 정의 관리 정책을 이용합시다.

- 프로그램에서 이용할 때는 가능한 한 IAM 역할을 이용합니다. 프로그램용 IAM 사용자를 생성해서 액세스 키를 발행하는 방법도 있지만 액세스 키의 관리 문제가 발생하기 쉬우므로 다른 대체 수단이 없는 경우에만 이용합시다.

일시적인 권한 부여와 교차 계정 역할

AWS에는 STS(Security Token Service)라는 일시적으로 권한을 부여하는 서비스가 있습니다. EC2에 부여된 역할도 실제로는 이 STS를 사용하고 있으며 이용할 때 임시 액세스 키, 시크릿 액세스 키, 세션 토큰을 발행하고 정해진 리소스를 이용할 수 있는 권한이 부여됩니다.

STS의 방식은 AWS의 권한 부여에 중요한 역할을 하고 있고, 예를 들어 다른 AWS 계정에 대해 이용 권한을 부여하는 교차 계정 역할이나 IAM 사용자의 권한을 바꾸는 Switch Role, LDAP이나 AD 등의 조직 내의 인증 기능과 연계하는 Identity Federation(ID연계)은 STS를 응용한 것이라고도 말할 수 있습니다. IAM 외에도 Cognito라는 인증 인가 서비스에도 이용되고 있습니다.

2.1.2 복수의 AWS 계정 관리

기업 내에서 AWS를 이용할 때는 용도에 따라 복수의 AWS 계정을 이용하는 것을 권장합니다. 이때 편리한 기능으로 이용 결제를 하나로 통합하는 일괄 결제 기능(Consolidated Billing)과 복수의 AWS 계정을 관리하는 조직 계정(AWS Organizations)이 있습니다.

일괄 결제 기능(Consolidated Billing)

일괄 결제 기능은 여러 AWS 계정에서 발생하는 결제를 계정 하나로 통합하는 기능입니다. 일괄 결제 기능은 결제 처리를 하나로 통합해서 복잡한 사무 처리를 줄이는 것 외에도 몇 가지 장점이 있습니다.

장점 중 하나는 볼륨 디스카운트의 계산이 각 계정 단위가 아니고, 일괄 결제로 통합된 계정 전체를 대상으로 계산한다는 점입니다. 볼륨 디스카운트는 S3의 통신료 등의 이용량이 많아짐에 따라 할인율이 적용되는 방식입니다. 전체 이용량을 기준으로 계산되므로 규모가 클수록 많은 할인 혜택을 얻을 수 있습니다.

그 밖에도 계정 간에 예약 인스턴스를 서로 돌려 쓸 수 있습니다. 예약 인스턴스는 미리 EC2의 리소스 이용을 1년 또는 3년으로 예약해서 할인을 대폭 받을 수 있는 방식입니다. 그 대신 예약 기간 중에 사용을 하지 않더라도 EC2의 비용은 발생합니다. 일괄 결제로 계정들을 연결해 놓으면 예약 인스턴스를 구입한 계정이 이용하지 않는 경우에 다른 계정이 사용할 수 있습니다.

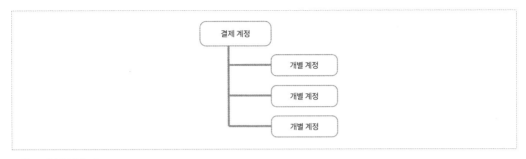

그림 2.3 일괄 결제 기능

AWS 계정이 1개로 충분한 경우에도 처음부터 일괄 결제 기능을 이용할 수 있도록 결제 계정과 이용 계정(개별 계정) 두 개를 만드는 것을 권장합니다. AWS의 운용을 시작하면 금방 여러 개의 AWS 계정 이 필요해집니다. 그러므로 처음부터 계정을 추가할 때 결제 계정에 연결만 하면 되는 방식을 구축해 놓는 편이 좋습니다.

조직 계정(AWS Organizations)

복수의 AWS 계정을 통합하는 AWS Organizations는 2016년 11월에 추가된 비교적 새로운 기능입 니다. 기능으로는 일괄 결제 기능을 포함하고 AWS 계정에 대해 IAM처럼 정책 제어가 가능합니다. AWS Organizations에는 '루트'로 불리는 계정과 그것에 연결된 개별 계정이 있습니다. 또 개별 계정 을 계층화하기 위한 조직 단위가 있습니다. 그리고 계정에 대해 정책이라는 형식으로 화이트 리스트 형/블랙 리스트 형으로 권한 관리를 할 수 있습니다. 상위 계정에서 정한 정책은 개별 계정 단위에서 취 소할 수는 없습니다. 이 기능이 있기 때문에 계정에 대해 강력한 통제가 가능합니다.

AWS Organizations는 이해하기가 좀 어려운 기능이지만 기존 복수 계정의 문제점을 해결하는 방법 입니다. 지금부터 AWS를 사용하기 시작할 경우에는 처음부터 AWS Organizations를 사용하면 좋습 니다. AWS Organizations에 대해서는 3장에서 자세히 설명하겠습니다.

2-2

AWS와 감사 추적

1장에서 설명한 대로 기업에서 AWS를 사용할 때 감사 추적은 중요합니다. AWS 상에서 시스템을 운용할 때는 시스템과 AWS의 각 로그와 작업 이력을 추적 정보로서 남길 필요가 있습니다. 그럼 각각에 대해 살펴보겠습니다.

2.2.1 시스템의 로그 및 작업 이력

AWS 상에 구축한 시스템 및 애플리케이션의 로그나 작업 이력에 대해서는 기본적으로 온프레미스와 동일합니다. 하지만 AWS의 경우는 두 가지 주의할 점이 있습니다. 첫째, RDS 같은 AWS가 관리하는 관리형 서비스의 경우 OS의 로그는 취득이 불가능합니다. 또한 미들웨어와 애플리케이션 로그도 AWS 가 제공하는 것만 취득할 수 있습니다. 그렇기 때문에 서비스 이용 여부를 결정할 때는 어떤 추적 정보가 필요한지 미리 정리할 필요가 있습니다. 다행히 AWS의 서비스는 필요 충분한 기능을 갖추고 있는 것이 많습니다.

둘째, EC2의 Auto Scaling 기능처럼 인스턴스를 자동으로 늘렸다 줄였다 할 수가 있는데 서버가 줄어드는 경우 서버의 삭제와 함께 로그가 사라지지 않게 고려해야 합니다. 해결책으로는 실시간에 가까운 로그 전송 방식을 이용해 로그 데이터를 S3에 저장하는 것입니다. AWS에는 CloudWatch Logs라는 로그 관리 시스템이 있습니다. 그 기능의 일부로 각 인스턴스에 설치하는 에이전트가 있습니다. 이것을 이용하면 거의 실시간으로 로그를 전송할 수 있습니다. CloudWatch Logs 외에도 Fluentd와 같은 서드파티 도구도 많이 이용합니다.

로그를 전송하는 방식은 자동 스케일링의 경우 외에도 장점이 많습니다. 하나는 S3에 로그를 수집하는 시스템이 만들어진다는 점입니다. AWS뿐만 아니라 일반적인 시스템에 있어서도 로그를 저장하고 관리하는 것은 쉬운 일이 아닙니다. S3를 사용하면 백업과 같은 별도의 시스템을 만들 필요가 없습니다. 또한 S3에는 라이프 사이클 기능이 있어서 일정 기간이 지나면 비용이 저렴한 아카이브용 스토리지로 이동하거나 데이터를 자동 삭제하는 것도 가능합니다.

그 밖에 보안상의 장점도 있습니다. 부정 이용자가 서버에 침입했을 때 자신의 활동 흔적을 지우기 위해 로그를 삭제하는 경우가 있습니다. 인스턴스에는 S3의 저장 권한만 부여하고 삭제 권한은 부여하지 않으면 서버를 해킹했다고 해도 로그 전송 시스템을 멈추기 전까지의 활동을 S3에 저장할 수 있습니다. 단순히 서버 내에 로그를 저장하는 것보다 많은 장점이 있습니다. 지금부터 서버를 구축할 때는 가능한 한 S3에 로그를 저장하는 설정을 하면 좋겠습니다.

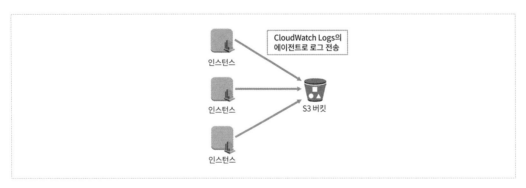

그림 2.4 CloudWatch Logs의 에이전트를 이용한 로그 전송

2.2.2 AWS의 로그 및 작업 이력

CloudTrail은 화면 콘솔 혹은 API를 이용한 작업 이력을 S3에 저장 및 보관하는 서비스입니다. AWS의 거의 모든 서비스의 작업 이력을 취득할 수 있습니다. 일부 지원되지 않는 서비스도 있으므로 서비스마다 지원되는지 미리 확인할 필요가 있습니다.

CloudTrail은 AWS를 이용함에 있어 필수 서비스 중 하나로 계정을 개설할 때 먼저 CloudTrail을 설정합시다. CloudTrail은 리전 단위의 켜짐/꺼짐, 계정 단위의 켜짐/꺼짐 설정이 모두 가능합니다. 반드시 계정 단위로 설정을 합시다. 리전 단위로 하게 되면 리전이 추가될 때마다 이용자가 직접 CloudTrail의 설정을 해야만 합니다. 또한 CloudTrail의 권장 설정 중 하나인 교차 계정 역할을 이용해 다른 계정에 대해 로그를 저장하는 방법이 있습니다. 방금 전의 시스템 로그 수집 관련 내용과 마찬가지로 관리하고 있는 AWS의 모든 로그를 한 곳으로 수집하는 것이 가능합니다.

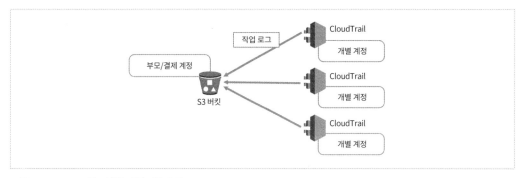

그림 2.5 CloudTrail을 이용한 작업 이력 수집

2-3

AWS의 네트워크 설계의 사고 방식

이번 절에서는 기업에서 이용할 때의 AWS의 네트워크 설계의 사고 방식을 정리하겠습니다. 사고 방식의 포인트는 3가지입니다.

- VPC의 역할
- 사내 네트워크와의 연결 방법
- 복수 AWS 계정에서의 설계

그럼 순서대로 살펴봅시다.

2.3.1 VPC의 역할과 사내 네트워크와의 연결 방법

여기서는 기업의 사내 네트워크의 형태에 어떤 패턴이 있는지를 정리한 다음 AWS의 VPC를 어떻게 연결할 것인가를 검토하겠습니다. 먼저 사내 네트워크의 형태를 보겠습니다.

사내 네트워크의 형태

사내 네트워크 형태의 패턴을 세부적으로 열거하면 끝이 없지만 크게 보면 아래의 3패턴으로 요약됩니다.

- 단일 거점 네트워크
- 단일 거점 네트워크와 데이터센터의 연결
- 복수 거점 네트워크와 데이터센터의 연결

그리고 연결 형태로는 VPN/전용선을 이용한 P2P 연결, 복수 거점을 폐쇄망으로 연결한 스타형의 연결 등이 있습니다. 이 밖에도 인터넷을 통해 연결하는 것도 생각할 수 있지만 그것은 네트워크 측면에서 별도의 시스템이 되므로 논외로 하겠습니다.

포인트는 각 거점 간을 P2P로 연결할 것인지 폐쇄망을 중심으로 한 스타형으로 연결할 것인지입니다.

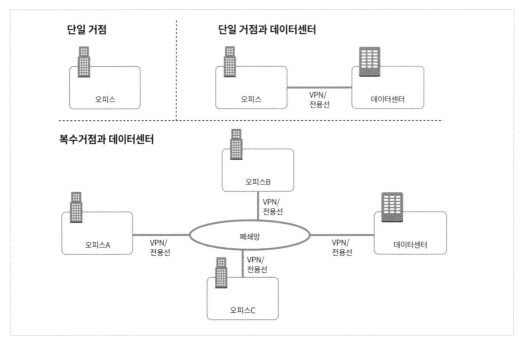

그림 2.6 사내 네트워크의 형태

VPC를 어떻게 연결할까

그럼 AWS의 VPC를 거점 네트워크와 어떻게 연결하는지 생각해 봅시다. 단일 거점 네트워크의 경우는 단순히 거점 네트워크와 VPC를 연결하기만 하면 됩니다.

◆ 단일 거점 네트워크와 데이터센터의 연결

다음으로 단일 네트워크와 데이터센터가 있는 경우입니다. 사실은 이 패턴이 고려해야 할 포인트가 가장 많습니다. 다음 그림과 같이 거점과 VPC를 연결할 것인가 아니면 데이터센터와 VPC를 연결할 것인가를 생각할 수 있습니다. 그림에도 나와 있지만 거점, 데이터센터, VPC를 따로따로 연결해서 그물형으로 만드는 방법도 있습니다.

데이터센터를 폐지하고 VPC로의 일원화를 목표로 하는 경우에도 데이터센터를 바로 폐지할 수는 없습니다. 몇 년에 걸쳐 단계적으로 시스템을 마이그레이션하게 됩니다. 그때 VPC를 어느 쪽과 연결하는게 좋을까요? 이것은 경우에 따라 다르므로 정답은 없지만 데이터센터와 VPC를 연결하는 게 좋습니다. 그 밖의 경우는 거점과 VPC를 연결하면 추후에 마이그레이션할 때 설정 변경 등이 적어집니다. 하지만 앞으로 거점이 늘어날 가능성이 있다거나 데이터센터를 계속 사용하는 경우에는 이를 계기로 폐쇄망 도입을 생각하는 것도 좋겠습니다.

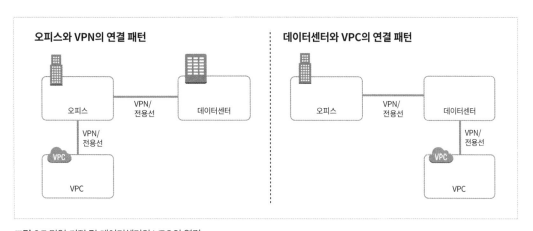

그림 2.7 단일 거점 및 데이터센터와 VPC의 연결

◆ 복수 거점 네트워크와 데이터센터의 연결

복수 거점과 데이터센터가 폐쇄망으로 연결돼 있는 패턴입니다. 이 경우에는 변경 작업은 간단하며 거점을 추가할 때와 동일하게 VPC를 폐쇄망의 네트워크에 참가하게 하면 됩니다.

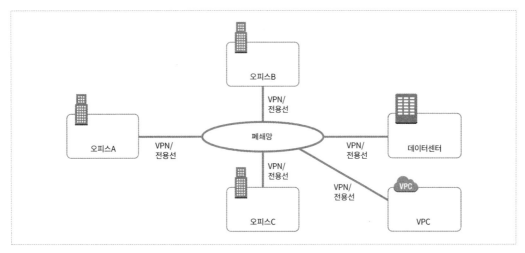

그림 2.8 복수 거점과 데이터센터와 VPC의 연결

폐쇄망에 VPC를 연결할 수 있는지는 사용하는 통신사의 서비스에 달려있습니다. 같은 통신사의 경우에도 서비스에 따라 연결이 안 되는 경우도 있습니다. 먼저 통신사 측 담당자에게 확인합시다. 최근에는 대부분 연결이 가능합니다.

거점과 VPC의 연결

거점 및 데이터센터와 VPC의 연결은 인터넷을 경유한다는 점을 빼면 Direct Connect(전용선)와 VPN 연결의 두 종류입니다. 단, VPC측의 출구(VGW)는 이중화할 수 있으므로 Direct Connect 하나, VPC 하나 외에 'Direct Connect와 Direct Connect', 'Direct Connect와 VPN', 'VPN과 VPN'의 연결 패턴이 있습니다.

VPC 측의 출구에는 물리적인 기기가 있습니다. 유지보수를 위해 몇 개월에 한 번 정도 몇 분 ~ 몇 십분 동안 정지할 가능성이 있습니다. 용도에 따라서 정지 시간이 허용 범위를 초과하지 않는지 판단해야 하므로 복구 소요시간을 고려해서 설계합시다. 그리고 이중화했다고 해도 경로를 정적으로 설정해 두면 정지했을 때 수동으로 변경해야 할 필요가 있습니다. 동적인 경로로 설정하는 방법은 4장에서 자세히 설명하겠습니다.

2.3.2 여러 AWS 계정 간의 연결 방법

거점 및 데이터센터와 VPC의 연결 방법을 검토했는데, 다음으로 AWS 계정이 여러 개인 경우의 연결 패턴을 생각해 봅시다.

용도별 AWS 계정의 분류와 연결 방법

먼저 연결 형태를 생각하기 전에 AWS 계정의 용도를 생각해 보면 아래의 두 종류로 나뉩니다.

- 사내 시스템의 일부로서의 AWS 계정
- 테마별 용도의 AWS 계정

먼저 용어를 정의하자면 '사내 시스템이란 업무를 수행하는 데 필요한 시스템으로 사원 데이터 등 이용 기업 내의 정보가 필요한 시스템'이라고 하겠습니다. 일반적으로 인사, 회계 시스템이나 파일 서버 등을 떠올릴 수 있습니다. 이에 비해 테마별 용도의 AWS 계정은 예를 들어 '프로젝트의 운영, 검증, 개발 환경 혹은 공개 DNS, 웹 서버 등 사내 시스템과 데이터 연계가 필요 없는 것'이라고 하겠습니다.

연결 방법에 대해서는 사내 시스템으로서 연결할 때는 기존 네트워크에 참가하는 것이 제일 좋습니다. 네트워크 체계도 사내 네트워크의 일부인 서브넷으로서 할당하는 것이 좋습니다. 반면 테마별 용도의 AWS 계정인 경우에는 반드시 기존 네트워크에 연결해야 할 필요는 없습니다. 인터넷을 통하거나 별도로 구축한 Direct Connect/VPN을 통해 연결하는 패턴을 생각할 수 있습니다. 네트워크 체계도 사내 시스템과 독립적이라고 할 수 있습니다.

용도에 맞게 연결 형태를 분리하는 이유로는 관리 주체가 누구인가 하는 문제가 있습니다. 사내 네트워크의 대부분은 본사 쪽 부문에서 관리하는 경우가 많고, 테마별 용도의 경우에는 현장의 부서가 AWS 계정을 관리하는 경우가 많습니다. 이런 경우에는 책임 분계점을 생각해서 네트워크를 분리하는 것이 좋습니다.

단지 현실적으로는 현장의 부서가 만든 AWS 계정도 사내 시스템과 연결해야 하는 경우가 많습니다. 그럴 때는 AWS 계정의 관리와 네트워크 구성을 변경할 수 있는 사람이 누구인지 확실하게 정의한 다음에 연결할 필요가 있습니다.

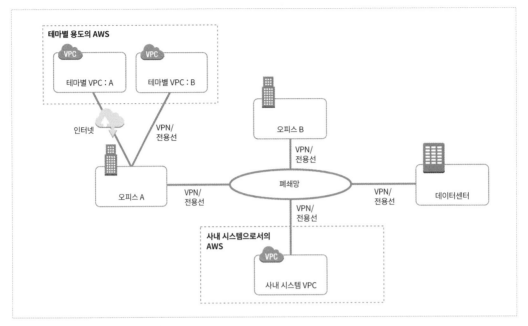

그림 2.9 여러 AWS 계정과의 연결 패턴

거의 모든 서비스가 인터넷 환경을 전제로 한다면 단순히 네트워크 측면의 방어만으로는 보안을 유지하기가 어려워집니다. 그러므로 한편으로 출입구의 관리를 철저히 하는 것은 변함없이 중요합니다. 그렇기 때문에 연결 형태에 대해 제대로 설계할 필요가 있습니다.

VPC 피어링을 이용한 AWS 계정 간 연결

VPC 간의 연결 방법으로 VPC 피어링(VPC Peering)이라는 방법이 있습니다. 같은 리전이어야 하고 네트워크 주소의 중복이 없어야 하는 등 몇 가지 전제 조건이 필요하지만 다른 AWS 계정 간의 연결도 가능합니다. 반면 투과형 피어 관계는 구축할 수 없습니다. 예를 들어, 3개의 VPC(A, B, C)가 있고 'A–B', 'B–C' 간에 연결돼 있는 경우 'A → C'의 직접 연결은 할 수 없습니다. 이 경우는 B 내의 서버를 중계할 필요가 있습니다.

이런 제약이 있기 때문에 사내 네트워크의 구축 수단으로서 VPN 피어링을 이용하는 것은 현실적이지 않습니다. 일대일 연결을 전제로 사용합시다. 그리고 자사 내 VPC 간의 연결 용도보다 타사와의 시스템 연계가 필요한 경우에만 사용하는 정도로 충분합니다.

AWS로의 시스템 마이그레이션

AWS 상의 시스템 구축 패턴으로는 신규 시스템 구축과 온프레미스 환경의 시스템 마이그레이션이라는 두 가지 패턴이 있습니다. 여기서는 기업 내에서 많이 요구하는 마이그레이션에 대해 생각해 보겠습니다.

2.4.1 클라우드 여행: 마이그레이션의 단계

AWS Summit은 세계 각국에서 AWS 주최로 개최되는 이벤트로서 2016년 도쿄 AWS Summit의 테마 중 하나가 클라우드 여행이었습니다. 이것은 클라우드를 도입하는 단계의 공통점을 정리한 것으로 다음과 같은 프로세스로 요약됩니다.

1. Project: 프로젝트
2. Foundation: 기반
3. Migration: 마이그레이션
4. Optimization: 최적화

먼저 특정 프로젝트에서 AWS를 도입하고 AWS 기반을 구축합니다. 그리고 순차적으로 온프레미스의 시스템을 AWS로 마이그레이션하고 마지막으로 AWS에 최적화된 구성으로 변경해 나가는 순서입니다.

이 기간이 몇 개월이 걸릴지 몇 년이 걸릴지는 기업에 따라 다릅니다. 그러나 작게 시작해서 유용성을 확인하고 확대해 나가는 프로세스를 밟는 것이 AWS 마이그레이션을 성공시키는 길이라고 확신합니다. 그럼 단계적으로 마이그레이션하는 방법을 살펴봅시다.

2.4.2 AWS 마이그레이션의 패턴

AWS의 마이그레이션을 검토할 때는 먼저 마이그레이션 대상을 정합니다. 그다음 어떻게 마이그레이션할 것인가에 해당하는 방식 또는 패턴을 정합니다. 마이그레이션 패턴은 다음의 세 가지입니다.

- 단순 마이그레이션
- 커스터마이즈
- 최적화

마이그레이션의 기본이 되는 것은 단순 마이그레이션입니다. 단순 마이그레이션이 안 되는 부분에 대해서는 커스터마이즈합니다. 그리고 운용 후 또는 사전에 명백하게 변경하는 편이 나은 경우에는 AWS에 최적화된 구성으로 변경합니다. 그럼 각 사고 방식에 대해 살펴보겠습니다.

단순 마이그레이션

AWS 마이그레이션의 첫걸음은 단순 마이그레이션입니다. 기존 시스템 특히 소프트웨어 부분을 가능한 한 현 상태 그대로 AWS로 가져가는 것을 권장합니다. 그 이유로는 설계를 변경하면 기존의 설계서나 운용 매뉴얼 또는 실제로 이용하는 사용자 매뉴얼 등에 영향을 미쳐 변경 작업이 필요해지기 때문입니다. 그렇게 되면 AWS 상의 시스템 구축 이상으로 사양의 조정이나 문서 작성에 시간을 빼앗기게 됩니다. 그리고 마이그레이션할 때 테스트에서 문제가 발생하면 소프트웨어가 원인인지 AWS의 구성이 원인인지 구별할 필요가 있습니다.

이런 문제를 피하기 위해 현재 시스템을 가능한 한 그대로 마이그레이션하면 순수하게 AWS 상의 시스템 구축에 집중할 수 있습니다.

커스터마이즈

단순 마이그레이션을 권장했지만 온프레미스와 AWS는 같은 구성이 어려울 수도 있습니다. 예를 들어, 온프레미스에서는 당연한 듯 도입돼 있는 NAS 같은 것도 AWS 상에서 구현하기 위해서는 별도의 수단이 필요합니다. 또는 온프레미스의 구성을 그대로 AWS로 가져가는 것이 안티 패턴이 되는 경우도 있습니다. 이런 부분에 대해서는 AWS에 맞춰서 커스터마이즈해야 합니다. 대표적인 안티 패턴으로는 AWS가 이미 서비스로서 제공하고 있는 것을 EC2 상에 직접 구축하는 것입니다.

최적화

최적화란 AWS의 장점을 최대한 활용할 수 있는 구성으로 변경하는 것입니다. 구성으로는 AWS의 각종 서비스를 충분히 사용해서 가능한 한 직접 구축하는 부분을 줄이는 것입니다. 최적화의 포인트는 무슨 일이 발생하면 온프레미스로 돌릴 수 있다는 생각을 버리는 것입니다.

또한 최적화는 잠시 운용을 해본 후에 생각하는 것으로 충분합니다. 그 이유는 두 가지입니다. 첫 번째는 AWS에 숙련되지 않은 상태에서 최적화하려 해도 잘 되지 않기 때문입니다. 두 번째는 구축 당초의 시스템은 규모도 작고 AWS의 이용료도 몇 십만~몇 백만 원 정도에 지나지 않습니다. 이 단계에서 최적화를 위해 인건비를 투입해도 비용 대비 효과가 좋지 않은 경우가 많기 때문입니다.

그럼 다음으로 마이그레이션에 있어서 검토 항목을 조사하는 방법을 확인하겠습니다.

2.4.3 AWS로의 마이그레이션 계획

온프레미스에서 AWS로 시스템을 마이그레이션할 때의 포인트는 일반 시스템을 마이그레이션하는 경우와 동일하게 시스템 요건을 조사하는 것부터 시작한다는 것입니다. 그다음 중요한 것은 fit & gap 분석입니다.

fit & gap 분석

fit & gap 분석은 현재의 구성이 AWS에 그대로 적용할 수 있는지(fit) 아니면 AWS의 기능으로는 구현할 수 없는지(gap)를 조사하는 것입니다. 이 분석에서는 두 가지 관점으로 조사합니다. 먼저 차이가 있는지 없는지입니다. 그리고 차이가 있으면 그 차이에 어떻게 대처할지입니다. 대처 방법으로는 차이를 좁히기 위해 시스템 측에서 필요한 기능을 만드는 법도 있고, 반대로 업무 또는 운용상 문제가 없다는 판단하에 수용하는 것도 있습니다. 중요한 것은 시스템 전체적으로 업무 수행이 가능한지에 대한 관점 입니다.

구체적인 fit & gap 분석의 하나로 '어플라이언스로 구현하고 있는 부하 분산 처리에 대해 ELB의 기능 으로 커버 가능한가, 또는 AWS 상에 인스턴스를 만들고 현재의 어플라이언스의 가상 이미지를 이용할 것인가' 등을 검토하는 것이 있습니다. 일반적으로는 다음 항목이 검토 대상이 되는 경우가 많습니다.

- NAS 및 공유 디스크의 대체 방법
- 멀티캐스트를 사용할 수 없다
- Oracle RAC에 대해 RDS의 가용성으로 충분한가
- 레이어7에서 부하 분산하고 있는 로드 밸런서
- 백업 방법

◆ NAS 및 공유 디스크의 대체 방법

NAS 및 공유 디스크에 대해서는 AWS로 마이그레이션할 때 고민을 많이 하게 되는 포인트 중 하나입 니다. AWS에는 EFS라는 관리형 NFS 서비스가 있지만 2017년 12월을 기준으로 도쿄 리전에는 아직 들어오지 않았습니다[3]. 그리고 현시점에서 EFS는 NFS v4.1만 대응하고 있고 윈도우 표준으로는 NFS v3까지 대응하고 있으므로 서드파티의 라이브러리를 넣지 않으면 이용할 수 없습니다. EC2를 이용해 서 직접 구축하는 등의 대응을 생각해 볼 수 있지만 가용성을 생각하면 이중화 구성이 필요합니다. 그 때는 ClusterFS 같은 분산 파일 시스템을 구축하는 등의 방법이 있지만 구성이 복잡해지고 운용 부담 이 커지는 문제가 있습니다.

멀티캐스트를 사용할 수 없다

VPC 안에서는 멀티캐스트를 이용해 서브넷으로 배포가 불가능합니다. 서브넷이 물리적으로 같은 스 위치 내에 구성돼 있는 것이 아니라 가상으로 연결돼 있기 때문입니다. 그렇기 때문에 멀티캐스트를 사 용하는 제품은 주의가 필요합니다. VPC에서도 유니 캐스트는 가능하므로 그걸로 대체 가능한지 확인 해 봅시다.

---

3   (옮긴이) EFS는 현재 서울, 도쿄 리전에서 사용 가능합니다. 2018년 5월 서울 리전이, 2018년 7월 도쿄 리전이 릴리스됐습니다.

◆ Oracle RAC

온프레미스 환경에서는 가용성 및 성능 면에서 Oracle Real Application Cluster(Oracle RAC)를 이용하는 경우가 많습니다. AWS에서는 멀티캐스트, 공유 디스크를 사용할 수 없다는 문제로 Shared Disk 형태로 멀티캐스트를 필요로 하는 Oracle RAC가 오랫동안 지원되지 않았습니다. 2015년 11월 이후로는 AWS가 제공하는 AMI를 사용해 튜토리얼의 설명을 따라 하면 구축 가능한 상황이긴 합니다.

Oracle RAC on Amazon EC2
https://aws.amazon.com/articles/7455908317389540

AWS의 관리형 데이터베이스 서비스인 RDS는 구축이 간단하고 백업 기능 등 운용 면에서 장점이 많습니다. AWS를 도입하는 이유 중 하나로 RDS를 꼽을 정도입니다. RDS는 멀티 AZ라는 이중화 구성이 가능한데 DNS 변경에 따른 장애 조치 형식으로 DNS의 TTL이 1분으로 설정돼 있습니다. 그 결과, 장애 조치에 몇 분 정도 걸리기 때문에 가용성 면에서 수용할 수 있는지 검토가 필요합니다.

그 외에는 가용성 및 리소스의 이용 효율이 좀 더 높은 AWS Aurora를 사용하는 선택이 있습니다. 이 때는 데이터베이스 엔진 자체를 변경하는 것이 되므로 애플리케이션 쪽의 영향이 큽니다. 마이그레이션하는 것보다 비용 면에서 이점이 많으므로 비용 대비 효과가 있는지 검토해봅시다.

◆ 레이어 7에서 부하 분산하고 있는 로드 밸런서

최근의 로드 밸런서는 매우 성능이 높은 것이 많습니다. 그러므로 원래는 애플리케이션 쪽에서 처리해야 할 사항을 로드 밸런서에서 구현하는 사례도 많이 볼 수 있습니다. 그런 경우에는 AWS 마이그레이션에 주의가 필요합니다.

AWS의 로드 밸런서 기능으로 ELB(ALB: Application Load Balancer와 CLB: Classic Load Balancer의 총칭)가 있습니다. ALB는 CLB의 상위 호환이므로 신규로 도입하는 경우에는 ALB를 전제하고 생각합시다. ALB는 레이어7에서의 부하 분산이 가능하지만 상용 로드 밸런서 어플라이언스의 기능을 모두 갖추고 있지는 않습니다. ALB로 대체 불가능한 경우에는 마켓 플레이스에서 벤더가 제공하는 가상 어플라이언스를 이용하는 방법을 검토합시다.

반면 ELB는 AWS로 관리되므로 비용 및 확장성 면에서 매우 뛰어납니다. 또한 가상 어플라이언스의 로드 밸런서를 사용하는 경우에도 이중화를 어떻게 구현하는가의 문제가 발생합니다. 가능한 한 ELB를 사용한 구성을 권장합니다.

◆ 백업 방법

AWS로 마이그레이션한 경우 백업 방법에 있어 이점이 매우 많습니다. 사실상 용량이 무제한인 S3를 사용할 수 있기 때문에 기존 백업을 S3 또는 스냅숏으로 대체 가능한지 검토할 수 있습니다.

기존의 백업 서버가 있는 경우에는 그걸 없애고 직접 S3로 백업이 가능한가, 없앨 수 없으면 백업 서버에 집약된 데이터를 S3로 백업하는 구성도 생각할 수 있습니다.

도입 컨설팅(AWS 프로페셔널 서비스)

AWS의 구성을 검토할 때 주의해야 할 점은 AWS의 서비스는 점점 진화하고 있다는 점입니다. 과거에 AWS에서는 구현할 수 없었던 것도 현재는 새로운 서비스로 제공되는 경우도 있습니다. 또는 서비스 업데이트로 구현 가능해지는 경우도 있습니다. AWS의 서비스 업데이트는 연간 몇백 회에서 몇천 회 정도 이뤄집니다. AWS를 주된 업무로 하지 않는 이상 새로운 서비스를 계속 파악하는 것은 솔직히 쉬운 일이 아닙니다. AWS는 프로페셔널 서비스라는 유료 컨설팅 서비스를 제공하고 있고 AWS 파트너 기업도 동일한 서비스를 제공하는 곳이 많습니다. 아키텍처를 검토할 때 도입 서포트를 받는 것도 괜찮겠습니다.

> AWS 프로페셔널 서비스
> https://aws.amazon.com/ko/professional-services/

탁상 검증은 최소한으로

AWS의 마이그레이션 계획 수립의 포인트로 탁상검증을 최소한으로 하는 것이 있습니다. AWS의 장점 중 하나로 구성에 맞지 않으면 간단히 변경 가능한 점이 있습니다. 온프레미스처럼 구입한 다음에야 성능이나 구성이 맞지 않는 것을 알게 되더라도 변경하기 어려운 상황은 발생하지 않습니다. 그러므로 탁상 검증은 문제 해결을 위한 검토를 최소한으로 하고 실제 검증에 많은 시간을 할당하는 것이 좋습니다.

2.4.4 AWS의 마이그레이션 서비스

온프레미스에서 AWS로 마이그레이션할 때의 포인트는 서버와 데이터를 어떻게 옮길까입니다. 그리고 서버와 데이터를 둘 다 포함하는 데이터베이스를 어떻게 할 것인지 생각할 필요가 있습니다.

서버의 마이그레이션

서버를 마이그레이션하는 방법에 대해서는 같은 구성 및 설정으로 다시 구축하는 방법과 온프레미스 환경에서 움직이는 가상 이미지를 그대로 AWS의 가상 이미지(AMI)로 마이그레이션하는 방법의 두 가지가 있습니다. 어느 쪽이든 장단점이 있지만 초기 마이그레이션이라는 관점으로 보면 후자가 구축 비용이 불필요하기 때문에 추천합니다.

AWS에는 서버 마이그레이션 서비스가 두 개 있습니다. 하나는 VM Import/Export라는 가상 머신 이미지를 EC2의 인스턴스로 가져오거나 반대로 EC2로부터 내보내는 서비스입니다. VM Import/Export는 대상으로 하는 가상화 형식이 많고 VMware ESX, VMware Workstation, Microsoft Hyper-V, Citrix Xen을 지원합니다. 주의할 점으로는 Export에 대해서는 모든 EC2 인스턴스를 대상으로 하지 않고 VM Import로 EC2화된 것만 대상이 된다는 것입니다.

다른 하나의 서버 마이그레이션 서비스는 2016년 10월에 발표된 AWS Server Migration Service (SMS)입니다. 이것은 서버 단위의 마이그레이션이 아닌 시스템 전체의 마이그레이션을 서포트하는 서비스입니다. 온프레미스 상에 AWS가 제공하는 가상 어플라이언스를 가동해서 VMware로 가동하는 가상 머신 리스트를 취득해 마이그레이션하는 대상을 선택하기만 하면 순차적으로 마이그레이션을 시작합니다. VM Import/Export는 처리가 번거롭고 매뉴얼에 따라 여러 가지 작업을 실시해야 합니다. 이에 비해 SMS는 초기 설정이 끝나면 거의 자동으로 마이그레이션이 가능합니다. 현재 지원하는 가상화 형식은 VMware뿐이지만 SMS는 VM Import의 상위 호환이라고도 말할 수 있으므로 환경에 제약이 없는 한 이용하는 것을 검토해 봅시다.

데이터의 마이그레이션

시스템 마이그레이션은 데이터 마이그레이션이 필수입니다. AWS에는 데이터 마이그레이션 서비스가 몇 가지 있습니다. 하나는 가상 어플라이언스를 이용해 투과적으로 데이터를 S3에 저장하는 Storage Gateway입니다. 또 하나는 AWS가 제공하는 물리적인 하드웨어 어플라이언스를 데이터센터에 반입해서 데이터를 복사한 후 배송 업자를 통해 AWS로 배송해 S3에 복사하는 Snowball입니다. Storage

Gateway는 데이터 전송에 대해서는 인터넷 회선을 이용합니다. 이 대역이 충분하지 않은 경우에는 대량 데이터 전송이 어렵습니다. 이런 경우에는 Snowball을 이용합시다. Snowball은 80TB까지 데이터를 일괄로 마이그레이션할 수 있습니다. 데이터센터 안에서의 복사 시간을 제외하면 왕복 전송시간을 포함해도 1시간 정도로 마이그레이션을 완료할 수 있습니다. 대략 몇 십 TB의 데이터 마이그레이션이 필요하고 100Mbps 이하의 회선밖에 없는 경우에는 이용을 검토해 봅시다. 또한 Snowball의 케이스는 크기 때문에 랙에 마운트할 수가 없습니다. 데이터센터에서 이용하는 경우는 물리적인 공간이 있는지 확인하는 것도 중요합니다.

데이터베이스의 마이그레이션

마지막으로 데이터베이스의 마이그레이션입니다. 데이터베이스는 데이터베이스 정의, 테이블 정의라고 하는 메타데이터와 실제 데이터의 두 가지가 있습니다. 그리고 데이터의 특징으로는 데이터 양이 많은 것 외에 데이터의 추가 및 갱신 빈도가 잦은 것을 들 수 있습니다. 데이터베이스가 시스템의 중요한 부분을 차지하는 경우가 많고 웬만해서는 멈출 수 없는 것이 특징입니다.

AWS에는 DMS(Database Migration Service)라는 데이터베이스 마이그레이션 서비스가 있습니다. 단순한 스키마나 데이터의 마이그레이션은 물론 Oracle, MySQL, PostgreSQL 등 서로 다른 데이터베이스 간의 변환 및 마이그레이션도 지원합니다. 그리고 초기 마이그레이션뿐만 아니라 차분 변경 등 계속적인 마이그레이션도 가능합니다.

온프레미스에서 AWS로의 마이그레이션에 대해서는 6장에서 자세히 설명하겠습니다.

AWS 상의 시스템에 대한 모니터링 운용

AWS를 사용하면 자동화가 가능하고 사람의 손을 거치는 부분이 적어집니다. 그리고 AWS 서비스의 대부분은 관리형 서비스라고 하는 AWS에 의해 관리되는 서비스로서 사용자에 의한 관리가 필요 없습니다. 반면 AWS를 이용해서 만든 시스템 그 자체는 사용자가 모니터링과 운용을 해서 정상적으로 동작하도록 계속 유지해야 합니다. 이번 절에서는 AWS 상의 시스템 모니터링 및 운용을 어떻게 하는지 소개하겠습니다.

2.5.1 AWS 상의 시스템을 모니터링하는 사고 방식

AWS 상의 시스템을 모니터링하는 사고 방식은 기본적으로는 온프레미스 상의 시스템과 같습니다. 시스템 상의 서비스를 계속하려면 어느 부분의 모니터링이 필요한지 찾아내고 어떻게 모니터링할 것인가를 정의해야 합니다. 대부분의 모니터링은 기존의 온프레미스 시스템과 동일한 방법으로 실시합니다.

반면 하드웨어 부분의 모니터링은 AWS의 서비스를 이용한 모니터링으로 대체합니다. 이 부분은 AWS의 독자적인 부분입니다. 그리고 AWS의 서비스는 가상화된 인스턴스 등으로 구성돼 있습니다. 그렇기 때문에 논리적으로 변경하는 것이 쉽고 모니터링과 세트로 자동 복구 구성을 하기 쉽습니다. 자동 복구를 사용함으로써 이용자 입장에서는 다운타임을 최소한으로 줄이고 운용자 입장에서는 운용 부하를 최소한으로 할 수 있습니다.

시스템의 모니터링 대상

시스템의 모니터링 대상을 쪼개보면 다음의 다섯 가지로 나뉩니다. 각기 모니터링하는 내용과 방법을 살펴보겠습니다.

표 2.1 시스템의 모니터링 대상

모니터링 항목	내용	모니터링 방법
인스턴스 모니터링	인스턴스 자체의 사활 모니터링	CloudWatch
프로세스 모니터링	인스턴스 내에서 실행 중인 프로세스의 모니터링	사용자 정의 지표 또는 서드파티 도구
리소스 모니터링	인스턴스의 리소스(CPU, 메모리 등) 이용률	CloudWatch
로그 모니터링	로그에 출력된 내용의 모니터링	CloudWatch Logs 또는 서드파티 도구
URL 외형 모니터링	주로 VPC/AWS 외부로부터의 URL 모니터링(서비스 모니터링)	서드파티 서비스

AWS의 모니터링의 중심은 CloudWatch입니다. 기본으로 서비스마다 지표 모니터링이 준비돼 있습니다. CloudWatch는 기본적으로는 인스턴스 등의 AWS가 제공하는 서비스를 모니터링하기 위한 것입니다. 그렇기 때문에 인스턴스나 리소스 모니터링 외에는 서드파티 도구를 사용하는 경우가 많습니다. 예를 들어, 프로세스 모니터링 등은 Zabbix 등을 많이 사용합니다. 그리고 CloudWatch의 리소스 모니터링 중에 EBS의 I/O 현황은 모니터링 가능하지만 디스크의 이용률은 모니터링이 불가능합니다. 반대로 CPU를 모니터링하는 경우 Zabbix의 계측과 CloudWatch의 계측 결과가 크게 달라지는 경우가 있습니다. 이것은 EC2의 서비스 자체가 가상 머신이라는 특성상 다른 VM으로부터 Steal의 영향을 받기 때문입니다. Zabbix에서 취득하는 값이 틀릴 리는 없지만 채용하는 값에 대해서는 주의할 필요가 있습니다.

CloudWatch를 이용한 모니터링

CloudWatch에는 방금 소개한 지표 모니터링 외의 모니터링 방법이 있습니다. 사용자 정의 지표와 CloudWatch Logs입니다.

◆ 사용자 정의 지표

사용자 정의 지표는 이름 그대로 사용자 정의가 가능한 모니터링입니다. EC2 상에 셸 스크립트 등으로 모니터링하고 싶은 항목의 값을 만드는 프로그램을 작성합니다. 그것을 정해진 형식에 맞춰 전송해서 CloudWatch를 이용한 모니터링을 구현할 수 있습니다.

CloudWatch의 기본 지표에서 필요한 항목을 취득할 수 없는 경우에는 이를 사용해서 확장합니다. EC2의 경우 CloudWatch로 취득 여부를 판단하는 기준은 OS를 통해 취득하는 값인지 아닌지입니다. CloudWatch는 OS를 통해 취득하는 값은 취득할 수 없습니다.

다소 오래됐지만 AWS 공식 리눅스의 사용자 정의 지표를 만드는 방법이 공개돼 있습니다. 실제 만들어 보고 싶은 경우에 참고합니다.

> Amazon EC2 Linux 인스턴스의 메모리와 디스크의 지표의 모니터링
>
> http://docs.aws.amazon.com/ko_kr/AWSEC2/latest/UserGuide/mon-scripts.html

◆ CloudWatch Logs

CloudWatch Logs는 로그 수집 기능과 모니터링이라는 두 서비스로 구현됐습니다. 로그 수집은 EC2의 인스턴스에 에이전트를 설치하면 이용할 수 있습니다. 또한 로그 에이전트는 CloudWatch Logs의 엔드포인트에 연결 가능해야 합니다. VPN 내에 인터넷 게이트웨이가 존재하고 인스턴스에 글로벌 IP를 부여해서 직접 혹은 NAT 인스턴스/서비스를 통해 엔드포인트에 연결할 수 있어야 합니다.

전송된 로그는 지표 필터로 모니터링합니다. 로그의 포맷을 지정해서 특정 문자열의 빈도에 따라 경고를 보내는 것이 가능합니다. CloudWatch Logs 자체는 Fluentd 같은 서드파티 도구로 대체 가능합니다. 현행 시스템에 도입이 완료된 도구가 있는 경우에는 그것을 이용하고, 없는 경우에는 CloudWatch Logs의 도입을 검토하는 것이 좋습니다.

SNS를 이용한 알림

시스템을 모니터링하다 문제가 발생하면 경고를 보내야 합니다. AWS에서 경고를 보낼 때는 SNS(Simple Notification Service)를 사용합니다. SNS는 메일이나 푸시 알림으로 경보를 보내는 것 외에 Lambda 같은 프로그램을 호출하는 것도 가능합니다. SNS를 잘 활용하면 자동 복구 시스템을 구축하는 것도 가능합니다.

그리고 EC2의 인스턴스에 대해서는 특히 StatusCheckFailed System 경고를 기준으로 인스턴스를 재시작하는 트리거를 실행할 수 있습니다. 서버 자체를 자동 복구할 수 있다는 것은 클라우드의 큰 특징입니다. 꼭 활용해 보길 바랍니다. 반면 각 인스턴스가 이상 종료해도 시스템 자체가 계속 동작하게 하는 것은 시스템 설계의 몫입니다. 인스턴스 자체에 의존하지 않는 것이 운용하기 쉬운 시스템 구성으로 이어집니다.

구체적인 모니터링 설계에 대해서는 7장의 '운용 모니터링 설계 및 실시'를 참조합니다.

2.5.2 AWS의 운용 서비스

시스템은 모니터링과 운용이 모두 필요합니다. 운용에는 모니터링과 같이 이상 상태를 감지했을 때 대처하는 것 외에도 평상시에 해야 할 작업이 많습니다. 예를 들어, 오래된 모듈을 업데이트해서 최신 상태를 유지하는 것이나 신규 취약점 정보를 수집해서 시스템이 문제 없는지를 확인하는 것도 운용의 일부입니다. 그 밖에도 온프레미스 시스템의 경우에는 로그 파일이나 데이터 등을 테이프에 아카이브화해서 안전하게 저장하는 것도 운용에 포함됩니다.

AWS에는 이러한 운용 작업을 자동화해서 운용자의 부하를 대폭 감소시키는 서비스가 많습니다. 나중에 도입하는 것도 가능하므로 잘 활용해 효율화합시다.

인스턴스의 상태 관리 및 운용(Systems Manager)

시스템을 운용할 때 각 인스턴스에 어떤 모듈이 설치돼 있는지(소프트웨어 인벤토리)를 파악하는 것은 중요합니다. 또한 OS에 패치를 적용하는 작업 또한 자주 있는 일입니다. AWS Systems Manager는 그러한 작업을 관리하는 서비스입니다. 그리고 Systems Manager는 EC2뿐만 아니라 온프레미스의 서버 관리도 가능합니다. Systems Manager에서 중요한 것은 직접 서버에 로그인하지 않고 운용이 가능하다는 점입니다. 서버에 로그인해야 하는 작업은 사람의 실수가 있을 수 있고 감사가 복잡해질 가능성이 있습니다. Systems Manager 기반의 운용으로 바꾸면 미리 정의한 작업을 각 인스턴스에 동일하게 실행할 수 있습니다. 그리고 서버 내의 정보를 수집할 수 있으므로 상태 파악을 위해 서버에 로그인할 필요가 없습니다. 잘 활용하면 SSH/RDP의 포트를 열지 않고도 운용할 수 있습니다.

인스턴스의 보안 평가(Inspector)

윈도우나 리눅스 등의 OS 또는 그 안에서 사용하는 모듈에 대해서는 매일 새로운 취약점이 발견되고 있습니다. 취약점 하나하나는 공통 취약점 식별자(CVE)로 관리됩니다. 반면 사람이 수동으로 자신이 관리하고 있는 인스턴스 내의 모듈을 모두 파악해서 CVE에 해당하는 것이 없는지 찾아내는 것은 쉬운 일이 아닙니다. Amazon Inspector는 EC2 내의 소프트웨어 인벤토리를 수집하고 CVE 등과 연계해서 자동으로 보안 평가를 하는 서비스입니다.

인벤토리 수집이라는 의미에서 보면 Systems Manager와 Inspector는 닮았습니다. 하지만 Systems Manager는 인스턴스의 구성 유지라는 관점의 서비스이고 Inspector는 보안 진단이라는 의미가 강한 서비스입니다. 그런 면에서 둘은 경쟁하는 서비스가 아닙니다. 그리고 Inspector만으로는 모든 취약점을 감지할 수 없습니다. 필요에 따라 서드파티 서비스와 같이 이용합시다.

서포트 서비스

AWS에는 이 밖에도 운용을 지원하는 서비스가 많습니다. 예를 들어, AWS Personal Health Dashboard는 자신이 운용하는 AWS 서비스가 정상으로 가동되고 있는지를 알 수 있는 서비스입니다. 그리고 AWS를 적절히 올바르게 이용하고 있는가를 진단하는 Trusted Advisor라는 서비스나 AWS의 서포트를 담당하는 직원에게 직접 질문할 수 있는 AWS Support라는 서비스도 있습니다. 각 인스턴스의 하드웨어적인 장애나 관리형 서비스의 장애는 AWS 서포트에 들어있지 않으면 상세 내용을 알 수 없는 경우도 있습니다. 운영 환경의 서비스를 운용하는 경우에는 반드시 AWS Support에 가입합시다. 빠른 응답이 필요한 경우에는 비즈니스 이상의 서포트 플랜에 가입하기를 권장합니다.

구체적인 운용에 대해서는 7장의 '운용 모니터링 설계 및 실시'의 '시스템 운용'을 참조합니다.

Chapter 3

계정 관리와
권한 부여

3-1

AWS의 계정 관리

AWS를 이용할 때 중요한 것이 보안을 유지하며 시스템을 개발하고 운용해 나가는 것입니다. 이를 위해 AWS의 계정과 리소스를 어떻게 관리하고 이용자에게 어떻게 권한을 부여해야 하는가를 사전에 설계하는 것이 매우 중요합니다. 이번 장에서는 다음과 같은 설계 방식을 검토하고 어떻게 설계해야 하는지 지침을 제시하겠습니다.

- AWS의 계정 관리 방법

- AWS 계정을 어떤 단위로 분할해야 하는가

- IAM(Identity and Access Management)을 이용한 권한 부여

3.1.1 효율적으로 계정 관리하기

AWS에서 여러 시스템을 구축하고 운용할 경우 시스템마다 여러 개의 AWS 계정을 관리하게 됩니다. 그리고 1개의 시스템 안에서도 환경(운영 환경, 테스트 환경, 개발 환경 등)마다 계정을 나누는 케이스도 많습니다. 그 결과 기업에서 AWS를 사용하는 경우 필요한 계정 수가 매우 많아질 가능성이 있습니다.

그러므로 계정을 어떻게 관리할 것인가를 사전에 검토해 두는 것이 중요합니다. 계정 관리 지침이 없으면 계정이 부문마다 무질서하게 생성되어 계정 관리에 필요 이상으로 시간이 낭비됩니다. 게다가 기업

내의 모든 계정에 대해 동일하게 대응해야 할 때 관리가 엉망이면 빠뜨리고 대응하지 못하는 경우가 발생할 수도 있습니다. 최악의 경우 보안 사고로 이어지는 위험도 있을 수 있습니다.

AWS에는 AWS Organizations(조직 계정)라는 여러 계정을 효율적으로 관리하기 위한 서비스가 있습니다. 이번 절에서는 AWS Organizations가 어떤 서비스인지를 설명하고 AWS Organizations를 이용한 효율적인 계정 관리에 대해 소개하겠습니다.

3.1.2 AWS Organizations

AWS Organizations는 여러 계정을 그룹화해서 계정 그룹을 일원화해서 관리할 수 있는 서비스입니다. 그룹으로 정리함으로써 여러 계정의 결제를 묶거나 각 계정에서 이용 가능한 AWS 서비스를 제한할 수 있습니다.

이번 항목에서는 먼저 어떻게 계정을 그룹화하는지 설명하고 그 그룹에 대해 어떤 기능을 사용할 수 있는지 소개하겠습니다.

AWS Organizations를 이용한 AWS 계정의 그룹화

AWS Organizations는 파일 시스템처럼 트리 구조를 이용해 계정을 그룹화합니다. 먼저 AWS Organizations를 구성하는 독자적인 요소를 소개하겠습니다.

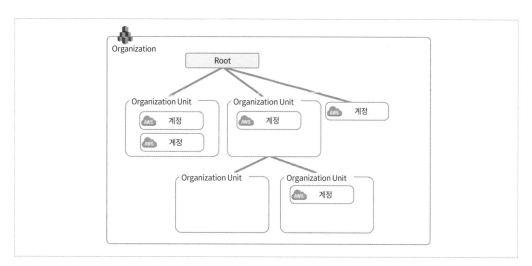

그림 3.1 AWS Organizations의 트리 구조

◆ Organization

관리하고 싶은 계정 그룹을 묶는 부모 그룹입니다. 회사 전체를 1개의 Organization으로 관리하는 것도 가능하고 부문마다 Organization을 정의해도 문제 없습니다. Organization 단위로 결제를 통합할 수 있기 때문에 결제를 통합하는 단위로 Organization을 정의하는 것이 무난합니다. Organization을 만든 계정을 마스터 계정이라고 하고 그 밖의 자식 계정을 관리합니다.

1개의 마스터 계정으로는 Organization을 1개만 만들 수 있으므로 주의하기 바랍니다. 다른 Organization을 정의하고 싶은 경우에는 다른 마스터 계정을 준비해야 합니다.

◆ Root

Organization의 트리 구조에서 최상위의 개념입니다. 다음에 설명하는 Organization Unit을 하위로 정의할 수 있습니다. 그리고 Root의 바로 밑에 계정을 직접 배치하는 것도 가능합니다. AWS Organizations의 기능 중 하나로 이용 가능한 AWS 서비스를 제한하는 기능이 있지만 Organization 전체에 제한을 설정하고 싶을 때는 이 Root에 제한을 설정하면 됩니다.

◆ Organization Unit

여러 자식 계정을 묶는 논리 그룹입니다. 파일 시스템의 디렉터리나 폴더라고 생각할 수 있습니다. 계정을 배치하거나 하위에 다른 Organization Unit을 생성할 수도 있습니다.

◆ 계정

개별 계정을 나타냅니다. 파일 시스템의 파일에 해당한다고 볼 수 있습니다.

AWS Organizations의 기능

구축한 AWS 계정의 트리 구조에 대해 어떤 것들이 가능한지 설명하겠습니다. AWS Organizations의 기능으로는 아래의 3개가 제공됩니다.

- 계정의 생성
- 결제의 일원 관리
- 계정에서 이용 가능한 AWS 서비스에 제한 설정하기

Organization을 만들 때 이용할 수 있는 AWS 서비스에 제한을 설정하는 기능을 활성화할 것인지를 선택할 수가 있습니다. 처음에 무효로 설정하고 나중에 유효로 변경하는 것은 가능하지만 그 반대는 안 되므로 주의해야 합니다.

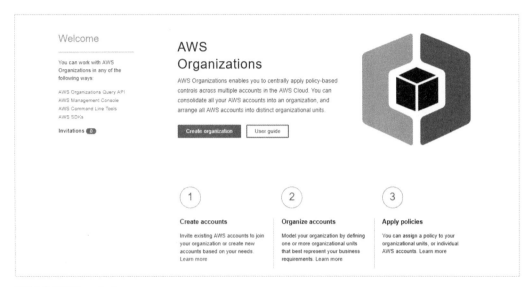

그림 3.2 AWS Organizations

계정 생성

Organization에 연결할 계정을 새로 생성할 수 있습니다. 기본적으로는 일반 AWS 계정을 생성할 때와 동일한 정보를 입력하고 계정을 만듭니다. 계정은 처음부터 생성하는 Organization의 자식 계정으로 만들어집니다.

계정을 발행하는 담당자나 부문은 자식 계정을 생성함으로써 관리해야 하는 계정을 파악할 수가 있습니다. 그리고 기존의 AWS 계정을 Organization에 연결하는 것도 가능합니다. 이때는 기존의 AWS 계정에게 초대 요청을 발행하면 기존 AWS 계정 쪽에서 승인하면 됩니다.

결제의 일원 관리

Organization의 계정 그룹의 이용 요금을 하나로 합쳐서 결제할 수 있습니다. 마스터 계정으로는 각 계정의 결제 리포트를 참조할 수 있고 계정마다 이용 명세도 체크할 수 있습니다. 조직 내의 계정 수가 늘어남에 따라 매달 결제 처리가 복잡해지므로 이 기능은 매우 편리합니다.

이용 요금 측면에서도 이점이 있습니다. 먼저 볼륨 디스카운트가 유효한 AWS 서비스에 대해서는 Organization 내의 모든 계정의 서비스 이용량을 대상으로 요금 할인이 됩니다. 예를 들어, S3의 스토리지 가격은 계정 내의 사용 총량이 50TB까지일 때와 그 이상일 때에 따라 GB당 월 단가가 달라집니다. 사용 총량이 많을수록 이용 단가가 저렴해집니다. 3개의 계정에서 각기 S3를 30TB씩 사용해도 개별로는 할인 요금이 적용되는 값에 도달하지 못하지만 3개의 계정을 같은 Organization으로 연결하면 사용량이 합계로 계산되어 할인이 적용됩니다. 또한 예약 인스턴스(50쪽)에 대해서는 어떤 계정에서 구입한 서비스가 이용되지 않을 경우 자동으로 같은 Organization 내의 다른 계정에 할인 적용이 됩니다.

계정으로 이용 가능한 AWS 서비스에 제한 설정하기

Organization에 연결된 계정에 이용 가능한 AWS 서비스 혹은 특정 작업에 대한 이용 권한을 설정하는 것이 가능합니다. 이용 제한은 서비스 제어 정책이라는 권한 정책을 정의해서 이뤄집니다.

서비스 제어 정책은 JSON 형식으로 정의하고 계정이나 Organization Unit, Root에 적용할 수 있습니다.

예를 들어, 다음과 같은 서비스 제어 정책은

- EC2는 모든 기능의 이용을 허가

- RDS는 참조 관련 작업만 허가

- 그 밖의 서비스에 대해서는 어떤 기능도 이용 불가

아래와 같이 JSON 형식으로 정의할 수 있습니다.

예제 3.1 서비스 제어 정책

```json
{
    "Version": "2012-10-17",
    "Statement": [
        {
            "Sid": "xxxxxxxx",
            "Effect": "Allow",
            "Action": [
                "ec2:*",
                "rds:Describe*"
```

```
        ],
        "Resource": [
            "*"
        ]
    }
  ]
}
```

서비스 제어 정책은 정책에 명시한 작업만 허가하는 화이트 리스트 형과 명시한 작업에 제한을 설정하고 그 밖의 작업을 허가하는 블랙 리스트 형이 있습니다. 위의 서비스 제어 정책은 "Effect": "Allow"로 설정해서 화이트 리스트 형으로 지정했습니다(블랙 리스트 형으로 지정하려면 "Effect": "Deny"로 설정합니다).

JSON 형식의 권한 설정

권한을 JSON 형식으로 기재할 필요가 있어 조금 이해하기 어려울 수도 있습니다. 그러나 AWS에서는 이런 포맷으로 권한 설정을 하는 것이 많으므로 익숙해질 필요가 있습니다. AWS에는 'AWS 이용자'에 대해 기능 제한을 설정하는 IAM(Identity and Access Management)이라는 서비스가 있습니다(상세 내용은 3.3절 'AWS의 권한 관리'에서 설명하겠습니다). 이 IAM에서도 같은 형식으로 IAM 정책을 정의합니다.

IAM 정책과 AWS Organization의 서비스 제어 정책의 차이를 보충 설명하면 IAM 정책은 "Resource"를 설정해서 작업 대상까지 지정한 정책을 정의할 수 있는 것에 비해 AWS Organization의 서비스 제어 정책은 "Resource"에 "*"로만 지정이 가능하고 AWS의 특정 리소스를 지정하는 것은 불가능합니다. 또한 IAM 정책은 '액세스 IP 주소가 "xxx.xxx.xxx.xxx"이면 이 정책을 적용한다'라는 조건을 "Condition"으로 정의할 수 있지만, 서비스 제어 정책에서는 이용할 수 없습니다.

정책 생성기

정책을 정의하는 것이 어렵다고 느끼는 사람도 있을 수 있지만 이런 정책을 반드시 직접 생성해야 하는 것은 아닙니다. 물론 직접 생성해도 되지만 AWS Organization에서는 정책 생성기라는 기능을 제공하고 있어 GUI를 사용한 권한 정책을 정의할 수 있습니다. 먼저 생성기를 이용해 기본이 되는 JSON 파일을 생성하고 그것을 수정해서 상세한 설정은 수작업으로 하는 것을 권장합니다.

아래가 정책 생성기입니다. 직감적으로 이용할 수 있습니다.

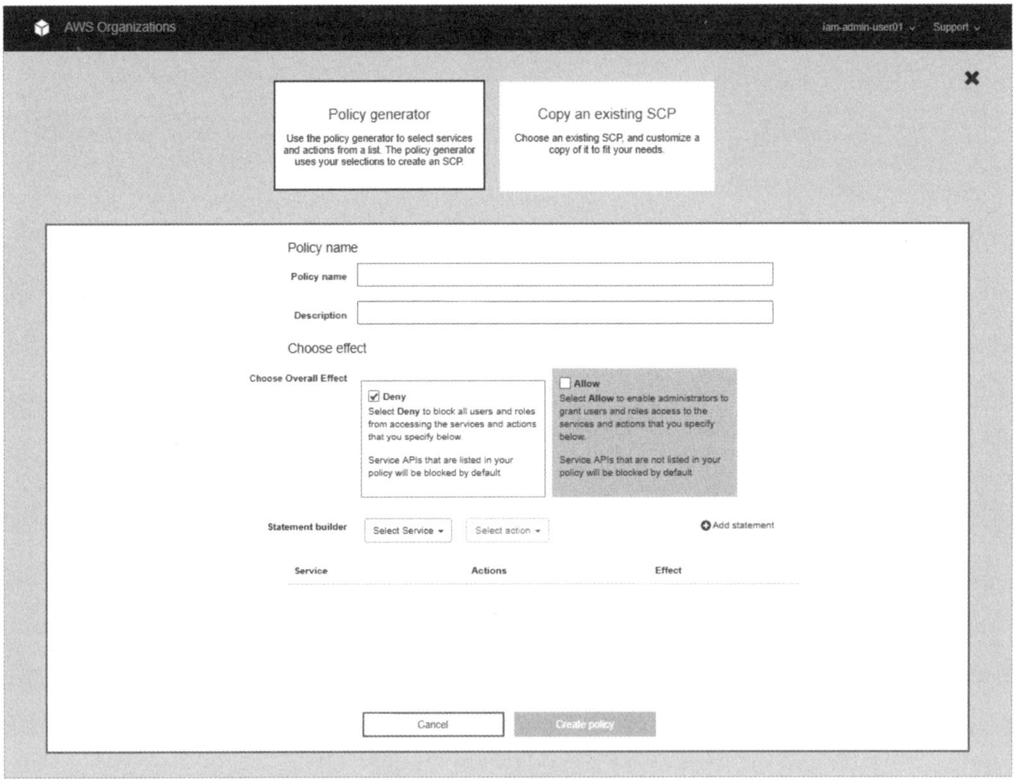

그림 3.3 정책 생성기

◆ 정책 적용

계정이나 Organization Unit에 서비스 제어 정책을 적용하는 것으로 제한이 가능합니다. 계정에 적용한 경우는 그 계정에게만, Organization Unit에 적용한 경우는 하위에 있는 모든 Organization Unit과 계정에 제한이 걸립니다. 또한 Root에 적용하는 것도 가능하며 이 경우에는 Organization 내의 모든 계정에 제한이 걸립니다. 단지 마스터 계정 자신은 제한 대상에서 제외되므로 유의하기를 바랍니다.

서비스 제어 정책으로 제한한 AWS 서비스는 IAM 정책에서 그 서비스에 이용 허가를 부여해도 이용할 수 없습니다. IAM에 대해서는 3.3절 'AWS의 권한 관리'에서도 설명하겠지만 사용자는 '서비스 제어 정책으로 허가된 계정'으로 'IAM 정책으로 허가된' AWS 서비스만 이용할 수 있습니다.

3.1.3 AWS Organizations의 도입과 정책 설정

이번 항목에서는 AWS Organizations의 이용 방법을 설명하겠습니다. AWS Organizations 도입까지의 순서는 아래와 같습니다.

1. 마스터 계정으로 Organization을 생성

2. Organization에 연결하는 계정의 설정

   - 기존 계정을 초대해서 연결
   - 신규 계정을 생성해서 연결

3. Organization Unit의 생성과 계층 구조의 정의

4. 서비스 제어 정책의 생성과 적용

마스터 계정으로 Organization을 생성

마스터 계정으로 AWS 관리 콘솔에 로그인하고 AWS Organizations 서비스를 선택합니다. Organization이 생성돼 있지 않은 경우에는 아래와 같은 화면이 표시되므로 Create organization 버튼을 클릭해 Organization을 생성합니다.

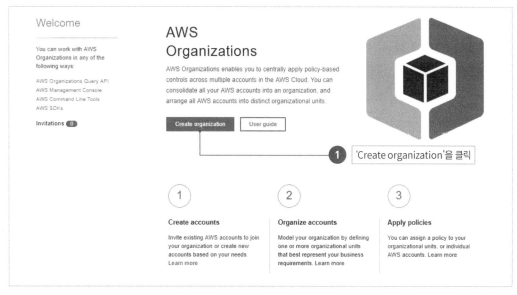

그림 3.4 AWS Organizations의 초기화

다음으로, 생성한 Organization에서 이용할 서비스를 선택합니다.

- **ENABLE ALL FEATURES**: AWS Organizations에서 제공하는 모든 기능을 이용
- **ENABLE ONLY CONSOLIDATED BILLING**: 결제 관리의 일원화 기능만 이용

이번 이용법 설명에서 서비스 제어 정책을 이용한 기능 제어에 대해서도 소개하기 때문에 'ENABLE ALL FEATURES'를 선택합니다.

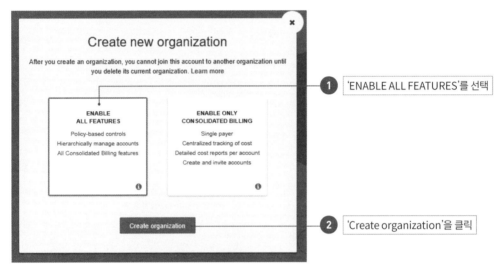

그림 3.5 생성할 Organization에서 활성화할 기능을 선택합니다

'ENABLE ONLY CONSOLIDATED BILLING'을 선택한 후에 'ENABLE ALL FEATURES'로 변경하는 것은 가능하지만 그 반대는 불가능합니다. 또한 'ENABLE ONLY CONSOLIDATED BILLING'을 'ENABLE ALL FEATURES'로 변경할 때는 Organization에 연결된 모든 계정으로부터 변경 허가를 받아야 한다는 점을 기억해야 합니다.

Organization에 연결할 계정의 설정

Organization이 생성됐으므로 다음은 여기에 연결할 계정을 정의합니다. 정의 방법으로 다음의 두 가지가 있습니다.

- 기존 계정을 초대해서 연결
- 신규 계정을 생성해서 연결

◆ 기존 계정을 초대해서 연결

먼저 기존 AWS 계정을 초대해서 연결하는 순서를 설명하겠습니다.

Organization 화면에서 'Add account' 버튼을 클릭해 계정 생성 화면을 열고 'Invite account'를 선택합니다. 그러면 계정을 지정하는 화면으로 이동하므로 초대하고 싶은 계정의 계정 ID(또는 메일 주소)를 입력하고 Invite 버튼을 클릭합니다.

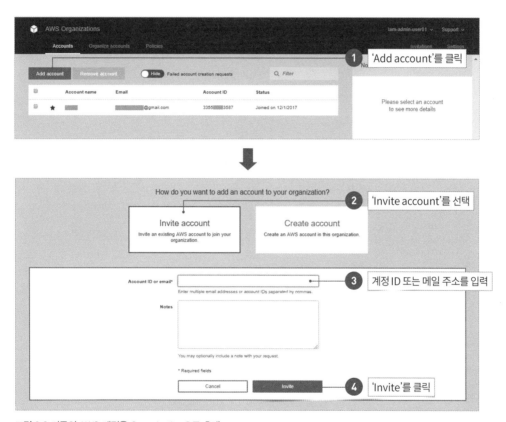

그림 3.6 기존의 AWS 계정을 Organization으로 초대

그러면 입력한 AWS 계정의 메일 주소로 다음과 같은 초대 메일이 보내집니다. 초대받은 계정 쪽에서 승낙을 하면 Organization에 연결됩니다.

Invitations

You have invitations to join other organizations. Review the details to respond to the invitations. You can only join one organization at a time.

Organization ID	▬▬▬▬▬▬
Master account name	▬▬▬▬▬▬
Master account email	▬▬▬▬▬▬@▬▬▬▬▬▬
Requested controls	**Enable all features** The master account pays the charges accrued by all member accounts and can attach policy-based controls to the member accounts.
Notes	Organizations의 자식 계정으로 초대합니다. 승인을 부탁 드립니다.

Accept   Decline

그림 3.7 기존의 AWS 계정으로 도착하는 Organization 초대

◆ 신규 계정을 생성해서 연결

다음으로 새로 계정을 생성해서 Organization에 연결하는 방법을 설명하겠습니다. 계정 추가 화면에서 'Create account'를 선택합니다. 다음의 입력 화면으로 이동하면 생성하고 싶은 계정의 정보를 입력합니다. 계정을 새로 생성할 때는 자동으로 Organization에 연결됩니다. 주의할 점은 AWS Organizations의 기능으로 생성한 계정은 패스워드가 없는 상태로 생성된다는 점입니다. 그러므로 관리 콘솔로 처음 로그인할 때 로그인 화면에서 패스워드를 재설정할 필요가 있습니다.

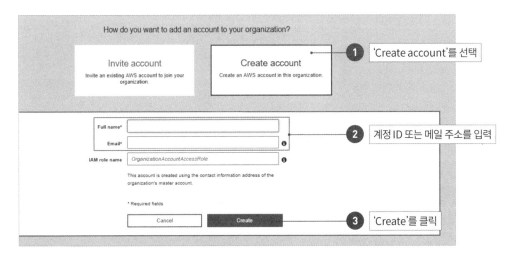

그림 3.8 Organization에 연결할 AWS 계정을 신규로 생성

Organization Unit의 생성과 계층 구조의 정의

계속해서 Organization Unit을 생성하고 Organization의 계층 구조를 정의합니다. AWS Organizations 화면에서 'Organize accounts' 탭을 선택하면 Organization 내의 계층 구조를 정의하는 화면이 나옵니다.

'New organizational unit'을 클릭해 Organization Unit을 생성합니다. 다음과 같은 화면이 표시되므로 Organization Unit의 이름을 입력합니다.

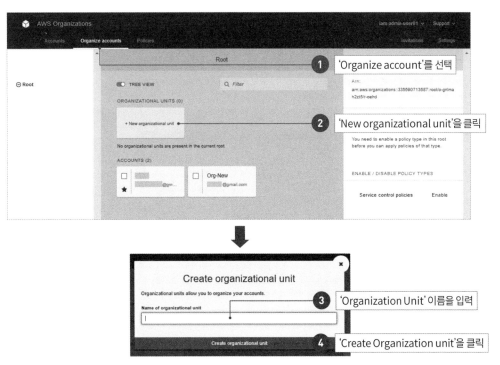

그림 3.9 Organization Unit을 선택

Organization Unit의 아래에 Organization Unit을 만들 수도 있습니다. 옆 그림은 두 개의 시스템에 환경별로 여러 개의 Organization Unit을 생성한 예입니다.

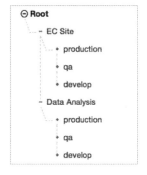

그림 3.10 여러 Organization Unit을 생성해서 계층 구조를 정의한 예

마지막으로 계층 구조에 계정을 연결합니다. 연결하고 싶은 계정을 선택해서 Move를 클릭합니다. 그러면 계층을 선택하는 화면이 표시되고, 여기서 연결하려는 Organization Unit을 선택합니다.

그림 3.11 Organization Unit에 계정을 연결

이상으로 Organization Unit 생성 및 계층 구조의 정의가 끝났습니다.

서비스 제어 정책의 생성과 적용

마지막으로 서비스 제어 정책을 생성하고 이용 가능한 AWS 서비스에 제한을 설정하는 순서를 설명하겠습니다.

◆ 서비스 제어 정책의 생성

먼저 서비스 제어 정책을 생성합니다. 'AWS Organizations' 화면의 'Policies' 탭에서 'Create policy'를 클릭합니다. 앞에서 언급한 대로 정책 생성기를 사용하는 방법과 기존 정책을 기반으로 생성하는 방법을 선택할 수 있습니다. 여기서는 정책 생성기를 사용하겠습니다.

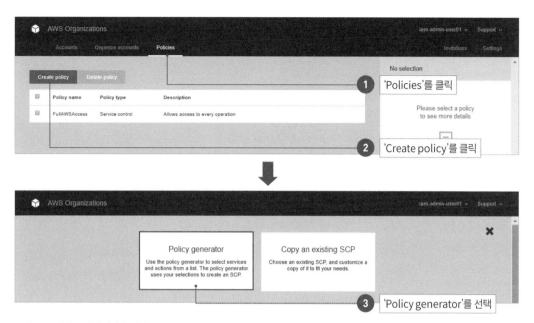

그림 3.12 서비스 제어 정책을 생성

먼저 정책의 이름을 결정합니다. 여기서는 임의의 이름을 작성합니다. 그 아래의 정책 설명도 임의로 설정합니다. 이어서 화이트 리스트 형식 혹은 블랙 리스트 형식으로 지정할지를 선택합니다. 여기서는 화이트 리스트 형식의 정책을 생성하므로 'Allow'를 선택합니다.

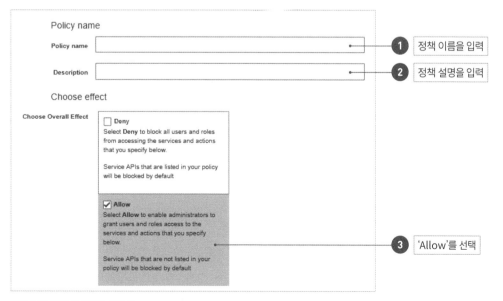

그림 3.13 정책 생성기의 설정 ①

계속해서 이용을 허가하는 AWS 서비스를 설정합니다. 'Statement builder'에서 AWS 서비스와 작업을 선택합니다. 아래 그림의 예에서는 EC2에 관련된 모든 작업을 선택합니다. 선택 후에 'Add statement'를 클릭하면 선택한 서비스와 작업이 추가됩니다. 서비스와 작업을 추가하면 'Create policy'를 클릭합니다. 이상으로 서비스 제어 정책의 생성이 완료됐습니다.

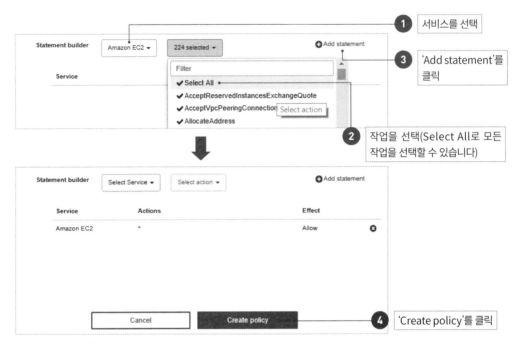

그림 3.14 정책 생성기의 설정 ②

◆ 서비스 제어 정책의 적용

마지막으로 서비스 제어 정책을 Organization Unit에 적용하겠습니다. 먼저 Organization 내에서 서비스 제어 정책의 적용을 허가합니다. 'Organize accounts' 탭에서 'Root'를 선택하고 'Service control policies'를 'Enable'로 선택합니다.

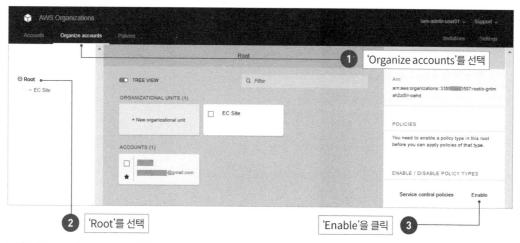

그림 3.15 서비스 제어 정책의 적용을 허가

Root의 서비스 정책을 'Enable'로 설정함으로써 하위의 Organization Unit이나 계정에 개별로 정책을 설정할 수 있게 됩니다.

다음으로 마찬가지로 'Organize accounts' 탭에서 정책을 적용하고 싶은 Organization Unit을 선택합니다. 오른쪽 아래의 'Service control policies'를 클릭하면 서비스 제어 정책을 선택하는 화면이 나옵니다. 표준으로 정의돼 있는 'Full AWSAccess'의 적용을 풀고 방금 전에 정의한 정책을 적용하면 정책 연결이 완료됩니다.

그림 3.16 Organization Unit에 서비스 제어 정책을 적용

3.1.4 AWS Organizations의 베스트 프랙티스

지금까지 AWS Organizations에 대해 설명했습니다. 이번 항목에서는 AWS Organizations를 사용할 때의 지침을 몇 가지 소개하겠습니다. 특별한 이유가 없으면 일단은 설명에 따라 운용을 시작해 보기를 권장합니다. 특히 첫 번째와 두 번째에 대해서는 어떤 경우에서도 유효한 지침이라고 생각되므로 꼭 도입해 보기를 바랍니다.

마스터 계정으로 CloudTrail을 활성화하기

CloudTrail은 AWS 상의 작업 이력을 기록하는 서비스입니다. CloudTrail을 활성화하는 것이 좋은 이유는 마스터 계정뿐만 아니라 모든 계정에도 적용된다고 말할 수 있는데 마스터 계정에서는 더더욱 CloudTrail을 설정해 둘 것을 권장합니다.

마스터 계정은 매우 강력한 권한이 있습니다. 만약 마스터 계정에서 부정 로그인이 발생하면 서비스 제어 정책을 변경하고 각 계정의 작업에 제한을 설정하거나 새로운 계정을 발행해 청구서를 마스터 계정에 연결할 수도 있습니다. 그것을 피하기 위해서라도 마스터 계정의 작업 로그를 기록합시다.

마스터 계정은 계정 관리 전용으로 하기

앞에서 설명한 대로 마스터 계정은 매우 강력한 권한을 갖는 계정입니다. 그러므로 마스터 계정에 로그인할 수 있는 사용자는 최소한으로 해야 합니다. 마스터 계정에서 다른 서비스를 운용하게 되면 운용하는 멤버가 로그인해야만 하는 이 원칙에서 벗어나게 됩니다. 마스터 계정은 다른 계정의 관리나 결제 관리를 위한 계정으로 이용하고 그 밖의 용도로 이용하는 경우에는 AWS Organizations에서 새로운 계정을 만듭니다.

Organization Unit에 서비스 제어 정책을 적용해 권한 제한하기

서비스 제어 정책은 Organization Unit뿐만 아니라 단일 계정에도 적용할 수 있습니다. 하지만 될 수 있는 한 Organization Unit에 정책을 적용해 권한 관리를 해야 합니다. 정확히 계층 구조를 정의할 수 있다면 같은 Organization Unit에 연결하는 계정 그룹은 동일한 이용 권한이 필요합니다. Organization Unit에 연결된 계정에 일괄적으로 권한을 부여하고 싶을 경우 Organization Unit에 정책을 적용하면 1개의 정책을 수정하는 것만으로 해결됩니다. 이와 달리 계정에 정책을 적용해버리면 쉽게 해결되지 않습니다.

또한 Organization Unit 내에 새롭게 계정을 생성할 때도 Organization Unit의 하위에 계정을 연결하는 것만으로 자동으로 정책이 적용되어 권한 제한이 걸리게 됩니다. 개별로 권한을 적용하는 특별한 이유가 없다면 우선은 Organization Unit에 정책을 적용하는 방식으로 권한 관리를 시작하면 됩니다.

Root에도 서비스 제어 정책을 적용할 수 있기는 하지만 이것도 최소한으로 하는 것이 좋습니다. 앞으로 Organization내의 계정 수가 늘어났을 때 Root의 정책 변경이 모든 계정에 영향을 미치게 되는데 그 영향 범위를 파악하기가 쉽지 않기 때문입니다. Root의 아래에 부문별 혹은 시스템의 종류나 환경별로 Organization Unit을 생성하고 파악 가능한 범위에서 권한을 적용합니다.

Organization 내에 화이트 리스트와 블랙 리스트를 혼합하지 않기

앞서 설명했듯이 서비스 제어 정책은 화이트 리스트 형식과 블랙 리스트 형식으로 생성할 수 있습니다. Organization 안에서 다른 형식의 정책을 병행하는 것도 가능하지만 병행하게 되면 사용자가 권한을 이해하기 어려워집니다. 그러므로 가능한 한 한쪽으로 형식을 맞춰서 이용하는 것이 좋습니다.

이용을 시작할 때는 어느 쪽 형식의 정책을 사용할지 결정하고 운용을 시작해야 합니다. 될 수 있는 한 그 규칙으로 운용하고 어쩔 수 없는 경우에만 병행해서 사용할지를 따로 의논합시다.

3.1.5 계정 관리의 로드 맵

기업 내에서 처음으로 AWS를 도입할 때 계정에 관해 무엇을 검토하고 어떻게 운용해야 하는지를 살펴보겠습니다.

관리 주체와 관리 범위를 결정

계정의 관리 패턴으로 아래의 예를 들 수 있습니다.

- 클라우드를 담당하는 부서가 전사의 계정을 관리
- 사업부 내의 인프라 담당자가 부서 내의 계정을 관리
- 프로젝트의 인프라 담당자가 프로젝트 내의 계정을 관리

어느 패턴이 최적인지는 회사의 규모, 개발 및 운용하는 서비스의 종류나 개수에 따라 달라지므로 한마디로는 말할 수 없지만 적어도 시스템 내 혹은 프로젝트 내에서 계정이 따로따로 생성되고 관리되는 일은 없도록 합시다.

Organization을 관리하는 담당을 결정

AWS Organizations의 마스터 계정에 로그인할 수 있는 담당자를 정합시다. 그 사람이 계정의 생성, 계정별로 어떤 권한을 적용할지를 결정하는 책임을 맡습니다. 아무나 마스터 계정에 로그인이 가능하면 계정 생성이나 권한 부여가 무질서해져서 Organizations를 도입한 의미가 없어져 버립니다. 필요한 최소한의 인원으로 한정해서 부문 내나 기업 내의 계정을 관리할 수 있는 체제를 만듭시다.

권한 부여 규칙을 생성

권한 부여의 예는 아래와 같습니다.

- 운영 환경에서는 신청한 기능 외에는 이용할 수 없음

- 개발 환경에서는 AWS 서비스가 요건에 맞는지 테스트하고 싶은 케이스가 있으므로 기본적으로는 모든 서비스를 개방

- 단, 법률에 의해 사용할 수 없는 서비스에 대해서는 어떤 계정도 이용할 수 없음

AWS의 이용 목적을 확인한 후 각 담당자와 대화를 통해 결정하면 좋겠습니다. 엄격한 규칙을 만들 필요는 없지만 규칙이 없는 것은 좋지 않습니다. 최소한의 규칙과 지침을 작성해 운용을 시작하길 바랍니다.

Organization Unit의 구성 설계하기

도입 시 어떤 Organization Unit의 계층 구조로 할 것인가를 설계합시다. 먼저 어떤 단위로 Organization Unit을 생성할지 결정합니다. 관리하는 범위에 따라 다르지만 시스템마다 부모(상위) Organization Unit을 생성하고 그 아래에 환경별로 자식 Organization Unit을 생성하는 것이 좋습니다. 부모 Organization Unit에는 시스템마다 필요한 권한을 부여하는 서비스 제어 정책을 정의하고 환경별로 제약을 설정하고 싶을 때는 한번 더 자식 Organization Unit에 서비스 제어 정책을 정의합시다.

이상으로 AWS Organizations의 소개를 마칩니다. AWS Organizations는 기업에서 AWS를 도입할 때 매우 편리한 서비스라고 할 수 있습니다. 이용료는 일절 발생하지 않습니다. 반드시 빠른 단계에 도입하기를 바랍니다.

AWS에서 환경 분리는 계정을 분리해서 진행하는 방법과 동일 계정 내에서 VPC를 분리하는 방법이 있습니다. 그러나 어느 방법을 택해야 하는가 또는 환경을 분리하지 말자가 종종 논의되곤 합니다. 구체적인 케이스를 소개하겠습니다.

- 현재 사내에서 EC 사이트와 분석 기반 시스템을 운용하고 있다. 온프레미스로 구축했고 다른 부서가 운용하고 있지만 양쪽 시스템은 매일 연계해야 할 필요가 있다. 이 두 시스템을 AWS로 마이그레이션할 경우 다음 중 어떤 패턴으로 환경을 분리해야 하는가?

  - AWS 계정 안에 VPC를 1개만 만들고 같은 VPC 안에 2개의 시스템을 구축한다

  - AWS 계정 안에 VPC를 2개 만들고 각 VPC에서 EC 사이트와 분석 기반 시스템을 구축한다. 시스템 연계에는 별도로 API를 준비하거나 VPC 피어링을 이용한다.

  - AWS 계정을 2개 생성해서 각 계정에서 VPC를 만들고 EC 사이트와 분석 기반 시스템을 다른 계정으로 구축한다. 시스템 연계에는 API를 준비하거나 VPC 피어링을 이용한다.

- EC 사이트에는 개발 환경, 검증 환경, 운영 환경의 3개의 스테이지를 준비하고 싶다. 이때 다음 중 어떤 패턴으로 구축해야 할까?

  - 같은 VPC 안에 각 스테이지 환경을 구축한다

  - 같은 AWS 계정 안에 VPC를 3개 준비해서 각 VPC에 각 스테이지 환경을 구축한다

  - AWS 계정을 3개 생성해 각 계정에서 VPC를 생성한 다음, 각 스테이지 환경을 구축한다

어느 방식을 선택할지는 시스템 규모나 특성, 부문 내에서 관리하는 계정의 개수 등에 따라 다르지만 필자가 추천하는 방법은 시스템 및 스테이지별로 계정을 분리하는 것입니다. 이번 절에서는 환경을 계정으로 나누는 경우의 장단점을 설명하고 AWS의 환경 분리의 베스트 프랙티스를 생각해 보겠습니다.

3.2.1 환경을 계정으로 분할하는 이점

시스템 종류나 스테이지마다 AWS 계정을 나눠서 운용하는 경우의 이점을 설명하겠습니다. 여기서는 운용 측면과 비용 관리의 2개의 축으로 이점을 소개하겠습니다.

운용 측면의 이점

먼저 방금 전에 소개한 예에서 EC 사이트와 분석 기반 시스템에서 AWS 계정을 나누지 않은 경우를 생각해 보겠습니다. 이 경우 양쪽 시스템 담당자에게 동일한 AWS 계정에 대한 로그인 권한을 부여해야 합니다.

이때 별다른 고려 없이 각 시스템 관리자에게 강력한 권한을 부여하면 관리 콘솔에 자신이 관리하지 않는 AWS 리소스마저 표시됩니다. 이는 시스템에 영향을 미치는 작업 실수로 이어질 수 있습니다. 예를 들어, EC 사이트의 담당자가 유지보수 작업 중에 EC2 인스턴스의 AMI를 작성하려다가 실수로 그 밑에 표시돼 있는 분석 기반용 인스턴스로 작업할 가능성이 있습니다. '신중하게' '여러 명이' 작업한다고 해도 사람이 하는 이상 실수할 가능성이 있습니다. 신중하게 작업하려고 주의하는 것보다는 처음부터 실수로 이어질 만한 작업이 불가능하게 해야 합니다.

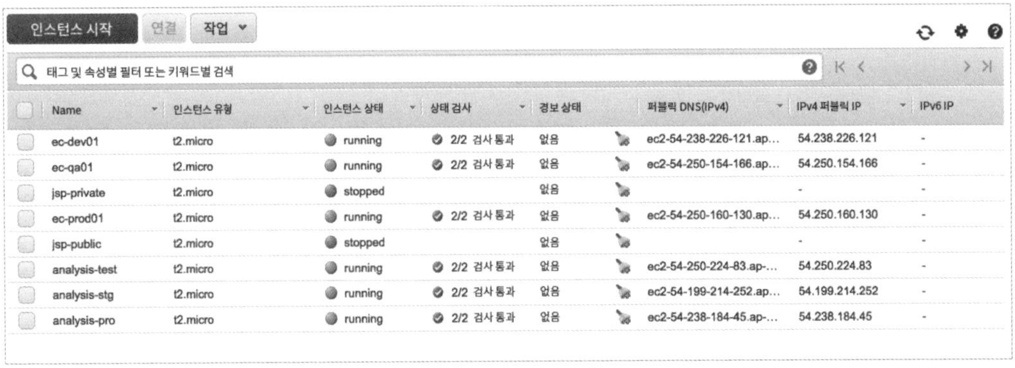

그림 3.17 작업자에게 관계없는 AWS 리소스가 표시되면 작업 실수의 원인이 된다

AWS에는 IAM이라는 권한 관리 기능이 있어서 '누구에게' '어느 AWS 리소스에' '어떤 작업을 허가한다(허가하지 않는다)'를 정의할 수 있습니다. IAM에 대해서는 다음 절에서 자세하게 소개하겠습니다. IAM을 이용하면 'EC 사이트의 담당자는 EC 사이트에 관련된 AWS 리소스만 작업할 수 있다'라는 권한 정책을 생성할 수 있습니다.

가능하기는 하지만 이 같은 IAM 정의는 나름 복잡하며 더군다나 AWS 리소스가 늘어날 때마다 IAM 정책을 변경해야만 합니다. 일반적인 IAM 설계 방법에서는 AWS 리소스를 늘리는 권한을 가진 사람과 IAM 정책 자체를 관리하는 사람을 나누는 경우가 많고 리소스가 늘어날 때마다 IAM 정책을 변경하는 방법은 매우 손이 많이 가게 되므로 현실적이지 않습니다.

시스템 종류나 스테이지마다 계정을 나누면 이런 복잡한 관리를 할 필요가 없습니다. 'EC 사이트의 담당자에게는 EC 사이트의 계정에 로그인 권한을 부여한다', '분석 기반 담당자에게는 분석 기반 계정의 권한을 부여한다', '개발 환경만 사용할 수 있는 애플리케이션 개발자에게는 개발용 계정의 권한을 부여한다'라고 하는 간단한 설계 지침을 지키면 처음에 예를 들었던 것과 같은 생각지도 않은 사고를 피할 수 있습니다. 담당자 또한 자신이 관리하는 AWS 리소스만 표시되므로 확인이나 작업 효율도 올라갈 것입니다.

비용 관리 측면의 이점

AWS는 종량 과금인 서비스가 많고 서비스를 사용한 만큼만 비용이 발생합니다. 이 이용료는 AWS 계정 단위로 결제됩니다. 하나의 AWS 계정 안에 여러 시스템이 존재하는 경우 시스템마다 발생하는 비용을 산출하는 것이 매우 어려워집니다. 어느 달에 각 시스템이 어떻게 사용됐는지에 따라 매월 비용이 변동되기 때문입니다.

AWS의 서비스에 따라 태그라는 기능이 있어서 이것을 사용하면 비용 배분을 할 수 있습니다. EC2나 RDS에는 이 태그 기능이 제공됩니다. 태그는 AWS 리소스에 부여하는 라벨로 키-값 형식으로 정의합니다. 예를 들어, 비용 배분을 위한 태그로 'CostCenter'라는 키(Key)로 태그를 만들고 리소스를 생성할 때마다 비용 청구처의 부문 명을 값(Value)으로 설정하면 비용 배분의 관리가 가능합니다. 단지 모든 AWS 서비스에 태그 기능이 구현돼 있는 것이 아니므로 만능 해결책이 될 수는 없습니다.

시스템 종류마다 계정을 나눠 놓으면 1 계정 1 청구처라는 방식으로 단순하게 생각하면 됩니다. 계정마다 결제가 발생해서 복잡하다고 생각할 수도 있지만 앞에서 설명한 AWS Organization의 기능을 이용하면 결제를 1개의 계정으로 모으는 것이 가능하므로 문제가 되지 않습니다.

3.2.2 환경을 계정으로 분할할 때의 단점

AWS 계정을 나눠서 환경 분리를 하는 경우 단점이 아예 없는 것은 아닙니다. 단점에 대해서도 운용 측면과 비용 관리 측면에서 설명하겠습니다.

운용 측면의 단점

IAM 사용자는 AWS의 관리 콘솔에 로그인하는 개발 멤버마다 계정을 발행합니다. IAM 사용자는 AWS 계정마다 생성해야 하므로 계정을 여러 개 생성할 경우 관리가 힘들어지는 케이스가 있습니다.

예를 들어, 분석 기반 시스템의 개발 환경, 검증 환경, 운영 환경의 모든 환경에서 AWS 리소스를 열람하고 작업할 수 있는 IAM 사용자가 필요하다고 합시다. 모든 환경을 동일 계정 내에서 구축할 경우 IAM 사용자는 1개만 생성하면 요건을 만족할 수 있습니다. 그러나 환경마다 계정을 나누는 패턴을 채용한 경우는 모든 계정에 있어 IAM 사용자를 생성해야만 합니다.

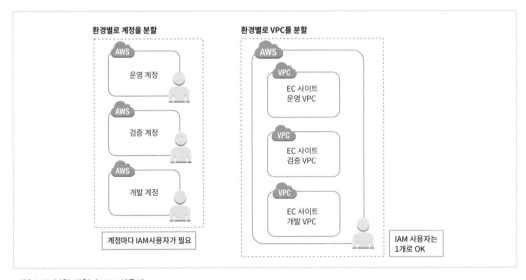

그림 3.18 분할 방침과 IAM 사용자

단지 계정을 나누지 않는 경우 3개의 환경에서 완전히 같은 권한의 IAM 사용자를 만드는 것은 간단하지만 환경 간의 미묘한 차이, 예를 들어 '개발 환경과 검증 환경에 대해 모든 작업을 허가하지만 운영 환경은 참조 권한만 부여한다'라는 정책이 필요한 경우에는 AWS 리소스를 지정한 복잡한 정책의 생성이 필요합니다. 이처럼 정책을 만들 정도라면 계정마다 개별로 권한 정책을 생성하는 편이 용이합니다.

그리고 뒤에서 IAM의 설명에서도 소개하겠지만 IAM 사용자의 생성은 CloudFormation이라는 기능을 만들면 자동화할 수 있습니다. 그렇기 때문에 같은 사용자를 계정마다 만들어야만 한다는 점은 그렇게까지 단점이라고 볼 수는 없습니다.

비용 관리 측면의 단점

다음으로 비용 측면의 단점을 생각해 보겠습니다. 환경마다 계정을 나눠도 계정의 생성이나 VPC의 생성 자체에 비용은 들지 않으므로 분할하는 것 자체에 이용 요금은 발생하지 않습니다. 그러나 아래의 두 가지 관점에서 비용이 살짝 올라가는 경우가 있습니다.

◆ 리소스의 수가 늘어남에 따른 비용 증가

계정이나 VPC마다 필요한 AWS 서비스를 이용하는 경우에는 환경의 수만큼 AWS 리소스가 필요하게 되고 전체의 AWS 이용료도 늘어납니다. 예를 들어, NAT 게이트웨이 등이 이런 서비스에 해당합니다. 그에 비해 같은 VPC 내에 각 환경을 구축해서 AWS 리소스를 돌아가며 사용할 경우에는 전체 요금이 저렴해집니다.

단지, 환경 간에 AWS 리소스를 돌아가며 사용할 경우 그 리소스에 관련된 수정을 할 경우 영향 범위를 국소화하는 것이 불가능합니다. 개발 환경을 위한 작업이 운영 환경에 영향을 미칠 가능성이 발생합니다. 그 때문에 환경 간에 AWS 리소스를 돌아가며 사용하는 것은 권장하지 않습니다.

◆ 서포트 요금의 비용 증가

환경마다 계정을 나누면 서포트 요금도 증가하는 경우가 있습니다. 예를 들어, 비즈니스 플랜의 서포트 계약을 맺었을 경우 요금은 아래의 두 가지 중 요금이 높은 쪽이 적용됩니다(금액은 2017년 12월 기준).

- $100
- 이용 요금의 10퍼센트(이용 요금이 $10,000 이하인 경우)

예를 들어, 그 달의 이용 요금이 $1,200인 경우 서포트 요금은 $120가 됩니다. 이용 요금이 $600인 경우 이용 요금의 10퍼센트가 $60로 $100 이하이므로 서포트 요금은 $100가 됩니다.

만일 이용 요금이 $600인 계정이 2개가 있다고 가정하면 각 계정에서 $100의 서포트 요금이 필요하고 합계 $200가 됩니다. 만약 이 계정을 하나로 합치면 이용 요금의 합계가 $1,200가 되어 서포트 요금은 $120로 계정을 분할했을 때보다 $80 저렴해집니다.

이처럼 계정을 분할하면 서포트 요금이 조금 올라가는 케이스가 있습니다. 파트너 서비스에 따라 이런 경우에도 서포트 요금을 저렴하게 이용할 수 있는 경우도 있으니 확인해 보기 바랍니다[4].

3.2.3 특별한 정책 없이 분할할 경우의 베스트 프랙티스

이번 절에서는 시스템 종류나 환경 종류마다 계정을 나누는 이점과 단점을 소개했습니다. 시스템 규모나 시스템 특성(특히 시스템 간 연계의 유무) 혹은 기업 및 조직 내에서 어느 정도의 계정이 필요하게 될지에 따라 정답은 달라질 수 있다고 봅니다. 만약 딱히 정책이 정해지지 않은 경우에는 시스템이나 환경마다 계정을 나누는 것이 무난하다고 생각됩니다. 특별한 이유가 없으면 먼저 이 구성 패턴으로 AWS를 이용해 보고 운용상의 과제가 생기면 조절해 나가는 형식으로 진행하면 되겠습니다. 또한 AWS 이용 요금의 결제용 계정을 별도로 준비해서 각 계정의 결제를 일괄적으로 합치면 좋겠습니다. 권장 구성은 아래의 그림과 같습니다.

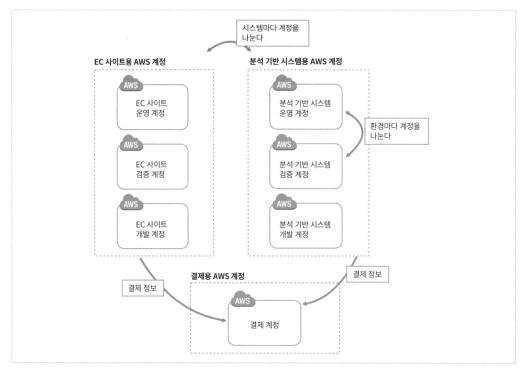

그림 3.19 AWS 계정의 권장 구성

---

4 (옮긴이) 서포트 요금 상세: https://aws.amazon.com/ko/premiumsupport/pricing/?nc1=h_ls

이러한 구성을 권장하는 가장 큰 이유는 운용 측면의 이점으로서 예로 든 권한 관리를 간결하게 정의할 수 있다는 점입니다. 권한 관리가 복잡해지면 그 관리에 들어가는 비용이 늘고 설정 실수에 따른 장애 위험도 커집니다. 서포트 요금 문제가 있을 수 있지만 권한 관리에 시간이 걸리고 그것을 원인으로 문제가 발생한 경우 서포트 비용의 몇 배, 몇십 배의 인건비가 발생합니다. 그렇게 봤을 때 좀 더 안전하게 시스템을 운용할 수 있는 계정 분할 방침을 채용해야 한다고 생각합니다.

3-3

AWS의 권한 관리

AWS를 사용해 시스템을 구축하고 운용할 때 누구에게 어떤 권한을 부여해야 하는가를 검토하는 것은 매우 중요합니다. AWS에서는 '어느 AWS 서비스(혹은 리소스)에 대해' '어떤 작업을' '누구에게' 허가할 것인가(허가하지 않을 것인가)를 정의할 수 있습니다. 예를 들어, 다음과 같은 정의를 할 수 있습니다.

- 인프라 담당자에게는 EC2에 관련된 작업을 모두 허가하는 권한을 부여한다
- 애플리케이션 개발자에게는 EC2 인스턴스의 시작 및 정지 권한만 부여하고 새로운 인스턴스의 생성이나 인스턴스의 삭제는 허가하지 않는다
- 경리 담당자에게는 결제 관련 페이지만 보이게 한다

AWS에서는 IAM(Identity and Access Management)이라는 서비스를 이용해 권한을 설정합니다. 이번 절에서는 먼저 IAM을 이용한 권한 관리에 대해 설명하겠습니다. 그리고 사용자의 인증 및 인가를 설정하는 서비스인 Amazon Cognito에 대해 소개한 다음, 마지막으로 AWS에 있어서의 권한 관리의 베스트 프랙티스에 대해 검토해 보겠습니다.

3.3.1 IAM(Identity and Access Management)

IAM은 AWS에서 권한 관리를 할 때 가장 중요한 서비스입니다. IAM에는 많은 기능이 있지만 먼저 관리 콘솔에 로그인하는 사용자에게 권한을 부여할 때 필요한 아래의 서비스에 대해 설명하겠습니다.

- IAM 정책
- IAM 사용자
- IAM 그룹

그리고 위의 IAM 기능을 이용해 사용자에게 권한을 부여하는 순서는 다음과 같습니다.

- AWS 서비스나 AWS 리소스에 대해 작업 권한을 'IAM 정책'으로 정의한다
- IAM 정책을 'IAM 사용자'나 'IAM 그룹'에 적용한다
- IAM 사용자 혹은 IAM 그룹에 속한 IAM 사용자로 관리 콘솔에 로그인하면 부여된 권한의 작업이 가능하다

이 순서를 기억하면서 기능의 설명을 이해하면 좋겠습니다.

IAM 정책

AWS의 서비스나 리소스에 대해 작업 권한을 JSON 형식으로 정의한 것이 IAM 정책입니다. IAM 정책에는 아래의 항목을 기재합니다.

- Version: IAM 정책의 문법 버전(2017년 12월 현재, 최신 버전은 "2012-10-17")
- Effect: 여기서 정의하는 정책은 허가를 부여하는 정책(Allow)인지 거부하는 정책(Deny)인지를 설정
- Action: '어느 AWS 서비스'에 대해 '어떤 작업'을 허가(거부)할지를 설정
- Resource: '어느 AWS 리소스'에 대해 작업을 허가(거부)할지를 설정

구체적인 IAM 정책을 살펴보겠습니다. 예를 들어 아래 작업의

- EC2 리소스의 열람
- EC2 인스턴스의 시작(Start)
- EC2 인스턴스의 정지(Stop)

권한을 부여하는 IAM 정책은 다음과 같이 정의합니다.

예제 3.2 IAM 정책

```
{
    "Version": "2012-10-17",
    "Statement": [
        {
            "Action": [
                "ec2:Describe*",
                "ec2:StartInstances",
                "ec2:StopInstances"
            ],
            "Effect": "Allow",
            "Resource": "*"
        }
    ]
}
```

◆ Action

먼저 "Action"에 EC2와 관련된 모든 참조 권한을 나타내는 "ec2:Describe*", EC2 인스턴스의 시작과 정지 권한인 "ec2:StartInstances"와 "ec2:StopInstances"를 설정했습니다.

EC2와 관련된 참조 권한도 인스턴스 일람의 참조 권한인 "ec2:DescribeInstance"나 인스턴스 상태의 참조 권한인 "ec2:DescribeInstanceStatus" 등의 개별 권한으로 설정할 수 있지만 여기서는 "*"를 이용해 "ec2:Describe*"로 시작하는 모든 권한을 허가합니다.

◆ Resource

"Resource"에 "*"를 설정해 모든 리소스에 권한을 부여하는 것을 나타냅니다. Resource에 아마존 리소스 네임(ARN)을 설정해 Action에서 지정한 작업을 허가하는 AWS 리소스(여기서는 EC2 인스턴스)를 개별로 지정하는 것도 가능합니다. ARN은 'arn:aws:ec2:region:account:instance/instance-id'와 같이 지정할 수 있으므로 IAM 정책 전체는 다음과 같습니다.

예제 3.3 IAM 정책(ARN으로 리소스를 지정한다)

```
{
    "Version": "2012-10-17",
    "Statement": [
        {
            "Action": [
                "ec2:Describe*",
                "ec2:StartInstances",
                "ec2:StopInstances"
            ],
            "Effect": "Allow",
            "Resource":[
                "arn:aws:ec2:region:account:instance/i-xxxxxxxxxxxxxxxxx",
                "arn:aws:ec2:region:account:instance/i-yyyyyyyyyyyyyyyyy"
            ]
        }
    ]
}
```

◆ Effect

"Effect"에 "Allow"를 지정하는 것으로, 정의한 리소스에 Action을 '허가하는' IAM 정책이 됩니다. 거부하는 정책으로 설정하는 경우는 "Effect":"Deny"로 지정합니다.

이처럼 JSON 형식으로 AWS 서비스나 리소스에 대해 작업 권한을 정의한 것이 IAM 정책입니다.

IAM 정책의 생성

IAM 정책에는 세 가지 생성 방법이 있습니다.

- 처음부터 새로 생성한다
- AWS가 표준으로 제공하고 있는 'AWS 관리 정책'을 복사한다
- 정책 생성기를 이용한다

첫 번째는 글자 그대로 처음부터 JSON으로 정의를 생성하는 방법입니다. 두 번째는 AWS가 제공하는 정책 템플릿을 기반으로 자신의 요건에 맞는 형식으로 수정하는 방법입니다. 그리고 마지막으로 정책

생성기는 GUI 형식으로 IAM 정책을 생성하는 방법입니다. 필자는 이 방법을 가장 많이 이용하고 있습니다. 사용법을 간단히 설명하겠습니다.

◆ 정책 생성기 열기

관리 콘솔에서 IAM을 열고 사이드 메뉴에서 '정책'을 선택합니다. 다음으로 표시되는 화면에서 '정책 생성' 버튼을 클릭합니다.

그림 3.20 IAM을 열고 정책을 생성

정책 생성 화면에서 '시각적 편집기' 탭을 선택해서 정책을 생성합니다. 여기서는 방금 전과 동일하게 EC2의 참조 권한 및 EC2 인스턴스의 시작과 정지를 허가하는 정책을 정의하겠습니다.

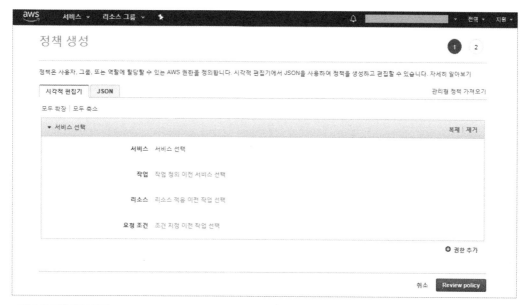

그림 3.21 정책 생성 화면

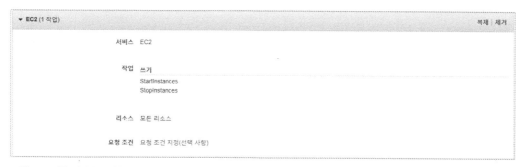

그림 3.22 정책 생성기를 이용한 IAM 정책 생성

◆ 정책 정의

먼저 권한을 설정하는 서비스를 지정합니다. 여기서는 'EC2'를 선택합니다.

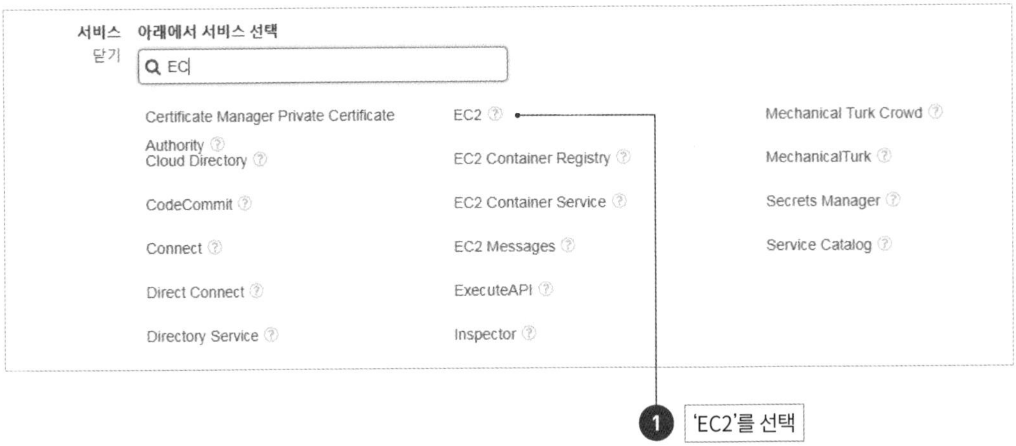

그림 3.23 서비스를 선택

다음으로 Actions를 지정합니다. '서비스'에서 선택한 AWS 서비스에 관한 작업들이 리스트 형식으로 표시됩니다. 여기서는 쓰기에서 'StartInstances'와 'StopInstances'의 2개를 선택합니다. 또한 원래 는 이름에 'Describe'가 붙는 액션을 모두 선택하지만 모두 선택하는 것이 힘들기 때문에 여기서는 선 택하지 않고 나중에 수동으로 추가합니다. 지정한 후에는 닫기를 클릭합니다. 그리고 'Switch to deny permissions' 부분을 클릭해 'Allow'와 'Deny'를 변경할 수 있습니다(이것이 'Effect'에 해당합니다).

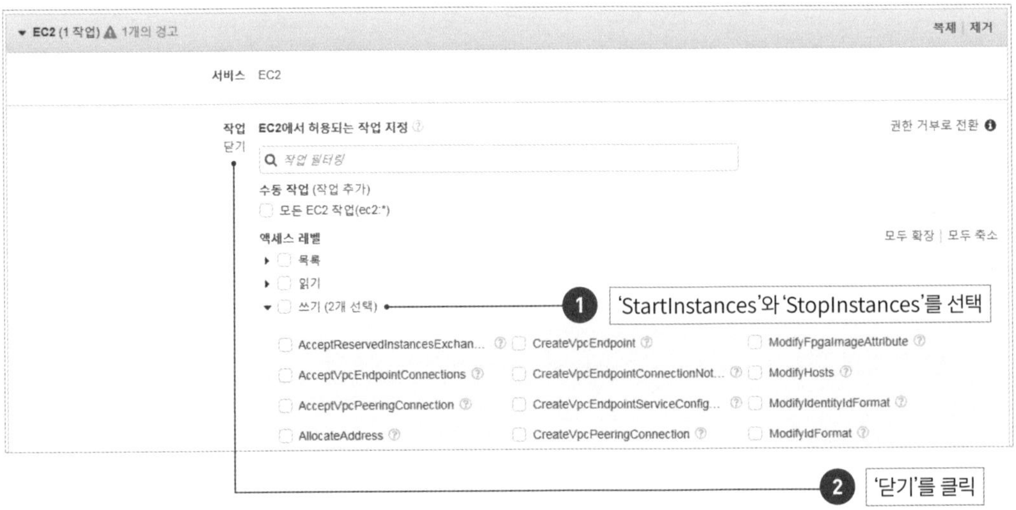

그림 3.24 Actions를 선택

마지막으로 Resources를 지정합니다. '모든 리소스'를 선택하면 "*"가 정의되어 모든 리소스가 대상이 됩니다.

그림 3.25 Resources를 지정

◆ 정책 편집

정책 생성기에서 설정을 완료하면 화면 오른쪽 아래의 'Review policy' 버튼을 클릭합니다.

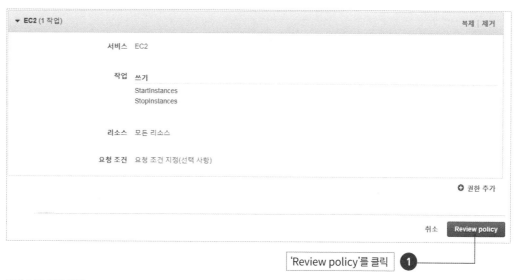

그림 3.26 정책 확인

정책 확인 화면이 열리면 이름에 정책 이름을 입력하고 '정책 생성' 버튼을 클릭합니다. '설명' 항목은 입력하지 않아도 되지만 나중에 관리하기 쉽게 내용을 입력해두면 좋습니다.

그림 3.27 정책 이름 입력과 생성

이것으로 정책 일람 화면에 생성한 정책이 추가됩니다. 목록 내의 정책을 클릭하면 정책 내용을 확인할 수 있습니다.

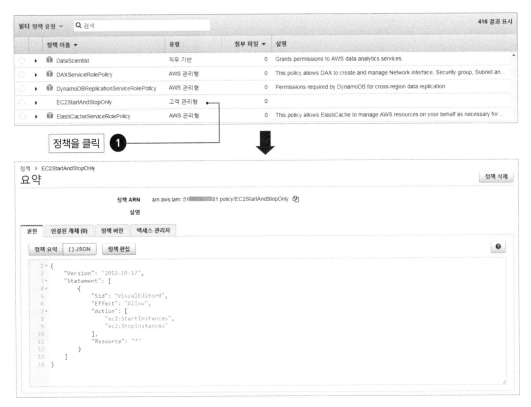

그림 3.28 정책이 추가된다

여기서 방금 전에 생략한 EC2의 참조 권한을 추가합니다. '정책 편집' 버튼을 클릭해 정책 생성 화면으로 돌아가 JSON 탭을 선택합니다.

그림 3.29 정책을 편집

생성된 JSON을 편집합니다. "Action"에 "ec2:Describe*"를 추가합니다.

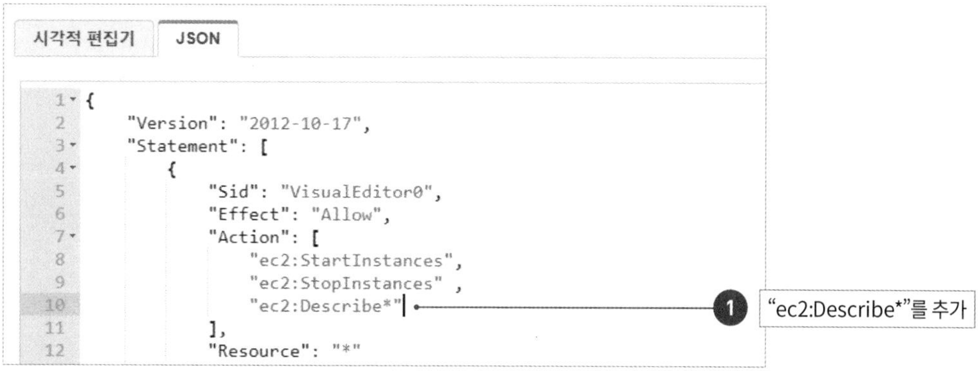

그림 3.30 Action에 정의를 추가

'Review policy' 버튼을 클릭해 정책 확인 화면에서 'Save changes' 버튼을 클릭하면 편집한 내용에 정책이 갱신됩니다.

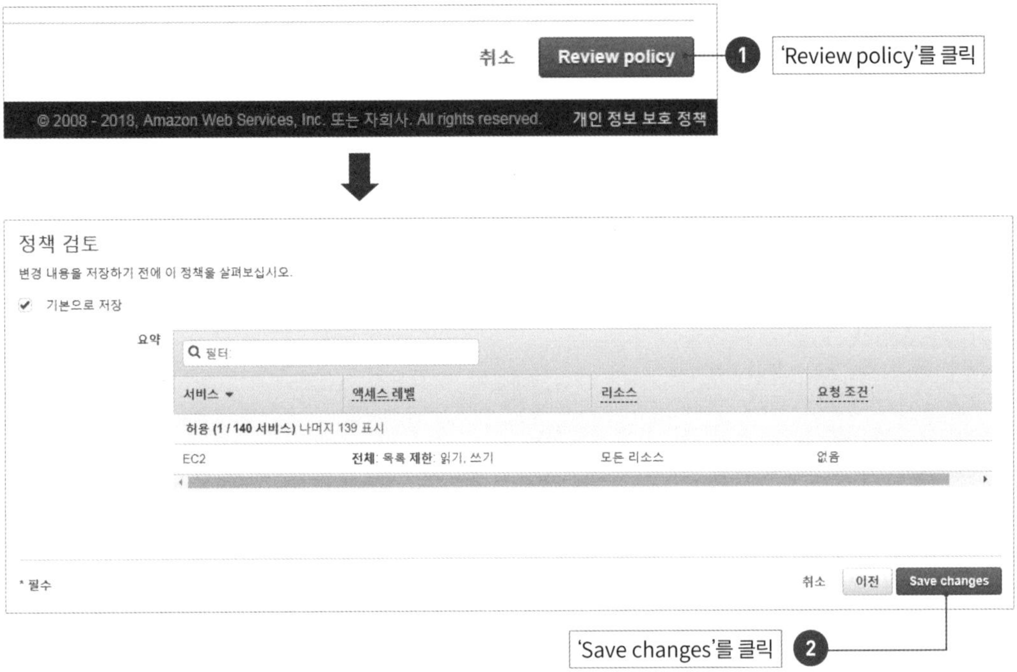

그림 3.31 정책을 갱신

이상으로 IAM 정책이 완성됐습니다. 다른 AWS 서비스에 관련된 권한을 부여하고 싶은 경우에는 이 순서를 반복하면 됩니다.

계속해서 생성한 IAM 정책을 IAM 사용자나 IAM 그룹에 적용해 실제로 권한을 부여하는 방법을 살펴보겠습니다.

IAM 사용자와 IAM 그룹

AWS 작업을 실시하기 위한 사용자를 IAM 사용자라고 합니다. IAM 사용자는 주로 관리 콘솔에 로그인하는 용도로 이용되고 이용자마다 발행할 필요가 있습니다. IAM 사용자에게 방금 전에 생성한 IAM 정책을 적용하는 것으로 IAM 사용자에게 IAM 정책으로 정의한 작업 권한을 부여할 수 있습니다. 또한 액세스 키와 시크릿 키를 발행해 IAM 사용자와 동등한 권한을 프로그램에 부여할 수도 있습니다. 이 키에 대해서는 뒤에 설명하겠습니다.

AWS의 작업 사용자가 늘어날 때마다 IAM 사용자를 발행할 필요가 있다고 했는데 그때마다 IAM 정책을 부여하는 것은 효율적이지 못합니다. 그리고 IAM 정책을 변경할 때 영향 범위가 어느 사용자한테까지인지 파악하기가 쉽지 않습니다. 그래서 같은 권한을 부여하고 싶은 IAM 사용자를 한꺼번에 관리하는 IAM 그룹이라는 기능이 있습니다. IAM 그룹에 IAM 정책을 할당하면 IAM 그룹에 속한 IAM 사용자에게 권한을 일률적으로 부여할 수 있습니다. 예를 들어, 인프라 담당자의 IAM 그룹을 정의해 두고 담당자가 늘어나면 IAM 사용자를 그룹에 연결하고 해임할 때는 그룹에서 제외하는 방식으로 권한 관리를 할 수 있습니다.

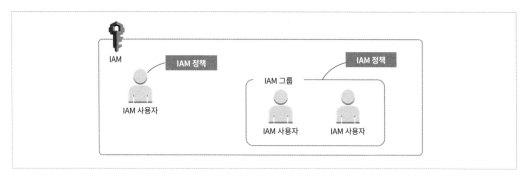

그림 3.32 IAM 사용자와 IAM 그룹

IAM 사용자와 IAM 그룹을 생성합니다. 여기서는 애플리케이션 개발자용 IAM 그룹을 생성한 다음, 연결할 IAM 사용자를 발행합니다.

◆ IAM 그룹 생성

먼저 IAM 그룹 화면에서 '새로운 그룹 생성' 버튼을 클릭합니다. 그룹명 설정 화면에서 그룹 이름을 입력하고 다음 단계로 넘어갑니다.

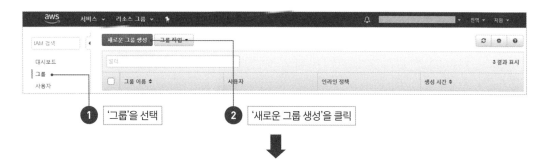

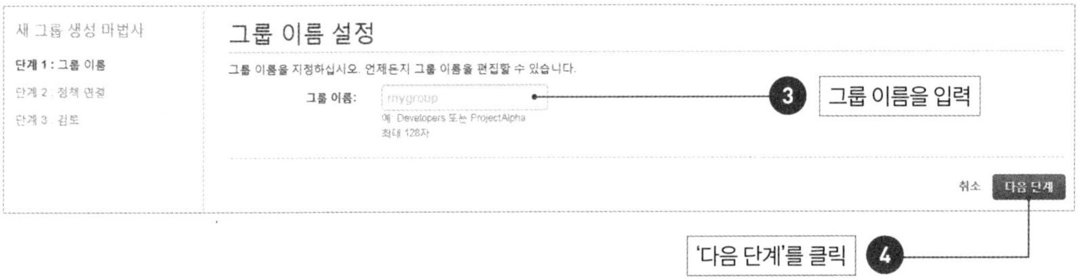

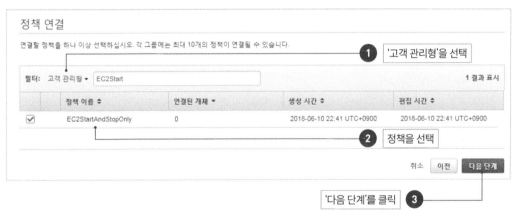

그림 3.33 IAM 그룹 생성

◆ 정책 연결

다음으로 연결할 IAM 정책을 선택합니다. 여기서는 방금 전에 생성한 정책을 선택합니다. 정책 타입에서 '고객 관리형'을 선택하고 해당하는 정책을 선택합니다.

그림 3.34 정책을 적용

◆ 검토

다음 단계로 가면 검토 화면이 나오는데 그 상태로 IAM 그룹을 생성합니다. 여기까지 진행한 작업으로 이 IAM 그룹에 연결된 IAM 사용자에게 EC2의 시작과 정지 권한이 부여됩니다.

그림 3.35 검토와 생성

◆ IAM 사용자 생성

계속해서 IAM 그룹에 연결할 IAM 사용자를 생성합니다. IAM 사용자 화면에서 '사용자 추가' 버튼을 클릭하면 아래와 같은 사용자 이름을 입력하는 화면이 나타납니다. 사용자 이름을 입력하고 다음으로 넘어갑니다.

그림 3.36 여러 IAM 사용자를 생성

계속해서 '프로그래밍 방식 액세스'를 하는 사용자인지 'AWS Management Console 액세스'하는 사용자인지를 선택합니다. 여기서는 관리 콘솔에 로그인할 IAM 사용자를 생성하고 싶으므로 후자를 선택하고 다음 단계로 넘어갑니다.

그림 3.37 액세스 권한을 선택

그리고 마지막으로 할당할 작업 권한을 설정합니다. IAM 정책을 직접 할당하는 것도 가능하지만 이번에는 방금 생성한 IAM 그룹에 연결하는 방식으로 권한을 부여합니다. '그룹에 사용자 추가'를 선택하고 IAM 그룹에 연결합니다.

그림 3.38 IAM 사용자를 IAM 그룹에 연결

확인 화면이 표시됩니다. IAM 그룹이 제대로 할당됐는지 확인하고 '사용자 만들기'를 클릭합니다.

그림 3.39 검토와 생성

이상으로 IAM 그룹과 그것에 연결하는 IAM 사용자 생성이 완료됐습니다. 생성은 그다지 어렵지 않지만 이용자의 규모가 커짐에 따라 특히 사용자 생성이나 관리 비용이 높아지는 작업입니다. 이 작업은 AWS CloudFormation이라는 서비스를 이용하면 자동화하는 것도 가능합니다. CloudFormation의 자세한 내용은 291쪽에서 설명하겠습니다.

루트 사용자 관리

관리 콘솔에 로그인 가능한 것은 IAM 사용자뿐이 아닙니다. AWS 계정을 생성했을 때 설정한 메일 주소와 패스워드로 로그인 가능한 루트 사용자가 존재합니다. 루트 사용자는 AWS 계정에 대해 모든 작업이 가능합니다. 게다가 아래와 같은 작업은 루트 사용자만 가능합니다.

- AWS 계정 전체의 설정 변경(메일 주소/패스워드 변경 등)
- AWS 서포트의 플랜 변경
- EC2에서의 메일 상한 완화 신청
- 역방향 DNS 신청
- 침입 테스트 신청
- AWS 계정 정지

Admin 기능을 부여한 IAM 사용자로도 이 작업은 불가능합니다. 그러므로 이 작업을 실시하고 싶을 때는 루트 사용자로 로그인해서 설정 변경이나 신청을 해야 합니다.

루트 사용자는 권한이 강력하기 때문에 평소의 개발 및 운용 시에는 이용하지 않을 것을 권장합니다. AWS 계정을 만들면 먼저 Admin 권한을 갖는 IAM 사용자를 발행해 그 이후의 작업은 이 IAM 사용자로 실시합시다. AWS 계정은 2요소 인증(2단계 인증)을 걸어 위와 같은 루트 사용자만이 할 수 있는 작업 외에는 사용하지 않도록 주의합시다.

3.3.2 관리 콘솔 밖에서 AWS 서비스 작업하기

AWS를 이용해본 적이 있는 독자는 주로 관리 콘솔이라는 웹 서비스에서 EC2 인스턴스를 구축하거나 네트워크 설정이 가능하다는 것을 알고 있을 것입니다. 이번 절에서도 관리 콘솔의 작업 순서를 토대로 사용법을 설명했습니다.

하지만 AWS에서는 AWS CLI나 SDK를 이용해 프로그래밍으로 리소스 작업을 할 수도 있습니다. 예를 들어, 다음과 같은 작업이 가능합니다.

- PHP 프로그램에서 AWS SDK를 이용해 S3에 있는 그림 파일을 참조
- EC2 인스턴스를 정지하는 스크립트를 만들고 cron을 사용해 매일 22시가 되면 개발 환경을 정지
- AWS CLI를 이용해 터미널에서 IAM 사용자를 생성

AWS를 비롯한 클라우드 인프라는 인프라의 작업 기능이 API로 공개돼 있습니다. 이 API를 이용하는 것으로 지금까지의 작업과 비교해보면 사람의 손을 거치지 않고 인프라 구축이 가능해졌다는 것이 클라우드의 큰 매력이라고 생각합니다. 꼭 사용법을 익혀 실제 업무에서도 도움이 되면 좋겠습니다.

액세스 키와 시크릿 키를 이용한 AWS 리소스 작업

액세스 키와 시크릿 키를 이용한 방법을 소개하겠습니다. 액세스 키와 시크릿 키는 IAM 사용자마다 생성할 수 있습니다. 이 키 페어를 이용하면 생성을 한 IAM 사용자와 같은 권한으로 AWS 리소스 작업이 가능합니다.

예를 들어, 방금 전에 생성한 EC2 인스턴스의 시작과 정지가 허가된 IAM 사용자의 키 페어를 이용하는 경우 EC2의 시작과 정지는 가능하지만 S3에 액세스하는 것과 같은 허가되지 않은 작업을 할 수 없습니다.

액세스 키와 시크릿 키를 이용해 AWS 리소스 작업을 하는 방법을 설명하겠습니다. 앞에서 서술한 대로 몇 가지 작업 방법이 있지만 여기서는 AWS CLI(이하 CLI)를 이용한 AWS 리소스 작업 방법을 설명하겠습니다. 다음과 같은 순서로 실시합니다.

1. 액세스 키와 시크릿 키 생성

2. CLI 설치

3. CLI 설정(액세스 키와 시크릿 키)

4. AWS 리소스에 액세스

액세스 키와 시크릿 키의 생성

먼저 액세스 키와 시크릿 키의 키 페어를 생성합니다. 키 페어는 IAM의 기능으로 생성할 수 있습니다.

일단 관리 콘솔에서 IAM을 열고 키 페어를 생성할 사용자 이름을 클릭합니다. 상세 화면이 열리면 '보안 자격 증명' 탭으로 이동합니다. 이 탭 안에 액세스 키를 관리하는 메뉴가 있습니다. 여기서 '액세스 키 만들기' 버튼을 클릭합니다.

그림 3.40 액세스 키와 시크릿 키 만들기

잠시 기다리면 키 페어가 생성됩니다. 생성된 키 페어 정보가 표시되므로 잘 보관해 둡니다. 특히 시크릿 키는 이때밖에 확인할 수 없으므로 주의합시다. 그리고 이 키 페어가 유출되면 AWS 상에서 다루는 개인정보의 유출이나 AWS 계정의 해킹으로 이어질 수 있습니다. 아무쪼록 조심해서 다루도록 주의해야 합니다.

그림 3.41 액세스 키와 시크릿 키가 생성됨

액세스 키와 시크릿 키는 IAM 사용자마다 동시에 2개까지 생성 가능합니다. 동시에 2개가 존재 가능한 이유는 어떤 이유로 키를 변경할 때

- 신규 키 페어 생성
- 설정 파일이나 프로그램 상에서 키 페어 변경
- 이전 키 페어 삭제

라는 순서로 키 페어를 변경할 수 있도록 하기 위함입니다. 그러므로 평소에는 IAM 사용자마다 1개의 키 페어만이 활성화된 상태가 바람직합니다. 키 페어를 생성한 후 액세스 키의 관리 메뉴는 아래와 같습니다. 키 페어의 활성화 및 비활성화도 이 화면에서 할 수 있으므로 기억해 두면 좋겠습니다.

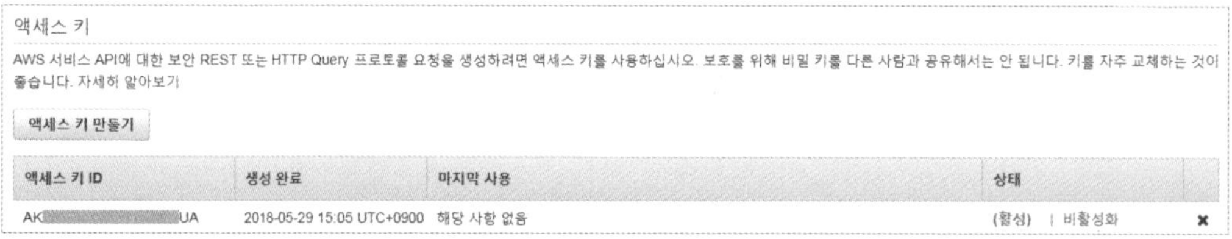

액세스 키				
AWS 서비스 API에 대한 보안 REST 또는 HTTP Query 프로토콜 요청을 생성하려면 액세스 키를 사용하십시오. 보호를 위해 비밀 키를 다른 사람과 공유해서는 안 됩니다. 키를 자주 교체하는 것이 좋습니다. 자세히 알아보기				
액세스 키 만들기				
액세스 키 ID	생성 완료	마지막 사용		상태
AK████████████UA	2018-05-29 15.05 UTC+0900	해당 사항 없음		(활성)	비활성화 ✕

그림 3.42 생성한 액세스 키와 시크릿 키의 확인

CLI의 설치

다음으로 CLI를 설치합니다. 여기서는 macOS의 경우를 소개합니다만 다른 OS에 설치하는 방법도 AWS 공식 문서에 기재돼 있습니다. 또한 macOS의 설치 순서도 수시로 갱신될 가능성이 있습니다. 제대로 설치가 안 될 경우에는 문서를 참조하길 바랍니다.

AWS 커맨드라인 인터페이스 CLI
https://aws.amazon.com/ko/cli/

아래의 커맨드로 CLI를 설치합니다. 전제 조건으로 파이썬이 설치돼 있어야 하므로 설치가 안 된 경우에는 사전에 설치하길 바랍니다.

```
$ curl "https://bootstrap.pypa.io/get-pip.py" -o "get-pip.py"
$ sudo python get-pip.py
$ sudo pip install awscli
```

이미 설치돼 있는지 확인하려면 "aws --version"을 실행하면 됩니다.

CLI의 설정(액세스 키와 시크릿 키의 설정)

계속해서 CLI를 설정합니다. "aws configure" 커맨드를 실행하면 아래와 같은 항목을 설정할 수 있습니다.

- 액세스 키
- 시크릿 키
- 기본으로 사용하는 AWS 리전
- 커맨드 결과의 기본 출력 형식

```
$ aws configure
AWS Access Key ID [None]: **** ( 방금 전에 생성한 액세스 키 )
AWS Secret Access Key [None]: **** ( 방금 전에 생성한 시크릿 키 )
Default region name [None]: ap-northeast-2 ( 서울 리전 )
Default output format [None]: json ( json, text, table 중에서 선택합니다 )
```

이상으로 AWS CLI를 이용할 준비가 끝났습니다.

AWS 리소스에 액세스

마지막으로 AWS 리소스에 액세스해 보겠습니다. 예를 들어, EC2의 인스턴스 일람을 취득하고 싶은 경우 "aws ec2 describe-instances"라는 커맨드를 이용합니다.

```
$ aws ec2 describe-instances
{
    "Reservations": [
        {
            "OwnerId": "****",
            "ReservationId": "****",
            "Groups": [],
            "Instances": [
                {
                    "Monitoring": {
                        "State": "disabled"
                    },
                    "PublicDnsName": "",
                    "State": {
                        "Code": 16,
                        "Name": "running"
                    },
                    "EbsOptimized": false,
(이하 생략)
```

S3의 버킷 목록을 확인하고 싶을 때는 "aws s3 ls"를 실행합니다.

```
$ aws s3 ls
2017-07-21 12:43:18 ****
2017-07-10 21:27:59 ****
2017-07-13 21:37:14 ****
(이하 생략)
```

이처럼 관리 콘솔을 사용하지 않고도 AWS 리소스를 열람하거나 작업할 수 있습니다.

3.3.3 키 유출 대책

여기서는 CLI만 소개했지만 AWS에는 각종 언어용 SDK가 제공되기 때문에 프로그램에서 AWS 리소스를 이용하는 것도 가능합니다. 이 경우에도 AWS 리소스를 이용하기 위해서는 충분한 권한이 있는 액세스 키 및 시크릿 키를 프로그램 내에 기재하거나 설정 파일에 넣어둬야 합니다.

지금까지 액세스 키와 시크릿 키를 이용하는 방법을 알아봤습니다만 이를 사용할 때는 주의가 필요합니다. 앞에서 서술했듯이 키 페어가 유출되면 아무나 AWS 작업이 가능해집니다. 필자의 지인 중에 프로그램 안에 키 페어를 적어놓은 채로 깃허브에 소스를 공개한 사람이 있습니다. 그 키 페어가 악용되어 비트코인 채굴용 EC2 인스턴스를 대량으로 구축하는 데 사용되어 막대한 비용이 청구된 사례가 있습니다.

이런 문제의 대책으로 다음과 같은 것이 있습니다.

- IAM의 권한을 필요한 서비스나 이용하는 리전으로 제한(근본적인 대응책이라고는 할 수 없습니다)
- 프로그램이 아닌 환경변수로 설정
- AWS 제공의 기밀 정보를 실수로 커밋하는 것을 방지하는 git-secrets를 도입
- 키 페어를 하드코딩하지 않아도 되는 방식인 IAM이나 Cognito로 대체

이번 절에서는 IAM 역할과 Cognito를 이용하는 방법을 설명합니다.

IAM 역할

IAM 역할은 AWS 리소스 '자체'에 AWS 리소스 작업 권한을 부여하는 방식입니다. 예를 들어, S3의 참조 권한이 있는 IAM 역할을 생성해서 그것을 EC2 인스턴스에 적용할 경우 그 인스턴스 상에서 동작하는 프로그램은 액세스 키 및 시크릿 키가 없어도 S3를 참조할 수 있습니다.

IAM 역할을 이용하면 키 페어를 이용하는 방식과는 달리 프로그램이나 설정 파일에 기밀 정보를 적어 넣을 필요가 없습니다. 키 페어 정보를 실수로 리포지토리에 업로드하거나 키 페어를 보여주고 싶지 않은 이용자에게 보여질 리스크가 사라집니다.

IAM 역할의 이용법에 대해 설명하겠습니다. 여기서는 EC2 인스턴스에 IAM 정책을 부여하는 예를 들겠습니다. 순서는 아래와 같습니다.

1. IAM 역할 생성(IAM 역할에 IAM 정책을 부여)

2. EC2 인스턴스에 IAM 역할을 부여

◆ IAM 역할 생성(IAM 역할에 IAM 정책을 부여)

IAM 역할은 IAM 사용자와 동일하게 IAM의 메뉴에서 생성합니다. 여기서는 IAM 사용자 때와 동일하게 EC2 인스턴스의 시작(Start)과 정지(Stop) 권한이 있는 IAM 역할을 생성합니다.

IAM의 메뉴에서 '역할'을 선택하고 '역할 만들기' 버튼을 클릭합니다.

그림 3.43 IAM 역할을 생성

IAM 역할을 사용하는 서비스를 선택합니다. 여기서는 EC2에 관련된 역할을 생성하므로 목록에서 'EC2'를 선택합니다. 이어서 유스 케이스를 선택합니다.

IAM 정책을 용도별로 그룹화한 것이 '유스 케이스'입니다. 여기서는 EC2 인스턴스에서 AWS 리소스 작업을 실시하므로 'EC2' 유스 케이스를 선택합니다.

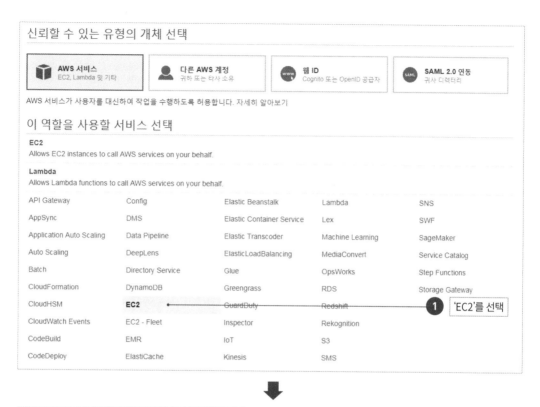

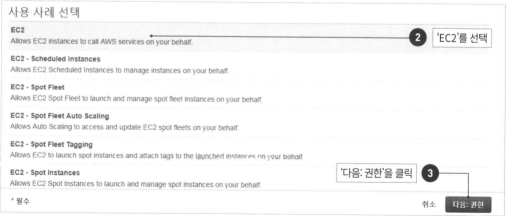

그림 3.44 서비스를 선택

다음으로 IAM 역할에 적용할 IAM 정책을 선택합니다. 이 정책 선택에 따라 IAM 역할에 부여하는 권한이 정해집니다. 여기서는 EC2 인스턴스의 시작과 정지의 권한을 부여하므로 방금 전에 생성한 정책(예제에서는 EC2StartAndStopOnly)을 선택합니다.

그림 3.45 IAM 정책을 선택

마지막으로 생성할 IAM 역할의 이름을 정합니다. 후에 EC2 등의 서비스에 적용하면 이 이름이 표시되므로 이름을 보면 어떤 권한이 부여된 역할인지 명확하게 알 수 있는 이름으로 정합시다.

그림 3.46 IAM 역할의 이름 설정

이상으로 IAM 역할 생성이 완료됐습니다.

◆ EC2 인스턴스에 IAM 역할을 부여

계속해서 생성한 IAM 역할을 EC2 인스턴스에 적용하는 순서를 살펴보겠습니다. 적용 방법으로는 다음의 두 가지가 있습니다.

- EC2 인스턴스를 새로 생성할 때 적용한다
- 기존 EC2 인스턴스에 나중에 적용한다(2017년 2월부터)

먼저 EC2 인스턴스를 생성할 때 IAM 역할을 적용하는 방법입니다. 인스턴스를 생성할 때 VPC 등을 설정하는 화면에서 IAM 역할도 설정할 수 있습니다. 아래 화면의 'IAM 역할'란에서 역할을 선택합니다.

그림 3.47 EC2 인스턴스를 새로 생성할 때 IAM 역할을 적용

계속해서 기존의 EC2 인스턴스에 나중에 IAM 역할을 적용하는 방법입니다. 인스턴스 목록 화면에서 액션에 있는 'IAM 역할 연결/바꾸기'를 선택한 후 나오는 화면에서 IAM 역할을 선택합니다.

그림 3.48 기존 EC2 인스턴스에 IAM 역할을 적용

이전에는 IAM 역할은 인스턴스를 생성할 때만 설정할 수 있었기 때문에 나중에 역할을 추가하는 것이 매우 어려웠습니다. 하지만 2017년 2월부터 간단히 할 수 있게 바뀌었기 때문에 액세스 키 및 시크릿 키를 이용한 AWS 리소스에 액세스 중인 인스턴스가 있으면 같은 권한의 IAM 역할을 생성하고 서버상의 키 정보를 삭제할 것을 권장합니다.

⚙ Column 교차 계정 역할

교차 계정 역할은 어떤 계정의 IAM 사용자로 로그인하고 있을 때 역할 전환 기능을 이용해 다른 계정의 AWS 리소스 작업 권한을 부여하는 기능입니다.

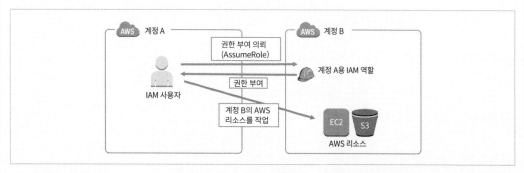

그림 3.49 교차 계정 역할

교차 계정 역할을 이용하는 순서를 설명하겠습니다. 먼저 아래의 사전 설정이 필요합니다.

1. 계정 B쪽에서 계정 A용의 IAM 역할을 정의한다

2. 계정 A쪽에서 교차 계정 역할 기능을 이용하는 IAM 사용자에게 AssumeRole 권한(sts: AssumeRole)을 부여한다

그 후에 계정 A쪽의 관리 콘솔 상에서 역할을 변경합니다.

그림 3.50 역할 전환 순서 ①

역할을 변경할 계정 ID, 이용할 IAM 역할의 입력이 요구되면 사전에 생성한 정보를 입력합니다.

그림 3.51 역할 전환 순서 ②

그리고 역할 전환을 클릭하면 역할 전환이 성공합니다. 관리 콘솔 상에서도 아래와 같은 다른 계정으로 액세스하고 있는 것을 확인할 수 있습니다.

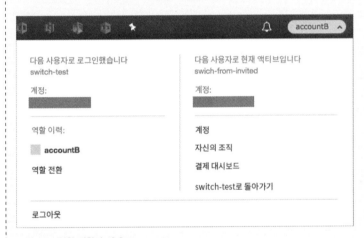

그림 3.52 역할 전환 순서 ③

교차 계정 역할의 기능을 이용하면 아래와 같은 것도 가능합니다.

- 감사 로그를 교차 계정 역할을 이용해 다른 계정으로 집약한다. 각 계정에 대해 집약하는 계정에 '추가 권한만'을 부여하면 각 계정의 관리자도 감사 로그를 수정할 수 없다(같은 계정에 보관하는 경우는 수정 가능).

- 결제용 계정을 발행해 그것으로 각 계정의 결제 정보를 볼 수 있도록 교차 계정 역할을 설정합니다. 경리 담당자는 그 계정에 로그인한 후 역할 전환을 통해 각 계정의 결제 정보를 간단히 볼 수 있게 합니다(단지 AWS Organizations의 일괄 결제 기능을 이용하는 경우는 자동적으로 결제 정보가 마스터 계정으로 집약되므로 이 설정은 필요 없음).

기업 내에서 몇 개의 프로젝트를 겸임하면 여러 AWS 계정에 IAM 사용자를 갖게 되는 경우가 있습니다. 그럴 때는 교차 계정 역할을 적절히 잘 사용해 각 계정에서 순조롭게 작업을 진행할 수 있도록 검토해 보길 바랍니다.

3.3.4 Cognito

앞에서 IAM의 액세스 키와 시크릿 키를 하드코딩하는 것은 피해야 한다고 설명했습니다. IAM 역할을 이용하는 것으로 EC2나 Lambda 등의 AWS 서비스 상에서 돌아가는 프로그램으로부터 키 페어 정보를 제거하는 것은 가능했지만 iOS나 안드로이드 같은 네이티브 애플리케이션 또는 브라우저상에서 돌아가는 자바스크립트 프로그램에서는 IAM 역할을 이용할 수 없습니다.

이러한 경우에 이용할 수 있는 Amazon Cognito(이하, Cognito)를 소개하겠습니다. Cognito는 사용자의 인증 및 인가를 실시하는 완전 관리형 서비스입니다. 인증에 성공한 사용자는 임시 키 (Temporary Credentials)를 발행해 AWS 리소스 작업 권한을 부여합니다. 그렇기 때문에 Cognito를 이용하면 네이티브 애플리케이션, 클라이언트 사이드 프로그램으로부터 키 페어 정보를 삭제할 수 있습니다.

Cognito에는 다음의 주요 기능이 있고 이번 절에서 상세 기능을 설명하겠습니다. 기업에서도 모바일 서비스를 제공하는 사례가 늘고 있으므로 그것의 백엔드로서 AWS를 이용하는 경우는 Cognito를 조합해서 이용할 수 있지 않을까 검토해 보기를 바랍니다.

- Cognito Identity: 인증 및 인가 서비스
  - User Pools: 독자적인 Identity Provider 서비스
  - Federated Identities: 인증 완료 사용자에게 AWS 서비스 이용 및 허가를 부여하는 서비스
- Cognito Sync: 디바이스 간 데이터 동기화 서비스

Cognito Identity

Cognito Identity는 인증 기능과 AWS 서비스의 작업 허가를 부여하는 기능을 제공하는 서비스입니다. Cognito Identity는 독자적인 Identity Provider에 의한 인증 기능을 완전 관리형 서비스로 제공하는 User Pools와 인증을 완료한 사용자에게 AWS의 작업 허가를 부여하는 Federated Identities라는 두 가지 기능으로 크게 나눕니다. Federated Identities에 대해서는 전제가 되는 인증 기관에게 User Pools를 이용해도 좋고 페이스북이나 트위터를 이용한 외부 Identities Provider나 독자적으로 구축한 인증 기구를 이용하는 것도 가능합니다.

Cognito Identity를 이용한 인증과 인가 절차

Cognito Identity의 기능을 상세하게 설명하기 전에 인증과 인가의 순서를 살펴보겠습니다. 먼저 이
용자는 다음과 같이 준비합니다.

- 인증에 사용하는 Identity Provider를 준비해서 Federated Identities에 등록

  - Cognito User Pools
  - 외부의 Identity Provider
  - 독자적인 Identity Provider
  - 인증한 사용자에 할당할 IAM 역할을 등록

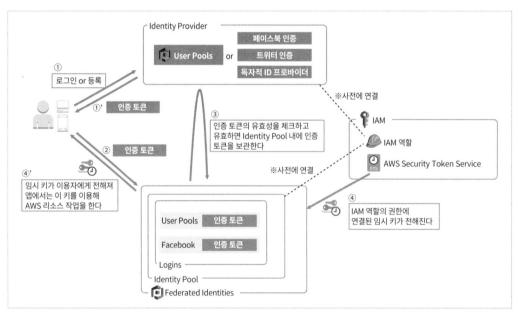

그림 3.53 Cognito의 처리 플로우

◆ ① 로그인

이용자(애플리케이션)는 Identity Provider에 로그인(또는 등록)합니다. 인증에 성공하면 Identity
Provider는 이용자에게 인증 토큰을 반환합니다.

◆ ② 인증 토큰

이용자는 인증 토큰을 Federated Identities에 전달하고 AWS 리소스 작업 허가를 요청합니다.

◆ ③ 유효성 문의

요청을 받은 Federated Identities는 발행처인 Identity Provider에 인증 토큰의 유효성을 문의합니다. 유효하면 Federated Identities 내에 인증 토큰을 보관합니다.

◆ ④ 임시 키의 반납

Federated Identities는 사전에 등록된 IAM 역할과 동등한 권한이 있는 Temporary Credentials를 취득하고 이용자에게 반납합니다. 이용자는 이 임시 키를 이용해 AWS 리소스 작업을 합니다.

순서가 복잡하지만 애플리케이션 쪽에서 SDK를 사용하는 경우는 이 순서를 의식하지 않고 이용할 수 있습니다.

User Pools

User Pools는 사용자의 등록이나 로그인, 로그아웃 등의 인증기구를 제공하는 완전 관리형 ID 프로바이더 서비스입니다. User Pools에서는 보관하고 싶은 사용자 정보를 사용자 디렉터리로 임의로 정의하는 것이 가능합니다. 예를 들어, 로그인에 자주 사용되는 메일 주소나 패스워드, 그 밖에도 시스템의 요건에 맞춰 사용자 정의 속성을 정의하는 것도 가능합니다. 사용자 디렉터리의 정의는 다음과 같이 Cognito 서비스 상에서 GUI로 정의하는 것이 가능합니다.

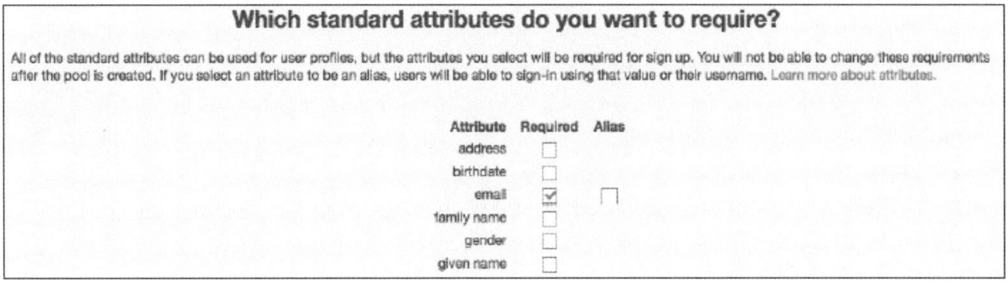

그림 3.54 Congnito User Pools의 설정 ①

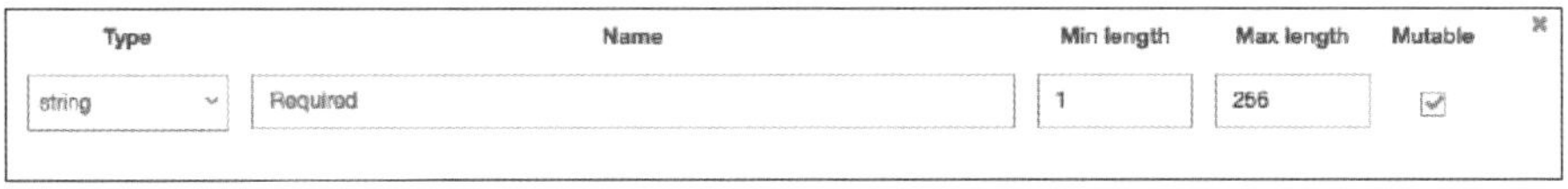

그림 3.55 Congnito User Pools의 설정 ②

또한 여러 시스템에서 필요한 인증 관련 기능을 표준으로 제공합니다.

- 전화 번호나 메일 주소의 유효성 확인

- SMS 기반의 다요소 인증

- 패스워드 분실 시 패스워드 변경 기능

인증 관련 이벤트를 트리거로 삼아 Lambda 함수를 호출할 수 있습니다. 예를 들어, 로그인할 때 초기화 처리를 실행하거나 로그아웃할 때 캐시를 정리하는 경우 등에 이용할 수 있습니다.

이런 기능은 많은 시스템에서 필요로 하지만 비즈니스에 직결되는 핵심 기능은 아닙니다. User Pools가 제공하는 이 기능을 잘 이용하면 같은 기능을 다시 만드는 데 드는 시간과 비용이 절감되어 시스템 개발자가 비즈니스의 코어 기능 개발에 주력할 수 있습니다.

Federated Identities

계속해서 Federated Identities에 대해 설명하겠습니다. 지금까지 설명했듯이 Federated Identities는 AWS 리소스 작업을 위한 임시 키인 Temporary Credentials를 발행하는 역할을 합니다. User Pools가 인증 담당, Federated Identities가 인가를 담당하고 있다고 이해하면 됩니다.

Federated Identities에서는 User Pools 외에 아래의 ID 프로바이더와 연계가 가능합니다.

- 퍼블릭 프로바이더
  - Twitter/Digits
  - Facebook
  - Google
  - Login with Amazon
- Open ID Connect 프로바이더
- SAML ID 프로바이더

그림 3.53에서 설명한 대로(132쪽) Federated Identities가 발행하는 것은 임시적인 인가입니다. 그러므로 인증 정보를 애플리케이션에 심어놓지 않아도 AWS 리소스 작업을 할 수 있습니다. 애플리케이션이 분석되어 인증 정보가 유출될 리스크를 줄일 수 있습니다. 또한 인증정보를 하드코딩할 경우 키 페어의 갱신을 위해 애플리케이션 릴리스를 실시해야 하지만 Cognito를 사용하면 이런 작업도 필요 없어집니다.

Cognito Sync

Cognito Sync는 Cognito에 의해 인증된 애플리케이션의 데이터를 클라우드 쪽에 맡기고 같은 인증 정보를 갖는 디바이스 사이에서 데이터를 동기화하는 기능입니다. 같은 계정에서 다른 디바이스로 로그인하면 애플리케이션 내에서 데이터가 공유됩니다. 예를 들어, 외출 중에는 스마트폰, 집에서는 태블릿을 이용해 같은 애플리케이션을 이용하는 경우에 설정 데이터를 동기화하는 유스 케이스가 있습니다.

Cognito Sync는 데이터를 동기화하려고 했을 때 일부 디바이스가 오프라인인 경우 온라인이 되기를 기다렸다가 데이터를 동기화하는 것도 가능합니다. 게다가 다른 AWS로 서비스와의 연계도 충실하고, 예를 들어 관리 중인 데이터가 변경됐을 때 Amazon SNS로 Push 알림을 한다거나 Lambda 함수를 호출해 필요한 처리를 실행할 수도 있습니다.

3.3.5 AWS 권한 관리의 베스트 프랙티스

AWS를 이용할 때 제일 먼저 어떤 방식으로 권한 관리를 할 것인지 지침을 정할 것을 권장합니다. 처음부터 미래를 내다보는 완벽한 설계를 하는 것은 어려우므로 일단은 최소한 갖춰야 할 부분을 정해서 운용을 시작합시다. 운용 중에 문제가 생기면 그때마다 방침을 고쳐나가는 것이 중요합니다.

이번 절에서는 권한 관리에 있어서 최소한 갖춰야 할 점을 베스트 프랙티스 형식으로 소개하겠습니다. 조직의 규모나 AWS를 이용하는 프로젝트의 수, 이용하는 AWS 서비스의 종류에 따라 권한 관리 방법은 달라질 수 있지만, 여기서는 어떤 조직에도 해당될 만한 권한 설계의 포인트를 소개하겠습니다.

역할별 IAM 그룹으로 권한 관리하기

이용자마다 IAM 사용자에 권한을 할당하는 것이 아니라 프로젝트 내의 역할별로 IAM 그룹을 생성해서 IAM 그룹에 권한을 할당합시다.

IAM 사용자마다 권한을 할당하게 되면 권한 관리의 비용과 리스크가 커지기 때문입니다. 예를 들어, IAM 사용자로 권한 관리를 하고 있는 경우 프로젝트에서 새로운 AWS 서비스를 사용하기로 정했을 때 모든 IAM 사용자의 권한을 변경해야만 합니다. IAM 그룹에 권한을 연결하는 형식을 취하면 그룹의 수만큼 유지보수하면 되므로 시간도 적게 걸리고 작업 실수가 발생할 가능성도 낮아집니다.

그럼 어떤 그룹을 생성하는 게 좋을까요? 프로젝트 내의 역할에 따라 그룹을 생성하면 됩니다만 곤란한 경우에는 다음의 3개 그룹으로 운용을 시작하면 좋겠습니다.

◆ 인프라 팀

AWS 서비스를 사용해 각 환경을 정비하는 것이 주된 업무인 팀입니다. 'Administrator Access' 정책을 적용해 AWS 서비스의 모든 작업 권한을 부여합니다.

단, 인프라 팀에게도 일부 서비스의 권한은 부여하고 싶지 않은 경우가 있습니다. 예를 들어, IAM 사용자의 발행은 다른 팀 혹은 다른 부서에서 실시하므로 IAM 권한만은 제외하고 싶은 경우입니다. 그럴 때는 아래와 같이 'Deny' 정책을 함께 적용해 특정 AWS 서비스의 권한을 제외할 수 있습니다.

예제 3.4 IAM의 권한을 제외하는 정책

```
{
    "Version": "2012-10-17",
    "Statement": [
        {
            "Action": "*",
            "Effect": "Allow",
            "Resource": "*"
        },
        {
            "Action": "iam:*",
            "Effect": "Deny",
            "Resource": "*"
        }
    ]
}
```

◆ 애플리케이션 팀

AWS 서비스 위에서 돌아가는 애플리케이션을 개발하는 것이 주된 업무인 팀입니다. AWS 리소스의 상황을 확인하는 권한과 애플리케이션을 개발하기 위해 필요한 작업만을 부여하게 됩니다. 예를 들어, 다음과 같은 경우입니다.

- 참조 권한은 모두 부여하고 싶으므로 모든 서비스의 참조 권한인 'ReadOnlyAccess' 정책을 부여한다
- EC2 인스턴스의 시작과 정지의 작업 권한도 부여하고 싶으므로 'ec2:StartInstances', 'ec2:StopInstances'의 독자적인 정책도 부여한다

◆ 경리 담당자

매달 AWS로부터의 결제를 관리하고 사내에서 필요한 정산처리를 실시하는 담당자입니다. 기업 내에서는 개발자가 아닌 경리 담당자에게 의뢰하는 것이 많을 것입니다. 그때마다 개발자가 결제 리포트를 내보내는 것이 아니라 경리 담당자가 관리 콘솔에 로그인할 수 있도록 IAM 사용자를 발행합니다. 결제 리포트의 열람 권한이 있는 IAM 사용자를 생성하려면 아래의 두 가지 작업이 필요합니다.

- 'Billing' 정책(만)을 부여한 IAM 사용자를 생성한다
- 계정 설정에서 'IAM 사용자/역할에 따른 결제 정보에 액세스'를 유효하게 한다(루트 사용자에 의한 작업이 필요)

그림 3.56 IAM 사용자/역할에 따른 결제정보 액세스 설정

또한 아래의 AWS 계정 측의 설정도 잊지 말고 실시합시다.

- Billing의 설정 화면에서 '이메일로 PDF 인보이스 받기'에 체크하고 경리 담당자에게 자동으로 청구서가 도착하게 한다
- 동일하게 '결제 알림 받기'에 체크하고 예산을 넘는 AWS 비용이 발생하는 경우에는 알림이 날아가게 한다.

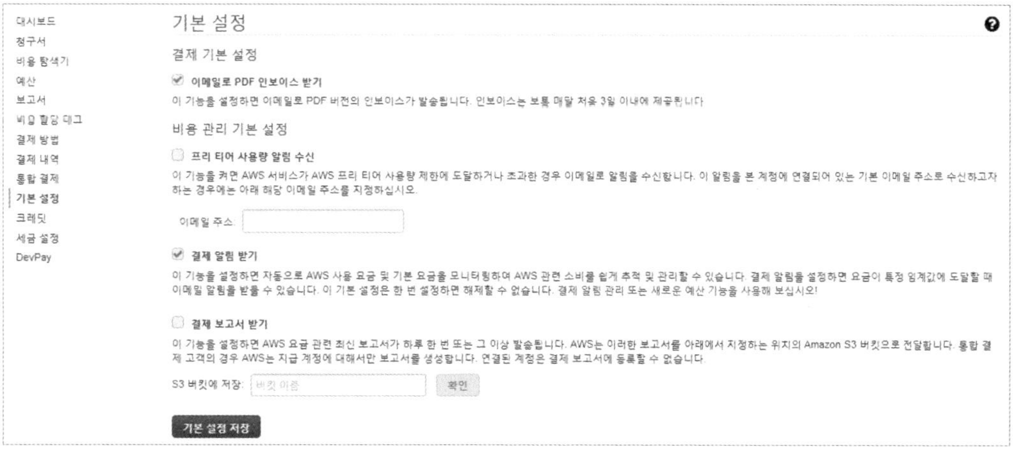

그림 3.57 AWS 계정 측의 Billing 설정

이용자별 IAM 사용자를 발행

이용자 한 명당 IAM 사용자를 1개 발행해 공동 이용을 허가하지 않도록 합니다. 계정을 돌려 쓰게 되면 CloudTrail의 기능을 이용해 작업 로그를 취득해도 그 작업을 누가 한 것인지 한번에 파악하기가 어려워집니다. 그리고 IAM 사용자를 정리하기도 어려워집니다. 결국 보안 위험이 높아지는 결과로 이어지므로 IAM 사용자를 함께 사용하는 것은 절대로 하지 맙시다.

권한은 필요 최소한으로 할당하기

AWS에 국한된 얘기는 아니지만 권한을 부여할 때는 필요 최소한으로 제한합시다. 예를 들어, AWS 계정 상에서 가동되는 시스템에서 이용하지 않는 AWS 서비스에 대해서는 이용자에게 작업 권한을 부여해서는 안 됩니다. 또한 각 이용자가 일반 업무에서 필요로 하지 않는 작업 권한도 부여해서는 안 됩니다.

권한을 최소한으로 제한하는 것으로 익숙하지 않은 이용자가 악의 없이 실시한 작업이 시스템의 에러를 일으키는 위험을 최소한으로 방지할 수 있습니다. 팀 내에서 필요한 교육을 하는 것도 중요하지만 인프라 담당자로서 잘못된 작업을 방지할 수 있게 설계하도록 유념합시다. 추가로 작업 권한이 필요해지면 그 타이밍에 IAM 정책에 추가하면 됩니다.

권한과 IAM 사용자를 정기적으로 정리해서 최적의 상태 유지하기

IAM 사용자를 발행한 사원이 이동이나 퇴직 등으로 그 시스템의 담당에서 제외됐을 때는 빠르게 IAM 사용자를 삭제합시다. 그러한 IAM 사용자를 계속해서 남겨두면 점점 필요한 IAM 사용자와 그렇지 않는 사용자를 구별하기가 어려워집니다. IAM에서는 IAM 사용자마다 최종 로그인 일시나 각 서비스의 최종 이용 시간을 확인할 수 있으므로 이러한 기능을 잘 이용하면서 계정의 재고를 조사하기 바랍니다.

기타 규칙

아래 규칙은 이번 절에서 소개한 내용과 중복되지만 다시 한번 소개하겠습니다.

- AWS 계정에 다요소 인증을 해놓은 상태로 평소의 운용에는 사용하지 않는다. AWS 계정은 루트 사용자만이 할 수 있는 작업이 필요한 때만 사용한다.
- 프로그램에서 AWS 서비스를 작업할 경우 액세스 키와 시크릿 키에 의한 권한 부여는 될 수 있는 한 피한다. IAM 역할이나 Cognito의 사용을 검토한다.

⚙ Column IAM의 설정을 실수하지 않으려면

프로젝트의 규모가 커지면 필요한 IAM 사용자의 수도 늘어 사용자의 출입도 빈번히 발생합니다. 그런 상황에서 수작업으로 IAM의 설정을 실시하는 것은 매우 부담이 큰 작업이고 설정 실수도 발생하기 쉽습니다. 게다가 프로젝트의 공정이 진행되어 새로운 환경(AWS 계정)이 필요한 경우에는 다시 한번 처음부터 권한 설정을 실시할 필요가 있습니다. 이러한 권한 설정을 수작업만으로 실시하는 것은 매우 어려운 작업으로 사람이 손으로 하기에는 한계가 있습니다.

그래서 AWS의 CloudFormation이라는 서비스를 이용해 설정을 코드화하는 것을 권장합니다. CloudFormation에 대해서는 5장에서 자세히 설명하겠지만, 이 서비스를 사용하면 AWS 서비스군의 구축 및 설정 작업을 프로그래밍화할 수 있습니다.

예를 들어, 이번 절에서 소개한 인프라 담당의 IAM 그룹과 거기에 연결되는 IAM 사용자를 생성하려면 다음과 같은 템플릿으로 수행할 수 있습니다.

예제 3.5 IAM 그룹과 IAM 사용자의 생성

```
Description: Create IAM user / group sample.
Resources:
  InfraGroup:
    Type: AWS::IAM::Group
    Properties:
      GroupName: InfraGroup
      Path: "/"
      Policies:
      - PolicyName: infraPolicy
        PolicyDocument:
          Version: '2012-10-17'
          Statement:
          - Effect: Allow
            NotAction:
              - "iam:*"
            Resource: "*"
          - Effect: Allow
            Action:
              - "iam:Get*"
              - "iam:List*"
```

```
            Resource: "*"
        - Effect: Allow
          Action:
            - "iam:ChangePassword"
            - "iam:CreateAccessKey"
            - "iam:CreateVirtualMFADevice"
            - "iam:DeleteAccessKey"
            - "iam:DeleteVirtualMFADevice"
            - "iam:EnableMFADevice"
            - "iam:UpdateAccessKey"
            - "iam:UpdateSigningCertificate"
            - "iam:UploadSigningCertificate"
            - "iam:UpdateLoginProfile"
          Resource: "arn:aws:iam::xxxxxxxxxxxx:user/${aws:username}"
  InfraUser:
    Type: AWS::IAM::User
    Properties:
      Groups:
        - InfraGroup
      UserName: bob
      Path: "/"
      LoginProfile:
        Password: myP@ssW0rd
        PasswordResetRequired: true
```

이와 같이 코드화하면 실수 없이 단시간에 환경 설정이나 환경 복제를 수행할 수 있습니다. 또한 템플릿화하면 이 설정 파일의 버전 관리가 가능하고 잘못된 설정을 했을 때 간단히 롤백할 수 있는 것도 장점 중 하나입니다.

템플릿화는 프로젝트를 시작할 때가 가장 실시하기 쉽고 장점도 많습니다. AWS를 이용하기 시작한 지 얼마 안 됐을 때는 템플릿을 만드는 것이 어렵다고 느낄 수도 있지만, YAML이나 JSON 형식으로 생성할 수 있고 문서도 충실하므로 앞으로 AWS 환경을 구축할 분들은 꼭 도전해보길 바랍니다.

네트워크의 설계와 구축 및 유지 관리

4-1

AWS 네트워크의 전체 구성

기업 내에서 AWS를 이용할 때 기존 시스템이 가동되고 있는 '온프레미스 네트워크 기반'과 AWS를 네트워크로 연결할 필요가 있습니다. 이번 장에서는 이러한 네트워크 연결의 설계, 구축, 유지 관리를 위한 베스트 프랙티스를 알아보겠습니다.

4.1.1 AWS 네트워크의 구성 요소

AWS에서 네트워크 기반 구축에 필요한 구성 요소를 알아보겠습니다. 여기서 가장 중요한 기능은 'VPC'입니다. 하지만 실제로 AWS를 이용해 보면 AWS의 네트워크 기반에는 VPC만으로는 부족하고 '적절한 인터넷과의 연결 기능'이 필요하다는 것을 알게 됩니다.

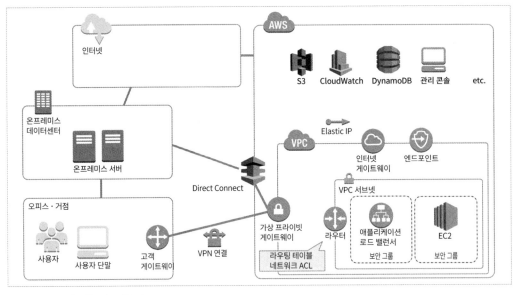

그림 4.1 AWS 네트워크의 구성 요소

VPC

VPC란 AWS 내부에 만들 수 있는 사용자 전용의 프라이빗 네트워크를 말합니다. 개개의 VPC는 완전히 독립된 네트워크이며 해당 VPC를 소유하고 있는 계정 관리자라고 하더라도 아무런 설정을 하지 않은 상태에서는 이 VPC의 내부로 액세스하는 것은 불가능할 정도로 엄격한 보안이 유지되고 있습니다. 물론 AWS 내부 관계자도 액세스하는 것이 불가능합니다.

생성자가 자유로운 IP 주소(CIDR 블록)를 할당하는 것이 가능하므로 네트워크 기반의 관리 정책에 맞춰서 주소를 할당함으로써 자사 네트워크의 일부인 것처럼 연결할 수 있습니다.

◆ VPC 내에서 사용 가능한 서비스

VPC의 내부에서는 EC2와 EC2를 기반으로 한 몇 가지 AWS 서비스(RDS, 로드 밸런서 등)를 이용할 수 있습니다. 또한 각종 게이트웨이를 설치(적용)함으로써 인터넷이나 온프레미스 네트워크 기반, 다른 VPC 등의 다양한 외부 네트워크와 연결할 수 있게 됩니다.

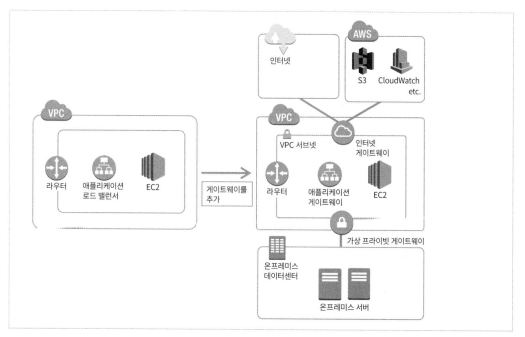

그림 4.2 VPC는 게이트웨이를 통해 외부와 연결한다

EC2 서비스의 등장 당시에는 VPC는 존재하지 않았고 VPC 등장 이후에도 VPC를 사용하지 않고 EC2 인스턴스를 이용하는 것이 가능했습니다. 그러나 2013년 12월 4일 이후에 새롭게 생성한 계정에서는 EC2가 VPC의 내부에서만 시작할 수 있게 됐습니다. 그만큼 VPC는 사용하는 것이 당연하고, 당연히 있어야 하는 기능으로서 이용되고 있습니다.

아마존 VPC란?

http://docs.aws.amazon.com/ko_kr/AmazonVPC/latest/UserGuide/VPC_Introduction.html

기존의 기업 시스템의 거의 대부분의 기능은 물리와 가상이라는 차이는 있어도 '서버' 상에 만들어진다는 점은 같습니다. 이처럼 기업 시스템을 AWS로 마이그레이션하는 것을 생각했을 때 마이그레이션할 곳의 AWS 서비스는 VPC와 그 안의 EC2 인스턴스로 구성되는 것이 자연스럽습니다. 따라서 VPC를 기존의 온프레미스 네트워크 기반에 어떻게 통합하느냐가 가장 중요한 검토 요소입니다.

◆ 기본 VPC

EC2는 VPC 내부에서만 시작할 수 있기 때문에 거의 모든 이용자는 먼저 VPC를 만들 필요가 있습니다. 그 부담을 줄이기 위해 모든 AWS 계정에는 기본 VPC라는 것이 모든 리전에 준비돼 있습니다.

하지만 CIDR 블록이 AWS에 의해 결정되어 변경 불가능하므로 기업 시스템에 본격적으로 VPC를 통합할 경우에는 이용하지 않는 것이 현명합니다. 그보다 설정 실수를 방지하기 위해 기본 VPC는 삭제하는 것이 옳다고 생각합니다. 단지 AWS의 문서나 관리 콘솔에 있어서 기본 VPC가 존재하는 것을 전제로 한 내용이나 사용자 인터페이스가 존재한다는 점에 주의할 필요가 있습니다.

인터넷에 있는 AWS 서비스에 연결

VPC의 내부에서는 EC2와 EC2를 기반으로 한 AWS 서비스가 가동됩니다. 반대로 말하면, 그 밖의 서비스는 VPC 이외의 곳에서 가동되고 있습니다. 그것이 어딘가 하면 바로 '인터넷'입니다.

S3나 CloudWatch 등 AWS 서비스의 대부분은 인터넷으로 가동되고 있고 VPC 내부에서 프라이빗 주소로 연결할 수 있는 서비스가 적을 정도입니다. AWS의 각종 리소스 관리를 위한 관리 콘솔의 이용에도 인터넷 액세스 경로가 필요합니다. 이것은 VPN이나 Direct Connect로 VPC에 폐쇄 연결을 하고 있다고 해도 동일합니다. 그리고 로드 밸런서나 RDS와 같이 그 자체는 VPC 내에서 가동되고 있지만 실제로 액세스하기 위해서는 인터넷에서의 이름 확인이 필요한 서비스도 있습니다.

단지 이 상황은 조금씩 변화되고 있습니다. VPC 엔드포인트라는 서비스가 시작되고 나서 S3나 DynamoDB는 VPC 내부에서 인터넷으로 나가는 경로가 없어도 연결 가능해졌습니다.

VPC 엔드포인트는 2017년 11월에 더욱 확장되어 Kinesis, EC2나 VPC를 조작하는 API 등의 일부 서비스에 대해 VPC 내부는 물론 VPN이나 Direct Connect로 연결된 온프레미스 네트워크 기반에서 도 인터넷으로 나가는 경로를 통하지 않고 연결이 가능해졌습니다. 이 확장은 PrivateLink라고 불리고 있습니다.

AWS의 서비스를 충분히 사용해 가치가 높은 시스템을 구축하기 위해서는 인터넷으로 나가는 액세스 경로를 확보하는 것과 동시에 PrivateLink의 서비스 확장에 주의를 기울이는 것이 매우 중요합니다.

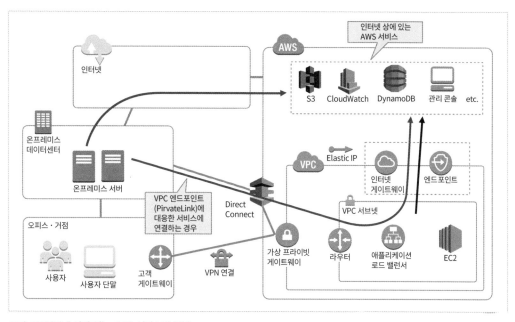

그림 4.3 인터넷 상에 있는 AWS 서비스에 연결

4.1.2 통신 요건

AWS에 설치하는 시스템과 '온프레미스 네트워크 기반'의 사이에 어떤 통신이 필요한지를 정리할 필요가 있습니다. 'AWS 네트워크의 구성 요소'에서 살펴봤듯이 통신 상대는 'VPC'와 '인터넷 상에 있는 AWS 서비스'가 되겠습니다.

통신 내용의 정리

AWS에 설치하는 시스템과 '온프레미스 네트워크 기반' 사이에 필요한 통신 내용을 하나씩 정리하겠습니다.

필요한 항목은 다음과 같습니다.

- 송신 주소
- 수신 주소
- 프로토콜
- 포트 번호
- 허가/거부
- 통신량/통신 빈도/통신 시간대

정리한 통신 내용을 바탕으로 AWS와의 통신량을 견적 낼 필요가 있습니다. 'VPC와의 사이'와 '인터넷 상의 AWS 서비스와의 사이'를 따로따로 나눠서 통신량을 예상하고 시간마다의 분포를 보고 최댓값으로 견적을 냅니다. 그리고 온라인 트랜잭션 처리인지, 배치 처리인지, FTP에 의한 데이터 전송인지, 데이터베이스 쿼리인지, 필요한 데이터 통신의 특성도 정리해 놓을 필요가 있습니다.

◆ VPC와의 통신

통신 상대가 VPC 등의 AWS 서비스가 된다는 것은 현행 기반에서는 동일 LAN 안에 있던 통신이 온프레미스 네트워크 기반과 AWS로 나뉜다는 것입니다. 동일 LAN 안에 있으면 1Gbps나 10Gbps 또는 그 이상의 윤택한 링크 속도로 연결되어 '이런 저런 생각을 안 해도 문제되지 않았던 통신'이 시스템 전체의 처리량을 제한하는 병목 구간이 될 가능성이 있습니다.

특히 문제가 되는 것이 지연입니다. AWS 리소스의 실체는 서울 리전의 경우 서울 부근 어딘가의 데이터센터 안에 있습니다. 지금까지 자사 데이터센터의 구내에 있고 1ms 이하의 지연으로 서로 통신 가능했던 것이 수 ms 이상의 지연을 동반하는 통신으로 바뀌어 버립니다. 프런트엔드 기능과 데이터 스토어 기능이 자사 내와 AWS로 멀리 떨어졌을 때 대량의 데이터 통신을 동반하는 직렬 쿼리가 허용 범위를 넘어서는 성능 저하를 초래하는 것은 흔히 발생할 수 있습니다.

◆ 인터넷과의 통신

또한 통신 상대가 '인터넷 상의 AWS 서비스'라는 것은 기업 시스템의 통신 내용으로서는 흔히 보는 상황이 아닐 수도 있습니다. 그러나 AWS의 관리 도구나 스토리지, 분석 서비스 등 많은 기능은 인터넷 상에 있고 기업 시스템에서 AWS 활용을 진행하면 할수록 다양한 시스템으로부터의 통신이 인터넷으로 향하게 된다는 것을 이해할 필요가 있습니다.

이처럼 AWS를 사용하는 경우 기존의 온프레미스 네트워크 기반에서는 생각하지 못했던 문제가 생길 수 있다는 것에 주의해야만 합니다. 이런 문제를 적절히 관리하고 해결해 가는 네트워크 설계가 필요합니다.

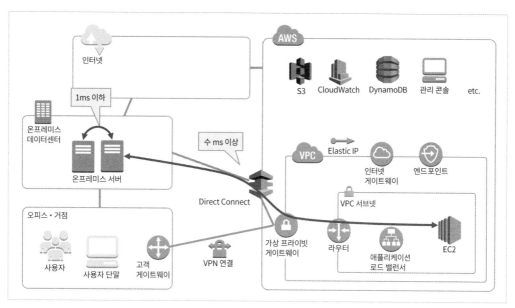

그림 4.4 VPC와의 통신에서 생기는 지연

4.1.3 물리 구성

AWS는 클라우드 서비스이기 때문에 물리적인 배선이나 장비, 포트라는 개념이 존재하지 않습니다. 하지만 기존 시스템이 가동되고 있는 온프레미스 네트워크 기반과 AWS나 인터넷을 '어디에서 연결하는가'는 네트워크 기반 전체의 설계에 큰 영향을 미치는 중요한 요소입니다.

VPC의 역할

VPC는 'AWS의 리소스를 자사 네트워크 안에서 이용하기 위한 기능'을 갖고 있고, 기업 시스템에서 AWS를 이용하도록 길을 열었습니다. 다만, VPC를 자사 네트워크 기반에서 어떤 역할을 수행하게 할 것인가에 대해서는 보안 정책에 비춰 신중히 판단해야 합니다.

예를 들어, 네트워크 기반을 새로운 인터넷에 연결하는 경우 기존의 온프레미스 기반에서는 타사와의 계약에 따른 결제 규정, 물리적인 회선 공사나 장비와의 연결 등의 보안 정책을 기반으로 다양한 체크 항목을 완수하지 못하면 실현할 수 없는 등 장벽이 높다고 할 수 있습니다. 반면 VPC를 인터넷에 연결 하는 것은 모두 관리 콘솔이나 API 작업 등 사무실 책상에서나 원격 작업만으로 실현 가능합니다. 또한 VPC는 AWS가 관리하는 서비스입니다. 소프트웨어에 중대한 버그가 있거나 AWS 내부자의 부정 행위 를 의심하는 것이 필요할지도 모르겠습니다.

이 점을 이해하고, 기존의 보안 정책과는 다른 전제를 갖는 VPC에는 다른 보안 정책을 적용해야 한다 는 생각이 맞다고 볼 수 있습니다. 이에 맞춰 온프레미스 기반과 VPC의 사이에 방화벽을 세우고 엄밀 한 액세스 제어를 실시하는 사례가 많이 있습니다.

반면 VPC에도 기존의 온프레미스 기반과 동등한 보안 정책을 적용한다는 생각도 충분히 합리적입니 다. AWS에는 IAM에 의한 엄밀한 권한 제어, CloudTrail에 의한 작업의 기록 등, 부정행위의 장벽을 높이기 위한 서비스와 기능이 여럿 있습니다. 이를 적절히 이용함으로써 보안 정책을 준수한다고 간주 할 수 있다는 것입니다. 이에 따라 온프레미스 기반과 VPC 사이에 특별한 관문을 세우지 않고 연결하 고 있는 사례 또한 여럿 있습니다.

어쨌든 그런 판단은 시스템 전체에서 AWS의 보안을 평가하는 조직적인 판단에 따른 것입니다. 얼핏 보면 네트워크와는 관계없어 보이는 IAM이 네트워크 기반의 안전성에 깊게 관계하고 있는 것입니다. 전체를 네트워크 기반만으로 완결하는 것은 불가능합니다. 사고가 발생한 후에 '안전했는데', '문제 없 었는데'라는 후회를 하지 않도록 AWS 이용과 관련된 부문과 충분히 커뮤니케이션하고 리스크를 공유 해서 합의하에 네트워크 설계를 진행합시다.

VPC를 어디에 연결할까

온프레미스 네트워크 기반과 VPC를 연결하기 위해서는 WAN, 통신회선을 거칠 필요가 있습니다. 그 럼 그것을 어디에 설치해야 할까요? 후보는 크게 두 가지입니다.

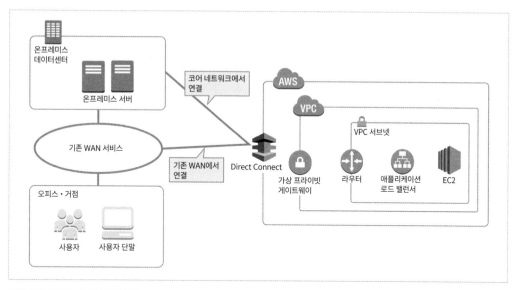

그림 4.5 VPC를 어디에 연결할까

◆ 원격 거점을 연결하는 기존 WAN

원격 거점을 연결하기 위한 기존의 WAN이 있으면 그것을 이용해 AWS와 연결하는 것을 생각할 수 있습니다. 마이그레이션한 시스템을 이용하는 사용자로부터 가까운 구성이 되는 것 외에 기존 WAN을 이용하고 있는 서비스에 AWS로 연결하는 기능이 있으면 새로운 회선이나 장비를 설치하지 않아도 되는 장점이 있습니다.

반면 새롭게 발생하는 기존 시스템과 AWS 시스템 간의 통신을 위해 코어 네트워크에 연결하는 회선을 증설해야 할 필요가 있습니다. 또한 현재 이용하고 있는 WAN 서비스를 AWS로 연결할 수 있어야 하는 등 서비스 선택의 폭이 좁은 것이 단점입니다. 서로 다른 통신 시스템에서 이중 구성을 구축하는 것은 각 통신 시스템의 서비스 사양에 맞춰 파라미터를 조절하는 등의 검토와 설계가 필요하므로 일반적으로는 어렵습니다.

◆ 온프레미스 시스템이 설치돼 있는 데이터센터나 본사 건물 등의 코어 네트워크

기존의 WAN과는 별도의 회선으로 온프레미스 시스템이 설치된 코어 네트워크에서 AWS로 직접 연결하는 구성도 생각해 볼 수 있습니다.

보통 시스템 사이에서는 데이터 연계 등으로 인해 대량의 통신이 발생합니다. 이것은 기존에 동일 LAN 내부라는 매우 가까운 거리로 1Gbps나 10Gbps의 링크를 사용했던 통신이므로 성능 요건이 엄격해집니다. 또한 시스템 마이그레이션에 있어서 단시간에 대량의 데이터 마이그레이션이 필요하다는 예상을 할 수 있습니다. 이런 조건에 맞는 성능의 회선을 선정하고 AWS를 이용하는 통신만을 다른 통신과 독립시켜 실행하도록 구성할 수도 있습니다. 코어 네트워크의 설치가 많은 데이터센터나 도시의 중심부에서는 광대역 회선을 쉽게 사용할 수 있다는 것도 장점 중 하나입니다.

그리고 VPC와의 연결에 인터넷 VPN을 이용하는 경우 광대역 인터넷 회선이나 통신 장비가 설치돼 있는 것은 코어 네트워크뿐이라는 케이스도 있을 수 있습니다.

어떤 경우든 회선이나 장비의 신설 및 설정 변경을 비롯해 비용과 시간이 필요하고, 사원을 비롯해 시스템의 이용자가 있는 곳은 기존 WAN의 건너편에 있는 원격 거점이므로 AWS에 구축한 인프라와의 통신 지연이 커지는 것이 단점이라고 할 수 있습니다.

인터넷을 어디에 연결할까

AWS의 각 서비스를 이용하기 위해서는 VPC 외에도 인터넷으로의 연결 경로를 설치해야만 합니다. 기존에 있던 경로 외에 AWS에서 인터넷으로 연결하는 것도 가능합니다.

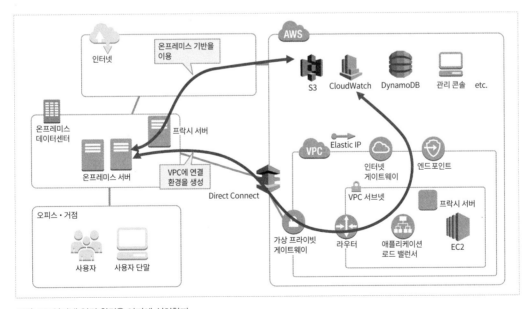

그림 4.6 인터넷 연결 환경을 어디에 설치할까

◆ 온프레미스 네트워크 기반에 있는 인터넷 연결 환경 이용하기

이미 온프레미스 네트워크 기반에 인터넷 연결 환경이 있다면 그것을 이용하는 것이 가장 빠른 길입니다. 이미 데이터의 송수신을 모니터링하거나 인터넷 연결 범위를 최소한으로 제한하고 있는 경우 필요한 정책을 추가하는 것으로 안전하게 AWS 서비스를 이용할 수 있습니다.

S3의 사용을 예로 들면, 예전에는 드물었던 외부로 데이터를 보내거나 본래 허가되지 않았던 인터넷 연결이 급증하게 되어 그에 맞게 성능을 보장하고 정책을 정비할 필요가 있습니다.

◆ VPC 내부에 인터넷 연결 환경 만들기

사원이 이용하는 OA 환경(메일이나 사내 행정처리 환경)은 물론 업무 시스템이 가동되는 환경을 인터넷에 연결하지 못하게 하는 보안 정책도 드문 일은 아닙니다. 하지만 그렇게 될 경우 관리 콘솔을 이용한 AWS 리소스 관리는 OA 환경에서 하면 된다고 하더라도 업무 시스템에서 발생하는 데이터는 S3에 보관하고 싶어도 할 수 없게 됩니다.

이 경우 VPC에 인터넷과 연결하는 게이트웨이와 NAT 기능이나 프락시 서버를 구현해서 인터넷에 연결할 수 있는 환경을 만들 수 있습니다. VPC 엔드포인트라고 하는, AWS에 특정 서비스만 액세스할 수 있는 게이트웨이 기능도 있어서 안전하게 서비스에 연결할 수 있는 환경을 만들 수도 있습니다.

어떤 방식을 택하든 시스템의 성능과 가용성이 떨어지지 않는 범위에서 최소한의 서버만을 인터넷에 연결할 수 있게 하는 것은 여전히 중요한 사항입니다. 유지 관리와 운용 모니터링 기능을 담당하는 온프레미스 서버 혹은 VPC 내의 EC2 인스턴스가 인터넷 연결 기능(그리고 그것을 위해 권한을 부여하는 IAM 역할과 자격 인증서)을 갖고 서비스 이용을 위한 트래픽을 하나로 모아 확실하고 안전하게 인터넷에 연계할 수 있도록 설계하는 방식을 생각할 수 있습니다.

4.1.4 논리 구성

AWS의 네트워크는 VLAN으로 네트워크를 분리할 필요가 없고 복수의 장비로 다양한 프로토콜을 사용해 이중 구성을 설계할 필요도 없습니다. 그러나 IP 주소의 할당은 네트워크 기반으로 전체를 설계하지 않으면 정상적인 통신이 불가능합니다. 또한 VPC라는 AWS 특유의 구성 요소에 대해서도 검토할 필요가 있습니다.

주소 할당

VPC를 사용하면 온프레미스 네트워크 기반의 설계 정책을 적용할 수 있다는 것은 앞에서 설명했습니다. 온프레미스 네트워크 기반에 새로운 데이터센터를 추가한다는 생각으로 VPC를 사용하면 됩니다.

할당하는 주소의 규모는 VPC에서 이용할 예상 EC2 인스턴스나 로드 밸런서의 개수로 견적을 내게 됩니다. 단지 VPC가 여러 개 필요한 경우에는 그 VPC 단위로 견적을 낸 만큼 사용하지 않는 주소가 늘어날 것을 예상해 볼 필요가 있습니다. 주소의 종류는 RFC 1918에서 제시한 프라이빗 주소를 사용하는 것이 가장 적절하지만 조직에 정규로 할당된 글로벌 주소라면 이용해도 지장이 없습니다.

좋지 않은 것은 조직에 할당되지 않은 글로벌 주소를 할당하는 것입니다. VPC만이 아니라 권장 사항은 아니지만 현실적인 문제로 주소 설계가 그런 식으로 된 네트워크 기반도 있습니다.

구체적인 폐해는 특히 VPC 외의 서비스에서 AWS가 이용하고 있는 주소 영역과 자신이 속한 조직이 (임의로) 할당한 주소 영역이 중복되는 것입니다. 이 경우 VPC 내의 EC2 인스턴스(의 서버)에서 그들의 서비스를 이용하기 위한 라우팅 테이블 설정과 온프레미스 네트워크 기반의 중요한 시스템과의 연결을 위한 라우팅 테이블 설계가 중복되어 한쪽의 통신이 두절되는 현상이 발생하게 됩니다.

AWS는 매우 많은 글로벌 주소를 갖고 다양한 VPC 외의 서비스에 할당하고 있습니다. 그것은 일정하지 않고 AWS의 확장이나 변경에 따라 변화할 가능성이 있습니다. VPC 엔드포인트 기능을 사용하고 있는 경우에는 그 변화에 맞춰 동적으로 라우팅 테이블 설정이 변화합니다. 즉, 운용을 개시할 때는 통신이 됐더라도 갑자기 통신이 안 될 가능성이 있습니다. 문제의 원인을 파악하는 것은 매우 어렵고 네트워크 관리자에게는 악몽이라 할 수 있습니다.

VPC가 몇 개 필요한가

AWS 특유의 검토 포인트로서 VPC가 몇 개 필요한가는 중요 사항입니다. 뒤에서 이유를 설명하겠지만 조직 내에 VPC가 여러 개 있는 것은 흔히 있는 일입니다. 여러 개의 VPC가 있을 수 있다는 전제하에 네트워크 구성을 검토해야 합니다.

◆ 여러 AWS 계정이 존재하는 경우

조직 내에 여러 개의 AWS 계정이 존재한다는 것은 바로 VPC가 여러 개 존재한다는 의미입니다. 운영 환경과 개발 환경을 분리하기 위해서, 혹은 서브 시스템이나 부서 단위로 관리하기 위해 계정을 나누는 것은 하나의 베스트 프랙티스라고 말할 수 있습니다.

예를 들어, 개개의 VPC마다 Direct Connect나 인터넷 VPN의 물리적인 회선이 따로따로 존재할 경우 비용이 현저히 늘어나기 때문에 그것을 피할 수 있도록 논리 구성을 고려할 필요가 있습니다. 이것은 회선 서비스의 선정에도 큰 영향을 주는 중요한 포인트입니다.

◆ VPC에 할당할 수 있는 주소가 부족할 경우

VPC에는 연속하는 주소의 단위인 CIDR 블록을 설정합니다. 2017년 8월의 업데이트로 VPC에 여러 개의 CIDR 블록을 설정할 수 있게 됐지만 설정 가능한 CIDR 블록에는 제약이 있고, 그로 인해 주소가 부족할 수 있습니다. 새롭게 할당된 CIDR 블록이 없다면 VPC를 새롭게 만드는 수밖에 없습니다.

4.1.5 서비스의 선정

기업 시스템에서 AWS를 이용할 때는 온프레미스 네트워크 기반과 VPC를 어떻게 연결할까가 중요한 검토 포인트가 됩니다.

인터넷 VPN

인터넷을 통한 VPN을 이용해 연결합니다. VPC 측의 연결 포인트는 AWS의 서비스로 간단히 설정 가능하고 이용자 측의 장비도 다수의 선택지가 있고 사례도 많이 있습니다. 이미 인터넷 회선이 있는 기업도 많고 개별적으로 조달하는 경우에도 일본에서는 저렴한 베스트 에포트(best effort) 방식의 회선을 쉽게 사용할 수 있기 때문에 저렴한 가격으로 구현할 수 있다는 장점이 있습니다.

반면 대역이 안정되지 않고 지연 값이 크고 흔들림도 크기 때문에 스루풋(처리율)이 안정되지 않는 것이 단점입니다. 1개의 VPC마다 암호화 처리가 필요하고 다수의 VPC 연결이 필요한 경우에는 설계의 난이도가 높아지고 스펙이 좋은 장비가 필요하게 되므로 결국 비용이 커집니다.

인터넷 VPN이 적합한 경우는 다음과 같습니다.

- 저가로 손쉽게 연결하고 싶은 경우
- 평가 용도 등 짧은 기간만 연결할 경우
- 연결하고 싶은 VPC 수가 많지 않을 경우

Direct Connect

통신 사업자가 제공하는 가상적인 전용 연결 서비스(소위 말하는 전용선)에 의한 VPC와의 연결입니다. 계약한 대역폭을 항상 이용할 수 있고 지연 값과 변동폭도 작고 일정한 스루풋을 기대할 수 있는 것이 최대의 장점입니다. 데이터 전송 요금도 인터넷 VPN보다 저렴하게 설정돼 있습니다.

반면 일반적으로 인터넷 VPN보다는 고가입니다. 계약한 대역으로 일정 기간 연속 이용을 계약 조건으로 하는 경우가 많아 시범적으로 사용해 보기도 어렵습니다.

Direct Connect란 좁은 의미로는 AWS가 제공하는 서비스이며 그 실체는 AWS가 지정하는 데이터센터에서 제공되는 통신장비를 연결하기 위한 커넥션(통신 포트) 및 그 위에 위치하는 가상 인터페이스입니다. 이용자의 사무실이나 데이터센터를 연결하기 위한 WAN 회선이나 통신 장비, 데이터센터의 코로케이션(colocation) 기반 등은 AWS의 서비스에 포함되지 않습니다. 이를 자사에서 조달해서 정확하게 설정하고 운용을 유지 관리하는 것은 노하우와 노력, 거기다 많은 비용이 필요합니다.

그러므로 이용자를 대신해서 필요한 설비를 조달하고 제공하는 서비스를 통신 사업자를 비롯한 각 업체들이 제공하고 있으며 Direct Connect를 이용하는 경우에는 그 서비스를 이용하는 것이 일반적입니다. 이를 넓은 의미에서의 Direct Connect라고 할 수 있습니다.

이 '넓은 의미의 Direct Connect'에는 베스트 에포트부터 1Gbps나 10Gbps의 광대역, 포인트 투 포인트(point-to-point) 연결, 멀티 포인트 연결, 고정 회선뿐만 아니라 모바일 회선에 의한 연결 등 요건에 맞게 다양한 선택지가 제공됩니다. 또한 1개의 계약으로 연결 가능한 VCP의 수, 연결에 필요한 장비 및 설정 서비스의 제공, 운용 모니터링, 유지 관리 서비스의 유무 등도 각 회사마다 다릅니다. 자사 시스템에 필요한 요건을 정리해서 가장 적합한 서비스를 선정하는 것이 중요합니다.

Direct Connect가 적합한 용도는 아래와 같습니다.

- 안정된 스루풋(처리율)이 필요한 경우
- 일정 기간 계속해서 이용할 계획이 있는 경우
- 다수의 VPC를 연결할 경우
- 인터넷 VPN의 이용이 허가되지 않은 경우

☼ Column '다이렉트 커넥트 서비스는 모두 똑같다'가 아니다

다이렉트 커넥트도 지금은 많이 확대되어 서비스 제공을 하지 않는 통신사가 없다고 단언해도 과언이 아닙니다. '다이렉트 커넥트 연결 서비스'라고 해도 내용에 큰 차이가 있다는 것을 알고 계신가요? 일반적인 회선 서비스로서의 서비스 내용 외에도 '다이렉트 커넥트 연결 서비스'에는 특유의 차이가 있습니다. 아래에서 그것을 설명하므로 채용하려고 하는 서비스가 정말 필요한 서비스 제공 범위와 수준을 충족하고 가격에 부합하는지 판단하는 요소로 사용하기를 바랍니다.

◇ 서비스의 제공 범위

다음 항목은 위에서 아래로 갈수록 알려진 노하우가 적고 어려우며 비용이 발생합니다.

- 연결 포인트가 되는 데이터센터의 코로케이션(colocation) 기반, 구내 배선

- 다이렉트 커넥트의 물리 포트

- 다이렉트 커넥트의 논리 인터페이스

- 다이렉트 커넥트와의 연결 장비, 설계, 구축, 운용 모니터링

- 연결 포인트가 되는 데이터센터와 자사 거점과의 연결에 필요한 WAN 회선, 공사, 운용 모니터링

◇ 서비스의 수준

어느 정도의 수준을 요구하느냐에 따라 중요도는 다르지만 특히 VPC 수는 처음에는 1개로 충분하다고 생각해도 반드시 여러 개가 필요해집니다. 퍼블릭 클라우드의 장점인 확장성을 네트워크 기반이 제약하는 것은 매우 안타까운 일입니다.

- 1개의 계약으로 연결 가능한 VPC 수, 연결마다 필요한 비용

- 애드버타이징 가능한 라우팅 수

- 회선, 장비, 다이렉트 커넥트의 물리 포트까지, 빠짐없이 이중화를 보장하고 있는가

- AWS의 장애나 유지보수 시의 알림 및 대응 수준

- AWS 외의 클라우드 서비스로의 확장

⚙ Column | Direct Connect Gateway

2017년 11월 AWS Direct Connect Gateway라는 새로운 서비스가 추가됐습니다. 그 기능은 '교차 리전에서의 VPC 연결', 즉 국내에 설치한 Direct Connect로 세계의 리전의 VPC에 폐쇄 연결이 가능해졌다는 의미입니다. 또한 예전에는 불가능했던 '1개의 Direct Connect로 다수의 VPC에 연결 가능'한 것도 실현됐습니다. 자세한 내용은 아래 URL을 참조하기 바랍니다.

새로운 – AWS Direct Connect Gateway – 리전 간의 VPC 액세스

https://aws.amazon.com/ko/blogs/aws/new-aws-direct-connect-gateway-inter-region-vpc-access/

AWS를 이용함으로써 국외에 업무 시스템의 복제를 설치하는 것이 쉬워져서 사업 계속 계획(BCP)이나 재해 대책(DR)의 현실적인 대안이라고 여겨졌습니다. 그러나 네트워크의 폐쇄 연결 기능이 그것을 지원하지 않고 있었습니다. '교차 리전에서의 VPC 연결'은 그것을 가능하게 했습니다. 다른 일부 퍼블릭 클라우드 서비스에서는 이전부터 구현돼 있던 기능이므로 AWS가 그것을 따라잡았다고 할 수 있습니다.

필자도 Direct Connect Gateway를 사용해 봤는데 국내에서 Direct Connect 연결을 만들 필요는 있지만 종량 과금으로 매우 저렴한 '국제 회선'을 쉽게 이용할 수 있다는 것은 충격적입니다. 정말 놀랄 수밖에 없습니다. 국내에서 국외 리전의 VPC에 연결한다고 하며 사용하지 않을 이유가 없습니다.

하지만 이 서비스는 릴리스한 지 얼마 안 된 것으로서 중요도가 높은 통신을 맡기기에 충분한지 판단하기에는 아직 어렵다고 생각합니다. AWS의 네트워크는 내부가 공개되지 않는 블랙박스이고 가용 영역의 사고가 적용되지 않았습니다. 그러므로 AWS에서 발생하는 한 번의 장애로 연결이 모두 불가능해질 수가 있습니다. 또한 국내의 AWS에 장애가 발생해서 재해 대책이 발동했을 때 Direct Connect Gateway를 통한 국외 연결이 원하는 기능을 발휘할지는 아무도 시도해보지 않았을뿐더러 시도 자체가 불가능합니다. 통신 회사가 제공하는 국제 회선 서비스라면 여러 서비스를 병용해서 1개의 장애에 대응할 수 있게 돼 있고 재해가 발생했을 때 영향을 받지 않는 설비를 사용하고 있는지 확인하는 것도 가능합니다. 그런 점을 고려한 다음 서비스를 도입할지를 검토하기 바랍니다.

네트워크 설계

VPC에는 주소 외에 라우팅이나 필터링 등의 많은 기능이 포함돼 있습니다. 이 기능을 온프레미스 네트워크 기반에 맞게 적절히 설계할 필요가 있습니다.

4.2.1 주소 설계

온프레미스 네트워크 기반의 주소 체계를 AWS 내에 구현하는 VPC의 등장으로 기업 시스템에서의 AWS 이용이 늘어났습니다. 하지만 온프레미스 네트워크 기반의 설계와 무결성이 있어 충분히 확장성 있는 주소를 설계하지 않으면 언젠가 AWS의 활용이 더 이상 어려워집니다.

주소 설계를 할 때 고려할 점은 다음과 같습니다.

VPC에 할당하는 CIDR 블록

VPC를 만들 때 결정해야 하는 것이 CIDR 블록입니다. 16비트에서 28비트까지의 크기로 먼저 하나를 설정합니다. 또한 CIDR 블록을 추가할 수 있습니다. 이러한 CIDR 블록의 범위 내에서 다음에 설명하는 서브넷을 만들 수 있습니다. 또한 CIDR 주소는 VPN과 Direct Connect에 연결했을 때 AWS에서 BGP로 애드버타이징되는 경로 정보입니다. 추가 CIDR 블록이 있는 경우는 그 모든 CIDR 블록이 경로 정보로 애드버타이징됩니다.

AWS 서비스 시작 이후 VPC는 만들 때 할당된 CIDR 블록을 변경하거나 새로운 블록을 추가할 수 없다는 유연성이 떨어지는 제한이 있고, AWS를 이용할 때의 강한 제약으로 네트워크 설계가 자유롭지 못했지만 2017년 8월 VPC에 CIDR 블록을 추가할 수 있게 되어 이러한 제한이 완화됐습니다. 하지만 먼저 설정한 CIDR 블록을 변경하거나 삭제할 수 없으며, RFC 1918에서 정의된 프라이빗 주소를 사용한 경우 추가 블록은 그 CIDR 블록과 같은 클래스로 제한된다(예를 들어, 첫 번째 CIDR 블록이 '172.16/12' 범위라면 추가 CIDR 블록도 동일한 범위로 한정된다)는 제한이 있고 자유도가 높지 않습니다. 또한 추가된 CIDR 블록은 모든 라우팅 테이블에 local을 대상으로 추가되지만 이로 인해 개별 라우팅 테이블의 라우팅 수 제한에 걸리지 않도록 주의해야 합니다.

VPC에 할당하는 CIDR 블록 크기는 크면 클수록 다수의 EC2 인스턴스를 수용할 수 있고 확장성이 있다고 할 수 있지만 부서 및 서브 시스템 등의 단위로 VPC를 분할하는 등, 개별 VPC에 수용하는 시스템 규모가 작아지는 경우에는 주소를 낭비만 하게 됩니다. 원래 개별 VPC만 보고 즉흥적으로 CIDR 블록을 결정해서는 안 됩니다. VPC는 완전히 독립적인 별도의 네트워크이지만 그것과 연결하는 온프레미스 네트워크 기반과의 관계를 고려하지 않으면 안 됩니다. 온프레미스 네트워크의 IP 주소 규칙에 따라 확장성을 예상해서 충분한 분량의 블록을 할당해야 합니다.

예를 들어, 지금 어떤 온프레미스 네트워크 기반에 새로운 데이터센터를 추가하고 주소 설계를 하는 것을 생각해 봅시다. 라우팅 테이블을 함부로 크게 하지 않고, 관리상의 명확성을 유지하기 위해 정리된 CIDR 블록을 할당하는 것이 정석입니다.

AWS에서도 마찬가지입니다. 먼저 AWS 전체에 할당하는 CIDR 블록을 결정해야 하며, 그 범위에서 개별 VPC의 CIDR 블록을 결정합니다. 어떤 숫자부터 어떤 순서로, 어떤 크기로 할당할까를 규칙화합니다. 이렇게 해두면 VPC에 CIDR 블록을 추가할 때도 같은 클래스에 한정되는 제한에 걸릴 일이 없습니다.

예를 들어, 16비트 CIDR 블록 '10.1.0.0/16'을 AWS 전체에 할당합니다. 개별 VPC에는 그 용도나 규모에 맞는 적절한 크기의 CIDR 블록을 설정하고 남은 부분은 새로운 VPC 생성 및 CIDR 블록 추가를 위한 확장 공간으로 예약해 둡니다. 온프레미스 네트워크 기반의 라우팅에는 '10.1.0.0/16'을 1개 설정하는 것만으로 해결되고 주소를 보면 AWS에 있는 리소스라고 바로 알 수 있습니다.

◆ IP 주소의 종류

RFC 1918에 정의된 프라이빗 주소의 사용이 권장되지만 조직에 정식으로 할당된 것이면 글로벌 주소를 이용해도 상관 없습니다. 정식으로 할당받지 않은 글로벌 주소를 사용하는 경우 EC2 인스턴스가 AWS 서비스에 연결되지 않는 등의 문제가 발생할 우려가 있습니다.

◆ 브로드캐스트 및 멀티캐스트의 이용에 대해

VPC로는 브로드캐스트 및 멀티캐스트를 사용할 수 없습니다. 이를 이용해 구현된 기능은 VPC에서 작동하지 않습니다.

서브넷

EC2 인스턴스 등을 시작하기 위한 VPC 내부에 만드는 주소 범위입니다. VPC에 설정한 CIDR 블록의 범위에 들어가는 작은 CIDR 블록을 할당할 수 있습니다. 개별 서브넷은 하나의 가상 라우터가 있어 이 라우터가 뒤에서 기술하는 라우팅 테이블과 네트워크 ACL 설정을 포함하고 있고 서브넷 안에 있는 EC2 인스턴스의 기본 게이트웨이가 된다고 생각하면 이해하기 쉽습니다.

또한 퍼블릭 서브넷, 프라이빗 서브넷이라는 개념이 VPC 관련 문서에 자주 등장하지만 그런 이름의 서브넷을 만들 수 있는 것은 아니고, 그 이름과 같은 역할을 갖도록 설정된 서브넷에 지나지 않습니다.

기능은 온프레미스 네트워크에서 말하는 서브넷과 거의 동일하지만 AWS 특유의 기능이 몇 가지 있습니다. 설정 값과 포인트는 다음과 같습니다.

- 서브넷에 설정하는 CIDR 블록의 크기는 VPC와 마찬가지로 16비트에서 28비트까지

- 서브넷을 만들 때 가용 영역을 지정(생성 후 수정 불가)

- 서브넷마다 라우팅 테이블을 하나만 지정(생성할 때는 메인 라우팅 테이블이 자동으로 할당되고, 언제든지 다른 라우팅 테이블로 변경 가능)

- 서브넷마다 네트워크 ACL을 하나만 지정(생성할 때는 메인 네트워크 ACL이 자동으로 할당되고, 언제든지 다른 네트워크 ACL로 변경 가능)

- 하나의 VPC에 만들 수 있는 서브넷의 수는 200개. 요청에 따라 확장 가능

특징 및 제한 사항은 아래와 같습니다.

- 서브넷의 처음 4개와 마지막 1개의 주소는 예약돼 있기 때문에 사용 불가(24비트 서브넷의 경우 사용할 수 없는 것은 '0,1,2,3,255'의 5개)

- 필요 이상의 서브넷으로 분할하는 것은 주소의 낭비로 이어짐

서브넷을 설계할 때 고려할 사항은 아래와 같습니다.

◆ 같은 종류의 역할을 하는 서버를 동일 CIDR 블록 내에 묶을 것

서브넷은 라우팅 테이블이나 네트워크 ACL 설정 단위이며, 그 서브넷 내의 EC2 인스턴스는 모두 같은 라우팅 테이블 및 네트워크 ACL이 적용됩니다. 따라서 같은 종류의 역할을 하는 서버를 합치는 단위로 서브넷을 설정하는 것이 합리적입니다. 또한 온프레미스 네트워크에서 필터 설정 등을 할 때도 같은 역할의 서버가 동일한 서브넷에 없으면 설정이 매우 어려워집니다.

◆ 가용 영역을 결정할 것

AWS 특유의 기능입니다. 서브넷은 단일 가용 영역(AZ)에 소속되고, 생성할 때 결정하고 변경할 수 없습니다. 따라서 어떤 기능을 가진 서버를 2개의 가용 영역에 분산 배치할 경우 반드시 2개의 서브넷이 필요합니다. 드물게 발생하는 경우로, 해당 리전에서 새로운 가용 영역이 제공된다고 했을 때 VPC에 남아 있는 주소가 없으면 새로운 서브넷을 만들 수 없기 때문에 새로운 가용 영역을 사용할 수 없게 됩니다.

◆ ELB, RDS, 워크스페이스가 시작하는 단위가 될 것

이 서비스는 만들 때 어떤 서브넷에 속해서 가동할지를 지정해야 합니다. 예를 들어, ELB는 27비트보다 큰 서브넷 내에서 생성 시점에 8개 이상의 남는 주소가 있다는 것을 조건으로 합니다. 또한 가용 영역의 분산 배치를 할 경우에는 2개 이상의 가용 영역에 속하는 서브넷이 필요합니다. 그런 전제 조건에 맞게 서브넷을 만들어 둘 필요가 있습니다.

이 서비스는 부하 상태에 맞춰 스케일 아웃 및 스케일 인이 실행되는 경우가 있습니다. 이때 지정된 서브넷에서 그 서비스의 기능을 담당하는 EC2 인스턴스가 실제로 스케일 아웃 및 스케일 인을 합니다. 거기에 맞춰 시작할 때 지정한 서브넷의 남는 주소를 사용하거나 해제할 수 있습니다. 남는 주소가 없으면 스케일 아웃을 할 수 없어 부하를 못 견딜 수도 있습니다.

남는 주소의 지정이 무작위인 것도 문제가 됩니다. 주소 할당 규칙을 정해 관리하고 있어도 그것을 무시하고 서비스의 인스턴스가 주소를 사용해 버립니다. 또한 AutoScale에 의해 부하에 따라 자동으로 EC2 인스턴스를 증가시키면 ELB가 사용할 주소가 없어져 버리는 상황도 있을 수 있습니다.

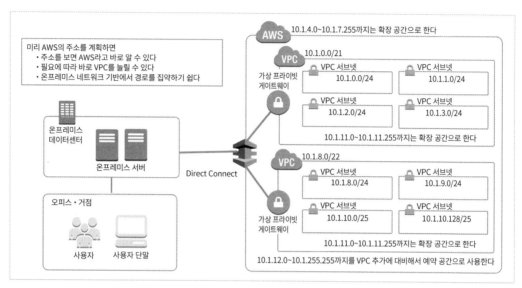

그림 4.7 AWS의 주소 설계

이처럼 AWS가 관리하는 ELB와 RDS 등의 서비스는 이용자 자신이 관리하는 EC2 인스턴스와 다른 서브넷을 사용하는 것이 편리한 경우가 있습니다. 그러므로 이러한 서비스를 시작하기 위한 전용 서브넷을 준비하고, 그 안에서는 통상의 EC2 인스턴스는 시작하지 않는 설계를 하는 경우가 있습니다.

4.2.2 라우팅 설계

수소 설계 다음은 라우팅 설계입니다. 당연하지만 온프레미스 네트워크 기반은 모든 장비가 필요한 경로 정보를 인식한 컨버전스 상태입니다. 일부 장비나 회선에 장애가 있어도 통신 두절 없이 업무를 지속시킬 수 있게 돼 있는 것입니다. 거기에 하나 또는 여러 VPC에 의해 구성된 AWS의 네트워크를 참여시켜 같은 컨버전스 상태에 도달시켜야 합니다.

AWS의 라우팅 요소

AWS의 라우팅 요소에는 라우팅 테이블과 각종 게이트웨이가 있습니다. 이것을 이용해 VPC 내부의 통신, 인터넷 및 온프레미스 네트워크 기반 등의 VPC에서 보면 외부와의 통신을 구현해 나가는 것입니다.

VPC 내부에서 라우팅 테이블에 의해 개별 서브넷에 적용하는 라우팅을 설정합니다. 게이트웨이의 하나인 VPC 피어링과 VPC 엔드포인트를 만들 때 라우팅 테이블에 필요한 항목이 추가됩니다. 또한 역시 게이트웨이 중 하나로 온프레미스 네트워크 기반의 연결에 이용하는 가상 프라이빗 게이트웨이 (VGW)는 내부에서 라우팅 테이블을 가지고 있고, VPC의 CIDR 블록, VPN을 위해 설정한 스태틱 (정적) 라우팅 및 VPN 및 Direct Connect의 BGP로 전달한 경로 정보를 학습하고 있습니다. 또한 그 VGW 자신의 라우팅 테이블의 내용은 VPN과 Direct Connect 상대, 즉 온프레미스 네트워크 기반에 애드버타이징될 수 있습니다.

이러한 요소를 대상으로 필요한 통신이 과부족 없이 실현될 수 있도록 설계합니다.

라우팅 테이블

그 서브넷 내의 EC2 인스턴스의 라우팅 정보를 지정합니다. 해당 서브넷에 속한 EC2 인스턴스에 적용됩니다. 적용 대상은 ELB와 RDS 등의 EC2 인스턴스와 ENI 기반에서 실행되는 서비스를 포함합니다. 설정 값과 포인트는 다음과 같습니다.

- 개별의 서브넷에 하나씩 설정한다
- 하나의 라우팅 테이블을 여러 서브넷에서 공유할 수 있지만 하나의 서브넷에 여러 라우팅 테이블을 적용할 수는 없다
- 받는 주소와 대상 게이트웨이(넥스트 홉)를 지정한다

VPC에 만들 수 있는 게이트웨이에는 다음과 같은 것이 있습니다. 각 라우팅 테이블의 넥스트 홉으로 설정할 수 있습니다.

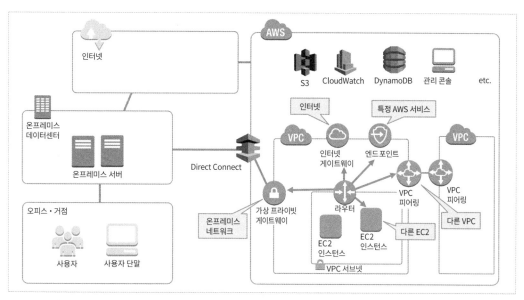

그림 4.8 라우팅 테이블에 지정할 수 있는 게이트웨이

local

이것은 만드는 것이 아니라 VPC의 CIDR 블록이 자동으로 지정되는 것입니다. 모든 라우팅 테이블에 반드시 존재하며 삭제할 수 없습니다. 이것은 바로 동일한 VPC 내의 각 서브넷은 반드시 서로 통신할 수 있게 돼 있다는 것을 의미합니다. 따라서 서브넷 간의 통신을 막고 싶은 경우에는 별도로 필터 설정을 해야 합니다. 또한 이 설정은 '롱기스트 매치(longest match)의 원칙'을 무시하고 뒤에서 설명하는 VGW에서 전파된 경로가 더 긴 서브넷 마스크를 가지고 있어도 우선됩니다.

인터넷 게이트웨이(Internet Gateway)

VPC와 인터넷을 연결하기 위한 게이트웨이입니다. 각 VPC에 하나만 적용(설치)할 수 있습니다. 인터넷 게이트웨이 자체에 설정 항목은 아무것도 없습니다.

라우팅 테이블에서 인터넷 게이트웨이를 대상으로 지정하면 목적지 주소와의 통신은 인터넷 게이트웨이를 통해 인터넷을 향하게 됩니다. 대부분의 경우 기본 경로 '0.0.0.0/0'을 지정하지만 동적으로 변경되기 어려운 특정 목적지, 예를 들어 조직의 프락시 서버의 주소 등을 32비트의 크기로 지정하는 설계도 볼 수 있습니다.

EC2 인스턴스가 실제로 인터넷과 통신하기 위해서는 퍼블릭 IP 주소를 가지고 있어야 합니다. 퍼블릭 IP 주소를 갖게 하려면 'Elastic IP를 할당', 'EC2 인스턴스를 만들 때 설정하는 동적 퍼블릭 IP 주소를 할당'이라는 방법이 있습니다. 퍼블릭 IP 주소가 없는 EC2 인스턴스는 NAT 게이트웨이를 이용해 인터넷과 통신할 수 있습니다.

물론 다른 EC2 인스턴스를 프락시 서버로 하고, 온프레미스 네트워크 기반 측의 인터넷 회선이나 프락시 서버로 사용할 수 있습니다. 반드시 VPC에서 직접 인터넷에 연결할 수 있도록 설정할 필요는 없습니다.

가상 프라이빗 게이트웨이

VPC와 VPN, 또는 Direct Connect와 연결하기 위한 게이트웨이입니다. 각 VPC에 하나만 적용할 수 있습니다. 그러나 그 하나의 가상 프라이빗 게이트웨이(VGW)에 여러 VPN 및 Direct Connect를 연결할 수 있습니다.

라우팅 테이블에서 VGW를 대상으로 지정하면 목적지 주소와의 통신은 VGW에서 VPN이나 Direct Connect를 통해 온프레미스 네트워크 기반을 향하게 됩니다. 따라서 목적지 주소로 온프레미스 네트워크 기반에 존재하는 각 네트워크 주소를 기재합니다. 라우팅 테이블에 하나씩 정적으로 설정하는 한편, 라우팅 전파(프로퍼게이션) 기능으로 VGW가 있는 경로 정보를 동적으로 반영할 수 있습니다.

VGW 자체에 설정 항목은 아무것도 없습니다. 하지만 VPN이나 다이렉트 커넥트와 연결하기 위해 VPN 연결과 Direct Connect 가상 인터페이스를 연결할 수 있습니다.

VGW는 내부에 라우팅 테이블을 가지고 있고, VPC의 CIDR 블록, VPN을 위해 설정한 고정 라우팅 및 VPN이나 Direct Connect의 BGP로 전해진 경로 정보를 학습하고 있습니다. 게다가 그 라우팅 테이블의 내용을 VPN과 Direct Connect 상대(BGP 피어)에 전하고 있습니다. 또한 이 라우팅 테이블의 내용을 이용자가 볼 수는 없지만 방금 전에 설명한 '라우팅 전파(프로퍼게이션)' 기능을 통해 어느 정도 유추할 수 있습니다.

이처럼 VGW는 VPC를 인터넷 이외의 외부 네트워크와 연결하기 위한 '외부 연결 라우터'라고 이해하면 되고, VGW가 있는 라우팅 테이블도 설계 요소에 포함해서 생각할 필요가 있습니다.

◆ 라우팅 테이블의 우선도, 적용 순서

VGW의 라우팅 테이블의 우선순위 적용 순서는 다음과 같이 정리할 수 있습니다.

- 롱기스트 매치의 원칙이 유효하고 가장 우선된다
- VPN 및 Direct Connect에서 같은 경로가 있으면 Direct Connect를 우선한다
- BGP의 지표에 의한 결정. 이것은 AS Path만 유효하고 AS Path 길이가 짧은 경로를 우선하고 동일한 경우 그 경로에 분산시킨다

롱기스트 매치의 원칙은 최우선으로 적용됩니다. 더 긴 서브넷 마스크 경로를 전하면 VGW는 우선 거기에 해당하는 통신을 보냅니다. VPN 및 Direct Connect의 우선순위에 대해서는 FAQ에 기재돼 있을 정도로 VPN을 Direct Connect의 장애 조치 대상으로서 쉽게 사용할 수 있게 돼 있습니다.

자주하는 질문

https://aws.amazon.com/ko/directconnect/faqs/

BGP 지표는 AS Path 속성밖에 이해하지 않습니다. 여러 연결을 사용해 이중 구성을 만들고 싶은 경우, 예를 들어 다음과 같은 방식이 실현 가능합니다.

- 여러 연결에서 동일한 길이의 AS Path를 전달함으로써 Active-Active 구성 만들기
- 여러 연결에서 다른 길이의 AS Path를 전달함으로써 Active-Standby 구성 만들기

또한 이것은 VGW 경로 조작이기 때문에 온프레미스 네트워크 기반의 장비의 경로는 Local Preference 값 등으로 제어해야 합니다.

◆ 경로 애드버타이징의 동작

VGW 경로 애드버타이징의 동작은 다음과 같이 정리할 수 있습니다.

- VPC의 CIDR 정보를 AWS의 AS 번호를 붙여 애드버타이징하기
- VPN 및 Direct Connect에서 학습한 경로 정보를 모두 AWS의 AS 번호를 하나 추가해서 애드버타이징하기

여러 VPN과 Direct Connect 연결이 있는 경우 각각 AS 번호가 다르면 서로의 라우팅을 VGW를 통해 받을 수 있습니다. VPN CloudHub로 소개되는 아키텍처는 VGW의 이 동작에 따라 실현되고 있습니다. 온프레미스 네트워크 기반의 라우터는 VGW를 통해 서로 통신한다면 그 경로를 받으면 되고, 그런 요구사항이 없다면 받지 않게 설정해야 합니다. 의도하지 않고 자신이 애드버타이징하고 있는 경로와 중복되는 경로 정보가 날아올지도 모르기 때문입니다.

◆ 제한 사항

VGW의 제한 사항은 아래와 같습니다.

- 하나의 BGP 피어에서 100 이상의 경로 애드버타이징을 받을 수 없다

대규모 네트워크 기반의 경우 라우팅 테이블에 100개 이상의 항목이 있는 것은 드문 일이 아니지만 VGW 제한으로 인해 그대로 애드버타이징할 수 없습니다. 이것은 심각한 제한입니다. 비록 처음에는 경로 수가 적더라도 네트워크 기반의 확대와 함께 언제 100을 초과하게 될지 예측하기 어렵기 때문에 절대로 초과하지 않도록 '라우팅 집약'의 설계를 해야 합니다.

또한 넘어 버렸을 때의 동작에 대한 공식 설명은 없는 것 같지만 필자의 경험으로는 BGP 피어가 절단되어 VPC와의 통신이 완전히 끊겨 버렸습니다. 심각하고 복구가 어려운 장애이므로 조심스러운 주의가 필요합니다. 통신 요건에 따라 AWS와 통신할 수 있는 온프레미스 네트워크 기반의 주소를 추출해서 과부족 없이 커버하는 크기로 경로 집약을 합니다. 다행히 롱기스트 매치의 원칙은 AWS의 라우팅에서도 안정적으로 작동하기 때문에 기본 라우팅을 이용하는 것은 유효하며 간단한 해결 방법입니다.

그러나 AS 번호가 다른 여러 VPN과 Direct Connect에서 기본 라우팅의 애드버타이징을 하면 VGW에 모든 것이 전해져 AS Path 길이에 따라 우선순위가 정해집니다. 결과적으로 통신할 수 있는 것은 하나뿐이거나 혹은 분산되어 전혀 통신할 수 없게 됩니다. 용도가 다른(예를 들어, 회선 전환을 위한 일시적인 것 등) 여러 Direct Connect를 하나의 VGW에 연결하는 것은 자주 있는 일입니다. 이 경우에는 쌍방에서 BGP의 파라미터를 조정하고 의도하지 않은 통신 단절이 생기는 일이 없도록 세심한 주의를 기울여야 합니다.

피어링 연결

PC 피어링은 다른 VPC와 직접 연결하기 위한 게이트웨이입니다. 이것을 만들면 라우팅 테이블에서 상대방 VPC의 주소를 타깃으로 설정할 수 있습니다. 하나의 VPC에 여러 개 만들 수 있으며, 기본으로 50, 확장 신청을 하면 125까지 늘릴 수 있게 돼 있습니다.

서로의 VPC는 같은 리전에 있어야 합니다. VPC의 CIDR 블록에 중복되는 부분이 있으면 다른 계정의 VPC와도 연결할 수 있지만 상대방의 계정이 피어링 연결을 승인하지 않으면 사용할 수 없습니다.

상대방 VPC에 적용된 VGW 등의 게이트웨이 트랜짓(연결하는 것)은 할 수 없습니다. 통신 상대는 반드시 상대방 VPC에 있는 EC2 인스턴스 등입니다. 이것은 상대방 VPC에 연결된 Direct Connect와

VPN을 사용할 수 없다는 것입니다. 피어링 연결을 이용한 VPC 간의 연결에 스타 토폴로지를 사용하지 못하고, 필요한 상대방 모두와 피어링 연결을 해야 합니다.

가동 중인 EC2 인스턴스

가동 중인 EC2 인스턴스도 게이트웨이가 될 수 있습니다. 그러나 EC2 인스턴스의 옵션 설정에서 '소스/대상 확인'을 해제하고 자신이 소스/대상이 아닌 트래픽을 송수신할 수 있게 해 둘 필요가 있습니다.

EC2 인스턴스를 라우터와 방화벽으로 사용하는 경우에 사용하는 패턴입니다. NAT 게이트웨이가 등장하기 전에 자주 쓰였던 'NAT 인스턴스'의 설정 순서에도 등장하고 있습니다.

VPC 엔드포인트

VPC 외부나 인터넷에 있는 AWS 서비스에 인터넷 게이트웨이를 통하지 않고 EC2 인스턴스에 퍼블릭 IP 주소를 할당하지 않고 연결하기 위한 게이트웨이입니다.

명칭 때문에 다양한 서비스에 범용적으로 사용할 수 있을 거라고도 생각되지만 실제로는 S3와 DynamoDB에만 연결할 수 있습니다. 또한 다른 리전의 서비스에 연결할 수 없습니다. 또한 2017년 11월 PrivateLink라는 명칭으로 확장된 VPC 엔드포인트는 라우팅 테이블의 대상이 되지 않는 '인터페이스' 타입으로 이번 절에서는 다루지 않습니다.

과거에는 인터넷에 있는 AWS 서비스에 연결하려면 인터넷 게이트웨이를 적용하고 퍼블릭 IP 주소를 할당하거나 NAT 게이트웨이나 프락시 서버를 준비해야 했습니다. 더군다나 이 상태로는 AWS 서비스뿐만 아니라 인터넷 상의 모든 곳에 연결이 가능해집니다. 이런 설계는 보안 정책에 저촉되어 허용되지 않을 수 있습니다. AWS 서비스에만 연결할 수 있도록 VPC의 라우팅 테이블이나 필터로 제한하는 것은 AWS 서비스가 광범위하고 수시로 변경될 수 있는 주소 범위를 가지고 있기 때문에 사실상 불가능합니다.

VPC 엔드포인트는 그 해결책으로 제시된 서비스입니다. 연결할 수 있는 서비스와 조건을 정의하는 정책을 지정하거나 적용하는 라우팅 테이블을 지정하는 것이 가능합니다. 지정된 라우팅 테이블을 적용한 서브넷 안에서만 S3의 특정 버킷에만 연결할 수 있다는 제한을 둘 수 있습니다.

VPC 엔드포인트를 활성화하면, 예를 들어 S3 연결의 경우 해당 리전의 S3에 경로를 나타내는 논리적 항목이 지정한 라우팅 테이블에 추가됩니다. 통신 내용을 식별하고 S3에 배분하는 것이 아니라 S3의 주소 범위에 보내는 통신을 라우팅으로 배분하는 것입니다. 따라서 조직에 정식으로 할당되지 않은 주소를 온프레미스 네트워크 기반에서 사용하고 그것이 우연히 S3의 주소 범위와 중복되면 VPC 엔드포인트를 적용한 서브넷과는 정상적으로 통신할 수 없습니다. VPC에 프라이빗 주소를 설정해야 하는 이유는 이와 같은 점에 있습니다.

4.2.3 필터링 설계

계속해서 필터링 설계입니다. 아무리 뛰어난 AWS라고 해도 필터 규칙은 서브넷이나 EC2 인스턴스 단위로 통신 소스, 통신 대상 주소, 프로토콜, 포트 번호라고 하는 온프레미스 네트워크 기반에서 자주 사용되는 전통적인 방법으로 정의해야 합니다.

라우팅에 의한 필터링

통신할 필요가 없는 경로 정보는 처음부터 설정하거나 전달하지 않는 필터링 방법도 물론 사용할 수 있습니다.

통신 액세스 목록 등의 기능으로 차단된다는 것은 이미 통신 자체가 발생하고 네트워크 리소스를 소비하면서 차단되는 위치까지 중계됐다는 것입니다. 그러한 불필요한 소비를 억제하기 위해서는 처음부터 경로 정보를 모르면 됩니다.

VPC에서 라우팅 테이블을 목적별로 만들어 나눠서 쓰는 것으로 이 방식을 구현할 수 있습니다. 기본 라우팅 0.0.0.0/0에 대해 인터넷과 통신하는 퍼블릭 서브넷이 인터넷 게이트웨이에 온프레미스 네트워크 기반과 통신하는 프라이빗 서브넷 가상 프라이빗 게이트웨이(VGW)에 각각 향해 있는 케이스는 바로 이 방식을 취하고 있는 것입니다. 원래라면 VGW에 기본 라우팅이 향하는 것이 아니라 최소한의 경로 정보만 향하도록 하고 싶지만 하나의 BGP 피어에서 100개 이상의 경로 애드버타이징을 받을 수 없다는 VGW 제한에 의해 실현하기가 어렵습니다.

VPC의 필터링 기능을 이용한 필터링

VPC가 갖고 있는 필터링 기능에 의한 필터링입니다. 네트워크 ACL, 보안 그룹의 두 가지 기능이 제공됩니다.

◆ 네트워크 ACL

서브넷에 적용하는 필터입니다. 인바운드 및 아웃바운드 모두 설정 가능합니다. 또한 허가 및 거부 모두 정의할 수 있고 규칙을 적용하는 순위를 의식할 필요가 있습니다. 무상태(stateless) 필터링이며, 명시적으로 규칙을 정의하지 않으면 통신은 허용되지 않습니다.

이 특징은 라우터와 같은 레이어 3 장비에 의한 필터 설정과 비슷합니다. 사용성이 좋아 보이지만 하나의 네트워크 ACL에 기재할 수 있는 규칙 수가 '20', 확장을 요청해도 '40'까지라는 엄격한 제한으로 인해 사용이 매우 제한돼 있습니다. 사실상 뒤에서 설명하는 보안 그룹의 설정을 보조하는 정도의 역할밖에 맡길 수 없습니다.

◆ 보안 그룹

네트워크 인터페이스(ENI)에 있는 패킷 필터입니다. 인바운드 · 아웃바운드 모두 설정 가능합니다. 허가 정의만 작성 가능하고 정의와 일치하지 않았던 통신은 거부됩니다. 그러나 상태 저장(stateful) 필터링이며, 인바운드 · 아웃바운드 중 하나의 정의에서 허가된 통신의 응답은 정의가 없어도 허용됩니다. 하나의 네트워크 인터페이스에 여러 보안 그룹을 적용하는 것이 가능합니다.

보안 그룹은 '방화벽'이라고 표현되지만 상태 저장 필터링이라는 좁은 의미에서의 방화벽이며, 레이어 7의 프로토콜에서 동작을 제어할 수 없으며, 필터링한 패킷의 로그를 취득하는 기능도 없습니다. 그러나 앞에서 설명한 네트워크 ACL의 엄격한 제한도 있고, VPC에서 필터링의 주된 역할은 보안 그룹이 담당하는 경우가 많습니다. 네트워크 ACL에서 문제가 된 규칙 수의 제한은 하나의 보안 그룹에서는 50, 하나의 네트워크 인터페이스에 5개의 보안 그룹을 적용할 수 있으므로 제한 규칙 수는 250이 됩니다.

◆ 네트워크 ACL 과 보안 그룹의 사용 구분

네트워크 ACL 및 보안 그룹은 모두 (명시적인지 암시적인지의 차이는 있어도) 허가되지 않은 통신은 거부하게 돼 있습니다. 그러나 네트워크 ACL에는 의도적으로 기본 권한 설정이 추가돼 있어(삭제 가능), 아무것도 설정하지 않으면 모든 통신을 거부하도록 설정돼 있습니다. 반면 보안 그룹에는 그런 기본 설정은 아니지만, 아무것도 설정하지 않으면 모든 통신을 거부하도록 설정돼 있습니다. 이 차이는 분명히 AWS 자신이 양측에 다른 역할을 부여하도록 유도합니다.

즉, 필터 설정은 우선 보안 그룹에서 하고 그걸로 필요한 정의가 끝난다면 네트워크 ACL은 설정조차 필요 없다는 것입니다.

보안 그룹은 서버의 기능마다 준비해서 필요한 규칙을 정의하길 바랍니다. 운용·유지 관리 요건 등 기능마다 차이가 없는 공통 규칙이 있으면 그것을 하나로 모아 보안 그룹으로 구성하는 것도 좋습니다. 여러 보안 그룹을 적용할 수 있다는 특성을 활용하는 것입니다. 보안 그룹에는 거부 규칙을 쓸 수 없지만 최대로 250개의 규칙이 적용 가능하며 대부분의 경우에는 필요한 규칙을 정의할 수 있습니다.

그러나 예를 들어 허가해야 하는 큰 주소 블록 안에 중간중간 거부해야 하는 주소가 있다는 요건을 보안 그룹으로 정의하는 것은 매우 어렵습니다. 이 경우 네트워크 ACL을 사용하면 쉽게 해결됩니다. 거부의 정의가 가능하기 때문에 보안 그룹보다 훨씬 적은 규칙으로 필요한 규칙을 정의할 수 있습니다.

또한 온프레미스 네트워크 기반의 기능을 사용하는 것을 고려해야 할 수도 있습니다. AWS로 향하는 모든 통신이 통과하는 방화벽이 있다면 그곳에서 필요한 규칙을 정의하는 것입니다. 온프레미스 네트워크 장비는 허가와 거부를 모두 정의할 수 있으며 AWS보다 훨씬 많은 규칙을 설정할 수 있기 때문에 아주 쉽게 필요한 규칙을 구현할 수 있습니다. 보안 그룹에 관해 AWS의 공식 문서에서는 규칙 수가 많을수록 성능에 영향이 있다고 돼 있고, 네트워크 ACL을 조합해서 가능한 한 간단한 필터를 설계하는 것이 필요하다고 할 수 있습니다.

4.2.4 이름 확인과 DHCP 옵션 세트

시스템에는 이름 확인이 필요합니다. 기존 시스템에서는 DNS에 의한 이름 확인 혹은 HOSTS, NetBIOS 네임 서버(WINS 서버)를 사용하는 경우도 있을 것입니다. VPC 내의 EC2에 액세스하는 경우, 혹은 EC2 자신이 온프레미스 서버에 액세스하는 경우, 어느 것이라도 그 이름 확인 방식을 사용할 수 있습니다. 온프레미스 서버에서 가동되는 액티브 디렉터리(Active Directory) 등의 DNS 서버, NetBIOS 네임 서버(WINS 서버)를 그대로 이용할 수 있습니다. OS의 네트워크 설정에서 해당 서버의 주소를 지정하면 됩니다.

그러나 EC2 인스턴스는 자신의 주소 할당에 반드시 DHCP를 이용하게 돼 있습니다. 한번 할당된 주소는 EC2 인스턴스가 삭제될 때까지 바뀌지 않는데, 그것은 DHCP가 항상 동일한 주소를 할당해 주기 때문에 가능한 것입니다.

DNS 서버 및 NetBIOS 네임 서버(WINS 서버)의 주소를 이 DHCP를 통해 배포할 수 있습니다. 이 내용을 지정하는 것이 DHCP 옵션 세트입니다. 다음 항목을 지정해서 임의의 값을 배포할 수 있습니다.

- 도메인명

- DNS 서버 주소

- NTP 서버 주소

- NetBIOS 네임 서버 주소

- NetBIOS 노드 유형

DNS 서버 주소로는 기본적으로 'AmazonProvidedDNS'가 지정돼 있습니다. 글자 그대로 아마존이 VPC 내의 EC2 인스턴스에 제공하는 DNS 서버로, EC2 인스턴스의 프라이빗 DNS 이름, 글로벌(인터넷), Route 53으로 만든 프라이빗 호스트 영역에 등록된 레코드의 이름을 확인할 수 있습니다.

글로벌(인터넷)에서 이름 확인의 중요성

AWS 서비스에는 글로벌(인터넷)에서 이름 확인을 전제로 한 서비스가 있습니다. 서비스 연결 지점을 나타내는 엔드포인트가 IP 주소가 아닌 도메인 이름(호스트 이름)으로 제시되는 것입니다. ELB(로드 밸런서 서비스)는 VPC 내부에서 실행하고 VPN과 다이렉트 커넥트와 함께 사용하면 온프레미스 네트워크 기반에 닫힌 형태로(인터넷 연결 없이) 기능합니다만 역시 엔드포인트로 도메인 이름이 제시됩니다. ELB에 연결하려는 단말은 먼저 해당 도메인 이름에 대해 글로벌(인터넷)에서 이름 확인을 거쳐야만 합니다.

한편 온프레미스 네트워크 기반은 인터넷 연결 경로를 가지고 있지 않은 경우가 있습니다. 이용자가 작업하는 단말에서 기업 시스템만 사용할 수 있게 하고 인터넷과 절대로 통신하지 않는 것으로 보안을 담보하는 것은 보편적인 방법입니다. 그러나 이것만으로는 ELB를 사용할 수 없습니다. 실제 통신 자체는 전혀 인터넷에 나갈 일이 없습니다. 엔드포인트의 도메인 이름을 확인하고, 반환된 IP 주소는 온프레미스 네트워크 기반의 체계에서 부여한 VPC의 주소입니다

이 부분에 위화감이나 거부감이 들지만 AWS의 사양이며 시스템 측에서 대응할 수밖에 없습니다. 필요한 것은 이름 확인뿐이며 단말기가 인터넷에 연결돼 있을 필요는 없습니다. 온프레미스 네트워크 기반의 DNS로 글로벌(인터넷)에서의 이름 확인을 가능하게 하는 것으로 대응 가능합니다. 도메인은 amazonaws.com입니다. 이것만 이름 확인이 가능하게끔 만들면 됩니다. 인터넷과 연결 경로가 전혀 없는 경우에는 EC2 인스턴스에 DNS 서버를 구축하고, 거기에 amazonaws.com의 문의사항을 전달하면 해결 가능합니다. EC2 인스턴스가 사용할 수 있는 Amazon ProvidedDNS는 VPC에 인터넷 연

결 경로 없이도 글로벌(인터넷)에서 이름 확인이 가능하게 돼 있기 때문에 인터넷 통신을 금지하는 보안 정책과도 타협할 수 있는 길은 있을 것입니다.

4.2.5 로드 밸런서 설계

가용성이 높은 확장성 있는 시스템을 구축하려면 로드 밸런서를 빼놓을 수 없습니다. AWS에는 ELB(Elastic Load Balancing)라는 서비스가 있지만 EC2 인스턴스에 이용자 자신이 설치, 설계, 유지 관리하고 사용하는 가상 어플라이언스 타입의 제품이 로드 밸런서 업체로부터 제공되고 있습니다. 또한 온프레미스 네트워크 기반에 로드 밸런서를 배치하고 대상 서버를 EC2 인스턴스로 구성하는 것도 가능합니다.

ELB의 장단점

ELB의 장점은 뭐니뭐니 해도 AWS 공식 서비스이며, 조달 · 구축 · 유지 관리가 쉽다는 것입니다. 가용 영역의 분산 배치, ELB 자신의 확장, 대상 서버를 확장시키기 위한 자동 스케일 기능과의 연계 등 어려운 부분은 모두 AWS가 관리해 줍니다. 인터넷에 노출되는 ELB는 보안이 중요하지만 ELB 자신의 버그와 버그 수정도 AWS의 책임 범위에 해당합니다. 요구 수준이 높아지기만 하는 암호화 처리도 추가 비용 없이 구현 가능합니다. 가동 실적도 풍부하고 사례도 많이 찾아볼 수 있어 시스템 요건에 대응하기 위한 설정 방법을 조사하는 것도 어렵지 않습니다.

단점으로 예전에는 타임아웃이 짧은 콘텐츠 기반으로 분산할 수 없기 때문에 서비스 하나하나에 로드 밸런서가 필요하게 되는 등의 기능적 제약을 들 수 있었지만, ALB의 등장으로 더욱 기능이 충실해지고 제약 사항이 해소되고 있습니다. 다만 고정 세션의 사양, ELB에 연결하기 위해 글로벌(인터넷)에서 이름 확인이 필요하다는 독특한 제한 사항은 아직도 남아 있습니다.

가상 어플라이언스의 장단점

로드 밸런서 업체에서 제공하는 가상 어플라이언스의 장점은 제품 고유의 기능을 이용하는 경우입니다. 처리할 대상 서버가 없거나 서비스 시간 외의 시간에 특정 콘텐츠를 응답하는 등 시스템의 요건이 로드 밸런서의 특정 기능에 의존해서 구현되는 케이스가 많습니다만 ELB로는 대응하지 못하는 경우도 많습니다.

단점은 가상 어플라이언스 자체의 확장입니다. VPC는 여러 EC2 인스턴스에서 IP를 공유하는 것(가상 IP, VIP)이 작동하지 않습니다. 가상 어플라이언스를 이중화할 수 없다면 고가용성 시스템을 구현하는 것은 어렵습니다. 가상 어플라이언스 라이선스 및 서포트 체제도 불안감이 있습니다.

온프레미스 네트워크 기반으로 로드 밸런서를 배치하는 것은 ELB 이용과 가상 어플라이언스 이용의 절충안이라고도 말할 수 있습니다. 로드 밸런서에서 대상 서버가 멀어지고 상태 확인 매개변수 조정 및 검증이 필요하지만 문제 없이 작동합니다. ELB를 이용해 얻을 수 있는 장점과 ELB에 대응하기 위해 애플리케이션 및 미들웨어를 수정하기 위한 비용과의 트레이드오프입니다. 후자가 부담이 크다는 판단은 당연히 있을 수 있습니다.

ELB(로드 밸런서 서비스)

릴리스 시점의 ELB는 한 종류에 명칭도 같은 ELB라는 서비스뿐이었지만, 2016년 두 종류의 서비스로 나뉘고 ELB가 그러한 서비스의 총칭으로 자리매김했습니다.

- ALB(Application Load Balancer): 레이어 7의 콘텐츠 기반의 로드 밸런서
- CLB(Classic Load Balancer): 레이어 4 및 일부 레이어 7 기능을 가진 로드 밸런서

CLB는 릴리스 당초의 ELB로서 주소와 포트 번호에 따른 부하 분산을 기반으로 하는 상태 유지 세션처럼 일부 레이어 7의 기능을 가진 로드 밸런서입니다. 반면 ALB는 레이어 7, HTTP 경로를 사용해 부하 분산을 하는 것입니다. ALB 쪽이 후발 서비스이며 기능 면에서도 가격 면에서도 CLB보다 우수하게 설계돼 있지만 HTTP 외의 TCP를 통한 애플리케이션의 부하 분산 등은 CLB에서만 가능합니다.

ELB의 기본적인 기능

ELB의 기본적인 기능은 아래와 같습니다.

◆ 백엔드 EC2 인스턴스에 부하 분산하기

ELB 자체가 가용 영역별로 가동하고 여러 가용 영역에 걸쳐 배치한 EC2 인스턴스를 대상 서버로서 관리합니다. 요청 수나 연결 수에 따라 부하가 균등해지도록 새로운 연결을 부하 분산합니다. DNS 라운드 로빈을 통해 가용 영역 단위로 부하 분산을 실시해 대상 서버 단위로 부하 분산을 수행하는 구조입니다. ELB 자신의 부하에 대해서도 자동으로 확장해서 대응합니다. 스케일 업, 스케일 다운, 스케일 아웃, 스케일 인 패턴으로 리소스가 자동으로 증감합니다. 스케일 아웃ㆍ인을 발생시킨 경우는 IP 주소가 바뀌는데, 이것이 ELB 연결에 도메인명을 통한 이름 확인이 필요한 이유 중 하나입니다.

◆ 백엔드 EC2 인스턴스 관리

지정한 프로토콜에서 상태 확인을 수행해서 정상적인 EC2 인스턴스에 대해서만 부하 분산을 수행합니다. 백엔드 EC2 인스턴스는 관리 콘솔 등을 이용해 정적인 설정 외에 자동 확장 기능으로 동적으로 추가하거나 제거할 수 있습니다.

타임아웃 시간, 상태 확인 간격, 이상이라고 판정될 때까지의 시도 횟수, 정상이라고 판정될 때까지의 시도 횟수를 지정할 수 있으며, 부하 분산 대상에서 제외할 때는 처리 중인 요청을 완료하기 위해 일정 시간의 대기 시간을 설정할 수 있습니다.

ELB를 이용할 때의 포인트

ELB에는 다양한 기능이 있지만 업체에서 제공되는 물리 및 가상 어플라이언스와 비교해서 특징적인 부분을 설명하겠습니다.

◆ ELB를 시작하는 서브넷

ELB를 만들 때 어떤 서브넷에서 가동할지를 지정합니다. ELB의 실체가 그 서브넷 내에서 호스트 주소를 가진 EC2 인스턴스이기 때문입니다. 가용 영역의 분산 배치를 할 경우 2개 이상의 가용 영역에 속하는 서브넷이 필요합니다. 또한 각 서브넷은 27비트보다 크고 ELB의 생성 시점에서 8개 이상의 여유 주소가 있어야 합니다. 이것은 ELB가 확장해서 부하 증가에 대응하기 위해서입니다.

ELB가 확장될 때 호스트 주소는 무작위로 결정됩니다. 따라서 서브넷 주소 할당 규칙에 따라 EC2 인스턴스에 할당하려고 한 주소가 먼저 ELB에 사용되는 현상이 발생합니다. 반대로, 자동 확장 기능은 부하에 따라 자동으로 EC2 인스턴스를 증가시키면 ELB가 사용할 주소가 없어지는 상황도 생각할 수 있습니다. 이런 점에서 ELB를 시작하는 서브넷은 다른 용도로는 쓰지 않고 전용으로 사용하는 설계를 검토하는 것이 좋습니다.

◆ 연결하는 클라이언트의 IP 주소 기록

백엔드 EC2 인스턴스에 연결할 때 ELB는 NAT(소스 NAT)을 통해 모두 ELB 자신의 IP 주소를 접근 IP 주소로 사용합니다. 따라서 백엔드 서버의 로그는 모두 ELB에서 연결하는 것처럼 기록돼 버립니다.

HTTP/HTTPS에서의 부하 분산에 한해서는 HTTP 헤더의 X-Forwarded-For에 접근 IP 주소가 기록돼 있습니다. 접근 IP 주소를 웹 서버의 로그에 기록하려면 X-Forwarded-For에 기록된 주소를 로그에 남기도록 설정해야 합니다.

◆ ELB 필터 설계

ELB에도 EC2 인스턴스와 마찬가지로 보안 그룹을 적용할 수 있습니다. 또한 ELB가 실행 중인 서브넷에 적용된 네트워크 ACL도 적용됩니다.

인터넷으로 나가는 공개 서버라면 인터넷에, 온프레미스 네트워크 기반의 서버이면 그 주소에서 들어오는 연결만 허용하는 설정을 하면 충분합니다. ELB 자체를 이용자가 직접 액세스해서 유지보수하는 것은 불가능하므로 SSH 등의 통신을 허용할 필요가 없습니다.

ELB의 산하에서 대상 서버가 되는 EC2 인스턴스는 ELB에서의 통신만 허용됩니다. 지금까지 살펴본 것처럼 ELB는 자신이 가동하는 서브넷의 주소를 가지고 있으므로 그 주소로부터의 연결을 허가하면 됩니다.

◆ 워밍업의 필요성

ELB 확장은 ELB의 부하의 증감에 대해 사후적으로 이뤄집니다. 갑작스러운 부하 증가에 대해서는 확장이 늦어 연결을 처리할 수 없게 될 가능성이 있습니다.

따라서 ELB는 사전에 Pre-Warming(워밍업)을 신청하고 확장해 놓는 것이 가능합니다. 이것으로 분기 시작이나 분기 말, TV 방영 등 사전에 예측 가능한 부하 증대에 미리 대응이 가능합니다. 그러나 신청에는 비즈니스 수준 이상의 서포트 계약이 필요합니다.

◆ 고성 세션

부하 분산을 수행할 때 세션이 반드시 동일한 대상 서버에 할당되는 것을 고정 세션이라고 합니다. 해당 세션의 처리에 필요한 정보가 처음에 연결된 대상 서버에만 존재하고 다른 대상 서버에 연결돼 버리면 정상적으로 처리가 계속되지 못할 경우 이 기능을 사용해야 합니다.

ELB는 쿠키를 이용한 고정 세션을 지원합니다. IP 주소와 포트 번호 등의 고정 세션은 불가능하며, HTTP/HTTPS 외에서는 고정 세션이 지원되지 않습니다. 또한 ALB는 ALB 자신이 생성한 쿠키에 의한 고정 세션만 지원됩니다. 웹 서버(애플리케이션)가 생성한 쿠키를 사용하려면 CLB를 사용하거나 ELB 이용을 포기하는 수밖에 없습니다.

원래 AWS는 특정 대상 서버에 의존하고 고정 세션을 요구하는 응용 프로그램의 설계 자체를 권장하지 않습니다. 그런 설계는 '가용성이 높고 확장 가능하고 인프라 비용을 절약하는 시스템이 아니다'라는 의미이기 때문입니다. 데이터베이스 및 캐시 기능 등과 같은 설계를 피하기 위해 필요한 서비스를 AWS에서 제공하고 있으므로 활용해야 한다는 것입니다. 고정 세션이 필요한 시스템은 자동 스케일 기능에 의해 대상 서버를 스케일 인할 때 해당 서버에서 유지하고 있는 세션을 어떻게 하는가, 라는 점이 문제가 됩니다만 AWS 입장에서 보면 문제가 되는 것 자체가 잘못됐다는 것입니다. ELB에는 모든 대상 서버가 손실됐을 때 세션을 할당하는 '쏘리 서버 기능'도 없지만 그것에 대해서도 '먼저 모든 대상 서버가 손실되어 서비스가 중지되는 것이 좋지 않다. 그렇게 되지 않도록 AWS의 기능을 사용해 확장 가능한 시스템을 설계해야 한다'는 것입니다.

◆ SSL 종료

ELB는 SSL을 종료할 수 있습니다. 대상 서버는 SSL 없이 평문으로 통신해서 EC2 인스턴스에서 SSL 처리를 오프로드할 수 있습니다. 대상 서버와 다시 SSL을 사용해 통신할 수 있습니다. 서버 인증서는 별도 준비나 업로드가 필요하지만 관리를 AWS Certificate Manager에서 실시하는 것도 가능하며, 인증서는 무료이며 자동 업데이트도 이뤄지므로 유효기간 만료 및 갱신 작업을 할 필요가 없습니다.

또한 암호화 기술은 점점 진보해서 안전성을 유지하기 위해 항상 새로운 규격과 사양의 기술이 등장하고 처리에 요구되는 성능도 계속 높아지고 있습니다. ELB에 SSL 처리를 맡기면 그 트렌드에 맞춰 기능이 업데이트되어 처리 성능을 고려할 필요도 없습니다. 기능의 업데이트가 보장되는 것은 아니지만 자사에서 어플라이언스 제품을 구입하는 경우보다는 훨씬 적절한 업데이트를 기대할 수 있다고 해도 좋을 것입니다(자세한 내용은 다음 URL을 참조합니다).

Amazon Web Services 블로그

https://aws.amazon.com/blogs/aws/elastic-load-balancing-perfect-forward-secrecy-and-other-security-enhancements/

4.2.6 패킷 캡처와 VPC 플로우 로그

온프레미스 네트워크 기반은 네트워크 문제 해결을 위해 L2SW로 미러 포트를 설정하고 패킷 캡처를 실시하는 구조를 갖추고 있는 경우가 있을 것입니다. 그러나 VPC에는 미러 포트 구조가 없습니다. 패킷 캡처를 할 경우 각 EC2 인스턴스에서 OS 레벨의 패킷 캡처 도구를 사용하거나 VPC 플로우 로그를 사용해야 합니다.

VPC 플로우 로그는 AWS에서의 네트워크 인터페이스 카드인 ENI 단위로 기록됩니다. 기록되는 내용은 송·수신 주소와 포트, 프로토콜 번호, 데이터의 양과 허가/거부 여부입니다. 내용은 충분하지만 패킷 캡처 도구가 가지고 있는 것과 같은 통신 내용의 추출 및 분석 기능은 전혀 없고, 해당 ENI에서 이뤄진 통신 내용이 텍스트로 기록될 뿐 결코 가독성이 좋다고 할 수 없습니다. 서드파티 분석 도구가 몇몇 있으므로 필요에 따라 도입을 검토하면 좋겠습니다.

4.2.7 Route 53

Route 53은 authoritative DNS 서버 기능을 제공하는 서비스입니다. 자사에서 등록한 도메인 이름 (example.com이나 example.co.kr 등)의 이름 확인 기능을 맡길 수 있습니다.

자신의 도메인 이름을 이용한 서비스의 URL이 제대로 IP 주소에 이름 확인되는 것은 서비스 가용성의 첫걸음이자 근간이 되는 것은 말할 것도 없습니다. Route 53은 AWS가 세계 각지에 배치한 엣지 위치에 분산 배치되어 가용성 100%의 SLA로 제공되는 서비스이며, Route 53을 사용하는 것은 자사 서비스의 가용성을 높게 유지하는 것에 공헌하는 것입니다.

또한 서비스의 사활 상태나 부하 상황, 이용자의 위치 정보 등의 트래픽을 특정 서비스 리소스에 이름 확인을 통해 유도하거나 자사에서 사용하는 도메인의 등록 및 이관을 실시, 관리, 능록 갱신도 할 수 있습니다.

authoritative DNS 서버 기능

등록된 도메인 이름의 authoritative DNS 서버 기능을 Route 53에 맡길 수 있습니다. 인터넷 상에 공개하고 이름 확인을 위해 퍼블릭 영역과 VPC 내에 닫힌 이름 확인을 위한 프라이빗 호스트 영역을 만들 수 있습니다.

AWS에서 발행되는 authoritative 서버 이름은 모두 IP Anycast에 의해 세계 각지에 배치된 여러 노드에 연결돼 있습니다. 높은 가용성을 구현할 수 있는 것 외에 여러 노드 중 이용자에게 가까운 위치에 있는 노드에 연결되므로 이름 확인을 고속화할 수 있고 나아가서는 자사 서비스의 고속화에도 도움이 됩니다.

개별 서버 및 서비스 등의 이름 확인은 영역 아래에 레코드를 생성합니다. 지원되는 레코드 유형은 다음과 같습니다. 주요 타입은 사용 가능하며 종래의 authoritative DNS 서버에 설정했던 내용을 문제 없이 이관할 수 있습니다.

- A 형식
- AAAA 형식
- CNAME 형식
- MX 형식
- NAPTR 형식
- NS 형식
- PTR 형식
- SOA 형식
- SPF 형식
- SRV 형식
- TXT 형식

또한 ALIAS라는 Route 53 고유의 특별한 레코드 타입이 있습니다. ELB 등 AWS 서비스에는 전용 *.amazonaws.com과 같은 DNS 이름을 사용하는 것이 일부 있습니다만 이를 자사 도메인 문자열로 변환하는 CNAME 형식과 같은 기능을 갖고 있습니다. CNAME과는 달리 한 번의 이름 확인으로 IP 주소가 취득되는 것, Zone Apex를 이용할 수 있다는 장점이 있어 사용이 권장됩니다.

라우팅 기능

Route 53은 authoritative DNS 서버로 클라이언트의 DNS 쿼리에 응답을 하는데, 이 응답 내용에 일정한 규칙에 따른 변화를 적용하는 것으로 클라이언트의 트래픽을 배분할 수 있습니다. 이것이 라우팅 기능입니다. 라우팅 정책에는 다음과 같은 것이 있으며, 목적에 맞춰 선택 가능합니다.

◆ 단순 라우팅

미리 설정한 정적인 이름과 IP 주소의 매핑에 따라 이름 확인을 하는 방식입니다.

◆ 가중치 기반 라우팅

같은 이름, 타입에 설정한 여러 레코드 각각에 가중치를 주고, 그 비율에 따라 이름 확인을 하는 방식입니다. 성능에 불균형이 있는 경우 외에 이용자를 일정한 비율로 특정 기능에 유도해서 A/B 테스트를 실시하는 경우 등에 이용할 수 있습니다.

◆ 지연 시간 라우팅

AWS가 독자적으로 수집한 지연 시간 정보에 따라 이름 확인을 하는 방식입니다. 서비스 리소스를 글로벌로 전개하고 있는 경우 이 라우팅을 이용해 전 세계의 최종 사용자 각각에 가장 낮은 지연 시간으로 서비스 제공이 가능할 것으로 예상할 수 있습니다.

◆ 장애 조치 라우팅

각 레코드에 기본 역할이나 보조 역할을 부여해서 상태 확인에 의해 기본 서비스 리소스 모두가 이용 불가능하다고 판정된 경우 보조 서비스 리소스로 이름 확인이 이뤄집니다. 재해 복구를 위해 다른 리전에 대기 시스템의 리소스를 제공하는 경우 등에 사용할 수 있습니다.

◆ 위치 정보 라우팅

지연 시간이 아니라 IP 주소나 DNS 쿼리의 소스로부터 클라이언트의 위치 정보를 파악해 이를 기반으로 이름 확인을 수행합니다. 위치 정보 데이터베이스는 AWS가 독자적으로 준비한 것입니다. 예를 들어, 특정 지역만을 대상으로 영업 허가증을 가지고 있는 등 서비스 제공 지역을 한정하고 싶은 경우 등에 사용할 수 있습니다.

상태 확인(헬스 체크) 기능

Route 53은 IP 주소나 URL을 지정해 HTTP와 HTTPS, TCP로 액세스한 경우의 상태를 체크할 수 있습니다. 이것이 상태 확인 기능입니다. 상태 확인 설정을 라우팅 정책과 연결함으로써 상태 확인에서 실패로 판정된 비정상 상태의 리소스를 이름 확인 대상에서 제외할 수 있습니다.

TCP 연결에 성공해서 HTTP 상태 코드가 200 이상 400 미만인 것이 상태 확인의 판정 조건입니다. 또한 응답에서 얻은 문자열에서 지정한 문자열을 찾아 매칭시키는 것도 가능합니다. 시행 간격과 횟수의 지정 지연 시간 측정 기능을 추가하는 것도 가능합니다.

도메인 등록(취득)

2014년부터 Route 53에 등록 기능이 추가되어 새로운 도메인을 취득(등록)하는 것과 다른 등록기관으로부터 이관하는 것이 가능해졌습니다. 많은 기업에서 자사의 웹사이트나 메일 주소로 사용하기 위해 도메인은 이미 등록된 것이므로 사용할 경우에는 해당 도메인을 Route 53으로 이관하게 될 것입니다. Route 53는 기존 등록 기관에 등록한 상태에서 authoritative 서버 기능을 포함한 모든 기능을 사용할 수도 있습니다. 도메인을 Route 53에 등록하거나 이관할 필요가 없습니다.

등록 기관의 업계는 경쟁이 치열한 때문인지 Route 53의 등록 기능에 가격 면에서의 이점은 없어 보입니다. 그러나 자사 도메인의 업데이트 및 운영 등 관리 작업을 API로 실행할 수 있고, IAM에 의한 권한 관리 및 CloudTrail에 의한 감사하에서 실시 가능하며, 보안 및 규정 준수를 유지할 수 있게 된다는 큰 장점이 있습니다.

⚙ **Column** **VPC 엔드포인트의 '게이트웨이'와 '인터페이스'**

VPC에 인터넷 게이트웨이를 연결하지 않아도 S3 등 AWS 서비스에 연결할 수 있게 하는 VPC 엔드포인트는 보안을 중시하는 AWS 이용자에게 매우 기다려지는 기능이었습니다. 처음에는 S3, 다음에 DynamoDB, 거기다 2017년 11월에는 Kinesis, EC2 및 VPC를 조작하는 API 등의 일부 서비스도 사용할 수 있게 확장됐습니다. 이들은 'PrivateLink'라고도 하지만 관리 콘솔에서는 하나로 묶어서 'VPC 엔드포인트'로 취급되고 있습니다.

사실 S3, DynamoDB를 위한 엔드포인트와 'PrivateLink'에는 큰 차이가 있습니다. 전자는 '게이트웨이', 후자는 '인터페이스'라는 것입니다. 관리 콘솔에서도 '타입'으로 구분해서 이 같이 다르게 표기하고 있습니다.

VPC 엔드포인트

https://docs.aws.amazon.com/ko_kr/AmazonVPC/latest/UserGuide/vpc-endpoints.html

전자의 '게이트웨이'는 위 URL의 공식 문서에도 있듯이 엔드포인트를 통해 액세스하도록 설정한 서비스(예: S3)에서 사용되는 퍼블릭 IP 주소의 범위 전체를 논리적으로 표현한 '라우팅 테이블 설정'입니다. S3에 필요한 라우팅 정보가 지정된 라우팅 테이블에 자동으로 기록됩니다. 별다른 설정 항목이 없고 라우팅 테이블의 설정만으로 대상(타깃)이 되는 '인터넷 게이트웨이'나 '가상 프라이빗 게이트웨이(VGW)'와 동일하게 취급하며, '게이트웨이'라는 표현이 딱 들어맞습니다.

후자의 '인터페이스'는 실제로는 VPC 내의 네트워크 인터페이스인 'ENI'이며, VPC 내의 주소를 가집니다. 라우팅 테이블의 대상이 된다기보다는 그 통신의 대상(목적지)이 되는 존재이며, 역시나 '인터페이스'입니다.

이 차이는 다음과 같은 섬에 나타납니다. '게이트웨이'는 '라우팅 테이블의 설정'이므로 예를 들어 S3의 경우 'EC2 인스턴스가 통신하려는 대상 IP 주소가 S3의 범위라면 엔드포인트에 전송되고 S3에 도달'하는 방식입니다. EC2 인스턴스에서 특별한 설정을 한 것이 아니고 단지 S3와 통신하고 있을 뿐인데 '게이트웨이' 타입의 엔드포인트에 전송돼 버립니다. AWS CLI 등에 의한 S3로의 통신은 물론 S3로 전달되는 정적 파일에 대한 연결도 마찬가지로 엔드포인트를 통해 이뤄집니다. 이것은 인터넷 연결을 프락시 서버 등으로 제어하는 설계 정책을 무시하는 구성이 될 수 있습니다. 또한 다른 게이트웨이로부터의 통신은 이 '게이트웨이'에 전송되지 않습니다. 예를 들어, 가상 프라이빗 게이트웨이에서 VPC로 들어온 온프레미스 네트워크 기반의 장비로부터의 통신은 '게이트웨이' 타입의 엔드포인트에 도달하지 않습니다.

'인터페이스'는 '통신의 대상'이므로 '인터페이스를 대상으로 한 통신을 원하는 서비스에 전송'하는 방식입니다. 송신 측 장비는 대상이 '인터페이스'의 주소임을 명시할 필요가 있고, 이름 확인 등을 통해 본래라면 인터넷으로 향해야 하는 통신을 '인터페이스'가 갖고 있는 프라이빗 주소로 향하게 해 줄 필요가 있습니다. 명시하지 않으면 평소대로 인터넷으로 흘러 나가게 됩니다. '게이트웨이'가 아니기 때문에 예를 들어 가상 프라이빗 게이트웨이에서 VPC로 들어온 온프레미스 네트워크 기반 내의 장비로부터의 통신이라도 '인터페이스'를 통해 원하는 서비스에 도달합니다.

그 밖에도 '게이트웨이'는 S3와 동일한 주소 범위를 온프레미스 네트워크 기반에서 사용하면 엔드포인트가 작동하지 않거나 해당 온프레미스 네트워크 기반과 통신할 수 없게 되는 현상이 발생하는 문제도 있습니다. 어쩌면 '게이트웨이' 타입은 더 이상 대상 서비스를 확대하지 않고 '인터페이스' 타입에 점점 포함되고 있는지도 모르겠습니다.

Chapter 5

시스템 설계와
서비스의 도입

5-1

AWS 서비스를 이용한 시스템 설계

1장에서 소개한 바와 같이 AWS에는 다양한 서비스가 있습니다. 온프레미스의 경우 서버에 각종 소프트웨어를 도입해서 로드 밸런서 및 캐시 등의 역할을 부여하기도 했습니다. AWS에는 이들을 대체하는 완전 관리형 서비스가 있습니다. 예를 들어, 로드 밸런서의 경우 ELB, CDN 기능으로 CloudFront, 인 메모리 캐시 기능으로 ElastiCache라는 서비스를 제공합니다. 이러한 서비스는 백업 취득 기능과 자동 패치 적용 기능 등이 있습니다. 이러한 완전 관리형 서비스를 잘 이용하면 개발 및 유지보수 비용을 절감하고 그만큼의 시간을 비즈니스의 차별화를 만들어내는 핵심 기능의 개발에 집중할 수 있습니다.

이번 장에서는 각 AWS 서비스를 조합한 설계 패턴을 몇 가지 소개합니다. 구체적인 시스템을 2개 가정해서 각 시스템의 기능 요구사항과 비기능적 요구사항을 설계 패턴에 맞춰 진행합니다. 첫 번째 시스템으로 EC 사이트를 예로 들겠습니다. 이 EC 사이트는 핵심 기능이 모두 AWS에서 완결되고 온프레미스 시스템과 연계하지 않는다고 가정하는 시스템입니다. 이 EC 사이트 설계를 통해 5개의 설계 패턴을 소개합니다. 두 번째 시스템으로 온프레미스 시스템과 연계가 필요한 업무용 시스템을 살펴보겠습니다. 온프레미스와의 연계 패턴이나 업무용 시스템과 데이터 연계를 통해 데이터 분석 기반을 AWS에 구축하는 패턴을 소개합니다.

AWS를 도입할 때 처음부터 설계를 생각하는 것이 아니라 먼저 완전 관리형 서비스를 이용한 설계의 베스트 프랙티스를 이해하는 것이 중요하다고 생각합니다. 그 후, 독자 여러분이 담당하고 있는 시스템에 부합하는 패턴이 있는 경우에는 그러한 안정된 패턴을 채용해 짧은 시간에 안전한 설계를 할 수 있습니다. 이번 장에서는 독자들이 대표적인 패턴을 이해하고, 그것을 인프라 설계의 힌트로 활용하는 것을 목표로 삼고 있습니다. 또한 이번 장의 마지막에서 인프라 구축을 자동화하는 패턴을 소개합니다.

AWS는 인프라를 API로 구축하고 조작할 수 있는 것이 큰 장점입니다. 자동화를 채용할 때는 AWS를 도입하는 시점이 가장 좋다고 생각합니다. 인프라를 설계할 때 함께 참고하기를 바랍니다.

- EC2 사이트의 예(온프레미스 시스템과의 연계 제외)
  - 웹 가용성 향상 패턴(ELB, Auto Scaling)
  - 콘텐츠 캐시 패턴(CloudFront, S3)
  - DB 가용성 향상 패턴(RDS)
  - 인 메모리 캐시 패턴(ElastiCache)
  - 잡 서버 패턴(NAT 게이트웨이, VPC 엔드포인트)

- 업무용 사이트의 예(온프레미스 시스템과의 연계 포함)
  - 온프레미스 연계 패턴(VGW)
  - 파일 저장 패턴(Storage Gateway)
  - 분석 기반 패턴(EMR, Redshift)

- 인프라 구축 자동화 패턴
  - CloudFormation
  - 기타 AWS 서비스(AWS OpsWorks, AWS Elastic Beanstalk)

그림 5.1 AWS가 제공하는 서비스

5.1.1 온프레미스와 연계하지 않는 EC 사이트

온프레미스 환경과의 연계를 포함하지 않는 EC 사이트의 구조를 구체적인 예로 들어 대표적인 설계 패턴을 다섯 가지 소개합니다. EC 사이트를 예로 들었지만, 그 외에도 고객에게 제공되는 사이트에서도 자주 도입되는 기본적인 패턴입니다. 담당 시스템의 요구사항에 맞게 이러한 설계 패턴을 도입할 수 있는지를 검토하면서 읽어보기 바랍니다.

시스템의 용도와 구성에 따라 몇 가지 패턴을 소개하겠습니다.

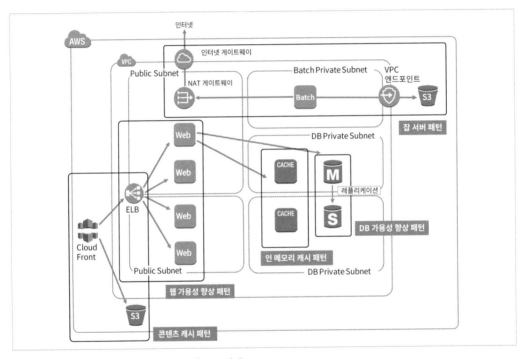

그림 5.2 샘플 구성 ①: 온프레미스와 연계하지 않는 EC 사이트

계정

1 시스템 1 환경마다 AWS 계정을 만듭니다. 그 이유에 대해서는 3장에서 자세히 설명하고 있습니다. 이번 절에서는 운영 환경의 구성만을 대상으로 설명하겠습니다.

VPC, 서브넷

시스템 전체에서 VPC를 하나 준비합니다.

서브넷에 관해서는 웹 서버를 배치하는 용도의 퍼블릭 서브넷을 2개 준비해서 각각 다른 가용 영역 (AZ)에 배치합니다. 또한 데이터베이스용의 프라이빗 서브넷도 2개 준비하고, 이쪽도 다른 AZ에 배치 합니다. 그리고 배치 서버용 프라이빗 서브넷을 하나 추가합니다.

웹 서버 레이어

로드 밸런서(ELB)의 하위에 웹/AP 서버를 4개 배치했습니다. 2개씩 서로 다른 서브넷에 배치합니다. EC 사이트 특유의 정기적인 부하 증가(예, 세일이나 TV의 영향 등)에 대비해서 자동으로 웹 서버가 확 장되도록 설정(Auto Scaling)합니다. 여기까지의 설계 패턴을 5.2절 '웹 가용성 향상 패턴'으로 소개합 니다.

또한 EC 사이트에서는 상품의 이미지를 비롯해 많은 정적 콘텐츠를 취급합니다. 이용자가 요청할 때마 다 정적 콘텐츠를 반환하면 서버 부하가 올라갈 뿐만 아니라 이용자의 편의성도 떨어집니다. 그래서 콘 텐츠 딜리버리 네트워크(CloudFront)를 로드 밸런서의 앞 단에 배치하고 이러한 콘텐츠를 캐시합니 다. 또한 웹 서버가 모두 다운됐을 경우를 대비해 안내 페이지를 S3를 통해 전달할 수 있게 합니다. 여 기까지의 설계 패턴을 5.3절 '콘텐츠 캐시 패턴'으로 소개합니다.

데이터베이스 레이어

데이터베이스는 마스터 슬레이브 구성을 채용하고 데이터베이스 장애로 인한 기회 손실을 최소화할 수 있게 합니다. 웹서버 레이어와 마찬가지로 다른 서브넷에 배치함으로써 AZ 전체 장애에도 견딜 수 있 게 구성했습니다. 이 설계 패턴을 5.4절 'DB 가용성 향상 패턴'으로 소개합니다.

데이터베이스의 쿼리 결과는 인 메모리 캐시(ElastiCache)에 저장합니다. 이렇게 구성함으로써 결과 가 같은 쿼리가 데이터베이스까지 가지 않기 때문에 데이터베이스의 부하를 줄이고 결과적으로 이용자 의 편의성을 향상시킬 수 있습니다. 또한 세션 정보와 같은 웹서버 사이에서 공유하고 싶은 정보도 인 메모리 캐시에서 관리하고 웹서버를 stateless(상태 비저장)로 구성합니다. 이 설계 패턴을 5.5절 '인 메모리 캐시 패턴'으로 소개합니다.

배치 서버

정기적인 작업을 실행하는 배치 서버의 설계에 대해서도 설명합니다. 배치 서버는 프라이빗 서브넷에 배치하고 싶지만 요건에 따라 외부 API나 AWS API 호출이 필요합니다. 이를 위해 전용 프라이빗 서브넷에서 각종 API를 호출할 수 있게 하는 방식을 설명합니다. 이 설계 패턴을 5.6절 '작업 서버 패턴'으로 소개합니다.

5.1.2 하이브리드 환경에서 운용하는 업무 시스템

엔터프라이즈 기업에서는 이미 많은 업무용 시스템을 기존의 데이터센터와 사무실의 온프레미스 환경(프라이빗 클라우드 환경을 포함)에서 가동하고 있습니다. 모든 시스템을 한 번에 퍼블릭 클라우드 환경으로 전환하는 것은 매우 어려운 것이 현실이므로 요즘은 온프레미스 환경과 퍼블릭 클라우드 환경을 적재적소에 하이브리드로 이용하는 수요가 증가하고 있습니다. 따라서 기존의 온프레미스 환경과 AWS 환경을 하이브리드로 사용하는 경우의 네트워크나 보안의 사고 방법을 살펴보고, 몇 가지 구체적인 아키텍처를 소개합니다.

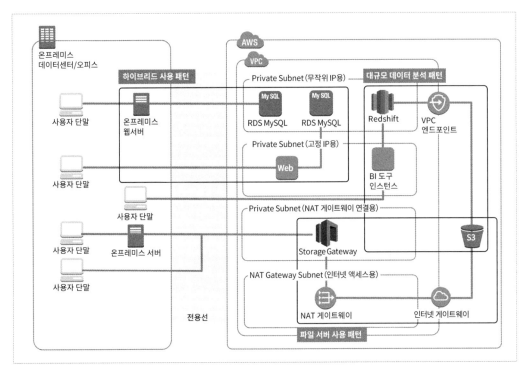

그림 5.3 샘플 구성 ②: 온프레미스 환경과 하이브리드 환경의 경우

인터넷 연결 및 보안

온프레미스 환경, 클라우드 환경에 관계없이 시스템 설계 및 구축에서 인터넷과의 연결 접점의 설계는 보안 측면에서 매우 중요합니다. 인터넷과의 접점, 즉 외부와의 접점을 최대한 줄이고, 외부에서 들어오는 입구가 되는 장소에서는 방화벽, WAF, 바이러스 검색 등 다양한 보안 대책을 실시하는 것이 통례입니다. 온프레미스 환경과 AWS 환경의 하이브리드 환경에서 인터넷 연결을 어떻게 설계해야 하는지에 대해 5.7절 '하이브리드 사용 패턴'에서 설명하겠습니다.

소개할 아키텍처 패턴

어떤 시스템의 컴퓨터 리소스의 일부 또는 전체를 AWS 환경으로 마이그레이션하고 온프레미스 환경과 하이브리드에 이용하는 5.7절 '하이브리드 사용 패턴', Storage Gateway를 이용해 파일 서버를 구축하는 5.8절 '파일 서버 사용 패턴', 클라우드 컴퓨팅 리소스를 활용해 대규모 계산 및 분석을 실시하는 5.9절 '대규모 데이터 분석 패턴'의 세 가지를 소개하겠습니다.

5-2

웹 가용성 향상 패턴

먼저 웹서버의 가용성을 높이는 설계 패턴을 소개합니다. 웹 서비스, 업무용 시스템에 관계없이 시스템은 요청이 쇄도하는 '피크 시간'이 있습니다. 예를 들어, 이번에 예로 든 EC 사이트의 경우 아침 출근 시간, 점심 시간, 그리고 일이 끝나는 시간부터 취침 시간까지의 시간이 피크 시간이 되기 쉬운 것으로 알려져 있습니다. 피크 시간은 시스템의 특성, 계절이나 요일 등 시간적 요인, TV나 웹 뉴스에 소개되는 등의 돌발적인 요인 등 다양한 요인이 얽혀 날마다 변화하기 때문에 예상하기가 어렵고, 설계 시 엔지니어를 고민하게 만드는 요인의 하나라고 할 수 있습니다.

온프레미스 시스템을 구축할 경우 과거 정보에 의존해서 요청(Request) 수를 책상 위에서 예측하고 거기에 일정량의 여유율을 곱해서 서버 사양을 결정했습니다. 그러나 앞에서 설명한 대로 이는 예상하기가 매우 어렵고 요청 수가 예상을 크게 뛰어넘어 장애의 원인이 되거나 예상을 밑돌아 인프라 리소스를 낭비하기도 합니다.

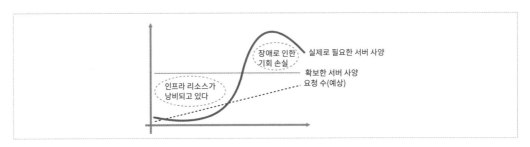

그림 5.4 온프레미스의 경우 인프라 리소스를 견적 내기가 어렵다

AWS는 시스템의 부하에 따라 서버 대수를 증감하는 기능이 있기 때문에 피크 예상은 지금까지 해 온 대로 할 필요가 있지만 다소 제외해도 문제가 되지 않게 할 수 있습니다. 예를 들어, '18시부터 22시까지의 피크 때는 서버를 5대로 운용하지만 그 외의 시간은 2대로 운용한다' 같은 설정을 할 수 있기 때문에 리소스를 낭비하는 것도, 피크 때 리소스가 부족하게 되는 것도 피할 수 있습니다.

또한 이 설정은 정상적인 서버가 2대(혹은 5대) 있다는 것을 보장합니다. 즉, 일부 서버에 문제가 발생해서 정상적인 서버 대수 이하로 줄어들면 대체 서버를 자동으로 구축하고 지정한 대수로 계속 처리할 수 있습니다.

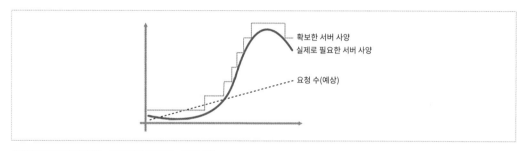

그림 5.5 클라우드에서는 유연하게 대응하는 것이 가능

이번 절에서는 웹서버의 가용성을 향상시키는 패턴에 대해 설명합니다. 이 패턴은 ELB(Elastic Load Balancing)와 Auto Scaling이라는 AWS 서비스를 이용합니다. 자세한 내용과 이용 방법도 설명합니다.

5.2.1 ELB

ELB는 AWS가 제공하는 완전 관리형 로드 밸런싱 서비스입니다. ELB 하위에 여러 EC2 인스턴스를 연결하고, 요청을 각 인스턴스에 분산시킵니다. 온프레미스에서 비슷한 기능을 구현하려면 BIG-IP와 같은 부하 분산 제품을 도입할 필요가 있으며, 구축에 다소 시간이 걸립니다. ELB의 경우 관리 콘솔이나 AWS API를 사용해 쉽게 짧은 리드 타임으로 로드 밸런서 기능을 사용할 수 있습니다. 또한 직접 구축하는 경우에는 서버에 패치를 적용하는 등의 운용 작업이 필요했지만 ELB는 AWS가 관리해주는 관리 서비스의 하나이므로 운용에 드는 비용도 줄일 수 있습니다.

ELB에는 표준 로드 밸런서인 CLB(Classic Load Balancer)와 ALB(Application Load Balancer)라는 두 가지 종류의 로드 밸런서가 있습니다. 여기서는 최근에 릴리스된, 기능도 풍부한 ALB을 사용한다고 전제하고 설명하겠습니다. CLB와 ALB의 차이에 대해서는 이번 절의 마지막 칼럼에서 간단히 소개하겠습니다.

여기서는 ELB의 특징과 주요 기능을 소개합니다.

ELB 자체의 확장(스케일링)

로드 밸런서가 관리하는 서버를 늘리거나 강화하더라도 로드 밸런서 자체가 병목 지점이 되면 의미가 없습니다. ELB는 요청 수의 증가에 맞게 ELB 자체의 용량을 자동으로 늘리도록 설계돼 있어 이러한 문제는 발생하기 어렵습니다. 그러나 이 ELB의 확장은 단계적으로 이뤄지므로 취급 상품이 TV에 소개되는 사례 등으로 급격하게 액세스가 증가했을 때 로드 밸런서 확장이 늦어져 병목 지점이 되는 경우가 있습니다.

이러한 스파이크적인 액세스 증가를 예상할 수 있는 경우에는 사전에 ELB 사전 워밍을 신청해서 스파이크 시간대 전에 ELB의 용량을 늘려두도록 합니다. 또한 초기 구축 시 JMeter 등을 사용해 부하 테스트를 하기도 하는데 이 경우에도 사전에 미리 워밍 신청을 하는 것을 잊지 않도록 합니다. 적절한 EC2 인스턴스 타입 및 RDS 인스턴스 타입을 결정하는 판단 재료로 삼고 싶은데, ELB가 병목 지점이 돼버리면 의미가 없습니다.

이를 신청하기 위해서는 비즈니스 이상의 서포트 계약을 맺어야 할 필요가 있으므로 주의하기 바랍니다. 또한 어느 정도의 액세스 증가를 '급격'한 증가라고 판단하는가가 중요한데, AWS의 문서에 따르면 '5분에 50% 이상 트래픽이 늘어나는 경우에는 사전 워밍 신청을 해야 한다'고 돼 있으므로 이를 참고해서 신청해야 할지 판단하면 됩니다.

상태 확인(헬스 체크) 기능

ELB에는 관리하고 있는 EC2 인스턴스가 제대로 작동하고 있는지를 확인하는 상태 확인 기능이 있습니다. 제대로 작동하지 않는 인스턴스는 포기하고 요청을 보내지 않도록 하고, Auto Scaling 기능과 연계해서 제외한 만큼의 인스턴스를 보충할 수 있기 때문에 트러블의 영향이 사용자에게 미치지 않습니다.

상태 확인은 다음과 같은 매개변수를 정의할 수 있기 때문에 시스템 특성에 따라 튜닝할 수 있습니다.

- 어떤 파일을 확인하는가(예: /index.html)

- 몇 초마다 파일을 확인하는가(예: 30초)

- 몇 번 연속으로 액세스에 실패하면 분리하는가(예: 2회)

- 몇 번 연속으로 액세스에 성공하면 연결하는가(예: 5회)

예를 들어, 성공 횟수의 임곗값을 작게 설정하면 뒤에서 설명할 Auto Scaling 기능으로 인스턴스가 증가했을 때 ELB에 연결될 때까지의 시간을 단축할 수 있습니다. 그러나 횟수를 너무 줄이면 어떤 이유로 인해 인스턴스가 불안정한 상태가 됐을 때 연결과 분리를 계속 반복하다 결과적으로 시스템 전체가 불안정해집니다.

상태 유지 세션

ELB가 관리하는 여러 대의 EC2 인스턴스가 있는 경우, 동일한 이용자가 요청할 때마다 액세스하는 인스턴스가 바뀔 가능성이 있습니다. 따라서 로그인 후 액세스하려는 서버에 세션 정보가 없는 경우가 있고, 그때는 기대한 처리를 실행할 수 없게 됩니다. 상태 유지 세션은 동일한 사용자의 요청을 모두 같은 EC2 인스턴스에 배분하는 기능입니다. 이 기능을 이용하면 요청이 항상 상태 정보가 있는 인스턴스에서 처리되기 때문에 이 문제를 해결할 수 있습니다.

그러나 뒤에서 설명할 Auto Scaling을 병용하는 경우에는 문제가 있습니다. 예를 들어, 요청 증가에 따라 인스턴스를 늘렸다 해도 지금까지 연결했던 사용자는 원래부터 액세스하고 있던 인스턴스에 처리가 계속해서 할당됩니다. 이렇게 해서는 애써 인스턴스를 늘려도 효과를 보기가 어렵습니다. 반대로 인스턴스의 수가 감소한 경우 해당 인스턴스에서 처리되던 사용자의 상태 정보가 사라지므로 계속해서 처리를 못 할 수 있습니다. 이 문제를 완벽하게 해결하려면 뒤에서 설명할 '인 메모리 캐시 패턴'을 이용해 세션 정보를 인 메모리 캐시에 저장하는 등 서버에서 상태를 관리하지 않는 비 상태 유지 구성을 취해야 합니다.

Connection Draining

상태 확인에 실패하면 EC2 인스턴스는 ELB에서 분리된다고 소개했습니다. 하지만 그냥 분리해 버리면 그때 EC2 인스턴스에서 처리되고 있는 요청이 파기돼 버려서 이용자의 편의성이 떨어집니다. Connection Draining은 인스턴스 상에서 실행되고 있는 처리가 끝나기를 기다린 후 인스턴스를 ELB에서 분리하는 기능입니다. 이 기능을 이용하면 스케일 인(서버 축소)할 때 처리 중인 요청이 비활성화되는 것을 방지할 수 있습니다.

5.2.2 Auto Scaling

이어서 Auto Scaling을 소개하겠습니다. Auto Scaling은 서버의 이용 상황에 따라 자동으로 서버의 수를 증감시키는 기능입니다. ELB와 함께 사용함으로써 ELB가 관리하는 EC2 인스턴스를 증감시킬 수 있고 요청 수의 변화에 대응할 수 있습니다. 그 외에도 큐에 쌓인 메시지를 워커 인스턴스에서 취득·처리를 실시하는 등의 배치 처리에 있어 메시지가 쌓이는 상황에 따라 워커를 늘리거나 줄이는 경우에도 Auto Scaling을 사용할 수 있습니다. 지금부터 Auto Scaling의 설정 항목과 주요 기능에 대해 설명하겠습니다.

Auto Scaling 설정 항목

Auto Scaling의 중요한 설정 항목으로 Auto Scaling 그룹, 시작 설정, Scaling 정책/계획의 세 가지가 있습니다. 이를 요건에 따라 설계·설정함으로써 가용성 높은 시스템을 구성할 수 있습니다.

Auto Scaling 그룹

Auto Scaling으로 관리하는 EC2 인스턴스의 집합이 Auto Scaling 그룹입니다. Auto Scaling 그룹에서는 다음 항목을 정의할 수 있습니다.

표 5.1 Auto Scaling 그룹의 설정 항목

설정 항목	내용
희망 대수(Desired Capacity)	필요한 인스턴스의 수를 정의합니다. 초기 대수는 이 값이 됩니다.
최소 대수, 최대 대수	Auto Scaling 그룹에서 관리하는 인스턴스의 최소 대수 및 최대 대수를 정의합니다. 최소와 최대를 같게 하면 항상 그 대수를 유지합니다.
VPC/Subnet/ELB	시작하는 VPC와 서브넷 및 인스턴스를 연결하는 대상 ELB를 설정
상태 확인 방식	인스턴스가 유효한지를 판정하는 로직으로 다음 중 하나를 선택합니다. 체크 결과, 이상이라고 판단된 경우 Auto Scaling 그룹에서 분리됩니다. ① ELB의 상태 확인 기능을 사용 ② EC2 인스턴스의 Status Check를 사용
터미네이션 정책	인스턴스의 수가 줄어들 때 어떤 우선순위로 인스턴스를 삭제할 것인가를 다음 중 선택 ① 시작 시간이 가장 오래된 인스턴스부터 제거 ② 시작 시간이 최신인 인스턴스부터 제거 ③ 가장 오래된 시작 설정을 사용하고 있는 인스턴스부터 제거 ④ 다음 과금 시작 타이밍이 가까운 것으로부터 삭제

설정 항목	내용
시작 설정	스케일 업 시에 자동 생성되는 EC2에 대한 설정을 정의(자세한 사항은 뒤에서 설명)
Scaling 정책/계획	EC2 인스턴스의 증감 방법을 설정(자세한 사항은 뒤에서 설명)

시작 설정

시작 설정은 시작 인스턴스에 대한 설정을 합니다. Auto Scaling 그룹에 연결된 인스턴스의 동작은 이 설정에 의해 결정됩니다. 여기서는 시작 설정 중에서 주요 부분을 표로 정리했습니다.

시작된 EC2 인스턴스는 즉시 Auto Scaling 그룹의 하위에 연결되고 서비스 인합니다. 따라서 기본적으로 AWS에서 제공하는 AMI를 그대로 사용하지 않고 전용 AMI를 사전에 준비해 두는 Golden AMI 방식, 혹은 사용자 데이터를 사용해 시작할 때 설정을 실시하는 사용자 데이터 방식에서 선택할 수 있습니다. 어느 방식을 채택해야 하는가는 이번 절의 마지막에서 설명하겠습니다.

표 5.2 주요 시작 설정

설정 항목	내용
이용할 AMI	시작 인스턴스의 기반이 되는 AMI를 선택 · AWS에서 제공하는 AMI · 이용자가 작성한 AMI · AWS Marketplace의 AMI
사용자 데이터	시작할 때의 명령어를 지정. 미들웨어 설치·설정 등을 실시
스팟 인스턴스의 이용	인스턴스로 스팟 인스턴스를 사용할 것인지를 정의. 사용하는 경우는 입찰 금액도 함께 설정
IAM 역할	EC2에 할당할 IAM 역할을 설정
터미네이션 정책	인스턴스의 수가 줄어들 때 어떤 우선순위로 인스턴스를 삭제할 것인가를 아래에서 선택 ① 시작 시간이 가장 오래된 인스턴스부터 제거 ② 시작 시간이 최신인 인스턴스부터 제거 ③ 가장 오래된 시작 설정을 사용하고 있는 인스턴스부터 제거 ④ 다음 과금 시작 타이밍이 가까운 것으로부터 삭제
시작 설정	스케일 업 시에 자동 생성되는 EC2에 대한 설정을 정의(자세한 사항은 뒤에서 설명)
Scaling 정책/계획	EC2 인스턴스의 증감 방법을 설정(자세한 사항은 뒤에서 설명)

Scaling 정책/계획

Auto Scaling 그룹의 EC2 인스턴스의 수는 미리 정의된 최소 대수와 최대 대수 사이에서 스케일 업/스케일 인할 수 있습니다. 여기서는 스케일 업/스케일 인 방식에 대해 설명하겠습니다.

◆ 수동 스케일링

가장 쉬운 스케일 방식입니다. 희망 대수를 수동으로 변경하면 그 대수가 되도록 스케일할 수 있습니다. 최소 대수보다 적은 대수, 최대 대수보다 많은 대수로 설정하는 것은 불가능합니다.

◆ 자동 스케일링

최소 대수를 희망 대수 값과 동일하게 설정해 초기의 인스턴스 대수를 유지하는 방식입니다. Auto Scaling 그룹의 인스턴스에 뭔가 문제가 발생하고 유효한 인스턴스의 수가 줄었을 때 자동으로 인스턴스가 구축되는, 최소한으로 필요한 인스턴스 대수를 유지하는 방식입니다.

◆ 스케줄 기반

설정한 시간에 맞춰 서버 대수를 증감시키는 방식입니다. 18시부터 22시까지 요청이 많은 서비스에 대해서는 '17:45에 인스턴스를 8대로 한다', '22:15가 되면 인스턴스를 4대로 한다'와 같이 정의합니다. 피크 시간이 왔다 갔다 하거나 인스턴스를 시작하는 데 시간이 걸리는 것을 고려해서 시간을 결정해야 합니다. 사전에 피크 시간을 알고 있는 경우에 사용하는 방식입니다.

◆ 규칙 기반

서비스의 이용 상황에 따라 동적으로 대수를 증감시키는 방식입니다. 예를 들어, 'CPU의 평균 사용률이 70%를 넘으면 2대 인스턴스를 늘리겠다', '로드 밸런서에 대한 요청 수가 1,000을 넘으면 1대 인스턴스를 늘리겠다'와 같이 정의합니다. '일단 CPU의 평균 사용률이 50%를 넘으면 1대 추가, 거기서 80%를 넘으면 또 1대 추가'와 같은 단계적으로 복잡한 스케일링 정의도 가능합니다. 피크 시간을 예측하기 어려운 경우에 유효한 설정이라고 할 수 있습니다.

규칙 기반 Scaling 정책 설정은 스케일 인 조건도 설정할 수 있습니다. 이때 스케일 아웃/인의 지표 설정을 동일한 값으로, 예를 들면 'CPU 사용률이 60%를 넘으면 1대 스케일 아웃', 'CPU 사용률이 60% 아래로 떨어지면 1대 스케일 인'과 같이 설정해 버리면 자주 스케일 아웃/인이 반복될 위험이 있습니다. 즉, 다음과 같은 과정을 반복하기 때문입니다.

1. 요청이 증가하고 CPU 사용량이 임곗값을 넘어 인스턴스를 늘린다

2. 인스턴스가 1대 늘어나면 CPU 사용률이 임곗값보다 떨어져 인스턴스를 줄인다

3. 인스턴스가 1대 줄어들면 CPU 사용률이 임곗값을 넘어 인스턴스가 늘어난다

이러한 문제를 피하기 위해 스케일 인 조건은 낮게 설정하는 것이 좋습니다. 예를 들어, 스케일 아웃 조건을 'CPU 사용률이 60%를 넘으면'이라고 하는 경우 스케일 인은 'CPU 사용률이 20% 아래로 떨어지면'이라고 설정합니다. 이 같이 설정하면 시스템 부하의 피크가 지난 것을 기다렸다가 인스턴스의 수를 줄이므로 스케일 아웃/인이 반복되는 현상이 사라집니다.

5.2.3 웹 가용성 향상 패턴

ELB와 Auto Scaling을 사용해 웹서버의 가용성을 개선하는 설계 패턴에 대해 설명하겠습니다. 먼저 안티 패턴부터 소개합니다. 이 패턴에 해당하는 경우 운용이 시작된 후 문제가 될 가능성이 높으니 설계를 다시 검토하십시오.

안티 패턴은 다음 그림과 같이 웹서버를 1대만 준비하는 구성입니다. 1대의 서버에 문제가 발생하면 시스템이 즉시 정지되는 설계입니다. 검증 실험 등으로 먼저 제품을 세상에 출시하는 것을 우선하는 경우라고 해도 이 같은 구성은 하지 말고 반드시 여러 대의 서버를 준비하고, 앞 단에 ELB를 설치하십시오.

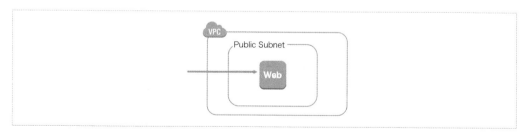

그림 5.6 웹서버를 1대만 준비하는 안티 패턴

다음 그림은 필자가 추천하는 웹 가용성 향상 패턴입니다. 2개의 Public Subnet(퍼블릭 서브넷)을 다른 가용 영역(AZ)에 준비하고 각 AZ에 하나 이상의 서버(EC2 인스턴스)를 배치합니다. 이렇게 함으로써 AZ 전체 장애에도 견딜 수 있습니다. 또한 Auto Scaling 설정을 적절하게 실시해서 서버에 문제가 발생한 경우나 Request가 늘어난 경우에도 처리할 수 있도록 합니다. '적절하게'라고 썼지만 서버

대수의 설정은 예상되는 피크 때의 PV(Page View) 수를 기준으로 실행하는 부하 시험을 통해 결정합니다.

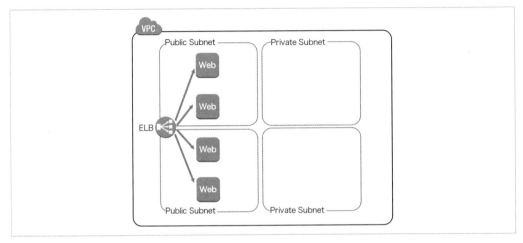

그림 5.7 웹 가용성 향상 패턴

패턴 도입의 포인트

이 패턴을 도입할 때의 포인트가 3개 있습니다. 실제로 도입하는 경우 설계 시 고려 사항을 포함하십시오.

◆ 여러 AZ에 걸쳐 웹서버를 배치해서 AZ 장애에 대응하기

단일 AZ에 모든 서버를 배치해 버리면 단일 인스턴스 장애에는 견딜 수 있지만 AZ 전체에 문제가 발생했을 때 시스템이 모두 정지돼 버립니다. ELB 및 Auto Scaling은 여러 AZ에 걸쳐 있도록 인스턴스를 배치할 수 있기 때문에 특별한 이유가 없는 한 여러 AZ에 인스턴스를 배치하도록 설계합시다. 이때 웹서버와 DB가 다른 AZ가 됨으로써 통신 지연이 발생하는 것을 꺼리는 분들이 계시지만 AZ 사이의 통신 지연 시간은 수 밀리초(ms) 정도이므로 특별히 문제되지 않습니다. 그보다도 시스템이 모두 정지되는 것의 위험이 크기 때문에 가능한 한 여러 AZ에 서버를 배치합시다.

◆ 웹서버를 비 상태 유지 형식으로 구축하기

이 패턴은 부하에 따라 서버를 증감시킵니다. 즉, 서버를 필요할 때는 늘리고 필요 없으면 삭제하는 것입니다. 따라서 이 패턴을 도입하는 대전제로서 서버를 늘렸다 줄였다 할 수 있도록 인프라 설계를 하는 것은 물론, 애플리케이션 레이어에서도 한 서버에만 정보를 넣어두지 않도록 주의할 필요가 있습니다. 구체적인 예로는 서버 상에 출력되는 각종 로그를 들 수 있습니다. 아무것도 고려하지 않는 경우, 서버의 수를 줄였을 때 그 서버가 보유하고 있던 로그가 모두 사라집니다. 액세스 로그에서 어떤 분석을 하고 문의 대응이 필요할 때 로그가 결손되면 정확한 분석을 할 수 없습니다. 서버를 늘리거나 줄일 수 있도록 설계하는 경우, 예를 들어 Fluentd 같은 로그 수집 기반을 이용해 다른 위치에 로그를 저장하도록 설계합니다. 애플리케이션에 가까운 이야기로 말하면 세션 관리를 들 수 있습니다. 상태 유지 세션 기능을 사용하지 않는 경우 먼저 로그인을 한 서버에 후속 처리도 맡겨진다는 보장은 없습니다. 따라서 데이터베이스나 인 메모리 캐시에 세션 정보를 저장해서 서버 간에 정보를 공유하도록 합니다.

이처럼 서버를 늘리거나 줄일 수 있는 상태를 비 상태 유지(Stateless)라고 합니다. 웹 가용성 향상 패턴을 도입하는 전제 조건이 '비 상태 유지 형식으로 웹서버를 설계할 수 있을 것'이므로 설계 시에는 주의하길 바랍니다.

◆ 'Golden AMI'와 '사용자 데이터' 중에서 무엇으로 시작해야 할지 검토하기

Auto Scaling 시작 구성에서는 독자적으로 작성한 모든 설정이 적용된 AMI로 인스턴스를 시작할 것인가 초기 상태의 인스턴스를 시작한 후 사용자 데이터로 구축할 것인가를 선택할 수 있다고 설명했습니다. 여기서는 그것의 장점과 단점을 소개합니다.

먼저 전자의 독자적인 AMI로 시작하는 방법에 대해서 설명하겠습니다. 이 방법을 Golden AMI 방식이라고도 말합니다. Golden AMI 방식의 장점은 사용자 데이터 방식에 비해 부팅 시간이 짧다는 점입니다. 사전에 이미지화해 두는 것으로써 시작 시 설치·실행을 하지 않기 때문에 Auto Scaling할 때도 신속하게 인스턴스를 준비할 수 있습니다. 단점은 AMI 관리가 복잡하다는 것입니다. 인프라 설정을 하나 바꾸는 데도 AMI를 다시 만들고, Auto Scaling 그룹의 시작 설정에서 사용할 AMI를 변경하지 않으면 안 됩니다.

사용자 데이터 방식을 이용할 때의 장점과 단점은 Golden AMI 방식의 반대입니다. 사용자 데이터의 스크립트를 버전 관리할 수 있으며 스크립트를 보면 인프라 구성을 모두 알 수 있습니다. Golden AMI 방식의 경우는 아무래도 AMI를 만들 때까지의 인프라 작업이 암묵적 지식이 되기 쉽고 담당자가 없어지면 유지 관리가 어려워질 수 있습니다. 사용자 데이터의 경우 모든 정보가 스크립트에 적혀 있으므로 변경 이력도 파악하기 쉽습니다.

또한 Golden AMI 방식과 사용자 데이터 방식을 병용할 수도 있습니다. 예를 들어, 미래에 변경할 가능성이 낮은 요소는 사전에 설치 및 설정을 한 후에 AMI를 만듭니다. 미들웨어의 설정 등 변경될 가능성이 높은 항목은 사용자 데이터로 설정하고 이후 설정을 변경할 때 변경해야 할 부분을 알기 쉽게 합니다.

서비스의 특성에 따라 최적의 패턴은 달라집니다. 구축 작업을 시작하기 전에 어떤 방법이 좋을지 검토하길 바랍니다.

5.2.4 ELB와 Auto Scaling의 이용 방법

구체적인 구축 방법을 소개하겠습니다. 이번 장에서는 관리 콘솔에서 각종 서비스를 이용하는 방법을 설명하고 있지만 그 외에 AWS CLI를 사용하거나 구축 자동화 서비스인 CloudFormation을 이용해 환경 구축을 할 수도 있습니다.

대규모 시스템을 구축할 경우 수동 작업으로는 시간이 걸리거나 작업 실수가 발생할 수도 있으므로 환경 구축을 자동화하는 경우가 많습니다. 먼저 관리 콘솔에서 사용법에 익숙해지고 실제 환경 구축 시 가급적 구축을 자동화할 수 있도록 합니다. CloudFormation에 대해서는 이번 장의 마지막에 기능과 사용법을 설명합니다. 꼭 참고하길 바랍니다.

ELB의 이용 방법

ELB는 EC2의 '로드 밸런서' 메뉴에서 '로드 밸런서 생성'을 선택해서 새로 생성할 수 있습니다.

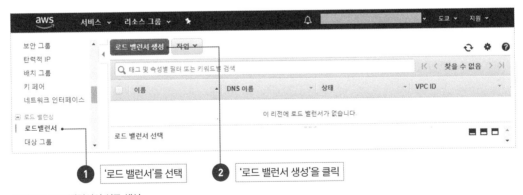

그림 5.8 로드 밸런서의 신규 생성

◆ ELB 유형 선택

먼저 ELB의 유형을 선택합니다. 여기서는 ALB을 사용하므로 'Application Load Balancer'를 선택합니다.

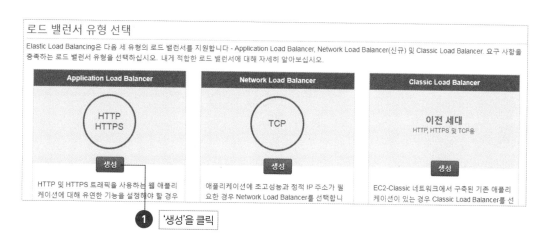

그림 5.9 ELB 타입

◆ 로드 밸런서 설정

다음으로, 로드 밸런서를 설정합니다. 로드 밸런서는 외부 요청을 처리하는 '인터넷 연결'과 VPC 내, 예를 들면 웹서버와 애플리케이션 서버 사이에 설치하는 '내부'에서 사용하는 용도로 만들 수 있습니다. 여기서는 이용자의 요청을 처리하기 위한 ELB를 만들려고 하므로 스키마에서 '인터넷 연결'을 선택합니다.

계속해서 ELB가 받아들이는 프로토콜을 결정합니다. HTTP와 HTTPS, 혹은 그 양쪽 모두를 선택합니다. 이번 절에서는 'HTTP 프로토콜'을 받아들이는 설정으로 진행합니다.

마지막으로, 연결할 VPC와 서브넷을 선택합니다. 서브넷은 반드시 2개 이상 지정해야 합니다. 여기서는 기본 VPC와 서브넷을 선택하고 다음으로 넘어갑니다. 다음 화면에서 HTTPS를 사용하기를 권장합니다만 지금은 HTTP의 사례를 소개하고 있으므로 그 상태로 보안 그룹 설정으로 넘어갑니다.

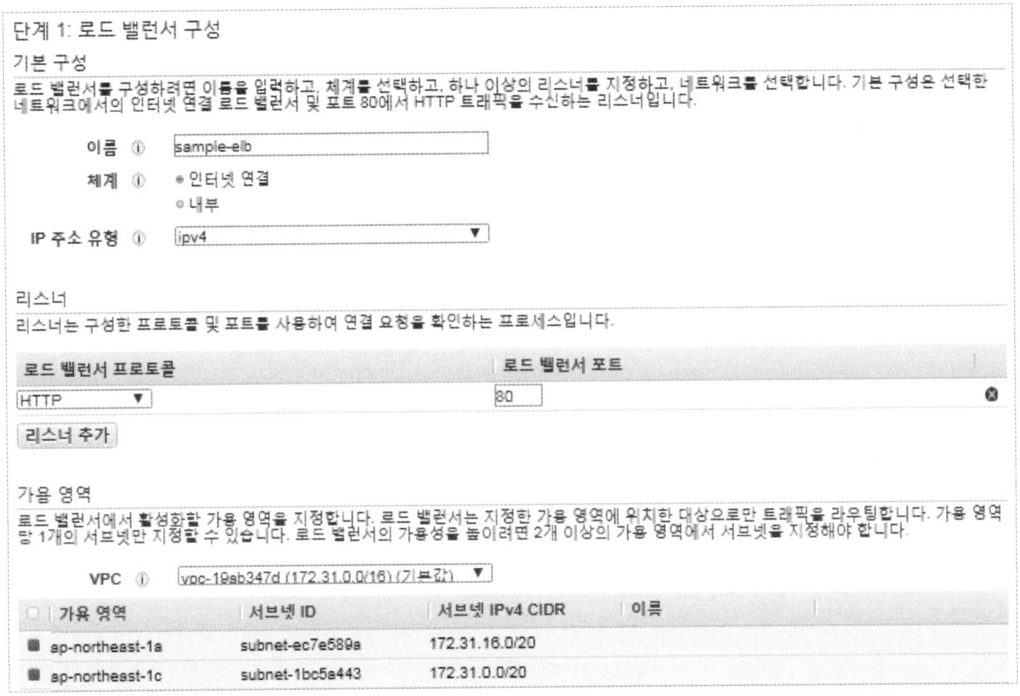

단계 1: 로드 밸런서 구성

기본 구성

로드 밸런서를 구성하려면 이름을 입력하고, 체계를 선택하고, 하나 이상의 리스너를 지정하고, 네트워크를 선택합니다. 기본 구성은 선택한 네트워크에서의 인터넷 연결 로드 밸런서 및 포트 80에서 HTTP 트래픽을 수신하는 리스너입니다.

이름 ⓘ   `sample-elb`

체계 ⓘ   ● 인터넷 연결
           ○ 내부

IP 주소 유형 ⓘ   `ipv4` ▼

리스너

리스너는 구성한 프로토콜 및 포트를 사용하여 연결 요청을 확인하는 프로세스입니다.

로드 밸런서 프로토콜	로드 밸런서 포트	
HTTP ▼	80	✕

리스너 추가

가용 영역

로드 밸런서에서 활성화할 가용 영역을 지정합니다. 로드 밸런서는 지정한 가용 영역에 위치한 대상으로만 트래픽을 라우팅합니다. 가용 영역 당 1개의 서브넷만 지정할 수 있습니다. 로드 밸런서의 가용성을 높이려면 2개 이상의 가용 영역에서 서브넷을 지정해야 합니다.

VPC ⓘ   `vpc-19ab347d (172.31.0.0/16) (기본값)` ▼

	가용 영역	서브넷 ID	서브넷 IPv4 CIDR	이름
■	ap-northeast-1a	subnet-ec7e589a	172.31.16.0/20	
■	ap-northeast-1c	subnet-1bc5a443	172.31.0.0/20	

그림 5.10 로드 밸런서 설정

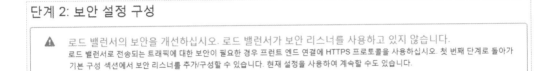

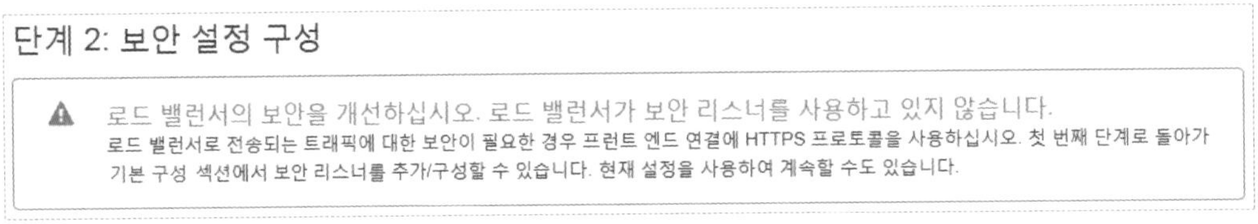

단계 2: 보안 설정 구성

⚠ 로드 밸런서의 보안을 개선하십시오. 로드 밸런서가 보안 리스너를 사용하고 있지 않습니다.
로드 밸런서로 전송되는 트래픽에 대한 보안이 필요한 경우 프런트 엔드 연결에 HTTPS 프로토콜을 사용하십시오. 첫 번째 단계로 돌아가 기본 구성 섹션에서 보안 리스너를 추가/구성할 수 있습니다. 현재 설정을 사용하여 계속할 수도 있습니다.

그림 5.11 보안 경고

◆ 보안 그룹 설정

다음 화면에서는 ELB에 할당할 보안 그룹을 설정합니다. 이번에는 새 보안 그룹을 생성합니다.

모든 HTTP 요청을 허용할 수 있으면 좋기 때문에 유형에 'HTTP'를, 소스를 '위치 무관'으로 지정했습니다. 여기서 만든 보안 그룹은 Auto Scaling의 시작 설정에서 설정하는 EC2의 보안 그룹에서도 사용하기 때문에 어떤 보안 그룹을 설정했는지 기억해 둡니다.

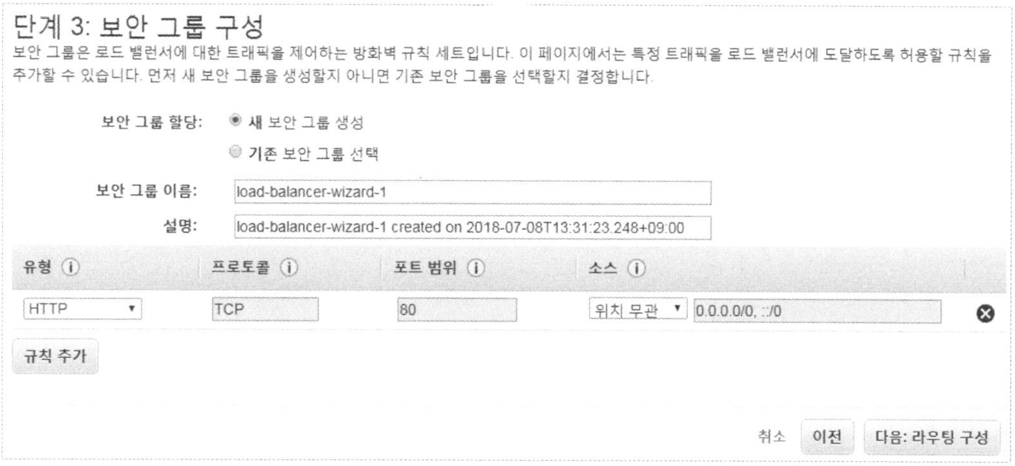

단계 3: 보안 그룹 구성

보안 그룹은 로드 밸런서에 대한 트래픽을 제어하는 방화벽 규칙 세트입니다. 이 페이지에서는 특정 트래픽을 로드 밸런서에 도달하도록 허용할 규칙을 추가할 수 있습니다. 먼저 새 보안 그룹을 생성할지 아니면 기존 보안 그룹을 선택할지 결정합니다.

보안 그룹 할당: ● 새 보안 그룹 생성
○ 기존 보안 그룹 선택

보안 그룹 이름: load-balancer-wizard-1

설명: load-balancer-wizard-1 created on 2018-07-08T13:31:23.248+09:00

유형 ⓘ	프로토콜 ⓘ	포트 범위 ⓘ	소스 ⓘ	
HTTP ▼	TCP	80	위치 무관 ▼ 0.0.0.0/0, ::/0	✖

규칙 추가

취소 이전 다음: 라우팅 구성

그림 5.12 할당할 보안 그룹의 설정

◆ 라우팅 설정

같은 기능을 가진 EC2 인스턴스의 집합을 나타내는 대상 그룹을 만들고 하위 인스턴스에 대한 상태 확인 사양을 정의합니다. 계속해서 상태 확인을 실시할 대상 파일을 지정합니다. 여기서는 'health-check.html'이라는 파일에 대해 상태 확인을 수행하도록 설정했습니다. 이 파일은 뒤에서 설명할 시작 설정 중에 자동으로 인스턴스 내에 생성되게 합니다.

다음으로, 상태 확인 간격을 정의합니다. 여기서는 '30초에 1회 상태 확인을 5회 연속으로 통과한 인스턴스만 ELB에 연결한다'라고 정의했습니다. Auto Scaling 기능을 사용해 EC2 인스턴스를 추가해도 요청이 배분될 때까지 2분 30초 정도 소요되므로 그것을 허용할 수 없는 경우 '정상 임계 값'을 줄이거나 상태 확인의 '간격'을 짧게 설정해서 더욱 짧은 시간에 ELB에 인스턴스를 연결할 수 있습니다.

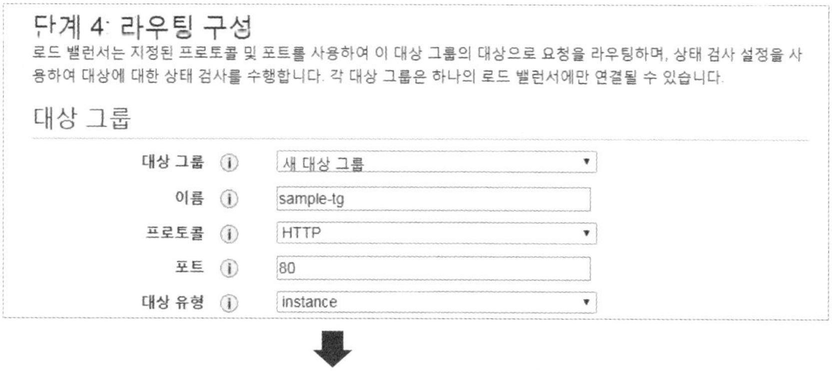

단계 4: 라우팅 구성

로드 밸런서는 지정된 프로토콜 및 포트를 사용하여 이 대상 그룹의 대상으로 요청을 라우팅하며, 상태 검사 설정을 사용하여 대상에 대한 상태 검사를 수행합니다. 각 대상 그룹은 하나의 로드 밸런서에만 연결될 수 있습니다.

대상 그룹

대상 그룹 ⓘ	새 대상 그룹 ▼
이름 ⓘ	sample-tg
프로토콜 ⓘ	HTTP ▼
포트 ⓘ	80
대상 유형 ⓘ	instance ▼

⬇

그림 5.13 라우팅 설정

◆ 대상 등록

다음으로, 대상 EC2를 등록하는 화면입니다. 이 화면에서는 이미 실행 중인 EC2 인스턴스를 ELB에 연결할 수 있습니다. 이번 단계에서는 Auto Scaling의 기능을 사용해 인스턴스의 시작과 ELB에 연결을 수행하므로 여기서는 아무것도 선택하지 않고 다음으로 넘어갑니다.

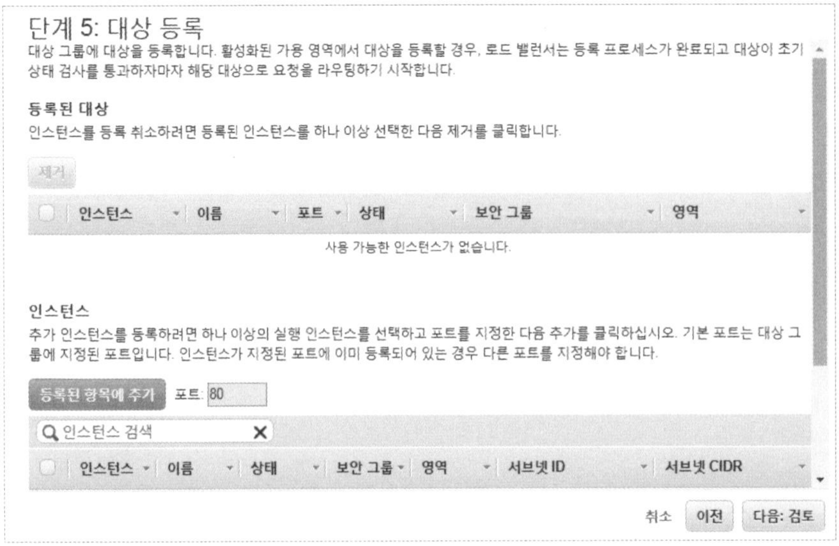

그림 5.14 대상 등록

Auto Scaling의 이용 방법

계속해서 Auto Scaling의 구축 절차를 소개합니다. EC2의 'Auto Scaling 그룹' 메뉴에서 'Auto Scaling 그룹 생성' 버튼을 클릭합니다.

그림 5.15 Auto Scaling 그룹 생성

◆ 시작 구성 생성

먼저, 자동 스케일 시에 생성하는 EC2 인스턴스에 대해 정의하는 시작 구성을 만듭니다. 일반적으로 EC2 인스턴스를 시작할 때와 마찬가지로 AMI의 종류와 인스턴스 유형을 지정합니다. 여기서는 'AmazonLinux'를 't2.micro'로 시작하도록 지정했습니다.

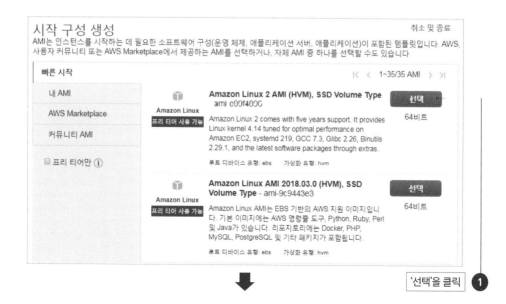

그림 5.16 AMI와 인스턴스 유형 설정

이어서, 구축하는 EC2 인스턴스에 스팟 인스턴스를 사용할지, IAM 역할을 설정할지 등의 고급 설정을 실시하는 구성 페이지가 표시됩니다.

여기서는 아래의 사용자 데이터를 추가해서 아파치(Apache)가 자동으로 설치되도록 설정하고 상태 확인용 파일을 생성합니다.

시작 구성 생성

이름	sample-lc
구매 옵션	스팟 인스턴스 요청
IAM 역할	없음
모니터링	CloudWatch 세부 모니터링 활성화 자세히 알아보기

▼ 고급 세부 정보

커널 ID	기본값 사용
RAM 디스크 ID	기본값 사용
사용자 데이터	텍스트 파일 입력을 이미 base64로 인코딩

```
#!/bin/bash
yum update -y
yum install -y httpd24
service httpd start
chkconfig httpd on
echo "health check file." > /var/www/html/health-check.html
```

| IP 주소 유형 | ● 기본 VPC 및 서브넷에서 시작된 인스턴스에만 퍼블릭 IP 주소 할당 (기본값)
○ 모든 인스턴스에 퍼블릭 IP 주소 할당
○ 모든 인스턴스에 퍼블릭 IP 주소 할당 안함
참고: 이 옵션은 Amazon VPC로 시작한 인스턴스에만 적용 가능 |

취소 이전 검토로 이동 다음: 스토리지 추가

그림 5.17 인스턴스 정의

예제 5.1 사용자 데이터(sample-lc)

```
#!/bin/bash
yum update -y
yum install -y httpd24
service httpd start
chkconfig httpd on
echo "health check file"> /var/www/html/health-check.html
```

구축하는 EC2 인스턴스의 스토리지 설정을 진행합니다. 여기는 기본값 그대로 유지하고 다음으로 넘어갑니다.

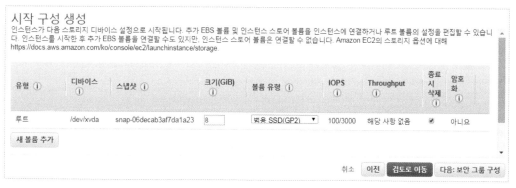

그림 5.18 스토리지 추가

보안 그룹 구성을 실시합니다. 여기서는 'SSH는 자신의 IP 주소만 허용', 'HTTP는 ELB에서의 통신만 허용'하도록 설정합니다. ELB에서의 통신만 허용하려면 ELB에 연결한 보안 그룹을 소스로 지정합니다.

시작 구성 생성

보안 그룹은 인스턴스에 대한 트래픽을 제어하는 방화벽 규칙 세트입니다. 이 페이지에서는 특정 트래픽을 인스턴스에 도달하도록 허용할 규칙을 추가할 수 있습니다. 예를 들면 웹 서버를 설정하여 인터넷 트래픽을 인스턴스에 도달하도록 허용하려는 경우 HTTP 및 HTTPS 트래픽에 대한 무제한 액세스를 허용하는 규칙을 추가합니다. 새 보안 그룹을 생성하거나 이래에 나와 있는 기존 보안 그룹 중에서 선택할 수 있습니다. Amazon EC2 보안 그룹에 대해 자세히 알아보기.

보안 그룹 할당: ● 새 보안 그룹 생성
　　　　　　　○ 기존 보안 그룹 선택

보안 그룹 이름: sample-ec2-sg
설명: sample-ec2-sg

유형 ⓘ	프로토콜 ⓘ	포트 범위 ⓘ	원본 ⓘ	
SSH ▾	TCP	22	내 IP ▾	✕
HTTP ▾	TCP	80	Custom IP ▾ sample-elb-sg	✕

규칙 추가

취소　이전　검토

그림 5.19 보안 그룹 구성

마지막으로 시작하는 인스턴스에 할당할 키 페어를 설정합니다. 이미 생성돼 있는 키 페어를 지정하거나 새로운 키 페어를 생성해서 설정합니다.

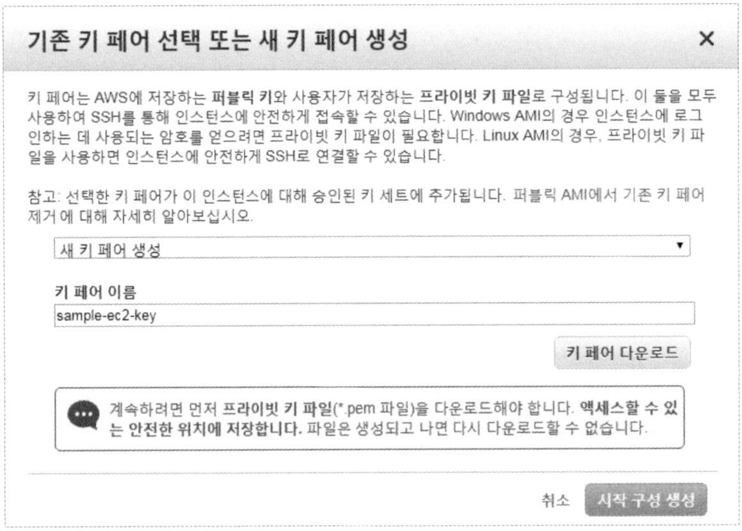

기존 키 페어 선택 또는 새 키 페어 생성   ✕

키 페어는 AWS에 저장하는 **퍼블릭 키**와 사용자가 저장하는 **프라이빗 키 파일**로 구성됩니다. 이 둘을 모두 사용하여 SSH를 통해 인스턴스에 안전하게 접속할 수 있습니다. Windows AMI의 경우 인스턴스에 로그인하는 데 사용되는 암호를 얻으려면 프라이빗 키 파일이 필요합니다. Linux AMI의 경우, 프라이빗 키 파일을 사용하면 인스턴스에 안전하게 SSH로 연결할 수 있습니다.

참고: 선택한 키 페어가 이 인스턴스에 대해 승인된 키 세트에 추가됩니다. 퍼블릭 AMI에서 기존 키 페어 제거에 대해 자세히 알아보십시오.

새 키 페어 생성   ▼

키 페어 이름

sample-ec2-key

키 페어 다운로드

💬 계속하려면 먼저 프라이빗 키 파일(*.pem 파일)을 다운로드해야 합니다. 액세스할 수 있는 안전한 위치에 저장합니다. 파일은 생성되고 나면 다시 다운로드할 수 없습니다.

취소   **시작 구성 생성**

그림 5.20 키 페어 지정

◆ Auto Scaling 그룹 만들기

이어서 Auto Scaling 그룹을 설정합니다. 먼저 그룹 크기에 초기 인스턴스의 대수(희망 대수)를 지정합니다. 이 단계에서는 2대의 인스턴스를 시작하도록 지정했습니다. VPC와 서브넷은 모두 ELB와 동일하게(202쪽) 선택했습니다.

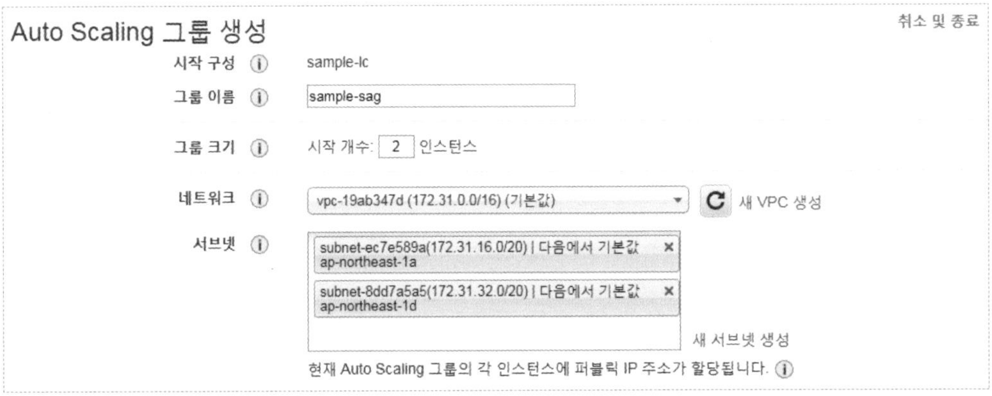

Auto Scaling 그룹 생성   취소 및 종료

시작 구성 ⓘ	sample-lc	
그룹 이름 ⓘ	sample-sag	
그룹 크기 ⓘ	시작 개수: 2 인스턴스	
네트워크 ⓘ	vpc-19ab347d (172.31.0.0/16) (기본값) ▼	🔄 새 VPC 생성
서브넷 ⓘ	subnet-ec7e589a(172.31.16.0/20) | 다음에서 기본값 ✕ ap-northeast-1a	
	subnet-8dd7a5a5(172.31.32.0/20) | 다음에서 기본값 ✕ ap-northeast-1d	
	새 서브넷 생성	

현재 Auto Scaling 그룹의 각 인스턴스에 퍼블릭 IP 주소가 할당됩니다. ⓘ

그림 5.21 Auto Scaling 그룹 설정 ①

아래의 '고급 세부 정보' 섹션에서 Auto Scaling 설정을 ELB에 연결합니다. 로드 밸런싱에 체크하고 대상 그룹에 방금 만든 대상 그룹(203쪽)을 지정합니다. 상태 확인 유형은 ELB의 상태 확인 통신 방식을 이용합니다.

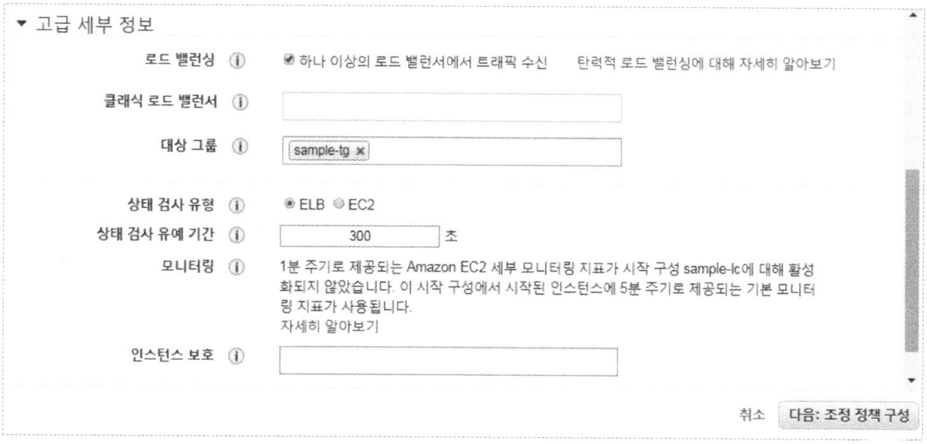

그림 5.22 Auto Scaling 그룹 설정 ②

마지막으로 조정(스케일링) 정책 구성을 합니다. 여기서는 최소 2개, 최대 6개의 인스턴스가 스케일되도록 설정했습니다. 스케일의 조건으로 '평균 CPU 사용률'을 사용하도록 구성하고 있습니다.

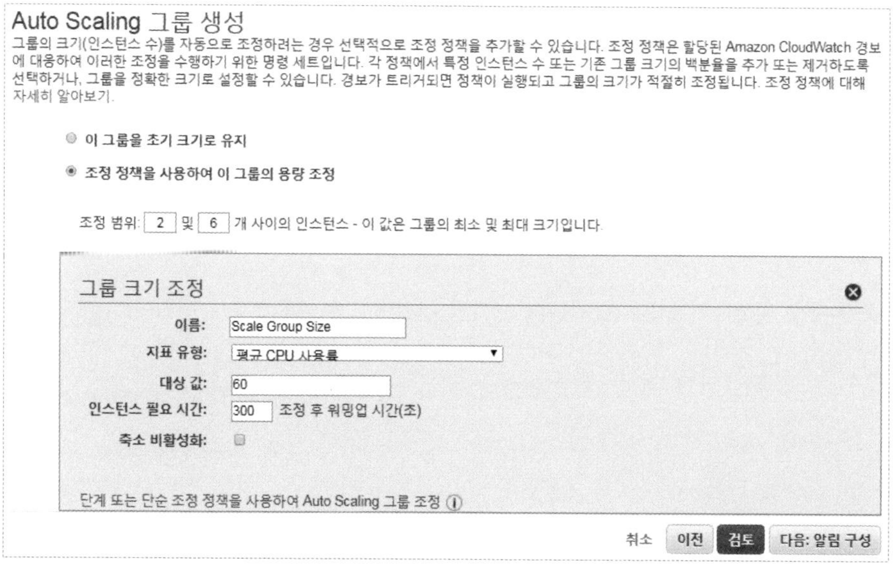

그림 5.23 스케일링 정책 생성

이상으로 설정이 완료됩니다. Auto Scaling 그룹 생성을 클릭하고 잠시 기다리면 EC2 인스턴스가 2 대 시작됩니다.

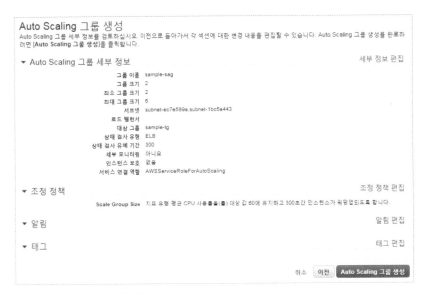

그림 5.24 Auto Scaling 그룹 생성

Auto Scaling 설정 확인

지금까지 구축한 웹 구성이 제대로 스케일 아웃/스케일 인되는지 확인해 보겠습니다.

◆ 수동으로 인스턴스 수를 증감시키기

먼저 수동으로 인스턴스의 대수를 변경해 보겠습니다. 'Auto Scaling 그룹'의 세부 정보 탭에서 목표 용량을 2에서 4로 변경합니다. 제대로 설정되면 잠시 후 인스턴스가 2대 늘어납니다.

그럼 다시 목표 용량을 원상태인 2대로 돌립니다. 2대의 인스턴스가 자동으로 터미네이트(삭제)되어 총 대수가 2대로 돌아옵니다.

그림 5.25 Auto Scaling 그룹 구성을 수동으로 변경

◆ 유효 인스턴스 수가 최소 대수 아래로 떨어지면 자동 복구할지를 확인

다음으로 Auto Scaling 그룹에 연결된 유효 인스턴스 수가 설정된 최소 대수보다 적어진 경우 최소 대수를 유지하도록 새롭게 인스턴스를 시작할지를 확인합니다.

허위로 장애를 일으키기 위해 EC2 인스턴스에 SSH로 연결해서 아파치를 중지합니다(SSH 연결 후 "sudo service httpd stop"으로 중지할 수 있습니다). 그 결과, 상태 확인용 파일을 취득할 수 없게 되므로 인스턴스에 대한 상태 확인 결과가 'unhealthy'가 됩니다. 설정이 제대로 돼 있으면 자동으로 새로운 인스턴스가 생성되고 그다음 'unhealthy' 인스턴스가 자동으로 삭제됩니다.

AWS의 관리형 로드 밸런서인 ELB와 자동으로 스케일 아웃/인을 할 수 있는 Auto Scaling에 대해 소개했습니다. 온프레미스의 경우 요청량을 예상하기가 매우 어렵고, 예상 미스가 장애로 이어지는 경우가 있었습니다. AWS의 경우 ELB와 Auto Scaling을 조합함으로써 예상 견적이 조금 빗나가도 전혀 문제되지 않습니다. 만일의 경우에 쉽게 스케일 아웃(확장)할 수 있도록 비 상태 유지 형식으로 설계·개발하는 것이 중요합니다. 인프라 담당자만 주의하는 것이 아니라 애플리케이션 팀을 포함해 팀 전체가 이러한 의식을 갖게 하면 좋겠습니다.

⚙ Column CLB와 ALB

ELB에는 이전부터 제공되고 있는 CLB와 2016년 8월에 발표된 ALB라는 2개의 로드 밸런싱 서비스가 있습니다. 그러면 이러한 ELB를 어떻게 구분해서 사용해야 할까요.

필자의 의견으로는 앞으로 새로운 시스템을 구축할 때는 ALB를 선택할 것을 강력히 추천합니다. 이번 절에서는 어느 ELB에서도 사용할 수 있는 기능을 중심으로 설명했지만, ALB는 다음과 같은 특징과 고유한 기능이 구현돼 있습니다.

- URL 패턴에 따라 배분하는 대상 그룹을 변경하는 콘텐츠 기반 라우팅 기능이 제공됨

- 하나의 인스턴스에 여러 포트에서 부하 분산하는 것이 가능

- 웹소켓, HTTP/2에 대응

- 시간 단가에 대해서는 CLB보다 저렴

이처럼 ALB는 기본적으로 CLB의 상위 호환입니다.

CLB에만 제공되는 기능으로는 L4 레벨의 부하 분산이 있습니다. 예를 들어, 메일 서버가 이중화돼 있는 경우 내부 로드 밸런서로 SMTP 통신의 로드 밸런싱을 하는 경우에는 CLB를 사용해야 합니다. ALB에서는 L7 레벨의 부하 분산밖에 할 수 없기 때문에 이 경우에는 사용할 수 없습니다.

그러나 이것은 매우 드문 경우에 속합니다. 또한 향후의 기능 확장도 ALB가 중심이 될 가능성이 높습니다. AWS가 제공하는 기능을 최대한 활용하기 위해서도 새로운 시스템을 구축할 때는 ALB을 사용합시다.

콘텐츠 캐시 패턴

CDN(Content Delivery Network)은 정적 콘텐츠를 빠르게 전달하는 시스템입니다. 일반적으로 최종 사용자가 정적 콘텐츠를 취득하는 경우, 클라이언트에서 웹서버에 요청을 보내면 웹서버가 콘텐츠를 반환하고, 그 콘텐츠를 클라이언트가 표시하는 순서로 진행됩니다. 그러나 웹 서비스의 이용자가 많아지면 서버 측의 부하가 높아져 성능 문제가 발생할 수 있습니다. 이 문제는 이전의 패턴에서 소개한 웹서버를 확장하는 방법으로도 해결할 수 있지만 여기서는 콘텐츠 캐시 서버를 사용해 이 문제를 해결하는 방법을 소개합니다.

이미지를 전달하는 웹서버(오리진 서버)의 앞단에 캐시 서버를 준비해 둡니다. 그리고 사용자의 요청을 우선 캐시 서버에 도착하게 해 두고, 만약 캐시 서버가 콘텐츠를 반환할 수 있을 때는 오리진 서버 대신 정적 콘텐츠를 보내줍니다. 캐시 서버에서 콘텐츠를 반환할 수 없는 경우에는 예전처럼 오리진 서버로 취득하러 갑니다. 그리고 취득한 콘텐츠를 캐시 서버에 캐시하게 합니다. 이 방식으로 서버의 부하 감소를 기대할 수 있습니다. 또한 캐시 서버를 각지에 분산시킴으로써 최종 사용자로부터 가장 가까운 캐시 서버에서 콘텐츠를 반환할 수 있습니다. 그 결과 대기 시간이 적어지기 때문에 사용자 편의성 향상도 기대할 수 있습니다.

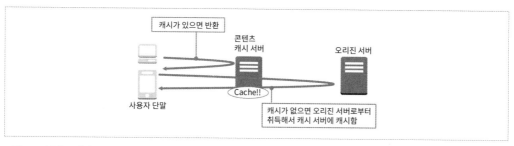

그림 5.26 콘텐츠 캐시란?

지금까지 온프레미스에서 CDN을 이용할 때는 Akamai 등의 CDN 서비스를 검토하는 경우가 많았을 테지만 AWS에도 Amazon CloudFront(이하 CloudFront)라는 CDN 서비스가 있습니다. CloudFront는 엣지 로케이션이라고 하는 콘텐츠 캐시 서버가 세계 각지에 90개나 준비돼 있으며 (2017년 12월 현재) 전 세계에 이용자가 있는 서비스에도 효과를 발휘합니다. 또한 CloudFront의 강점으로 AWS WAF나 AWS Certificate Manager 같은 다른 AWS 서비스와 원활하게 연계할 수 있다는 점을 들 수 있습니다. 이번 절에서는 CloudFront를 이용한 콘텐츠 캐시 패턴을 소개합니다.

5.3.1 CloudFront

CloudFront는 이미지나 동영상 같은 정적 콘텐츠를 캐시해서 오리진 서버 대신 전달하는 CDN 서비스입니다. CloudFront는 전 세계에 엣지 로케이션이 있고 이용자로부터 가장 가까운 엣지 로케이션에서 콘텐츠를 제공합니다. 따라서 오리진 서버의 성능 문제뿐만 아니라 클라이언트에 대한 응답 성능도 개선할 수 있습니다. 2017년 12월 현재 엣지 로케이션은 세계에서 90개, 리전별 엣지 캐시가 11개 있습니다(리전별 엣지 캐시에 대해서는 226쪽의 칼럼에서 자세히 설명합니다). 일본에는 도쿄에 5개, 오사카에 1개 엣지 로케이션이 있고, 리전별 엣지 캐시도 1개 존재합니다[5].

클라이언트가 *.cloudfront.net이라는 도메인에 요청을 보내면 CloudFront용 DNS가 가장 가까운 엣지 로케이션의 IP 주소를 반환하기 때문에 이용자와 응용 프로그램 개발자는 어떤 엣지 로케이션에 요청을 보내야 하는지를 신경 쓰지 않아도 최적화된 상태로 사용할 수 있습니다. CloudFront의 백엔드로는 ELB, EC2 및 S3의 정적 호스팅을 사용할 수 있습니다. 또한 이들을 조합해서 일반적으로 ELB와 그 하위에 있는 EC2를 오리진 서버로 사용하고, 오리진 서버에 에러가 발생했을 때의 에러 페이지를 S3에서 정적 호스팅하는 것도 가능합니다.

기타 CloudFront의 특징으로 캐시 규칙을 세세하게 설정할 수 있는 것을 들 수 있습니다. 예를 들어, URL 경로마다 캐시 TTL의 지정을 바꿀 수 있기 때문에 자주 업데이트되는 정적 콘텐츠는 TTL을 짧게 하고, 그 외의 콘텐츠의 TTL은 길게 하는 등의 설정을 할 수 있습니다. 이러한 변경은 관리 콘솔에서뿐만 아니라 API로 실행할 수 있기 때문에 정적 콘텐츠의 업로드를 프로그램화해서 그 프로그램에서 CloudFront의 설정 변경을 함께 수행하는 것도 가능합니다.

---

5 (옮긴이) 2018년 9월 현재 서울에 4개의 엣지 로케이션이 존재합니다.

5.3.2 CloudFront와 AWS 서비스의 연계

지금까지 소개한 것처럼 CDN으로서의 CloudFront 단위의 기능은 매우 충실하다는 것을 알 수 있습니다. 또한 다른 CDN 서비스와 비교했을 때 CloudFront의 큰 장점으로 들 수 있는 것이 AWS 서비스와 연계할 수 있다는 점입니다. 여기서는 대표적인 것을 소개하겠습니다.

각종 보안 서비스와의 연계

보안 측면의 강화를 제공하는 서비스가 일부 있습니다만 여기서는 AWS WAF, AWS Shield, AWS Certificate Manager와의 연계를 소개합니다.

SQL 인젝션, 웹 크롤러에 의한 데이터의 부정 취득, DDoS 공격 등으로부터 웹서버를 보호하기 위한 서비스로 AWS WAF가 있습니다. 이 AWS WAF는 CloudFront와 통합되어 악성 트래픽을 엣지 로케이션에서 차단할 수 있습니다. 공격이 오리진 서버까지 도달하지 않게 되므로 오리진 서버의 부하가 높아지는 것을 방지할 수 있습니다.

AWS WAF는 레이어7에서 발생하는 공격에 대한 방어인 반면 레이어 3, 4에 대한 방어 서비스로 AWS Shield가 있습니다. CloudFront는 AWS Shield와도 연계할 수 있으므로 조합해서 사용하면 CloudFront에 대한 DDoS 공격을 탐지하거나 모니터링할 수 있습니다.

AWS 서비스용인 SSL/TLS 서버 인증서의 생성 및 관리를 지원하는 AWS Certificate Manager(ACM)와도 연계할 수 있으며, ACM에서 발행한 인증서를 CloudFront에 적용할 수 있습니다.

Amazon API Gateway와의 연계

Amazon API Gateway라는 API 인증 기능, API 버전 관리, 이용 현황 모니터링 등 API 구축을 지원하는 관리형 서비스가 있습니다. 이 API Gateway는 내부적으로 CloudFront를 사용하고 있습니다. 따라서 모바일 네이티브 애플리케이션으로부터의 API 요청은 가장 가까운 엣지 로케이션에서 실행됩니다. 근처에 리전이 없는 지역에 네이티브 앱을 출시하는 경우에 적은 지연 시간으로 API 요청을 할 수 있다는 장점이 있습니다.

Lambda@Edge와의 연계

AWS Lambda는 서버리스(Serverless)로 프로그램을 실행할 수 있는 컴퓨팅 서비스입니다. 이 Lambda 기능을 CloudFront의 엣지 로케이션에서 실행할 수 있는 것이 Lambda@Edge입니다. 예를 들어, UA(User Agent) 헤더를 분석해서 디바이스에 따라 반환하는 정적 콘텐츠를 변경하는 처리를 Lambda@Edge에서 할 수 있습니다. 지금까지 이용자와 Lambda의 실행 환경이 물리적으로 떨어져 있는 경우에 지연이 컸었는데, Lambda@Edge를 사용함으로써 이 문제를 완화할 수 있습니다.

5.3.3 콘텐츠 캐시 패턴

CloudFront의 각종 기능을 설명한 시점에서 이 CloudFront를 이용한 정적 콘텐츠를 제공하는 패턴을 소개합니다.

먼저 안티 패턴에 대해 설명하겠습니다. 지금까지 설명한 것처럼 이미지 파일 등의 정적 콘텐츠를 많이 배포함에도 불구하고, 요청할 때마다 웹서버나 S3에서 콘텐츠를 반환하는 것은 좋은 설계가 아닙니다. 인프라 리소스의 부하가 필요 이상으로 올라갈 뿐만 아니라 이용자에게 콘텐츠가 전달될 때까지의 시간이 소요됩니다. 응답 시간 저하는 사용자의 이탈, 사이트의 전환율 저하로 이어져서 시스템 전체의 매출에 크게 영향을 미칠 수 있습니다.

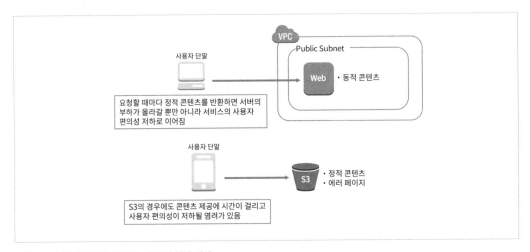

그림 5.27 정적 콘텐츠를 전달하는 경우의 안티 패턴

이러한 사태를 피하기 위해 콘텐츠 캐시 패턴을 도입할 수 있는지 검토합시다. 요청을 받는 CDN으로 CloudFront를 채택하고 동적 콘텐츠는 ELB와 EC2로, 그 외의 정적 콘텐츠 및 오류 페이지는 S3에서 반환하는 멀티 오리진 설계를 하려고 합니다.

이 패턴을 도입할 때의 포인트를 네 가지 예로 들겠습니다.

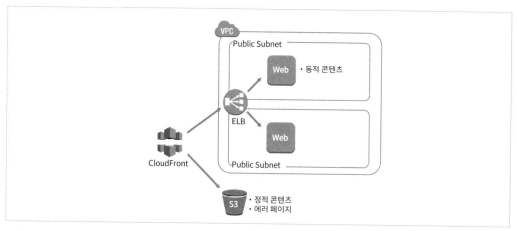

그림 5.28 콘텐츠 캐시 패턴

캐시 TTL(Time To Live)을 제대로 설정하기

정적 콘텐츠의 유형에 따라 캐시 설정을 최적화합니다. 예를 들어, 상품 이미지와 웹 페이지에 포함되는 장식용 이미지는 업데이트 빈도가 완전히 다를 것입니다. 업데이트 빈도가 높거나 오래된 콘텐츠가 표시되면 안 되는 경우에는 TTL을 짧게 하거나 캐시하지 않는 설정을 사용하고, 그렇지 않은 콘텐츠에는 긴 TTL을 설정합니다. 또한 브라우저 캐시 설정과 CloudFront 캐시 설정의 조합에 따라 캐시의 동작이 바뀔 수 있습니다.

Popular Object Report를 참고해서 정기적으로 설정 재검토를 실시

요청된 콘텐츠마다 캐시 적중률을 리포팅하는 Popular Object Report라는 기능이 있습니다. 정기적으로 이 보고서를 확인하고 적중률이 현저히 낮은 것을 캐시할 수 없는지 검토하고 사이트의 성능을 향상시킬 수 없는지 검토합시다.

CloudFront Popular Objects Report

Start Date 2018-09-10 Distribution ▓▓▓▓▓▓▓ aws-cloudfron ▾ Update

End Date 2018-09-23

Show/Hide

Viewing 1 to 50 of 50 items

	URL	Requests	Hits	Misses	Hits Ratio	Bytes From Origin (Adjusted)	Total Bytes (Adjusted)	Incomplete Downloads	2xx	3xx	4xx	5xx
1	d93/cloudfrontconsole/cloudfrontconsole.nocache.js	18,364	18,149	79	98.83%	167.64 KB	36.83 MB	0	10,334	8,030	0	0
2	udfrontconsole/gwt/clean/images/thumb_vertical.png	18,142	18,037	104	99.42%	74.34 KB	12.62 MB	0	17,387	754	0	0
3	e9c/cloudfrontconsole/cloudfrontconsole.nocache.js	17,253	17,005	104	98.56%	328.66 KB	36.46 MB	0	10,302	6,950	0	0
4	ffeb430a9c8c0d93/font-awesome/css/font-awesome.css	11,456	11,448	7	99.94%	40.51 KB	52.61 MB	0	9,130	2,325	0	0
5	430a9c8c0d93/cloudfrontconsole/gwt/clean/clean.css	11,402	11,397	5	99.96%	23.42 KB	42.68 MB	0	9,913	2,289	0	0
6	ffeb430a9c8c0d93/cloudfrontconsole/clear_cache.gif	10,797	10,562	10	97.82%	5.22 KB	6.70 MB	0	10,182	470	224	0
7	4672dfedb4a49e9c/font-awesome/css/font-awesome.css	10,632	10,577	54	99.48%	312.50 KB	50.76 MB	0	8,841	1,790	0	0
8	dfedb4a49e9c/cloudfrontconsole/gwt/clean/clean.css	10,574	10,519	55	99.48%	257.60 KB	41.12 MB	0	8,820	1,754	6	0
9	4672dfedb4a49e9c/cloudfrontconsole/clear_cache.gif	9,987	9,922	57	99.35%	30.18 KB	5.18 MB	0	9,246	733	6	0
10	...console/9125AB36BAF1805AF9709A3A53F45E2.cache.js	9,367	9,351	5	99.63%	0.93 KB	1.30 GB	8	7,210	2,154		

그림 5.29 Popular Object Report(출처: https://aws.amazon.com/cloudfront/reporting/)

오리진 서버의 장애를 고려한 설계를 실시

오리진 서버에 장애가 발생했을 때도 에러 페이지를 표시하도록 설정합니다. 여기서 소개하는 패턴은 모든 EC2 인스턴스에 문제가 발생하더라도 에러 페이지는 S3에서 반환할 수 있습니다. 구체적으로는 오리진 서버 측에서 50x 응답이 왔을 때 S3에서 에러 페이지를 가져오도록 CloudFront에서 설정해서 구현합니다. 에러 페이지는 아무것도 없는 것보다 적절한 정보를 제공하는 편이 사용자에게 주는 인상이 더 좋을 것입니다. 이번 절에서 S3 호스팅의 경우의 설정 방법을 소개합니다. 그렇게 어려운 설정이 아니므로 가능한 한 에러 페이지를 S3에서 제공할 수 있게 합시다.

CloudWatch를 설정해 알람을 받음

마지막으로 CloudFront의 이상 탐지에 대해 알아보겠습니다. CloudFront뿐만 아니라 다른 AWS 서비스에서도 마찬가지지만 CloudWatch 지표 및 SNS를 조합해서 알람을 수신하도록 설정합니다. 이상이나 예기치 않은 요청 증가를 가능한 한 빨리 탐지하게 하고 예상하지 못한 기회 손실을 방지하거나 그 시간을 최대한 짧게 줄일 수 있게 합니다.

5.3.4 CloudFront 사용법

콘텐츠 캐시 패턴에서의 CloudFront 이용법을 설명합니다. 오리진 서버로 ELB과 EC2를 사용하는 패턴과 S3 정적 호스팅을 이용하는 패턴이 있다고 설명했습니다만, 여기서는 오리진 서버의 설정을 쉽게 할 수 있는 S3를 이용하는 패턴을 소개합니다.

S3의 정적 호스팅 설정

먼저 S3의 정적 호스팅 설정을 합니다.

◆ S3 버킷 만들기

먼저 S3 버킷을 만듭니다. 관리 콘솔에서 S3를 열고 '버킷 만들기'를 클릭합니다. 여기서는 's3-hosting-example'이라는 이름으로 버킷을 생성했지만 버킷 이름은 전 세계적으로 고유한 이름으로 지정해야 한다는 점에 유의하길 바랍니다. 그 외의 항목은 모두 기본 설정으로 만듭니다.

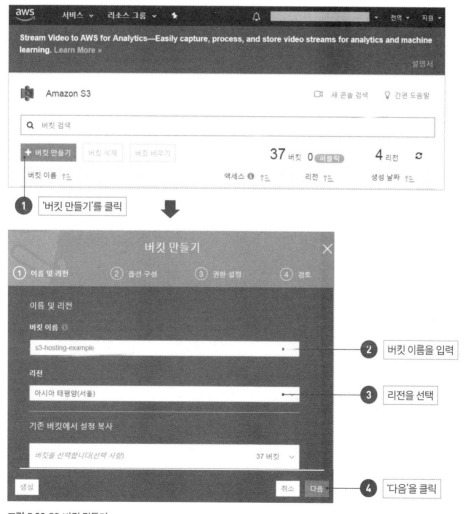

그림 5.30 S3 버킷 만들기

◆ 정적 웹사이트 호스팅 설정

목록에서 만든 S3 버킷을 선택하고 속성 탭에서 '정적 웹사이트 호스팅'을 설정합니다. 상단의 '이 버킷을 사용하여 웹사이트를 호스팅합니다'를 선택하고 기본으로 표시할 인덱스 문서를 설정합니다. 여기서는 index.html로 설정했습니다. 또한 화면 상단에 이번에 만들 사이트의 엔드포인트 URL이 표시돼 있으므로 잘 보관해 둡니다.

그림 5.31 S3 버킷 설정

◆ 버킷 정책 설정

계속해서 버킷 정책을 설정합니다. '권한' 탭에서 '버킷 정책'을 선택해 정책을 입력합니다. 9번째 줄의 "s3-hosting-example"이라고 돼 있는 부분은 처음에 작성한 버킷 이름으로 변경합니다.

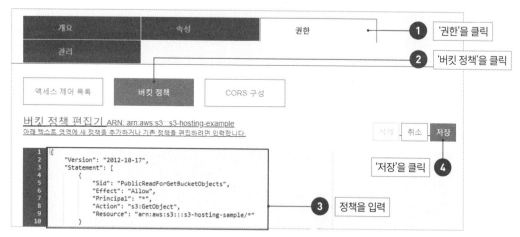

그림 5.32 S3 버킷 정책 설정

예제 5.2 버킷 정책

```
{
    "Version": "2012-10-17",
    "Statement": [
        {
            "Sid": "PublicReadForGetBucketObjects", "Effect": "Allow",
            "Principal": "*",
            "Action": "s3:GetObject",
            "Resource": "arn:aws:s3:::s3-hosting-example/*"
        }
    ]
}
```

◆ 파일 업로드

마지막으로 index.html 파일을 생성하고 업로드합니다. 어떤 파일이든 상관 없지만 이 예제에서는 아래의 HTML 파일을 업로드했습니다. 업로드 설정은 아무것도 변경하지 않아도 됩니다.

예제 5.3 index.html

```html
<html>
    <head>
        <title>S3HostingSample</title>
    </head>
    <body>
            Hello, AWS World :)
    </body>
</html>
```

이 시점에서 S3 엔드포인트를 브라우저에 입력하고 콘텐츠가 표시되는지 확인합시다. 구글 크롬 개발자 도구 등을 이용해 응답 헤더를 확인해 보면 S3에서 데이터를 가져오는 것을 알 수 있습니다. 이 시점에서는 캐시 설정을 하지 않았기 때문에 응답 헤더에 X-Cache가 없는 것도 확인할 수 있습니다. 그리고 퍼블릭 액세스 관련 경고가 표시되지만 정적 호스팅을 위한 설정이므로 문제 없습니다.

CloudFront 설정

이어서 CloudFront 설정을 합니다. 관리 콘솔에서 CloudFront를 열고 'Create Distribution' 버튼을 클릭해 CloudFront Distribution을 만듭니다. 여기서는 웹 용도로 설정하므로 다음 화면에서 웹 측의 'Get Started'를 클릭합니다.

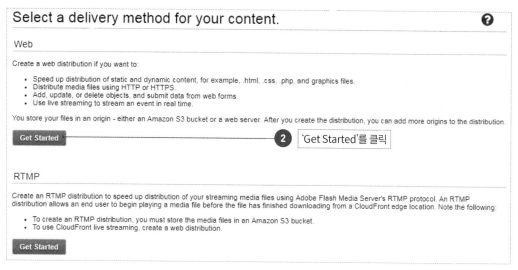

그림 5.33 CloudFront Distribution 만들기

◆ 오리진 서버의 설정

먼저 오리진 서버를 설정합니다. Origin Domain Name에는 방금 전의 S3 엔드포인트에서 'https://' 를 뺀 부분을 입력합니다. Origin ID는 자동으로 입력됩니다.

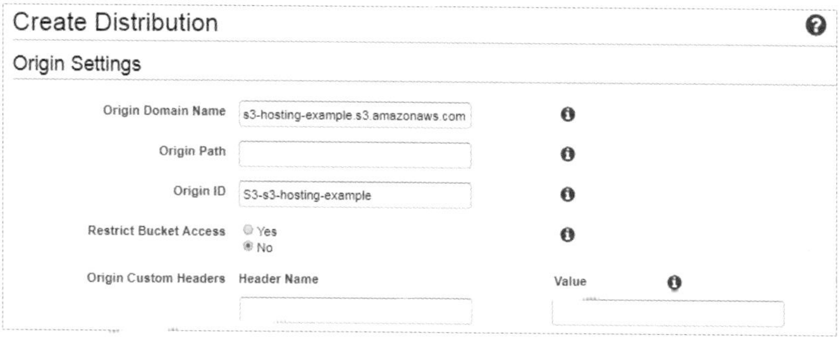

Create Distribution

Origin Settings

Origin Domain Name	s3-hosting-example.s3.amazonaws.com
Origin Path	
Origin ID	S3-s3-hosting-example
Restrict Bucket Access	○ Yes ● No
Origin Custom Headers	Header Name Value

그림 5.34 오리진 서버 설정

◆ 캐시의 동작 설정

다음으로 캐시의 동작을 설정합니다. 일단은 허가할 프로토콜 및 HTTP 메서드를 정의합니다. 여기서는 모두 기본값으로 진행합니다.

상단의 Path Pattern을 변경함으로써 콘텐츠마다 캐시 설정을 정의할 수 있습니다. 예를 들어, 'img/*' 라고 설정하면 img 디렉터리 하위의 콘텐츠에 대해 캐시 설정을 정의할 수 있습니다. 그러나 초기 설정에서는 Path Pattern을 변경하거나 추가할 수 없습니다. 초기 설정에서 기본(*) 설정만 하고 경로마다 설정하고 싶은 경우에는 CloudFront Distribution 생성이 끝난 후에 설정을 추가합니다.

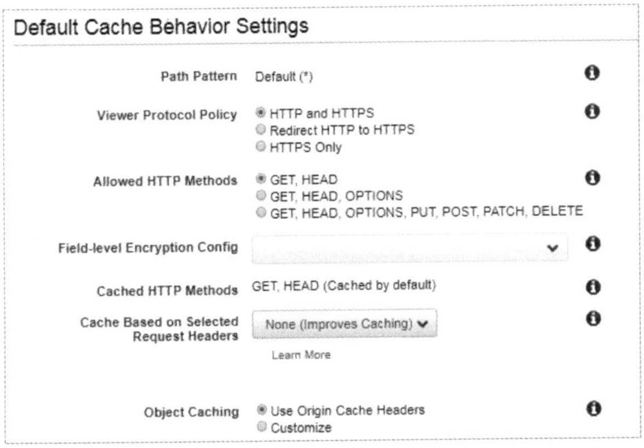

그림 5.35 캐시 동작 설정

◆ 캐시 TTL 설정

이어서 캐시 TTL을 결정합니다. 'Object Caching'에서 'Customize'를 선택해 각 TTL을 변경합니다. 이 설정도 이번에는 모두 기본 설정 그대로 진행합니다.

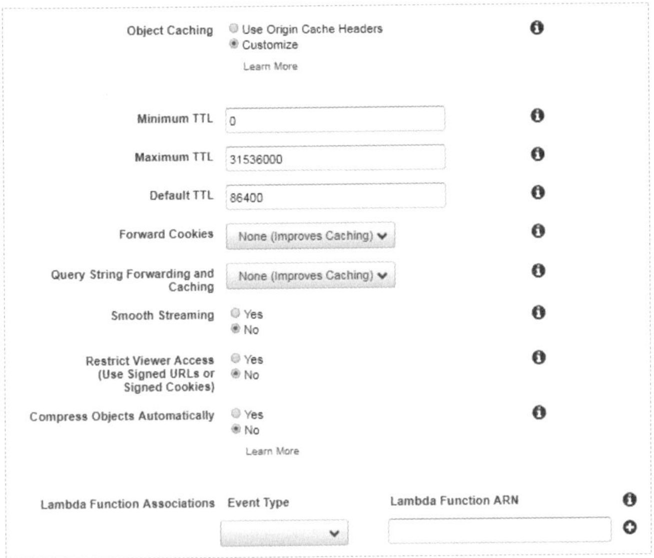

그림 5.36 캐시 TTL 설정

◆ CloudFront Distribution 설정

그럼 CloudFront Distribution 전체 설정을 실시합니다. 여기서 어떤 엣지 로케이션을 활성화할 것인지, WAF를 활성화할 것인지, SSL/TLS 인증서를 설정할 것인지 설정할 수 있습니다. 또한 로그에 대한 설정도 가능합니다.

'Default Root Object'에 대해서는 index.html로, 그 외에는 기본 설정 그대로 진행하면 됩니다.

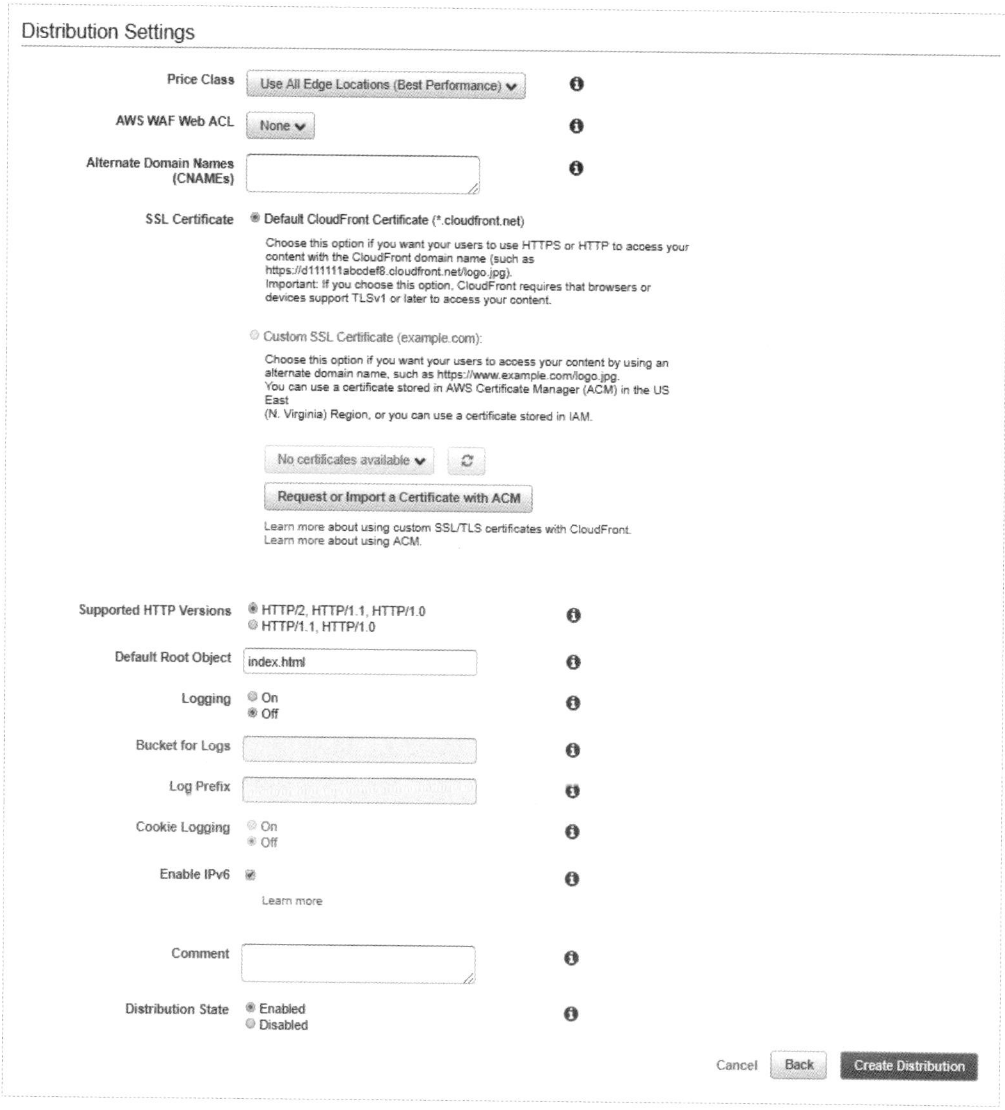

그림 5.37 CloudFront Distribution 설정

CloudFront 설정 확인

이상으로 CloudFront의 설정이 완료됩니다. 도메인 이름인 *.cloudfront.net을 브라우저에 표시해 봅니다. CloudFront 설정이 완료될 때까지 10~15분 정도 걸리므로 잘 표시되지 않는 경우에는 Status가 'Deployed'가 될 때까지 기다린 다음 시도해 봅니다.

표시 후 여러 번 다시 로드해 봅니다. 처음 액세스했을 때보다 2번째 이후의 응답이 빠를 것입니다. 구글 크롬 개발자 도구 등을 이용해 응답 헤더를 확인해 보면 X-Cache 항목이 추가되어 'Hit from cloudFront'라고 표시될 것입니다. 테스트로 TTL을 짧게 해서 콘텐츠를 갱신해 보면 잠깐 동안(TTL 시간이 경과할 때까지)은 CloudFront에서 이전 콘텐츠가 반환되지만 어느 타이밍 이후부터는 업데이트된 콘텐츠가 반환됩니다. 그때는 X-Cache가 'Miss from cloudfront'로 되고, 오리진 서버로 콘텐츠를 가지러 갔다는 사실을 알 수 있습니다.

> ### ⚙ Column 엣지 로케이션과 리전별 엣지 캐시
>
> 2016년 말에 리전별 엣지 캐시라는 기능이 발표됐습니다. 리전별 엣지 캐시는 엣지 로케이션과 오리진 서버 사이에 배치되는 콘텐츠 캐시입니다. 엣지 로케이션보다도 대용량의 캐시를 가질 수 있으므로 엣지 로케이션에서 요청이 적고 캐시 아웃되는 콘텐츠도 리전별 엣지 캐시에 남아있을 경우가 있어, 결과적으로 오리진 서버로의 요청 수를 줄일 수 있습니다.
>
> 그러나 HTTP 메서드의 종류에 따라서는 리전별 엣지 캐시는 그냥 통과되는 경우가 있으므로 자세한 내용은 사용자 가이드나 개발자 가이드를 참조합시다. 이 기능은 사용자 측의 추가 설정 없이 기본적으로 활성화됩니다. 또한 추가 비용 없이 사용할 수 있습니다.

DB 가용성 향상 패턴

데이터베이스의 가용성을 높이는 패턴을 소개하겠습니다. '웹 가용성 향상 패턴'에서도 소개한 대로 웹서버 또는 애플리케이션 서버의 가용성을 높이는 설계는 그다지 어렵지 않습니다. 비 상태 유지(stateless)로 설계한 서버(EC2 인스턴스)를 여러 개 준비하고 로드 밸런서로 요청을 배분함으로써 단일 서버에 장애가 발생하더라도 시스템 전체가 다운되지 않도록 설계할 수 있습니다. 하지만 데이터의 상태를 유지하는 데이터베이스는 상태 유지(statefull)로 할 수밖에 없습니다.

데이터베이스의 가용성을 높이기 위해 레플리케이션(복제) 및 미러링이라는 방법을 취합니다. 마스터 DB(메인)와 슬레이브 DB(서브)를 준비하고, 평상시에는 애플리케이션에서 마스터 DB에 읽고 쓰기를 합니다. 그리고 마스터 DB와 슬레이브 DB 사이를 동기화하고 보존하고 있는 데이터를 동일한 상태로 만들어 둡니다. 이런 상태를 유지함으로써 마스터 DB에 문제가 발생했을 때 애플리케이션이 바라보는 곳을 슬레이브 DB로 전환해서 시스템이 정지되지 않게 할 수 있습니다.

온프레미스의 경우에도 이러한 구성을 하는 것은 가능하지만 지식이 있는 인프라 엔지니어가 없으면 제대로 설계·구축을 할 수 없거나 올바르게 장애 조치를 하는지 확인하기가 어려울 수 있습니다. AWS에는 이러한 레플리케이션 기능을 비롯해 데이터베이스를 완전 관리형으로 제공하는 RDS(Relational Database Service)라는 서비스가 있습니다. 여기서는 RDS를 사용해 데이터베이스의 가용성을 향상시키는 패턴을 소개하겠습니다.

5.4.1 RDS

RDS는 완전 관리형 관계형 데이터베이스 서비스로서 2018년 9월 현재 아래와 같은 엔진 및 버전을 지원합니다.

- MySQL 5.6, 5.7

- Oracle 11gR2, 12c

- SQL Server 2008 R2, 2012, 2014, 2016, 2017

- PostgreSQL 9.3, 9.4, 9.5, 9.6, 10.1, 10.3, 10.4

- MariaDB 10.0, 10.1, 10.2

앞서 언급했듯이 데이터베이스 엔진을 제공할 뿐만 아니라 다양한 기능이 표준으로 제공됩니다. 반대로 온프레미스에 DB를 구축하는 경우에는 EC2 인스턴스에 DB를 구축할 때는 없는 제한도 있습니다.

RDS를 사용할 때의 장점

먼저 RDS의 장점과 단점에 대해 설명하겠습니다.

◆ 고가용성 구성을 단시간에 구축 가능

DB 구축 작업에는 서버에 데이터베이스 엔진 도입과 함께 가용성 향상을 위한 설계와 구축을 할 필요가 있습니다. 그러므로 구축이 완료될 때까지 상당한 공수(맨먼스)가 필요합니다. 또한 온프레미스의 경우 서버 컴퓨터의 조달 및 전원 설계 등 사전 준비가 필요하며 매우 긴 리드 타임이 소요됩니다.

RDS를 이용하면 관리 콘솔에서 몇 가지 설정만 하면 DB 인스턴스를 구축할 수 있습니다. 앞에서 말한 마스터 슬레이브에 의한 고가용성 구성도 GUI에서 간단히 설정 가능합니다. 게다가 마스터 DB와 슬레이브 DB를 다른 가용 영역(AZ)에 배치하는 멀티 AZ 구성을 할 수 있습니다. AZ 전체가 장애가 발생했다 하더라도 시스템을 모두 정지하는 일 없이 운용할 수 있는 것은 AWS만의 장점이라고 할 수 있습니다.

실제로 한쪽 DB 인스턴스에 장애가 발생했을 때 자동으로 장애 조치가 이뤄집니다. 애플리케이션은 RDS가 제공하는 DB 엔드포인트를 연결 대상으로 이용하지만 장애 조치 시에는 바라보는 엔드포인트를 자동으로 슬레이브 DB의 IP 주소로 전환합니다. 따라서 애플리케이션을 수정할 필요 없이 DB 장애 조치를 할 수 있습니다.

이러한 풍부한 기능을 GUI나 커맨드라인에서 간단히 구축할 수 있다는 점이 RDS의 강점입니다. 구축에 소요되는 시간을 줄일 수 있기 때문에 그 시간을 테이블 설계와 SQL 최적화 등의 비즈니스 성패에 직결되는 중요한 작업에 사용할 수 있습니다.

◆ 운용을 위한 기능을 표준 제공함

두 번째로 RDS를 사용할 때의 장점으로 운용에 필요한 백업 취득 및 패치 적용 기능이 미리 표준 기능으로 제공된다는 것입니다. 직접 데이터베이스를 구축하는 경우 정기적인 백업을 위해 스크립트 및 백업 파일을 이용한 복원 절차를 작성해야 합니다. 또한 릴리스 후 DB 엔진이나 서버 자체에 취약점이 발견됐을 경우 패치를 해야 합니다.

RDS에서는 이러한 기능을 기본으로 제공합니다. 백업에 관해서는 정기적으로 스냅숏 및 트랜잭션 로그를 S3에 저장할 수 있습니다. 이들을 이용해 DB 인스턴스의 재구축이나 지정한 시간의 상태로 DB 인스턴스를 복구할 수 있습니다. 또한 패치에 대해서도 유지 관리 윈도우라는 기능으로, 무슨 요일의 어떤 시간대에 자동으로 패치를 적용한다고 지정할 수 있습니다.

백업 및 패치 적용은 데이터 보존 및 보안 관점에서 매우 중요한 기능이지만 서비스 이용자 관점에서 새로운 가치를 만들어내는 기능은 아닙니다. 이러한 기능은 AWS에 맡기고 사용자는 가치 있는 기능을 구축하는 데 시간을 할애할 수 있다는 것이 장점이라고 할 수 있습니다.

RDS를 사용할 때의 단점

RDS를 사용할 때의 단점에 대해서도 알아둘 필요가 있습니다. 먼저 설정 파라미터의 일부를 변경할 수 없다는 점을 들 수 있습니다. DB 엔진 설정 변경의 경우 파라미터 그룹이라는 기능을 사용해 관리 콘솔과 API를 통해 할 수 있습니다. 그러나 설정 항목에는 제한이 있어 설정 변경이 허용되지 않는 파라미터도 있습니다.

또한 DB 서버에 SSH 연결을 할 수 없습니다. 따라서 DB 인스턴스에 추가로 소프트웨어를 도입하는 것은 불가능합니다. 이 밖에도 SSH 연결이 필요한 경우에는 EC2 인스턴스를 이용하는 등, RDS 이외의 방법으로 데이터베이스를 구축해야 합니다.

마지막으로 RDS는 인스턴스의 IP 주소를 고정할 수 없습니다. RDS 인스턴스에 연결하기 위해서는 엔드포인트 이름을 사용합니다. 장애 조치가 발생했을 때는 엔드포인트에 연결된 IP 주소가 자동으로 변하기 때문에 애플리케이션의 설정을 변경할 필요가 없어집니다. 만약 RDS 연결에 IP 주소를 고정할 필요가 있는 경우 설계 방침이 잘못됐을 가능성이 높기 때문에 설계를 다시 검토합시다.

RDS vs. DB on EC2 with CLUSTERPRO

여기까지 RDS의 장점과 단점에 대해 설명했습니다. 마지막으로, EC2 인스턴스에 데이터베이스를 구축하고 클러스터링 소프트웨어 CLUSTERPRO를 도입해서 가용성을 높이는 구성과 RDS를 비교해 보겠습니다.

먼저 CLUSTERPRO를 도입하는 장점은 장애 조치에 걸리는 시간을 유연하게 조정할 수 있다는 점을 들 수 있습니다. RDS의 장애 조치에 걸리는 시간은 사용자 가이드에 따르면 일반적으로 60 ~ 120초라고 적혀 있습니다. 이 시간은 변경할 수 없습니다. 반면 CLUSTERPRO의 경우 메인과 서브 간의 상태 확인 간격이나 실패의 임곗값을 설정할 수 있기 때문에 장애 조치 시간 설정에 자유도가 있습니다. 이처럼 EC2에 데이터베이스를 구축하면 모든 설정 항목을 튜닝할 수 있다는 것이 강점입니다. RDS에서는 변경할 수 있는 설정 항목에 제한이 있고, 그 외의 설정 변경을 수행할 수 없습니다. 온프레미스로부터 마이그레이션할 때는 기존 시스템의 제약으로 변경이 필요한 파라미터가 RDS에서 변경 가능한지를 먼저 확인하고, 그렇게 할 수 없는 경우에는 EC2에 데이터베이스를 구축하고 CLUSTERPRO를 도입하는 방식을 취하도록 합니다.

CLUSTERPRO를 도입하는 경우의 단점은 인프라 구성이 원래 패턴에서 다소 벗어나게 된다는 점을 들 수 있습니다. HA 클러스터를 구성하기 위해 장애 조치 시 연결 대상 변경을 AWS의 API를 사용해 독자적으로 만들어야 하는데, 장애를 감지했을 때 네트워크를 통해 API를 실행할 필요가 있기 때문에 DB 인스턴스가 항상 인터넷에 연결할 수 있어야 합니다. 본래 DB 인스턴스는 프라이빗 서브넷에 배치해서 항상 인터넷에 연결할 필요가 없지만 그 설계 패턴을 고칠 필요가 있습니다. 또한 EC2에 데이터베이스를 구축하기 때문에 인스턴스의 운용이 발생합니다. 정기적인 패치 적용, 백업 취득 등을 위한 스크립트도 만들어야 해서 아무래도 운용 비용이 늘어나게 됩니다.

어느 방식을 사용하는지는 시스템 특성에 따라 다르지만 개인적으로는 먼저 RDS를 검토해야 한다고 생각합니다. 시스템은 만드는 비용보다 유지하는 비용이 더 크기 때문에 특별한 요구사항이 없는 한 AWS의 완전 관리형 서비스를 사용하는 것이 운용 비용을 낮출 수 있으며, 남은 비용으로 새로운 기능과 개선 활동에 시간을 할애할 수 있기 때문입니다. 먼저 시스템에 필요한 요구사항을 선별해서 RDS에서는 어떻게 해도 요구사항을 만족시킬 수 없을 때 EC2에 데이터베이스를 구축하는 것을 검토합시다.

5.4.2 DB 가용성 향상 패턴

RDS를 이용해 DB의 가용성을 향상시킬 패턴을 소개합니다. 우선 안티 패턴입니다. 웹서버의 레이어는 여러 대로 구성하고 있지만, RDS 인스턴스(DB 서버)는 1대밖에 없는 구성입니다. DB 서버에 장애가 발생하는 경우 시스템을 계속 가동할 수 없게 됩니다.

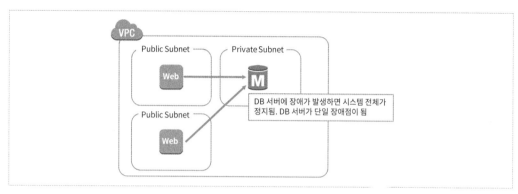

그림 5.38 DB 서버가 단일 장애점(single point of failure, SPOF)이 되는 안티 패턴

그래서 RDS 인스턴스를 멀티 AZ에 배치하고 마스터 슬레이브 구성을 취하는 설계가 권장되는 패턴입니다. 마스터 DB 인스턴스에 문제가 발생했을 경우 슬레이브 DB가 마스터로 승격되기 때문에 시스템 전체가 정지되는 일은 없어집니다. 앞에서 말한 것처럼 장애 조치 시 RDS 엔드포인트에 연결하는 DB 인스턴스가 자동으로 변경됩니다. 따라서 애플리케이션을 수정하지 않고도 장애 조치를 할 수 있습니다.

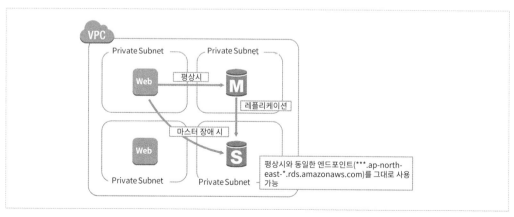

그림 5.39 DB 가용성 향상 패턴

운용 포인트

이 구성에서 운용상 파악해 두면 좋은 포인트가 두 가지 있습니다.

◆ CloudWatch를 사용해 스케일 업(확장)할 타이밍을 놓치지 않기

CloudWatch를 설정하고, 각 지표의 증감을 모니터링할 수 있도록 설정합시다. 릴리스 직후에는 요청량을 예상하기가 어렵기 때문에 특히 주의해야 합니다. RDS 인스턴스의 부하가 높은 경우에는 스케일업을 검토합니다. 인스턴스 유형은 CPU 특화형과 메모리 특화형이 있으므로 부하 상황에 따라 인스턴스 유형을 선택합니다. EC2와 마찬가지로 RDS도 인스턴스 유형에 따라 네트워크 대역폭과 디스크 I/O 대역폭을 조정하므로 기억해 두면 좋겠습니다.

◆ 마스터 · 슬레이브 구성으로 유지보수 시간 단축하기

마스터 · 슬레이브 구성으로 RDS 인스턴스의 확장 및 패치 적용 등의 유지보수에 의한 정지 시간을 단축할 수 있습니다. 단일 구성의 경우 '유지보수에 걸리는 시간 전체'가 서비스 정지 시간이 됩니다. 마스터 · 슬레이브 구성을 하면 다음과 같이 동작하므로 정지 시간을 '장애 조치에 걸린 시간'만으로 제한할 수 있습니다.

- 슬레이브 측의 유지보수
- 장애 조치에 의해 마스터와 슬레이브가 바뀜
- 이전 마스터 측의 유지보수

EC 사이트 등의 toC 서비스는 야간에도 서비스를 중단하는 것이 어려워 조금의 서비스 중지에도 큰 기회 손실로 이어지는 경우가 많습니다. 마스터 · 슬레이브 구성을 통해 조금이라도 정지 시간을 단축할 수 있는 설계를 하도록 유념합시다.

5.4.3 RDS 사용법

RDS의 사용법을 설명하겠습니다. 여기서는 MySQL의 마스터 · 슬레이브 구성을 구축하는 순서를 소개합니다. 전제 조건으로 VPC가 생성돼 있고, 그 안에 여러 프라이빗 서브넷이 있는 상태에서 시작합니다.

멀티 AZ에 마스터 DB와 슬레이브 DB를 배치

2개의 AZ에 각각 마스터 DB와 슬레이브 DB의 RDS 인스턴스를 배치합니다.

◆ 서브넷 그룹 생성

우선 서브넷 그룹이라는 서브넷의 집합을 정의합니다. 동일한 서브넷 그룹에서 마스터 슬레이브 구성에 사용할 서브넷을 선택하게 되므로 사전에 RDS 인스턴스를 배치할 서브넷을 결정해 둡니다.

관리 콘솔에서 RDS를 열고 서브넷 그룹 메뉴에서 DB 서브넷 그룹 생성을 클릭합니다.

그림 5.40 서브넷 그룹 생성 ①

서브넷 그룹 생성 화면에서는 다른 AZ에서 하나씩 서브넷을 선택하고 '추가' 버튼을 클릭합니다. 아래의 스크린샷은 서브넷을 추가한 후의 화면입니다.

DB 서브넷 그룹 생성

새 서브넷 그룹을 생성하려면 이름과 설명을 입력하고 아래에서 기존 VPC를 선택하십시오. 기존 VPC를 선택하고 나면 해당 VPC와 관련된 서브넷을 추가할 수 있습니다.

서브넷 그룹 세부 정보

이름
서브넷 그룹이 생성된 뒤에는 이름을 수정할 수 없습니다.

```
ec-site-subnet-group
```

1~255자로 구성되어야 합니다. 영숫자, 스페이스, 하이픈, 밑줄, 마침표를 사용할 수 있습니다.

설명

```
Subnet Group for Sample EC Website
```

VPC
DB 서브넷 그룹에 사용할 서브넷에 해당하는 VPC 식별자를 선택합니다. 서브넷 그룹이 생성된 뒤에는 다른 VPC 식별자를 선택할 수 없습니다.

```
vpc-19ab347d                                    ▼
```

서브넷 추가

이 서브넷 그룹에 서브넷을 추가하십시오. 아래에서 한 번에 하나씩 서브넷을 추가하거나, 이 VPC와 관련된 모든 서브넷을 추가할 수 있습니다. 이 그룹이 생성된 후 항목을 추가하거나 편집할 수 있습니다. 최소 2개의 서브넷이 필요합니다.

```
이 VPC와 관련된 모든 서브넷 추가
```

가용 영역

```
ap-northeast-1c                                 ▼
```

서브넷

```
subnet-1bc5a443 (172.31.0.0/20)       ▼          서브넷 추가
```

이 서브넷 그룹의 서브넷 (2)

가용 영역	서브넷 ID	CIDR 블록	작업
ap-northeast-1a	subnet-ec7e589a	172.31.16.0/20	제거
ap-northeast-1c	subnet-1bc5a443	172.31.0.0/20	제거

취소   생성

그림 5.41 서브넷 그룹 생성 ②

◆ RDS 인스턴스 생성

RDS 인스턴스를 생성합니다. RDS의 인스턴스 메뉴에서 'DB 인스턴스 시작'을 클릭합니다.

그림 5.42 RDS 인스턴스 생성

사용할 데이터베이스 엔진을 선택할 수 있으므로 여기서는 'MySQL'을 선택합니다.

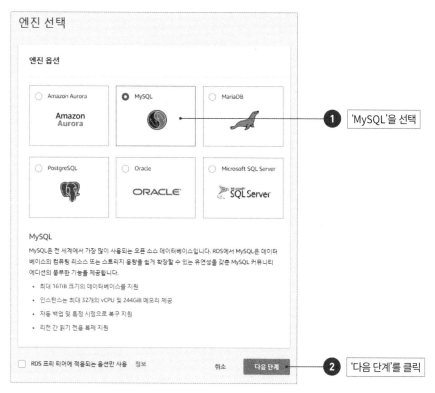

그림 5.43 데이터베이스 엔진 선택

이어서 프로덕션 환경의 인스턴스인지를 선택합니다. 어느 쪽을 선택하느냐에 따라 다음 페이지의 기본값이 변경됩니다. '프로덕션 – MySQL'을 선택해 진행합니다.

그림 5.44 환경 선택

데이터베이스의 상세 설정

DB의 상세 설정을 지정합니다. 엔진 버전 및 인스턴스 유형을 결정합니다. 여기서는 멀티 AZ에 걸쳐 RDS 인스턴스를 배치하고 싶기 때문에 멀티 AZ 배포에서 '다른 영역에 복제본 만들기'를 선택합니다. 스토리지 유형은 '범용 (SSD)', 스토리지 할당은 '100'으로 설정합니다. RDS 인스턴스의 식별자 및 사용자 패스워드를 정의합니다.

DB 세부 정보 지정

인스턴스 사양
다음을 사용하여 DB 인스턴스의 월별 청구액을 추산할 수 있습니다. AWS 월 사용량 계산기.

DB 엔진
MySQL Community Edition

라이선스 모델 정보
general-public-license ▼

DB 엔진 버전 정보
mysql 5.7.21 ▼

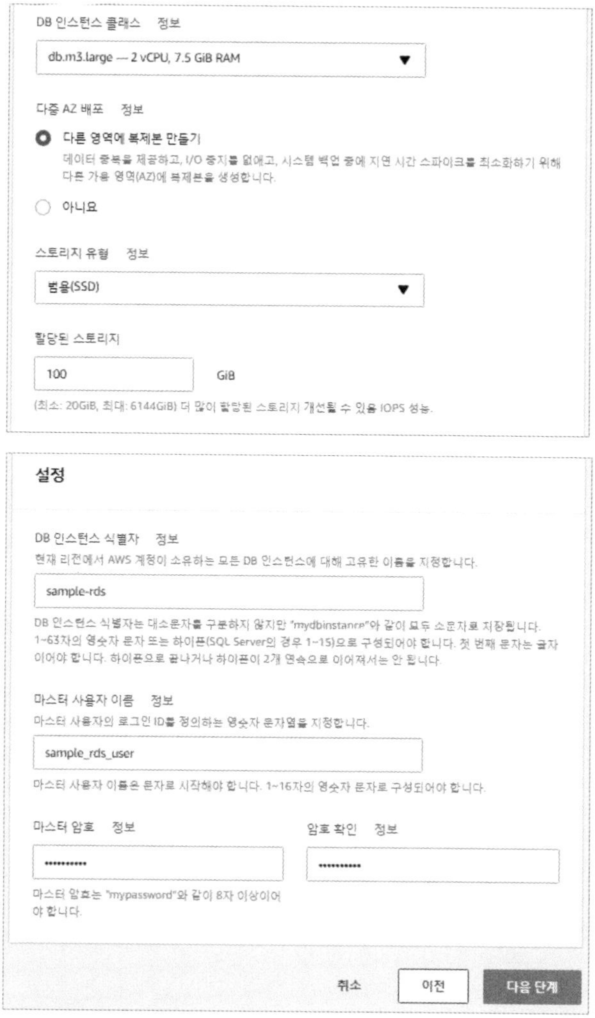

DB 인스턴스 클래스   정보

db.m3.large — 2 vCPU, 7.5 GiB RAM   ▼

다중 AZ 배포   정보

● **다른 영역에 복제본 만들기**
  데이터 중복을 제공하고, I/O 중지를 없애고, 시스템 백업 중에 지연 시간 스파이크를 최소화하기 위해
  다른 가용 영역(AZ)에 복제본을 생성합니다.

○ 아니요

스토리지 유형   정보

범용(SSD)   ▼

할당된 스토리지

100   GiB

(최소: 20GiB, 최대: 6144GiB) 더 많이 할당된 스토리지 개선될 수 있음 IOPS 성능.

설정

DB 인스턴스 식별자   정보
현재 리전에서 AWS 계정이 소유하는 모든 DB 인스턴스에 대해 고유한 이름을 지정합니다.

sample-rds

DB 인스턴스 식별자는 대소문자를 구분하지 않지만 "mydbinstance"와 같이 모두 소문자로 저장합니다.
1~63자의 영숫자 문자 또는 하이픈(SQL Server의 경우 1~15)으로 구성되어야 합니다. 첫 번째 문자는 글자
이어야 합니다. 하이픈으로 끝나거나 하이픈이 2개 연속으로 이어져서는 안 됩니다.

마스터 사용자 이름   정보
마스터 사용자의 로그인 ID를 정의하는 영숫자 문자열을 지정합니다.

sample_rds_user

마스터 사용자 이름은 문자로 시작해야 합니다. 1~16자의 영숫자 문자로 구성되어야 합니다.

마스터 암호   정보   암호 확인   정보

••••••••••   ••••••••••

마스터 암호는 "mypassword"와 같이 8자 이상이어
야 합니다.

취소   이전   **다음 단계**

그림 5.45 DB 상세 설정

계속해서 네트워크 및 보안 설정을 합니다. 서브넷 그룹은 처음에 만든 것(233쪽)을 선택합니다. VPC 보안 그룹은 그 환경에 맞게 생성하고 선택합니다.

그림 5.46 네트워크 및 보안 설정

데이터베이스 옵션에서는 DB 파라미터 그룹이 제일 설정할 것이 많은 항목이라고 생각합니다. DB 파라미터 그룹은 데이터베이스 옵션의 정의 그룹입니다. RDS에서는 인스턴스에 SSH 연결이 불가능하므로 파라미터 그룹이라는 형태로 정의합니다. 이번에는 기본 상태로 진행합니다.

또한 RDS의 기능으로 암호화를 지원합니다. 이번에는 '비활성화'를 선택해 암호화하지 않지만 보안 요구사항에 따라 이 화면에서 암호화할 수 있습니다.

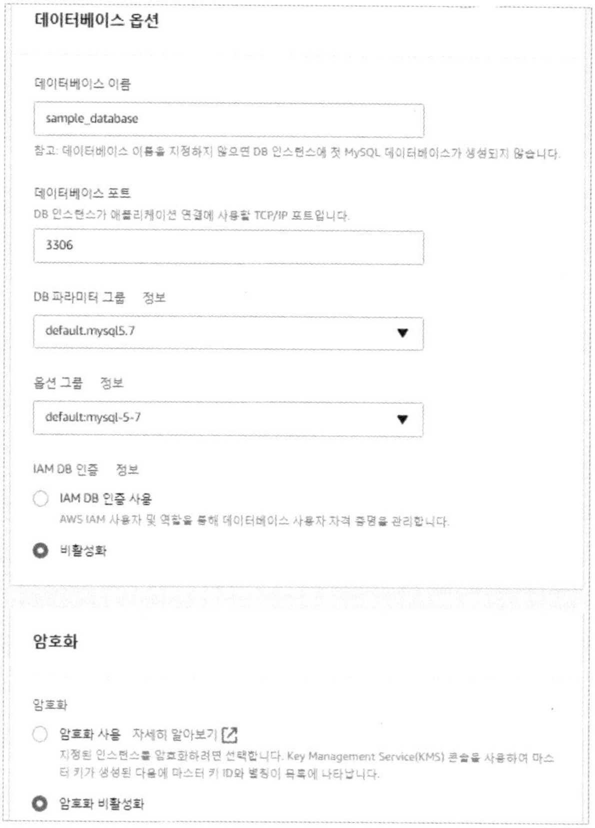

그림 5.47 데이터베이스 옵션

마지막으로 백업, 모니터링, 유지 관리 기간을 설정합니다. 백업 및 유지보수의 타이밍은 UTC로 설정할 필요가 있으므로 주의합니다. 이번에는 백업을 매일 아침 4시에, 유지보수는 화요일 아침 2시에 실시하기 위해 9시간 늦춰서 설정했습니다. DB 인스턴스 생성을 클릭하고 잠시 기다리면 마스터 · 슬레이브 구성의 RDS 인스턴스가 구축됩니다.

백업

> ⚠ 자동 백업 및 DB 스냅샷은 현재 InnoDB 스토리지 엔진에서만 지원합니다. MyISAM을 사용 중인 경우 여기 세부 정보를 참조하십시오. ⧉

백업 보존 기간 정보
Amazon RDS가 이 DB 인스턴스의 자동 백업을 유지해야 하는 일수를 선택합니다.

| 15 일 ▼ |

백업 기간 정보
◉ 기간 선택
○ 기본 설정 없음

시작 시간
| 19 ▼ | : | 00 ▼ | UTC

기간
| 0.5 ▼ | 시 간

☑ 스냅샷으로 태그 복사

모니터링

확장 모니터링
◉ **확장 모니터링 사용**
   확장 모니터링 지표는 DB 인스턴스의 여러 프로세스 또는 스레드에서 CPU를 사용하는 방법을 확인하려는 경우에 유용합니다.

○ 확장 모니터링 사용 안 함

역할 모니터링
| 기본값 ▼ |

세부 수준
| 60 초 ▼ |

☑ RDS가 IAM 역할 rds-monitoring-role을 생성하도록 권한을 부여합니다.

유지 관리

자동 마이너 버전 업그레이드 정보
◉ **마이너 버전 자동 업그레이드 사용**
   새 마이너 버전이 릴리스될 때 자동 업그레이드를 활성화합니다. 자동 업그레이드는 DB 인스턴스의 유지 관리 기간 동안 수행됩니다.

○ 마이너 버전 자동 업그레이드 사용 안 함

유지 관리 기간 정보
보류 중인 수정 사항 또는 Amazon RDS가 DB 인스턴스에 적용한 패치를 사용하려는 기간을 선택합니다.
◉ 기간 선택
○ 기본 설정 없음

시작 요일
| 월요일 ▼ |

시작 시간
| 17 ▼ | : | 00 ▼ | UTC

기간
| 1 ▼ | 시간

취소   이전   **DB 인스턴스 시작**

그림 5.48 백업, 모니터링, 유지 관리 기간 설정

AWS의 완전 관리형 RDB 서비스인 RDS를 소개했습니다. 데이터베이스는 시스템의 근간이기 때문에 그 설계가 시스템의 확장성과 안정성을 좌우한다고 해도 과언이 아닙니다. 그러나 안정 운용을 위한 설계가 매우 중요하지만 그것이 비즈니스의 차별화로 이어지는 것은 아닙니다. 이 안정 운용에 관한 설계에 대해 AWS의 우수한 설계자가 Amazon.com의 운용에서 얻은 설계 노하우를 일반화한 것이 RDS입니다. 이러한 RDS의 뛰어난 기능을 잘 이용해 절감된 시간을 비즈니스 특성과 향후 확장성을 고려한 테이블 설계 및 데이터베이스와 주변 시스템 설계에 투자해서 시스템과 비즈니스를 성장시키는 것이 클라우드 시대의 데이터베이스 관리자에게 요구되는 역할이라고 할 수 있습니다.

⚙ Column Amazon Aurora

RDS는 5개의 엔진을 선택할 수 있다고 썼습니다만 다른 하나 선택할 수 있는 엔진이 있습니다. 바로 Amazon Aurora(이하 Aurora)입니다. Aurora는 AWS가 '클라우드 시대에 데이터베이스를 처음부터 다시 만든다면 어떻게 만들까?'라는 동기에서 개발한 데이터베이스 엔진입니다. 여기서는 대표적인 특징을 소개합니다.

◇ 다른 데이터베이스 엔진과의 호환

아래의 데이터베이스와 호환성이 있습니다.

- MySQL 5.6, 5.7

- PostgresSQL 9.6.3(2018년 9월 현재 9.6.6, 9.6.8, 9.6.9 사용 가능)

따라서 현재의 자산을 활용할 수 있고 다른 데이터 분석 도구, 모니터링 도구 등을 그대로 사용할 수 있습니다.

◇ 고성능

Aurora는 보통 MySQL에 비해 성능 면에서 장점이 있습니다. AWS가 공개하고 있는 마이크로 벤치마크에 의한 평가는 읽기 및 쓰기 성능 모두 MySQL의 5배 이상이라는 결과가 나와 있습니다.

또한 멀티코어 환경에서 성능이 발휘되도록 최적화돼 있습니다. 따라서 인스턴스 유형을 올렸을 때의 성능 향상 폭이 RDS for MySQL과 비교해서 더 큽니다.

◇ 높은 가용성 · 내구성을 담보하는 스토리지

Aurora는 Aurora를 위해 설계된 자체 스토리지 클러스터가 도입돼 있습니다. 3개의 가용 영역(AZ)에 각각 2개씩 총 6개의 데이터 복사본을 유지하는 설계를 채택하고 있습니다. 이 6개의 디스크 중 2개의 디스크에 장애가 발생해도 읽고 쓰기를 계속하도록 설계돼 있기 때문에 AZ 전체에 장애가 발생한 경우에도 Aurora는 계속 역할을 수행할 수 있습니다. 또한 S3에 스트리밍 백업을 할 수 있는 기능도 제공됩니다. 이 작업은 비동기적으로 수행되기 때문에 데이터베이스의 성능에 영향을 주지 않습니다. 포인트 인 타임 복구 기능을 사용해 S3 백업 데이터에서 이전 데이터베이스 상태로 되돌릴 수 있습니다.

◇ 개발 · 운용을 돕는 다양한 기능

Aurora는 개발 및 운용 시 편리한 기능을 제공합니다. 먼저 스토리지가 자동으로 스케일 업되는 기능이 있습니다. 이 스케일 업은 데이터베이스의 정지나 성능에 영향 없이 이뤄집니다. 이 기능은 디스크 공간의 예상 크기와 관리가 필요합니다. 또한 노드와 디스크 장애를 시뮬레이션하는 SQL 쿼리가 제공됩니다. 관리형 서비스의 경우 프로세스 장애 등을 의도적으로 발생시키는 것이 어렵고, 전체 시스템의 복원력 테스트를 수행하는 데 어려움이 있었습니다. 그러나 Aurora에서는 이 SQL을 사용해 장애 조치 확인 등 운용 측면의 테스트를 쉽게 할 수 있습니다.

이와 같이 Aurora는 다른 RDS에는 없는 다양한 설계 · 기능을 제공합니다. 앞에서 언급했듯이 MySQL 5.6과 호환되기 때문에 현재 MySQL에서 실행 중인 시스템을 AWS로 마이그레이션하는 경우 또는 MySQL을 이용한 신규 시스템을 검토하고 있다면 꼭 마이그레이션 대상 및 검토 대상에 Aurora를 추가하는 것을 권장합니다.

인 메모리 캐시 패턴

웹서버에 비해 데이터베이스를 스케일 아웃하는 것은 어렵다고 소개했습니다. 'DB 가용성 향상 패턴'에서 RDS의 리드 레플리카를 이용하는 설계 패턴을 소개했는데, DB 서버의 부하를 줄이기 위한 또 다른 방법으로 인 메모리 캐시를 이용하는 방법이 있습니다. 웹서버에서 데이터베이스로 쿼리를 실행했을 때 결과를 캐시에 저장해 두고, 이후의 액세스는 데이터베이스가 아니라 캐시에서 데이터를 반환해서 데이터베이스의 부하를 줄이는 방법입니다.

또한 세션 정보와 같은 서버 간에 공유하며 자주 액세스되는 정보를 데이터베이스에 저장하면 읽기 처리가 과다하게 발생해서 전체 시스템의 성능에 영향을 미칠 우려가 있습니다. 그래서 세션 정보를 인 메모리 캐시의 Key-Value 저장소에 저장하면 이러한 영향을 줄일 수 있습니다.

지금까지의 온프레미스 환경에서는 인 메모리 캐시용 서버를 준비하고 Memcached와 Redis 같은 소프트웨어를 설치해서 인 메모리 캐시를 준비했을 것입니다. AWS에서도 마찬가지로 EC2 인스턴스에 이런 소프트웨어를 도입할 수도 있습니다. 또한 AWS에는 완전 관리형 인 메모리 캐시 서비스인 Amazon ElastiCache(이하 ElastiCache)라는 서비스가 있습니다. 이번 절에서는 이 ElastiCache의 기능과 사용법을 설명하고 ElastiCache를 이용한 인 메모리 캐시 패턴을 소개하겠습니다.

5.5.1 ElastiCache

ElastiCache는 구축 및 유지보수 작업 없이 인 메모리 캐시 기능을 이용할 수 있는 서비스입니다. 2017년 7월 현재, 다음 엔진 및 버전을 지원합니다[6].

- Memcached 1.4.5, 1.4.14, 1.4.24, 1.4.33, 1.4.34

- Redis 2.6.13, 2.8.6, 2.8.19, 2.8.21, 2.8.22, 2.8.23, 2.8.24, 3.2.4, 3.2.6

Memcached와 Redis를 EC2 인스턴스에 구축하는 것이 아니라 ElastiCache를 이용하는 장점으로는 우선 쉽게 구축할 수 있다는 점을 들 수 있습니다. 클러스터 구성도 쉽게 할 수 있고 가용성 향상을 쉽게 실현할 수 있습니다. 또한 패치 적용을 자동으로 실시하거나 Redis의 경우 백업 취득도 설정 하나로 할 수 있기 때문에 구축 공수, 운용 공수, 운용을 위한 개발 공수를 절감할 수 있다는 점이 큰 장점입니다.

반대로 ElastiCache의 단점으로는 온프레미스나 EC2에 구축했을 때는 사용할 수 있었던 기능이나 설정의 일부에 제한이 있는 점을 들 수 있습니다. Redis의 경우에는 config 및 migrate라는 일부 명령어를 사용할 수 없습니다. 또한 패스워드를 설정할 수 없기 때문에 액세스 제한을 가할 때는 보안 그룹별로 실시해야 합니다. 이러한 제한이 시스템 요구사항에 맞지 않을 경우에는 ElastiCache가 아닌 EC2 인스턴스에 Memcached나 Redis를 구축하게 됩니다. 요구사항에 맞게 어느 쪽을 사용할 것인지 선택할 필요가 있습니다.

ElastiCache for Memcached의 특징

Memcached는 멀티 스레드로 실행하고 간단한 데이터 구조만 취급할 수 있다는 특징이 있습니다. 휘발성 데이터를 보관하는 용도로 사용되므로 백업 기능 등은 없습니다. Memcached는 CacheCluster라는 논리 그룹을 정의하고 클러스터링합니다. 이때 AutoDiscovery라는 기능을 이용해 각 노드의 엔드포인트를 의식하지 않고 액세스할 수 있습니다. 따라서 노드를 추가하거나 장애로 노드가 줄었을 때 자동으로 연결 대상을 추가하거나 제거합니다. 그러나 2017년 12월 현재 이 AutoDiscovery 기능에 대응하고 있는 것은 .NET, PHP, Java 클라이언트 라이브러리뿐입니다.

---

6 (옮긴이) 2018년 9월 현재, Redis는 3.2.10, 4.0.10도 사용 가능합니다.

ElastiCache for Redis의 특징

Redis는 싱글 스레드로 실행하고 문자열을 비롯해 리스트 및 비트맵 등 복잡한 데이터 형을 취급할 수 있는 인 메모리 캐시 엔진입니다. 데이터를 영속화(유지)하는 데이터베이스적인 사용법도 가능하고 자동으로 스냅숏을 취득할 수 있고, 스냅숏으로 .rdb 파일을 변환하거나 반대로 .rdb 파일에서 데이터를 임포트할 수 있습니다. 멀티 AZ의 리드 레플리카를 구성함으로써 읽기 성능을 높이고 장애 발생 시 자동으로 장애 조치하도록 설정할 수 있습니다.

5.5.2 인 메모리 캐시 패턴

ElastiCache를 사용해 데이터베이스의 부하를 줄이는 '인 메모리 캐시 패턴'을 소개하겠습니다.

먼저 DB 액세스에 대한 안티 패턴을 소개합니다. 웹서버에서 데이터 취득 요청을 '항상' 데이터베이스에서 처리하는 패턴입니다. 서비스 릴리스 직후 등 AWS 리소스에 여유가 있는 경우에는 이런 구성에서도 문제가 되지 않습니다. 그러나 이용자가 증가함에 따라 각 리소스의 부하가 올라가게 됩니다. 앞에서 말한 바와 같이 웹서버(EC2 인스턴스)는 서버의 대수를 늘려서 대응할 수 있지만 DB 층은 스케일 아웃이 어렵기 때문에 스케일 업에 의존하게 됩니다. 그러나 인스턴스의 스케일 업에는 한계가 있습니다[7].

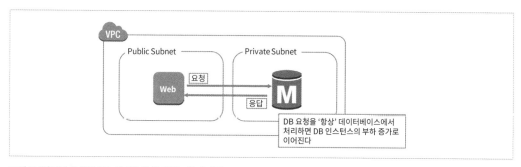

그림 5.49 모든 요청을 DB 서버에서 처리하는 안티 패턴

---

7 (옮긴이)

· 스케일 아웃: 서버 대수를 늘려 확장하는 방식

· 스케일 업: 서버의 사양을 올려 확장하는 방식

이 문제를 해소하는 것이 '인 메모리 캐시 패턴'입니다. 웹서버와 DB 서버(RDS 인스턴스) 사이에 ElastiCache를 세우고 자주 변경되지 않는 데이터를 캐시합니다. 이렇게 구성하면 데이터 취득 요청의 일부는 RDS 인스턴스에서 처리하지 않아도 되므로 부하를 줄일 수 있습니다.

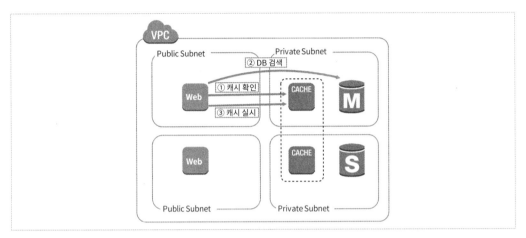

그림 5.50 캐시로 DB 부하를 낮추는 인 메모리 캐시 패턴

도입할 때의 포인트

여기부터는 인 메모리 캐시 패턴을 도입할 때의 포인트를 네 가지 소개하겠습니다.

◆ 캐시할 데이터를 선정

시스템에서 어떤 데이터를 캐시해야 하는가를 검토합니다. 자주 업데이트되진 않지만 자주 요청되는 데이터를 캐시하면 캐시 적중률이 높아져 효과가 큽니다. EC 사이트의 예로 상품의 상세 정보 등 마스터 정보는 캐시 효과를 기대할 수 있는 데이터입니다. 반대로, 재고 수량 등은 업데이트가 자주 이뤄지기 때문에 캐시의 효과가 적을 수도 있습니다.

사용자별 세션 정보도 인 메모리 캐시에서 처리할 때 장점이 커지는 정보입니다. 데이터베이스에 보존하는 경우와 달리 DB 부하를 낮출 뿐만 아니라 짧은 시간에 사용자에게 세션을 반환하기 때문에 사용자 편의성 향상도 기대할 수 있습니다.

◆ 애플리케이션을 수정

다음으로 애플리케이션을 수정합니다. 캐시하기로 결정된 데이터를 취득하려면 먼저 ElastiCache에 해당하는 데이터가 있는지 찾아봅니다.

데이터가 있으면 그것을 그대로 이용하고 데이터가 ElastiCache에 보존돼 있지 않은 경우에는 데이터 베이스에 요청을 보내고 응답을 ElastiCache에 저장한 다음, 데이터를 이용합니다. 또한 세션 정보를 인 메모리 캐시에 보관하는 경우에는 취득 및 저장할 곳을 ElastiCache로 설정합니다.

◆ 복원력을 높이는 설계를 수행

인 메모리 캐시가 단일 장애점이 되지 않게 해야 합니다. 설계 방법은 엔진에 따라 달라집니다.

먼저 Memcached의 경우 CacheCluster를 구성해서 노드를 여러 개 준비합니다. 이때 노드를 여러 개의 가용 영역(AZ)에 걸쳐 설정하면 AZ 전체에 장애가 발생해도 서비스를 계속할 수 있습니다. 그러나 노드에 장애가 발생하면 해당 노드가 담당하고 있던 캐시는 손실되기 때문에 다음에 액세스할 때는 DB 액세스가 발생하게 됩니다. 또한 뒤에서 설명할 AutoDiscovery 기능을 이용해 장애 발생 시 노드가 줄어든 것을 의식하지 않아도 되기 때문에 언어가 지원되는 경우에는 이 기능을 활성화합시다.

다음으로 Redis를 이용하는 경우, AZ에 걸치는 형태로 리드 레플리카를 준비하는 구성을 통해 AZ 장애에도 견딜 수 있도록 설계할 수 있습니다. 프라이머리 노드에 장애가 발생한 경우 리드 레플리카가 자동으로 프라이머리로 승격됩니다. 이때 프라이머리 노드와는 다른 AZ의 리드 레플리카가 승격되기 때문에 AZ 장애 시에도 항상 프라이머리가 존재하는 형태가 됩니다. 그러나 승격에는 시간이 걸리기 때문에 장애가 발생했을 때는 캐시를 사용하지 않고 DB에 액세스하도록 하는 등 애플리케이션에서 오류를 처리할 필요가 있습니다.

◆ 부하 테스트를 통해 적절한 인스턴스 유형을 설정

Memcached, Redis를 불문하고 ElastiCache는 매우 고성능입니다. 따라서 인스턴스 유형을 결정할 때 '우선 웹서버의 EC2 인스턴스와 동일한 유형으로 해놓자'라는 형태로 결정해 버리면 대부분의 경우 ElastiCache의 이용률이 매우 낮은 딩 빈 상태가 돼 버립니다. 이것은 어디까지나 필자의 경험이며, 웹서버의 대수와 인 메모리 캐시를 사용하는 방법에 따라 다르겠지만 ElastiCache의 인스턴스 유형은 작은 것을 선택해도 괜찮다고 생각합니다.

그러나 Auto Scaling으로 평소의 대수와 최대 대수의 차이가 크게 설정된 상태에서 스케일 아웃하는 구성의 경우 ElastiCache 인스턴스 유형이 작으면 그곳이 병목 지점이 되는 경우가 있습니다. ElastiCache에 한정된 이야기는 아니지만 구축 후 부하 테스트를 실시하고 그때의 이용 상황을 지표에서 확인한 후 최적의 인스턴스 유형으로 맞추면 좋겠습니다.

5.5.3 ElastiCache 사용법

인 메모리 캐시 패턴에 있어서 ElastiCache의 사용법을 설명하겠습니다. 여기서는 ElastiCache for Memcached를 이용하는 패턴을 설명합니다.

Memcached 생성

먼저 Memcached를 생성하고 사용할 Memcached 엔진 버전과 사용할 포트를 선택합니다. 관리 콘솔에서 ElastiCache를 열고 'Memcached' 메뉴에서 '생성' 버튼을 클릭합니다.

그림 5.51 Memcached 생성

Memcached 설정

클러스터 엔진에서 'Memcached'를 선택하고 Memcached의 설정을 실시합니다. 파라미터 그룹은 인 메모리 캐시의 노드 및 클러스터 실행 시의 속성을 정의한 것입니다. Memcached의 경우 'error_on_memory_exhausted'나 'max_item_size'라는 파라미터를 변경할 수 있습니다. 변경할 수 있는 파라미터에 대한 정보는 사용자 가이드를 참조합니다. 마지막으로, 인스턴스 노드 유형과 노드의 수를 선택합니다. 클러스터 구성을 하려면 2개 이상의 노드로 설정할 필요가 있습니다.

그림 5.52 Memcached 설정

◆ 네트워크 및 보안 설정

네트워크 관련 설정을 진행합니다. 우선 서브넷 그룹을 설정합니다. 서브넷 그룹의 사고 방식은 RDS 와 같습니다. 기존의 서브넷 그룹을 선택하거나 새로 생성합니다(여기서는 새로 생성합니다).

계속해서 각 노드에 시작할 AZ를 지정합니다. AZ 장애에 대응하기 위해서는 여러 영역에 걸치도록 정의해야 하는 것을 잊지 않도록 합니다. 마지막으로 보안 그룹을 설정합니다. 앞에서 설명했듯이 ElastiCache는 패스워드로 보호할 수 없기 때문에 보안 그룹에서 통신을 보내는 대상을 추려내어 보안을 유지합니다.

▼ 고급 Memcached 설정

고급 설정에는 빠르고 간편하게 시작할 수 있도록 기본 설정이 제공됩니다. 이러한 기본 설정을 지금 또는 클러스터가 생성된 후에 수정할 수 있습니다.

서브넷 그룹	새로 생성 ▼ ❶

이름	sample-memcached-subnetgroup	❶
설명	sample-memcached-subnetgroup	❶
VPC ID	vpc-19ab347d ▼	❶

서브넷 ❶

☑	서브넷 ID ▾	가용 영역 ▾	CIDR 블록 ▾
☑	subnet-ec7e589a	ap-northeast-1a	172.31.16.0/20
☐	subnet-8dd7a5a5	ap-northeast-1d	172.31.32.0/20
☑	subnet-1bc5a443	ap-northeast-1c	172.31.0.0/20

기본 가용 영역	○ 기본 설정 없음	❶
	● 영역 선택	

node1	ap-northeast-1a ▼
node2	ap-northeast-1a ▼
node3	ap-northeast-1c ▼
node4	ap-northeast-1c ▼

보안 그룹   default (sg-92a4aaf5) ✏   ❶

그림 5.53 네트워크 및 보안 설정

◆ 유지보수 설정

마지막으로, 유지보수 관련 설정을 합니다. 다른 서비스와 동일하게 유지보수 타이밍을 지정할 수 있습니다. 여기서도 시작 시간을 UTC로 지정하는 것에 주의합니다.

유지 관리

유지 관리 기간	○ 기본 설정 없음	❶
	● 유지 관리 기간 지정	

시작 요일	일요일 ▼
시작 시간	19 ▼ : 00 ▼
	UTC
기간	1 ▼ 시간

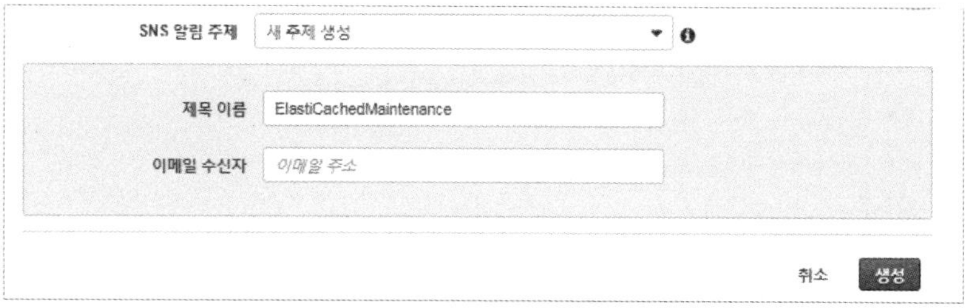

그림 5.54 유지보수 설정

AWS의 완전 관리형 인 메모리 캐시인 ElastiCache에 대해 소개했습니다. DB 레이어는 웹 레이어에 비해 부하 분산이 어렵습니다. 하지만 스케일 업에는 한계가 있습니다. 캐시할 수 있는 항목이 있는 경우 ElastiCache의 도입으로 성능 문제를 해소할 수 있는 케이스도 있다고 생각합니다. ElastiCache의 구축과 운용은 그리 어렵지 않으므로 도입하는 것을 꼭 검토하길 바랍니다.

5-6

작업 서버 패턴

EC 사이트를 소재로 하는 마지막 패턴으로 배치 서버를 사용하는 예를 소개하겠습니다. 배치 서버는 cron 및 기타 작업 스케줄러에 의해 일별 처리 및 월별 처리 등을 실행하는 서버입니다. 외부에서 인터넷을 통해 서버에 액세스할 필요가 없기 때문에 프라이빗 서브넷에 배치해야 하는 서버입니다. 그러나 프라이빗 서브넷에 서버를 배치할 경우 인터넷으로 나갈 수 없기 때문에 외부 API를 사용할 수 없습니다. 또한 AWS의 API도 이용할 수 없기 때문에 정기적으로 EBS의 스냅숏을 취득하거나 S3에 파일을 업로드하는 것도 할 수 없습니다. 이번 절에서는 배치 서버에서 이러한 처리를 수행할 수 있도록 하는 작업 서버 패턴을 소개합니다.

5.6.1 작업 서버 패턴

먼저 배치 서버를 퍼블릭 서브넷에 배치하는 안티 패턴은 다음과 같습니다. 퍼블릭 서브넷에 배치해서 인터넷을 위한 통신을 자유롭게 할 수 있습니다. 그러나 본래 퍼블릭 서브넷은 외부로부터의 통신을 받아들이는 세그먼트입니다. 배치 서버용으로 보안 그룹을 만들고, 외부로부터의 통신을 금지하는 설정은 할 수 있지만 인프라 설계로는 별로 좋지 않은 설계라고 할 수 있습니다.

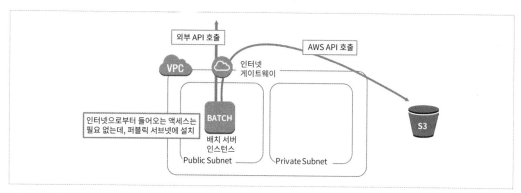

그림 5.55 퍼블릭으로 배치 서버를 설치하는 안티 패턴

이럴 때 NAT 게이트웨이와 VPC 엔드포인트를 이용하는 방식이 작업 서버 패턴입니다. 이 서비스를 이용하면 프라이빗 서브넷의 서버에서도 인터넷 통신 및 AWS API의 이용이 가능해집니다.

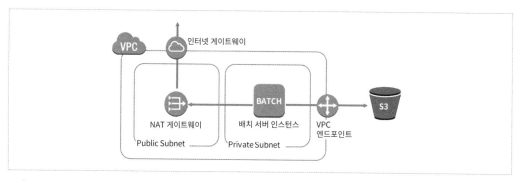

그림 5.56 작업 서버 패턴

이 예에서는 배치 서버도 NAT 게이트웨이도 한 개씩만 준비했습니다. 그 때문에 가용 영역(AZ) 전체에 장애가 발생하면 배치 처리 전체가 정지돼 버립니다. 이를 허용하지 않는 중요한 서비스에 대해서는 서로 다른 AZ에 동일한 구성을 준비하고 다른 한쪽에 장애가 발생했을 때 자동으로 장애 조치를 하도록 만들 필요가 있습니다.

구축 포인트

여기부터는 작업 서버 패턴을 구축할 때의 포인트를 두 가지 소개하겠습니다.

◆ AZ에 의존하지 않는 설계를 하고 콜드 스탠바이 대기는 준비하지 않는다

이 구성의 경우 배치 서버가 단일 장애점이 됩니다. 따라서 온프레미스 환경을 잘 아는 분들은 콜드 스탠바이의 메인 서브 구성을 준비하고 메인 인스턴스에 장애가 발생했을 때는 수동으로 서브로 전환하는 설계를 하려고 합니다. 그러나 수동으로 전환한다고 하면 실제로 대기 시스템을 준비하는 의미가 별로 없습니다. 왜냐하면 AWS의 경우에는 물리적 호스트 장애가 발생한 경우 인스턴스를 재시작(중지 및 시작)해서 정상적인 물리적 호스트에서 인스턴스가 시작되기 때문입니다.

그러나 AZ 장애가 발생했을 때는 인스턴스의 재시작만으로는 문제가 해결되지 않는 경우가 있습니다. 그때는 AMI 등을 이용해 다른 AZ에서 배치 서버의 인스턴스를 재시작해야 합니다. 그러므로 AZ가 바뀌어도 작동하도록 배치 서버의 설정과 배치 프로그램의 설계 및 구현에는 주의가 필요합니다.

◆ VPC 엔드포인트와 네트워크 ACL을 병용할 때의 주의 사항

보안 정책 네트워크 ACL을 설정하고 프라이빗 IP 주소 이외의 연결을 명시적으로 거부할 수 있습니다. 이때 VPC 엔드포인트를 병용하는 경우에는 주의가 필요합니다. VPC 엔드포인트로 향하는 통신은 S3(또는 DynamoDB)의 글로벌 IP 주소로 라우팅됩니다. 따라서 네트워크 ACL에서 글로벌 IP 주소와 통신을 거부하는 경우 VPC 엔드포인트를 이용한 통신이 불가능합니다.

'프라이빗 IP 주소 이외의 통신은 거부'하고 'VPC 엔드포인트를 사용하고 싶다'는 요구사항이 있는 경우 다음 방법으로 실현할 수 있습니다. 어느 쪽이든 네트워크 ACL을 사용하지 않는 방법이 됩니다.

- 보안 그룹에 의한 해결 방법
  - 프라이빗 IP 주소를 향한 Outbound 통신만 허용하는 보안 그룹을 생성
  - 이 보안 그룹에 접두사 목록 ID인 'pl-xxxxxxxx'를 추가(접두사 목록 ID는 VPC 엔드포인트의 퍼블릭 IP 주소의 범위를 논리적으로 나타낸 것)
- 라우팅 테이블에 의한 해결 방법
  - 해당 서브넷의 라우팅 테이블은 IGW용 경로를 만들지 않도록 함
  - 이 라우팅 테이블에 VPC 엔드포인트로 가는 경로를 추가

5.6.2 NAT 게이트웨이 사용법

AWS에서 NAT를 하려면 NAT 인스턴스를 본인이 직접 준비하거나 AWS가 관리 서비스로 제공하는 NAT 게이트웨이를 이용하는 방법이 있습니다. NAT 인스턴스를 직접 준비하는 경우 NAT 인스턴스가 단일 장애점이 되지 않도록 설계하고 구축해야 합니다. 반면 NAT 게이트웨이의 경우에는 처음부터 이중화 설계가 돼 있으며, 게이트웨이 자체의 성능도 높습니다. 이러한 이유로 이번 절의 패턴에서는 NAT 게이트웨이를 채택했습니다.

NAT 게이트웨이 생성

그러면 NAT 게이트웨이의 이용법을 설명하겠습니다. 관리 콘솔에서 VPC를 열고 'NAT 게이트웨이' 메뉴에서 'NAT 게이트웨이 생성'을 클릭합니다.

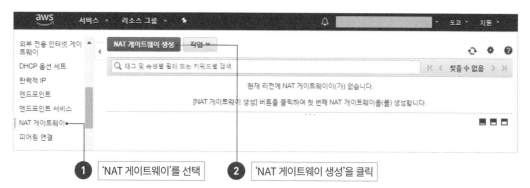

그림 5.57 NAT 게이트웨이 생성

게이트웨이를 배치하는 퍼블릭 서브넷과 탄력적 IP 주소(Elastic IP 주소)를 지정합니다.

그림 5.58 서브넷과 IP 지정

라우팅 테이블 편집

이어서 배치 서버가 설치돼 있는 서브넷의 라우팅 테이블을 편집합니다. 라우팅 테이블 편집을 클릭합니다. VPC 내의 통신 이외에는 모두 NAT 게이트웨이를 향하게 합니다. 대상에 생성된 NAT 게이트웨이의 ID를 지정합니다.

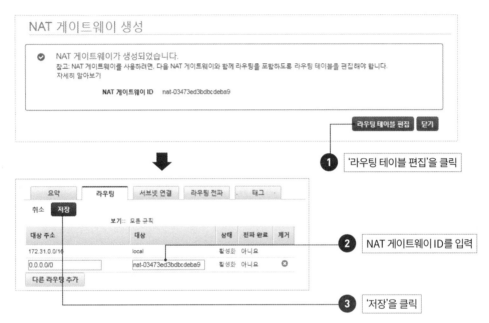

그림 5.59 라우팅 테이블 편집

이상으로 설정이 완료됩니다. 관리형 서비스이므로 매우 쉽게 준비할 수 있습니다.

5.6.3 VPC 엔드포인트 사용법

계속해서 프라이빗 서브넷에 있는 배치 서버에서 AWS 서비스에 연결할 수 있는 VPC 엔드포인트 기능을 이용하겠습니다. 연결 가능한 서비스에 S3 및 DynamoDB가 있는데, DynamoDB에 대해서는 2017년 12월 현재 공개 미리보기로 제공되고 있고 사용하려면 별도 신청이 필요합니다. 이번에는 S3를 대상 서비스로 하는 예를 소개합니다.

VPC 엔드포인트 생성

먼저 VPC 엔드포인트 메뉴에서 엔드포인트 생성을 클릭합니다. 이번에는 대상 서비스에 'S3'를 선택합니다.

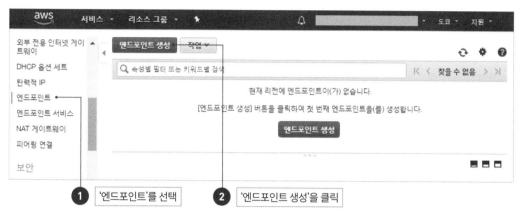

그림 5.60 VPC 엔드포인트 생성

VPC 엔드포인트 설정

다음 화면에서는 대상 서비스, 설치 대상 VPC, 라우팅 테이블, 그리고 액세스 정책을 정의할 수 있습니다. 복잡한 정책을 생성할 수도 있지만 여기서는 아무 제한도 하지 않는 형식으로 작업을 진행합니다. 서비스 이름에서 'com.amazonaws.ap-northeast-1.s3'를 선택합니다[8].

---

8 (옮긴이) 서울 리전을 이용할 경우는 com.amazonaws.ap-northeast-2.s3를 선택합니다.

그림 5.61 VPC 엔드포인트 설정 ①

이어서 설치 대상의 VPC와 엔드포인트를 이용하는 라우팅 테이블을 지정합니다. 퍼블릭 서브넷에서
는 기존 방법으로 연결할 수 있으므로 여기서는 프라이빗 서브넷의 라우팅 테이블만 선택합니다.

그림 5.62 VPC 엔드포인트 설정 ②

액세스 정책을 정의합니다. 복잡한 정책을 생성할 수도 있지만 여기서는 아무런 제한을 하지 않는 형식
으로 작업을 진행합니다. 정책에서 '모든 액세스'를 선택합니다.

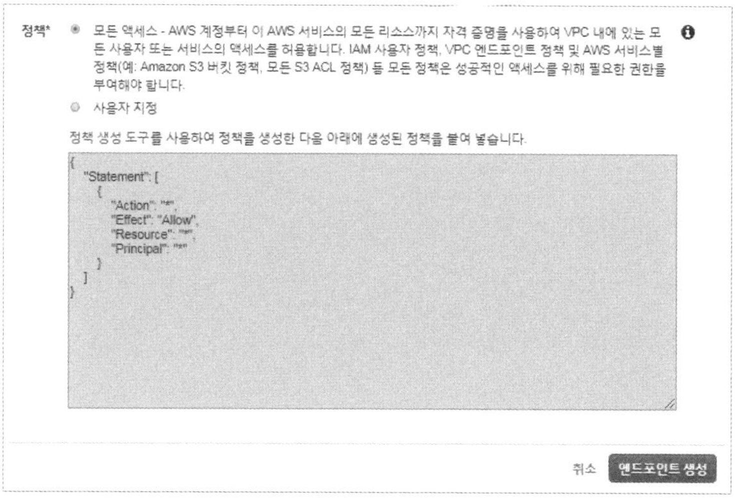

정책* ⊙ 모든 액세스 - AWS 계정부터 이 AWS 서비스의 모든 리소스까지 자격 증명를 사용하여 VPC 내에 있는 모든 사용자 또는 서비스의 액세스를 허용합니다. IAM 사용자 정책, VPC 엔드포인트 정책 및 AWS 서비스별 정책(예: Amazon S3 버킷 정책, 모든 S3 ACL 정책) 등 모든 정책은 성공적인 액세스를 위해 필요한 권한을 부여해야 합니다.

○ 사용자 지정

정책 생성 도구를 사용하여 정책를 생성한 다음 아래에 생성된 정책을 붙여 넣습니다.

```
{
    "Statement": [
        {
            "Action": "*",
            "Effect": "Allow",
            "Resource": "*",
            "Principal": "*"
        }
    ]
}
```

취소 엔드포인트 생성

그림 5.63 VPC 엔드포인트 설정 ③

이상으로 설정이 완료됩니다. S3에 대한 액세스 권한이 있는 IAM 역할 내지는 액세스 키, 시크릿 키를 EC2 인스턴스에 설정하고 아래 명령어를 실행합니다. S3 버킷 리스트가 취득됐다면 설정이 잘 됐다는 것을 알 수 있습니다.

```
$ aws s3 ls --region ap-northeast-1
```

toC 용도의 웹사이트뿐만 아니라 어떤 시스템에서도 배치 처리는 필요합니다. 또한 최근에는 데이터 분석을 통해 매출 향상을 노리는 경우가 많고, 분석 데이터의 사전 가공이 필요한 상황도 많습니다. 이러한 배치 환경을 구축할 때 작업 서버 패턴을 적용할 수 있는지 검토해보십시오.

5-7

하이브리드 사용 패턴

기존의 온프레미스 환경과 AWS 환경을 하이브리드로 사용하는 경우 온프레미스 환경에서 AWS 환경에 연결하는 방법으로 다음 세 가지 패턴이 있습니다.

- 인터넷을 통해 AWS 환경에 연결
- VPN 기능을 이용해 인터넷 VPN을 통해 AWS 환경에 연결
- 다이렉트 커넥트를 이용해 전용 회선을 통해 AWS 환경에 연결

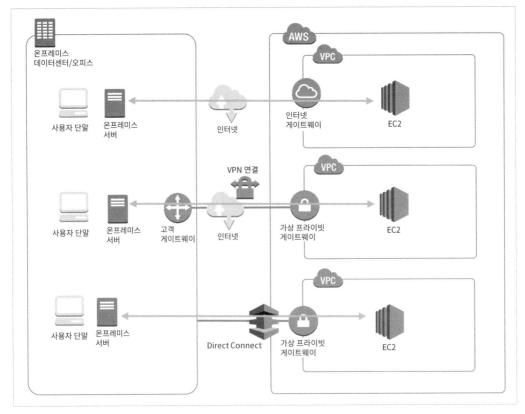

그림 5.64 온프레미스 환경과 AWS 환경을 연결하는 방법

엔터프라이즈 기업에서 AWS를 이용하는 경우, 보안 측면에서 인터넷 VPN 연결 또는 Direct Connect 연결을 사용해 온프레미스 환경의 폐쇄망의 연장으로 이용하는 것이 통례입니다. Direct Connect와 인터넷 VPN의 상세 내용과 차이점, 선택 방법, 설정 방법에 대해서는 4장에서 설명하고 있으므로 참조합니다. 여기서는 Direct Connect 연결을 사용해 온프레미스 데이터센터나 오피스 환경(이후 온프레미스 환경으로 지칭)과 AWS의 VPC 환경이 연결돼 있다는 전제하에 설명하겠습니다.

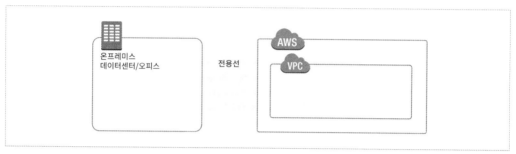

그림 5.65 온프레미스 환경과 AWS 환경의 폐쇄 연결 이미지

5.7.1 인터넷 연결 설계

AWS 환경에서는 VPC 외부와의 통신을 실현하기 위해 인터넷 게이트웨이, NAT 게이트웨이, 가상 프라이빗 게이트웨이, VPC 엔드포인트 등 다양한 게이트웨이가 준비돼 있습니다. AWS 환경에서 인터넷과 통신하는 경우 인터넷 게이트웨이를 만들고 VPC에 연결하는 것만으로 간단하게 인터넷 액세스용 출입구를 만들 수 있습니다. AWS는 막대한 대역의 인터넷 연결을 위한 게이트웨이를 보유하고 있으며, 또한 매우 저렴하게 이용할 수 있기 때문에 인터넷 액세스에는 이 게이트웨이를 사용할 것을 권장합니다.

그러나 온프레미스 환경과 VPC 환경을 Direct Connect(또는 인터넷 VPN)로 연결한 환경에서 사전에 네트워크 설계 없이 VPC 환경에 인터넷 게이트웨이를 생성해 버리면 이 VPC 측의 인터넷 출입구가 보안 취약점이 될 가능성이 있습니다. 일반적인 온프레미스 환경에서 인터넷 연결 출입구를 한곳에 모아 방화벽, WAF, 바이러스 검사 등의 보안 대책을 실시함으로써 거버넌스를 적용하고 보안을 담보하고 있기 때문입니다. 보안 관점에서 VPC 측의 인터넷 액세스 설계는 매우 중요합니다.

VPC 내에서 인터넷에 액세스

4장의 '인터넷에 있는 AWS 서비스에 연결'에 명시된 바와 같이(144쪽) AWS는 S3와 관리 콘솔을 비롯한 다양한 AWS 서비스가 VPC 외부에서 실행되고 있기 때문에 이들에게 액세스하기 위해 인터넷 액세스가 필요한 경우가 많습니다. 액세스 목적이나 용도에 따라 적절하게 설계하는 것이 매우 중요합니다. 이번 절에서 소개하는 시스템에서도 아래와 같은 상황에서 인터넷 액세스가 필요합니다.

표 5.3 인터넷 액세스가 필요한 경우

필요한 장면	액세스 방법
Storage Gateway 서버에서 API 엔드포인트에 액세스	NAT 게이트웨이를 이용한 액세스
Reshift에서 S3에 액세스	VPC 엔드포인트를 이용한 액세스

이번에 소개하는 환경은 온프레미스와의 하이브리드 환경으로서 보안 및 거버넌스가 매우 중요합니다. 따라서 각 AWS 서비스에 액세스가 필요한 경우에만 NAT 게이트웨이나 VPC 엔드포인트를 이용해 적절한 설계로 AWS 서비스로의 통신을 허용합니다. 그 밖의 인터넷 액세스는 온프레미스 환경의 프락시 서버를 이용해 온프레미스 환경의 규칙에 따르기로 합니다.

서브넷 설계

업무 시스템 샘플에서는 이번 절의 '하이브리드 사용 패턴', Storage Gateway를 이용한 '파일 서버 사용 패턴', Redshift를 이용한 '대규모 데이터 분석 패턴'의 세 가지를 소개하지만 특성, 통신 요구사항, 보안을 고려해서 다음의 네 가지 서브넷을 만듭니다. 또한 온프레미스 환경과 폐쇄망 연결 환경을 위해 이번에는 퍼블릭 세그먼트는 만들지 않습니다.

표 5.4 생성할 서브넷

서브넷	용도
Private Subnet(무작위 IP용)	ELB, RDS, Redshift 등 무작위한 프라이빗 IP가 부여되는 서비스를 위한 서브넷
Private Subnet(고정 IP용)	EC2 등 고정 프라이빗 IP가 부여되는 서비스를 위한 서브넷. IP가 충돌하지 않도록 무작위 IP가 부여되는 서브넷과는 다른 서브넷을 준비
Private Subnet(NAT 게이트웨이 연결용)	NAT 게이트웨이를 통해 인터넷 액세스가 필요한 서비스 용도의 서브넷. NAT 게이트웨이 액세스의 필요 유무에 따라 라우팅 설정이 다르기 때문에 독립된 서브넷을 준비

서브넷	용도
NAT Gateway Subnet	인터넷 게이트웨이에 대해 라우팅이 필요하기 때문에 보안의 관점에서 독립된 서브넷을 준비

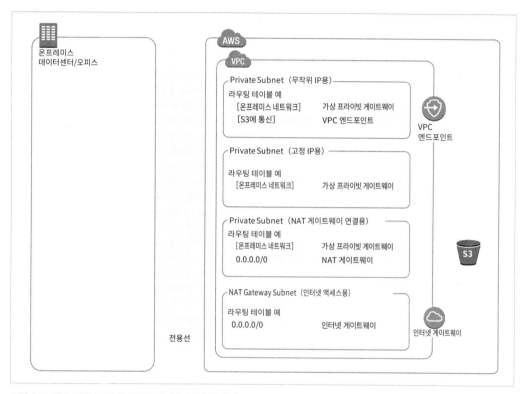

그림 5.66 이번 절에서 사용할 환경의 서브넷과 라우팅 설계

또한 가용성과 회복성을 고려해서 멀티 AZ를 구성하는 경우에는 각 서브넷을 AZ–A와 AZ–C에 각각 만듭니다. NAT 게이트웨이와 VPC 엔드포인트의 상세한 생성 방법 및 라우팅 테이블의 설정 방법은 5.6절 '작업 서버 패턴'을 참조합니다(252쪽).

5.7.2 하이브리드 사용 패턴

어떤 시스템의 컴퓨터 리소스의 일부 또는 전체를 AWS 환경으로 마이그레이션하고 온프레미스 환경과 하이브리드로 사용하는 패턴을 소개합니다.

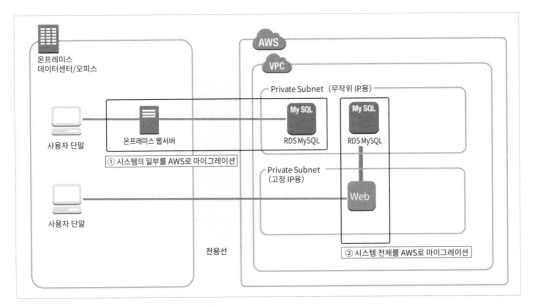

그림 5.67 온프레미스 환경과 AWS 환경의 하이브리드

AWS 환경으로 마이그레이션하는 방법

기존의 온프레미스 환경에 있는 서버를 AWS 환경으로 마이그레이션하는 방법으로 가상 머신의 VM 이미지를 그대로 AWS로 마이그레이션하는 VM Import/Export나 가상 머신의 정보를 그대로 AWS 환경으로 복사하는 AWS Server Migration Service가 준비돼 있습니다. 구체적인 서비스 설명 및 마이그레이션 방법에 대해서는 6장에서 설명하겠습니다.

시스템의 일부를 AWS 환경으로 마이그레이션하는 패턴

그림의 ①과 같이 시스템의 일부를 AWS 환경으로 마이그레이션하는 패턴입니다. 예를 들어, 데이터베이스를 AWS의 RDS로 마이그레이션해서 온프레미스 환경의 웹서버에서 AWS의 RDS에 연결합니다. 데이터베이스를 RDS로 마이그레이션함으로써 백업, 모니터링, 유지보수 및 운용 부하를 줄일 수 있습니다. 또한 액세스가 증가했을 때 성능 저하가 발생하기 쉬운 데이터베이스를 손쉽게 스케일 업, 스케일 아웃(리드 레플리카 – 읽기 전용 복사본 등을 이용한 부하 경감)할 수 있습니다.

온프레미스 환경과 AWS의 VPC 환경은 Direct Connect나 인터넷 VPN으로 폐쇄망 연결이 이뤄져 있으므로 프라이빗 연결로 그대로 액세스 가능합니다.

시스템 전체를 AWS 환경으로 마이그레이션하는 패턴

그림의 ②와 같이 WebAP 계층과 데이터베이스 계층을 함께 모아서 시스템 전체를 AWS로 마이그레이션하는 패턴도 있습니다. 온프레미스 환경에 물리 서버를 둘 필요가 없고, 또한 EC2나 RDS는 쉽게 스케일 업할 수 있습니다. 부하에 따른 스케일 업/다운을 실시해 비용 혜택을 누릴 수 있습니다. 또한 스냅숏 및 AMI 백업을 이용해 쉽게 데이터를 백업할 수 있습니다.

게다가 액세스 증가에 따라 부하가 증가하는 경우에는 아래 그림과 같이 ELB와 Auto Scaling을 조합해서 부하에 따라 자동으로 확장할 수도 있습니다. 이때 ELB 및 Auto Scaling의 서버군에는 임의의 Private IP가 부여되므로 Private Subnet(무작위 IP용)에 배치합니다. 구체적인 설정 방법은 5.2절 '웹 가용성 향상 패턴'을 참조합니다(190쪽).

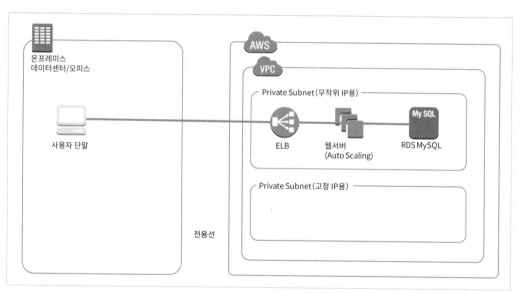

그림 5.68 Auto Scaling을 이용하는 경우

⚙ Column **온프레미스에서 ELB나 RDS에 연결할 때의 주의사항**

ELB 및 RDS에 연결할 때는 FQDN라는 주소를 이용해 액세스합니다. 이것은 ELB와 RDS 내부의 IP가 유동적이기 때문입니다. 이 FQDN에서 이름 확인을 통해 IP를 검색하기 위해 DNS에 액세스할 필요가 있는데, 인트라넷 내에서는 DNS에 액세스할 수 없는 환경이 존재합니다. 이 경우 인트라넷 내에서 aws.amazon.com 및 amazon aws.com 등의 DNS명의 이름 확인이 가능하도록 외부 DNS와의 연계 등을 고려할 필요가 있습니다.

5-8

파일 서버 사용 패턴

Storage Gateway라는 서비스를 이용해 파일 서버를 만들고 온프레미스 환경의 파일 백업 대상으로
AWS를 활용하는 경우의 패턴을 소개하겠습니다.

5.8.1 파일 서버 사용 패턴

Storage Gateway는 온프레미스 환경에서 AWS 스토리지를 사용 가능하게 하는 하이브리드 스토리
지 서비스입니다. 온프레미스 환경이나 AWS 환경에서 가상 머신을 이용한 게이트웨이를 만들고 이 게
이트웨이를 통해 간접적으로 AWS의 스토리지를 이용 가능하게 합니다.

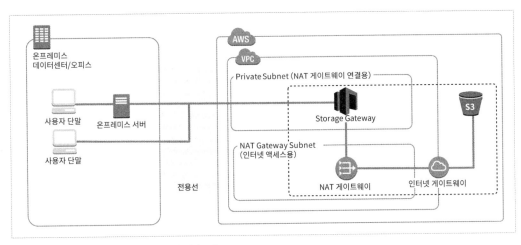

그림 5.69 Storage Gateway를 이용한 파일 서버 구축

이 패턴은 백업, 아카이브, BCP 재해 대책 용도로 사용할 수 있습니다. 2017년 12월 현재 Storage Gateway는 아래의 세 가지 기능이 있습니다.

표 5.5 Storage Gateway의 기능

기능	설명
파일 게이트웨이	S3를 백엔드로 사용하는 NFS(v3, v4.1) 인터페이스의 파일 스토리지
볼륨 게이트웨이	EBS 스냅숏을 백엔드로 사용하는 iSCSI 블록 인터페이스의 블록 스토리지
테이프 게이트웨이	iSCSI 가상 테이프 라이브러리(VTL) 인터페이스의 가상 테이프 스토리지 및 VTL 관리

여기서는 Storage Gateway의 파일 게이트웨이 기능을 이용해 NFS 인터페이스의 파일 서버를 만들고 AWS의 S3로 백업하는 패턴을 소개합니다.

전체 구성

AWS에서는 파일 게이트웨이로서 아래의 플랫폼을 대상으로 게이트웨이가 제공됩니다.

표 5.6 제공되는 파일 게이트웨이

플랫폼	용도
VMware ESXi	온프레미스 환경의 ESXi에 게이트웨이를 만드는 경우
Microsoft Hyper-V 2008R2/2012	온프레미스 환경의 Hyper-V에 게이트웨이를 만드는 경우
Amazon EC2	AWS 환경에 EC2로 게이트웨이를 만드는 경우

이번 절에서는 Direct Connect(또는 인터넷 VPN)를 이용해 온프레미스 환경과 AWS의 VPC 환경이 폐쇄망으로 연결돼 있다는 전제하에 EC2용으로 제공되는 게이트웨이를 사용해 AWS 환경에서 파일 게이트웨이를 만듭니다.

네트워크 설계

파일 게이트웨이는 S3에 파일을 백업하기 위해 AWS API 엔드포인트와 S3에 액세스가 필요합니다. 보안을 고려해 NAT 게이트웨이를 통해 인터넷 액세스 가능한 네트워크 설계를 실시합니다. 'Storage Gateway를 이용한 파일 서버 구축'의 그림(266쪽) 대로 Storage Gateway는 Private Subnet에 배치합니다.

5.8.2 Storage Gateway 이용법

파일 서버 사용 패턴에서 Storage Gateway의 파일 게이트웨이를 만드는 방법을 소개합니다. 만드는 순서는 다음과 같습니다.

1. 파일 게이트웨이 서버의 생성

2. 백업을 저장할 S3를 설정

3. 클라이언트에서 파일 게이트웨이를 NFS 마운트

파일 게이트웨이 서버 만들기

관리 콘솔에서 Storage Gateway를 열고 시작하기를 클릭합니다.

그림 5.70 파일 게이트웨이 서버 생성

게이트웨이 유형 선택 화면이 표시되면 '파일 게이트웨이'를 선택한 후 다음으로 넘어갑니다.

그림 5.71 게이트웨이의 유형 선택

호스트 플랫폼을 선택하는 화면이 나오면 'Amazon EC2'를 선택합니다. '인스턴스 실행' 버튼으로 게이트웨이 기능을 가진 EC2 인스턴스를 생성하는데, 이 서버는 데이터가 S3로 동기화할 때 Storage Gateway나 S3의 엔드포인트에 액세스합니다. 그 때문에 NAT 게이트웨이를 통해 엔드포인트에 액세스할 수 있는 서브넷에 배치해야 합니다(이 예에서는 'PrivateSubnet(NAT 게이트웨이 연결용)'에 연결합니다). 또한 로컬 디스크를 게이트웨이용 캐시로 이용하기 때문에 인스턴스에는 루트 볼륨 외에 다른 EBS를 연결합니다. 150GB 이상을 권장합니다.

그림 5.72 호스트 플랫폼 선택

만든 게이트웨이(EC2)의 퍼블릭 IP 주소를 설정합니다. 현재 관리 콘솔에 액세스하고 있는 PC 및 서버에서 이 IP에 액세스할 수 있어야 합니다.

그림 5.73 게이트웨이에 연결

표준 시간대와 게이트웨이 이름을 입력합니다.

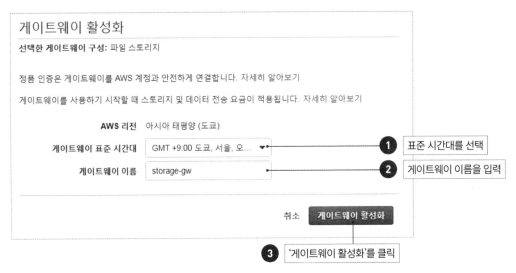

그림 5.74 게이트웨이 활성화

게이트웨이 서버에 부여한 EBS가 표시되므로 캐시 스토리지로 이용할 디스크를 선택합니다.

그림 5.75 로컬 디스크 구성

백업을 저장할 S3의 설정

계속해서 생성한 게이트웨이에 대해 파일 공유 생성을 실시합니다. S3 버킷을 생성하고 백업 장소로 설정합니다. 게이트웨이 목록 화면에서 해당 게이트웨이를 선택하고 파일 공유 만들기를 클릭합니다.

그림 5.76 파일 공유 생성

S3 버킷 이름 등을 지정하고 다음으로 넘어갑니다.

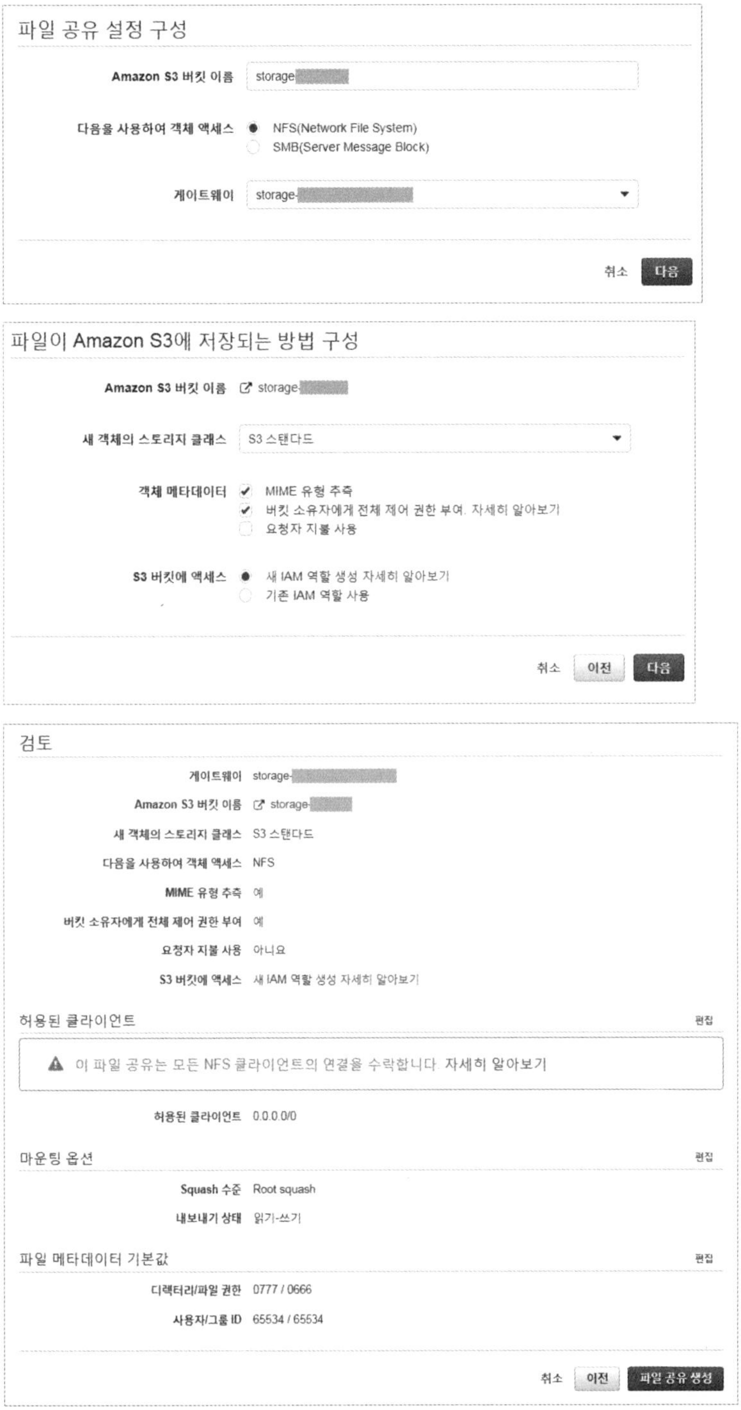

파일 공유 설정 구성

Amazon S3 버킷 이름	storage-
다음을 사용하여 객체 액세스	● NFS(Network File System)
	○ SMB(Server Message Block)
게이트웨이	storage- ▼

취소 **다음**

파일이 Amazon S3에 저장되는 방법 구성

Amazon S3 버킷 이름	↗ storage-
새 객체의 스토리지 클래스	S3 스탠다드 ▼
객체 메타데이터	✔ MIME 유형 추측
	✔ 버킷 소유자에게 전체 제어 권한 부여. 자세히 알아보기
	☐ 요청자 지불 사용
S3 버킷에 액세스	● 새 IAM 역할 생성 자세히 알아보기
	○ 기존 IAM 역할 사용

취소 이전 **다음**

검토

게이트웨이	storage-
Amazon S3 버킷 이름	↗ storage-
새 객체의 스토리지 클래스	S3 스탠다드
다음을 사용하여 객체 액세스	NFS
MIME 유형 추측	예
버킷 소유자에게 전체 제어 권한 부여	예
요청자 지불 사용	아니요
S3 버킷에 액세스	새 IAM 역할 생성 자세히 알아보기

허용된 클라이언트 편집

⚠ 이 파일 공유는 모든 NFS 클라이언트의 연결을 수락합니다. 자세히 알아보기

허용된 클라이언트	0.0.0.0/0

마운팅 옵션 편집

Squash 수준	Root squash
내보내기 상태	읽기-쓰기

파일 메타데이터 기본값 편집

디렉터리/파일 권한	0777 / 0666
사용자/그룹 ID	65534 / 65534

취소 이전 **파일 공유 생성**

그림 5.77 S3 버킷 생성

클라이언트에서 파일 게이트웨이를 NFS 마운트

상태가 생성 중에서 사용 가능으로 바뀌면 완료입니다. 실제로 윈도우 단말에서 NFS 마운트해 보면 다음과 같이 별다른 문제 없이 네트워크 드라이브로 인식됩니다[9].

그림 5.78 S3 버킷을 NFS 마운트

이 네트워크 드라이브에 파일을 배치하고 S3에 동기화되면 설정 완료입니다.

---

9 (옮긴이) 예제 명령에 표시되는 IP 주소는 프라이빗 IP이므로 실제 명령을 실행할 때는 퍼블릭 IP로 실행해야 합니다.

주의 사항

네트워크 드라이브에 배치된 데이터는 30초 ~ 1분 후에 비동기적으로 S3에 동기화됩니다. S3에 데이터 보관 보증이 필요한 경우에는 주의합니다. 또한 S3에 직접 배치한 데이터는 Storage Gateway 측에 반영되지 않으므로 주의합니다.

⚙ Column 오래된 파일의 자동 삭제 및 아카이브화

파일 게이트웨이를 이용한 파일 백업은 각 파일이 S3의 객체로서 저장됩니다. S3는 버킷 내 객체에 대해 스토리지 클래스의 변경(S3에서 Glacier로 아카이브) 및 삭제 처리를 자동화하는 라이프 사이클 관리 기능을 사용할 수 있습니다. 예를 들어, 반년 동안 갱신되지 않은 파일은 Glacier에 자동으로 아카이브화하고, 1년 동안 갱신이 없으면 삭제하는 등 라이프 사이클을 자동으로 간단히 설정할 수 있습니다.

대규모 데이터 분석 패턴

AWS를 사용하는 장점 중 하나는 민첩성, 즉 '사용하고 싶을 때 사용하고 싶은 만큼의 리소스를 즉시 사용할 수 있다'는 것을 들 수 있습니다. 단순히 온프레미스 환경의 서버나 각각의 데이터를 AWS로 마이그레이션하는 것만이 아니라 온프레미스 환경에서는 시간과 투자 측면에서 실현할 수 없었던 것을 실현하는 도구로 사용할 수 있습니다. 예를 들어, 대량의 컴퓨터 리소스를 사용하는 대규모 분산 처리 기반이나 페타바이트 급을 처리하는 데이터웨어 하우스를 이용한 분석 및 시각화가 그렇습니다. 이들을 막대한 초기 투자를 하지 않고 시간 단가로 저렴하게 이용할 수 있습니다.

5.9.1 Redshift와 BI 도구를 이용한 대규모 분석

Amazon Redshift는 칼럼 지향형으로 수백 기가바이트에서 페타바이트 급의 데이터를 분석할 수 있는 PostgreSQL 호환 데이터웨어 하우스입니다. Redshift는 Leader 노드와 여러 Compute 노드로 구성됩니다. 하나의 SQL을 여러 노드에서 병렬로 처리함으로써 대용량 및 고속 데이터 웨어하우스를 실현합니다.

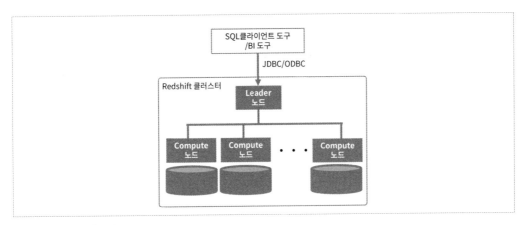

그림 5.79 Redshift의 구성

Redshift는 Amazon QuickSight나 서드파티의 Tableau를 비롯한 BI 도구와 함께 자주 사용됩니다. Redshift 및 BI 도구를 결합해 대규모 데이터 분석을 지원하는 패턴을 구축할 수 있습니다.

QuickSight는 2017년 12월 기준으로 아직 도쿄 리전에서 사용할 수 없기 때문에 이번 절에서는 Redshift와 Tableau를 이용한 대규모 데이터 분석 패턴을 구축해서 샘플 데이터를 이용한 분석 예를 소개합니다[10].

5.9.2 대규모 데이터 분석 패턴

Redshift와 BI 도구를 연계한 대규모 데이터 분석 패턴은 다음과 같습니다. Redshift 클러스터와 BI 도구를 각각 서브넷에 배치해서 연계합니다. 샘플 데이터는 Storage Gateway를 통해 S3 버킷에 저장합니다(Storage Gateway에 대해서는 268쪽을 참조합니다).

---

10 (옮긴이) QuickSight는 2018년 5월에 도쿄 리전에서 사용할 수 있게 됐습니다. 2018년 9월 현재 서울 리전에서는 사용할 수 없습니다.

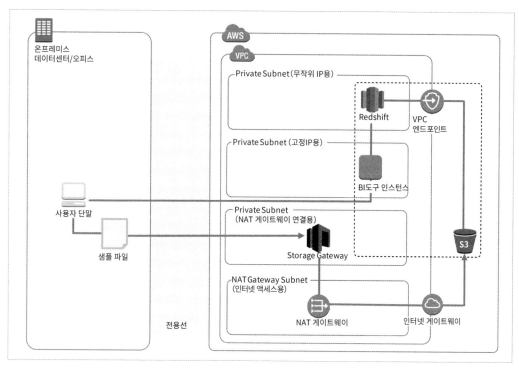

그림 5.80 Redshift와 BI 도구를 연계한 대규모 데이터 분석 패턴

이번에 소개하는 패턴은 아래의 순서로 만들어 나갑니다.

1. Redshift 클러스터를 VPC에 생성

2. Storage Gateway를 이용한 파일 서버를 통해 분석 데이터용 샘플 데이터를 S3에 업로드

3. Redshift 클러스터에 JDBC/ODBC 연결

4. Redshift 클러스터에 테이블 생성

5. Redshift 클러스터에 샘플 데이터 로드

6. BI 도구 Tableau에서 연결, 분석 실시

5.9.3 Redshift 사용법

우선 Redshift 클러스터를 생성합니다. 관리 콘솔에서 Redshift를 열고 '클러스터 시작'을 클릭합니다.

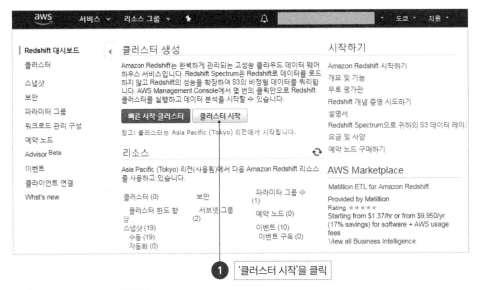

그림 5.81 Redshift 클러스터 생성 ①

마스터 사용자 이름, 패스워드는 Redshift 연결 시에 필요한 중요한 정보이므로 주의합니다.

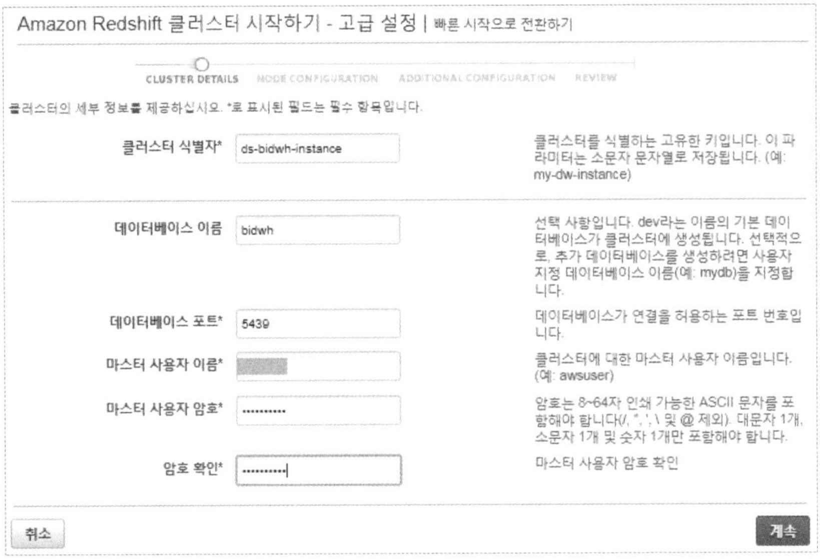

그림 5.82 Redshift 클러스터 생성 ②

다음 화면에서는 노드의 유형, 노드 수를 설정합니다. 필요한 성능, 스토리지 사이즈에 맞춰 노드를 결정합니다. 이것은 생성 후에 변경 가능합니다.

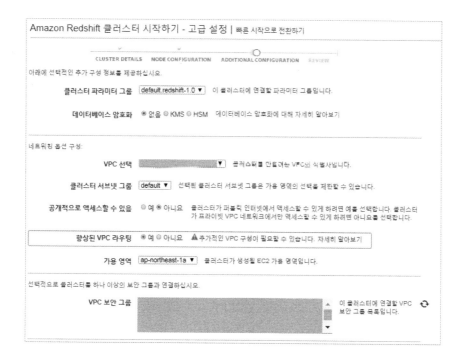

그림 5.83 Redshift 클러스터 생성 ③

다음 화면에서 파라미터 그룹, 네트워크, 보안 관련 설정을 실시합니다. 각 설정 내용은 다음과 같습니다.

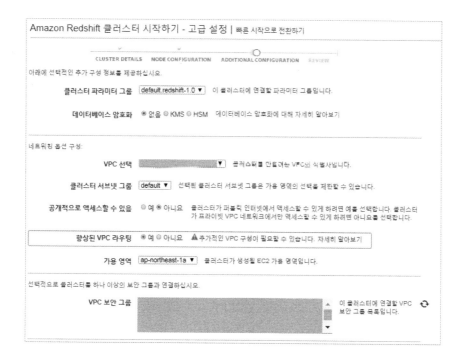

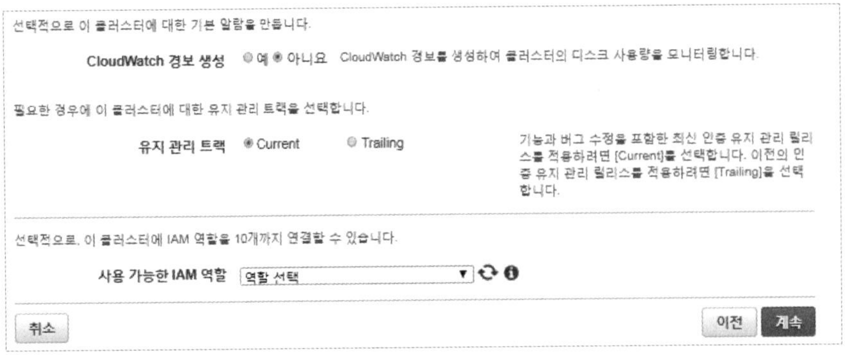

그림 5.84 Redshift 클러스터 생성 ④

표 5.7 파라미터 그룹, 네트워크, 보안 관련 설정

설정 항목	설명
클러스터 파라미터 그룹	쿼리 타임아웃과 날짜 및 시간 값의 표시 형식, 감사 로그 등의 데이터베이스 설정
데이터베이스 암호화	클러스터 및 스냅숏의 데이터 블록과 시스템 메타데이터의 암호화. 시작 후 변경할 수 없기 때문에 필요한 경우 초기 시작 시에 활성화 필요. KMS와 HSM을 선택 가능
VPC 선택	Redshift 클러스터를 만들 VPC의 선택
클러스터 서브넷 그룹	미리 준비해 둔 서브넷 그룹. 서브넷 그룹에 Redshift 클러스터가 생성됨
퍼블릭 액세스 가능	인터넷을 통한 액세스를 허용할지 여부 설정
확장된 VPC 라우팅	설정돼 있는 라우팅 테이블에 따라 통신을 수행할지 설정. '아니오'를 선택하면 라우팅 테이블의 설정에 관계없이 Redshift 클러스터와 S3는 인터넷을 통해 통신이 이뤄짐
가용 영역	서브넷 그룹에 포함된 가용 영역에서 선택 가능
VPC 보안 그룹	Redshift 클러스터에 연결할 보안 그룹
CloudWatch 경보 생성	Redshift 클러스터의 디스크 사용량에 따른 경고 알림 설정
사용 가능한 역할	Redshift 클러스터에 연결할 IAM 역할

뒤에서 설명하겠지만 데이터 로드를 위해 Redshift에서 S3로 액세스할 수 있도록 S3에 액세스 가능한 IAM 역할을 설정합니다.

샘플 데이터 S3 업로드

이 예에서는 서울시에서 공개하고 있는 서울시 주민등록 인구(구별) 데이터를 이용합니다. 아래의 링크에서 데이터를 내려받아 필요한 부분만 추출했습니다.

http://data.seoul.go.kr/dataList/datasetView.do?infId=419&srvType=S&serviceKind=2&currentPageNo=1

사용하는 샘플 데이터는 다음 표와 같습니다(서울시의 모든 구를 포함합니다). 괄호로 감싼 내용은 Redshift 클러스터에서 만들 테이블의 칼럼 이름입니다.

표 5.8 샘플 데이터

번호(no)	구(dist)	남자(male)	여자(female)
1	종로구	79,962	84,386
2	중구	66,582	68,557
3	용산구	119,985	125,426
4	성동구	154,672	159,879
5	광진구	180,206	191,465
6	동대문구	180,381	184,581
7	중랑구	204,411	207,141
8	성북구	220,024	233,878
9	강북구	159,853	167,658
...	...	...	...

이번에는 샘플이기 때문에 매우 작은 크기의 데이터를 사용하고 있지만 수 테라바이트, 수 페타바이트 규모의 대량 데이터 셋을 Redshift에 로드하려면 상당한 시간과 대량의 컴퓨팅 리소스를 소비하는 경우가 있습니다. Redshift에서는 INSERT보다 효과적으로 대량의 데이터를 로드하기 위해 COPY 명령어가 준비돼 있습니다. COPY 명령어는 S3, EMR, DynamoDB를 소스로 고속으로 데이터를 로드할 수 있습니다. 따라서 이 패턴과 같이 데이터는 S3에 업로드하고 그것을 COPY하는 구성을 만들겠습니다.

생성한 샘플 데이터의 CSV 파일을 5.8절 '파일 서버 사용 패턴'에서 생성한 Storage Gateway(268쪽)를 통해 S3에 업로드하고 COPY 명령어를 이용해 Redshift에 로드합니다.

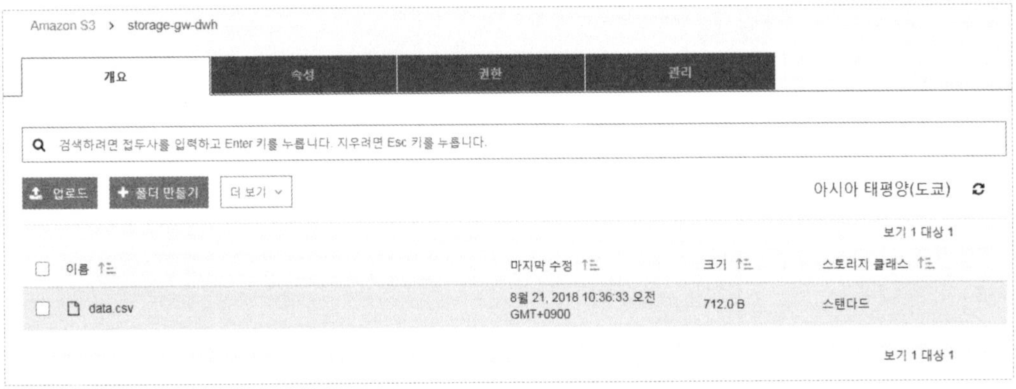

그림 5.85 샘플 데이터 업로드

테이블 생성과 데이터 임포트

S3의 데이터를 COPY 명령어를 이용해 Redshift로 임포트하기 위해 이번 절에서는 SQL 쿼리 도구로 유명한 SQL Workbench/J(http://www.sql-workbench.net/)를 사용합니다.

SQL Workbench/J를 설치합니다. Redshift 연결에 필요한 JDBC 드라이버는 '클라이언트 연결' 메뉴에서 다운로드할 수 있습니다. 설치는 Redshift에 연결 가능한 서버에 합니다. 이번에는 Tableau를 설치하고 Redshfit와 연결할 서버(BI 도구 인스턴스)에 설치합니다.

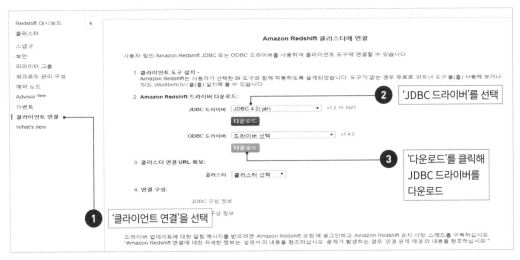

그림 5.86 JDBC 드라이버 설정

다운로드한 드라이버를 SQL Workbench/J를 설치한 위치와 같은 폴더에 배치하고 시작합니다. 연결 설정 화면이 열리므로 Manage Drivers를 클릭해 Redshift 연결 설정을 합니다.

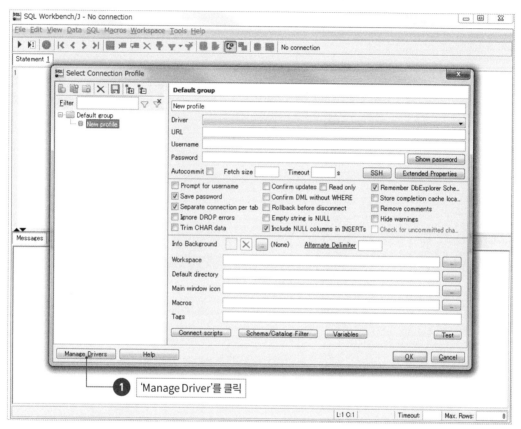

그림 5.87 SQL Workbench/J 설정 ①

적당한 이름을 입력한 후 다운로드한 JDBC 드라이버를 선택하고 다음 단계로 넘어갑니다.

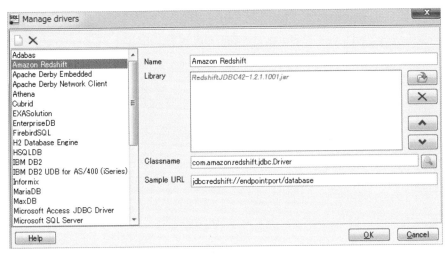

그림 5.88 SQL Workbench/J 설정 ②

Redshift 클러스터에 연결하는 접속 정보를 입력하고 'Test'를 클릭해 연결이 성공하는지 확인하고 다음 단계로 넘어갑니다.

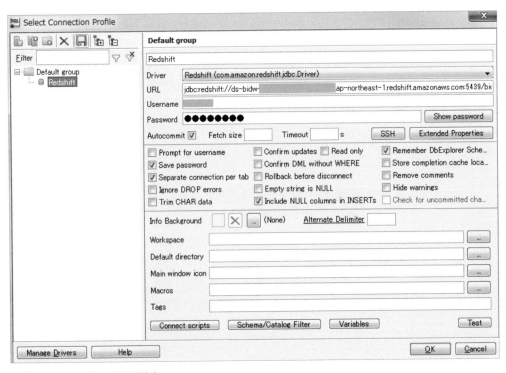

그림 5.89 SQL Workbench/J 설정 ③

문제없이 연결됐는지 확인하기 위해 information_schema 테이블을 대상으로 select SQL을 실행해보겠습니다. 아래 부분에 결과가 출력되면 문제없이 Redshift 클러스터에 연결된 상태입니다.

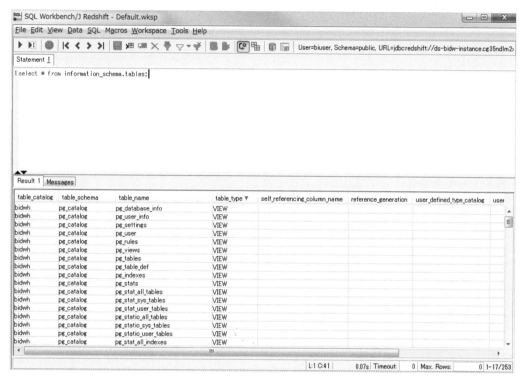

그림 5.90 Redshift 연결 확인

샘플 데이터 로드

먼저, 작성한 CSV데이터에 맞춰 임포트에 필요한 테이블을 생성합니다.

예제 5.4 테이블 생성

```
create table population(
    no integer not null distkey sortkey,
    dist varchar(20),
    male integer,
    female integer);
```

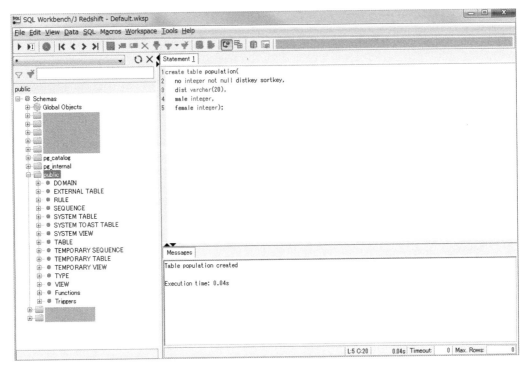

그림 5.91 샘플 데이터용 테이블 생성

데이터를 로드할 준비가 갖춰졌으므로 COPY 명령어를 이용해 S3의 데이터를 Redshift 클러스터에 로드합니다. 이번에는 IAM 역할을 이용해 S3에 액세스할 수 있는 권한을 부여합니다. IAM 역할을 이용해 S3로부터 로드할 경우의 COPY 명령어는 아래 구문을 이용합니다.

예제 5.5 데이터 로드

```
copy [테이블이름] from 's3://[버킷이름]/[파일패스]'
credentials 'aws_iam_role=[IAM역할ARN]'
delimiter '[CSV구분자]' region '[리전이름]'
```

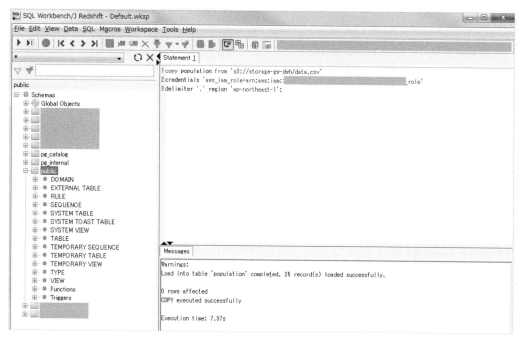

그림 5.92 샘플 데이터 로드

로드가 완료되면 select로 로드가 완료됐는지 확인합니다.

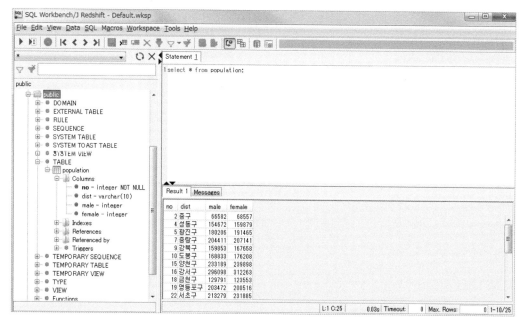

그림 5.93 샘플 데이터 로드 확인

BI 도구에서 Redshift에 연결

정상적으로 Redshift 클러스터에 데이터가 로드된 것이 확인되면 이번에는 BI 도구에서 Redshift에 연결합니다. 276쪽의 구성도에 표시한 BI 도구 인스턴스 상에는 Redshift와 함께 사용하는 BI 도구로 매우 사용 사례가 많은 Tableau Desktop[11]을 설치해야 합니다.

Tableau Desktop을 시작하고 Redshift 연결을 설정합니다. Tableau Desktop은 Redshift 외에도 EMR, Aurora, Athena 등 다양한 AWS 서비스와도 연결할 수 있게 돼 있습니다.

그림 5.94 Tableau Desktop에서 Redshfit로 연결

정상적으로 연결이 완료되면 테이블 목록이 표시되므로 사용할 테이블을 선택합니다.

테이블을 조인할 경우에는 여기서 설정합니다.

---

11 https://www.tableau.com/ko-kr/products/desktop

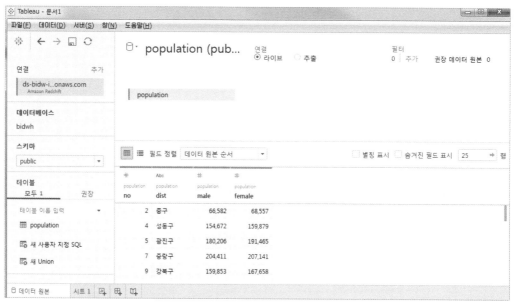

그림 5.95 Tableau Desktop에서 사용할 테이블 설정

Tableau는 지역 이름의 문자열에 대해 지리적 역할을 설정할 수 있습니다. 이 기능을 이용해 서울시의 구별 인구를 서울시 지도에 표시해 보겠습니다. 자세한 내용은 Tableau Desktop 문서를 참조합니다.

그림 5.96 서울시 인구 데이터의 시각화 예

5-10

인프라 구축 자동화

시스템을 AWS에서 구축하는 장점으로 구축 작업을 자동화하기가 쉽다는 점을 들 수 있습니다. 온프레미스의 경우 인프라를 구축할 때 서버의 발주, 셋업, 네트워크 설정 등을 수작업으로 수행해야 했습니다. AWS의 경우 이러한 작업이 모두 API로 공개돼 있기 때문에 환경 구축을 코드화할 수 있습니다. 이것은 AWS로 서비스를 운영하는 큰 장점이라고 생각합니다.

인프라 구축을 코드화하는 것은 초기 비용이 많이 드는 작업입니다. 1개의 환경만 구축하는 것이라면 수작업으로 구축하는 것이 빠를 수도 있습니다. 그러나 대부분의 시스템에서는 비슷한 환경을 여러 개 준비하는 것이 보통입니다. 인프라 구축 코드를 한번 준비해 두면 그것을 실행하는 것만으로 환경을 구축할 수 있습니다. 수작업으로 구축하는 것보다 신속하게 실수 없이 환경을 만들 수 있는 것은 말할 것도 없습니다. 따라서 동일한 환경, 비슷한 환경을 여러 개 만드는 것이라면 코드를 준비하는 데 걸린 초기 비용을 바로 회수할 수 있습니다. 기업 내에서 AWS를 도입하기로 결정했을 때는 손익 분기점을 초과하는 개수의 환경을 구축하는지 여부에 따라 인프라 구축을 자동화할 것인지 결정하면 좋겠습니다. AWS를 도입한다면 인프라 구축 자동화는 가능한 한 채용해야 한다고 생각합니다. 그 이유는 세 가지입니다.

1. 어느 규모 이상의 시스템에서는 개발 환경, 테스트 환경, 운영 환경이라는 적어도 3개 이상의 환경을 구축하는 경우가 많을 것입니다. 경험상 환경을 3개 이상 구축한다면 자동화를 위해 소요된 비용을 회수할 수 있는 경우가 많습니다.

2. 최근에는 해외 진출이나 DR 목적으로 서울 이외의 리전에도 같은 시스템을 구축하는 안건이 증가하고 있습니다. 처음부터 자동화를 검토해 두면 짧은 시간에 실수 없이 새로운 환경을 다른 리전에 구축할 수 있습니다.

3. 환경 구축 '매뉴얼'을 모두 코드화할 수 있으므로 매뉴얼을 Git과 Subversion으로 버전 관리할 수 있습니다. 이러한 방식
   의 환경 구축 매뉴얼은 엑셀이나 텍스트로 작성해도 금방 낡은 정보가 돼 버리는 경우가 많아 정작 필요할 때 도움이 되지
   않는 경험을 하신 분이 많을 것입니다. 코드화하면 최신 환경과 매뉴얼이 항상 일치하는 상태를 유지할 수 있습니다(물론
   코드에 없는 작업을 수동으로 실시해 버리면 이 '매뉴얼'도 낡은 정보가 되므로 수동으로 작업하지 않도록 주의할 필요가
   있습니다).

이런 이유로 기업에서 AWS를 도입하기로 결정했을 때는 인프라 구축 작업을 어떤 방법으로든 자동화
하는 것을 적극 권장합니다.

5.10.1 AWS 인프라 구축 자동화 서비스

AWS에는 인프라 구축을 자동화하는 세 가지 서비스가 있습니다. 이번 절에서는 이 세 가지 서비스를
소개하고, 그 사용처와 사용 구분을 설명합니다. 먼저 각 서비스를 소개하겠습니다.

AWS CloudFormation

AWS 리소스의 설정을 JSON 형식 또는 YAML 형식으로 기재한 템플릿을 만들고 해당 템플릿에서
AWS 리소스를 자동으로 구축하는 서비스입니다.

AWS OpsWorks

Chef 기반의 인프라 구성 관리 서비스입니다. 레시피를 사용해 구성을 정의 및 관리하고 EC2 인스
턴스에 대한 각종 서비스의 설치 및 구성을 자동화합니다. OpsWorks 스택과 OpsWorks for Chef
Automate라는 두 가지 기능이 있습니다.

AWS Elastic Beanstalk

주로 사용하는 인프라 구성의 자동 구축 및 애플리케이션 배포 자동화 서비스입니다. AWS에서 인프라
구축 및 미들웨어 설치 및 설정 작업을 할 필요가 없기 때문에 비즈니스적으로 가치를 창출하는 서비스
의 기능 개발에 집중할 수 있습니다.

서비스의 사용 구분

이 세 가지 서비스는 지원하는 레이어가 다를 뿐 모두 인프라 구축의 자동화를 지원하는 서비스입니다. 먼저 이 서비스의 사용 구분에 대해 설명하겠습니다.

Elastic Beanstalk(이하 Beanstalk)은 일반적인 구성으로 시스템 요구사항을 충족할 수 있다면 도입하기가 매우 용이합니다. 특히 AWS를 잘 아는 멤버가 없는 경우에 AWS의 일반 구성으로 스몰 스타트할 수 있는 것이 강점입니다. 우선 가장 빠르게 세상에 서비스를 출시하고 싶은 경우, 예를 들면 민첩성이 높고 시행착오의 반복이 필요한 신규 사업 등에서 위력을 발휘한다고 생각합니다. 일반적인 구성에서 벗어나게 되면 이용할 수 없기 때문에 구성의 자유도가 낮은 것이 단점이긴 하지만 인프라를 재설계만 하면 지금까지 개발한 애플리케이션이 쓸모없어지는 일은 없습니다. 서비스 시작 단계에서 사용할 수 있는지 검토하면 좋겠습니다.

CloudFormation은 Beanstalk의 반대로 AWS 서비스 군의 특징과 특성을 이해하고 인프라 설계를 할 수 있는 것이 전제가 되기 때문에 도입 난이도는 가장 높다고 할 수 있습니다. 그러나 서비스를 요구사항에 맞게 조합해서 자유롭게 설계와 구축을 할 수 있으므로 구성의 융통성 면에서는 강점이 있습니다. 이 책의 대상 독자분들은 대규모 시스템을 온프레미스에서 개발 및 운용하는 분, 그러한 대규모 시스템을 AWS에 구축 혹은 마이그레이션하는 것을 검토하고 있는 분들이 많을 것입니다. 그런 경우에는 Beanstalk 같은 심플한 구성으로는 해결되지 않는 것이 대부분이므로 자동화한다면 CloudFormation을 먼저 검토하는 것이 좋다고 생각합니다. 그러나 미들웨어의 설치 및 설정 등 OS보다 상위 레이어의 자동화에 대해서는 CloudFormation만 가지고는 할 수 없기 때문에 Ansible이나 Chef 같은 도구와 조합해서 사용할 필요가 있습니다.

OpsWorks는 Chef를 이용한 구성 관리 서비스이므로 자동화 및 구성 관리의 대상은 OS보다 상위의 레이어가 됩니다. CloudFormation과 조합해서 모든 레이어를 대상으로 구축의 자동화를 실현할 수 있습니다. 이미 인프라의 자동 구축이 진행되고 있으며, Chef의 레시피가 있는 경우 등은 리소스를 활용할 수 있으므로 궁합이 매우 좋습니다. OpsWorks는 기능이 크게 두 가지로 나뉘기 때문에 어느 쪽을 채용할 것인지 프로젝트마다 검토합니다.

세 개의 서비스 중 어느 것이 우수한가의 문제가 아니라 어떤 구성으로 하고 싶은가, 미래에 그 구성은 어디까지 달라질 수 있는가, 팀에 AWS를 잘 아는 멤버가 있는가 등, 상황에 따라 최적의 서비스를 구분해서 사용해야 합니다. 앞서 얘기한 바와 같이 기업 내 시스템을 구축하는 경우에는 CloudFormation을 이용하는 것이 많을 것입니다. 그래서 이번 절에서는 주로 CloudFormation을 이용해 인프라 구축을 자동화하는 방법을 소개하고 OpsWorks와 Beanstalk에 대해서는 마지막에 간단히 설명하겠습니다.

5.10.2 CloudFormation을 이용한 인프라 자동 구축

CloudFormation은 AWS의 리소스 관리와 구축을 자동화하는 서비스입니다. 템플릿으로 불리는 인프라 정의를 JSON 형식이나 YAML 형식으로 기재하고, 템플릿을 적용해 인프라 구축을 자동으로 할 수 있습니다. 템플릿을 한번 작성하면 그 구성을 몇 번이든 만들 수 있기 때문에 DR 사이트를 다른 리전에 똑같은 구성으로 만드는 경우나 테스트 환경을 하위 팀마다 제공하는 경우 등에서 효력을 발휘하는 서비스입니다. 또한 AWS 환경과 템플릿이 일대일로 대응하기 때문에 템플릿을 보면 인프라 구성을 알 수 있다는 의미에서 구성 관리 측면에서도 도움이 됩니다.

이번 절에서는 CloudFormation의 기능을 자세히 설명한 다음, 어떻게 CloudFormation을 이용해 운용해 나갈 것인지 검토하겠습니다.

CloudFormation 기능 개요

CloudFormation을 구성하는 요소로 구성을 기재한 '템플릿'과 템플릿에서 생성된 '스택'이 있습니다. 스택은 CloudFormation 기능으로 자동 생성된 AWS 리소스의 집합을 나타냅니다. CloudFormation은 스택 단위로 리소스를 관리하기 위해 스택에 연관된 리소스를 한 번에 구축하거나 모아서 한 번에 제거할 수 있습니다. 또한 구축할 리소스 군 사이에는 의존 관계가 있는 경우가 있습니다. 예를 들어, VPC를 만들지 않고서는 그 안에 EC2 인스턴스를 만들 수 없습니다. 이 같은 리소스의 의존관계는 CloudFormation이 자동 구축 시에 판단하고 구축하는 순서에 모순이 없도록 결정합니다.

이어서 CloudFormation 템플릿에 대해 설명합니다. 템플릿은 스택 구성을 결정하는 설계서로서 CloudFormation의 핵심 요소입니다. 템플릿은 JSON 형식이나 YAML 형식으로 기술할 수 있지만, 이번 절에서는 YAML 형식으로 설명하겠습니다. 템플릿은 'AWS 리소스를 기술하는 장소', '실행 조건을 기술하는 장소' 등의 몇 개의 '섹션'으로 구성됩니다. 또한 템플릿 생성을 지원하는 '내장 함수'가 준비돼 있습니다. 이 함수를 이용해 어떤 환경에서도 사용할 수 있는 범용성이 높은 템플릿을 만들 수 있습니다. 구체적인 템플릿의 예를 소개합니다.

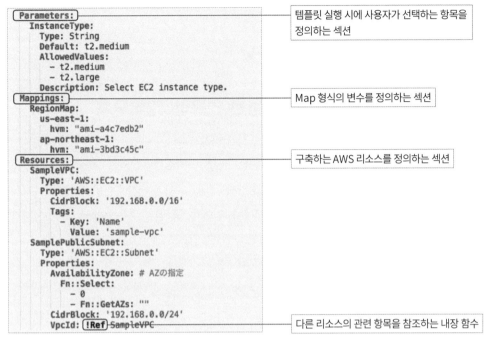

```
Parameters:
    InstanceType:
        Type: String
        Default: t2.medium
        AllowedValues:
            - t2.medium
            - t2.large
        Description: Select EC2 instance type.
Mappings:
    RegionMap:
        us-east-1:
            hvm: "ami-a4c7edb2"
        ap-northeast-1:
            hvm: "ami-3bd3c45c"
Resources:
    SampleVPC:
        Type: 'AWS::EC2::VPC'
        Properties:
            CidrBlock: '192.168.0.0/16'
            Tags:
                - Key: 'Name'
                  Value: 'sample-vpc'
    SamplePublicSubnet:
        Type: 'AWS::EC2::Subnet'
        Properties:
            AvailabilityZone: # AZの指定
                Fn::Select:
                    - 0
                    - Fn::GetAZs: ""
            CidrBlock: '192.168.0.0/24'
            VpcId: !Ref SampleVPC
```

- 템플릿 실행 시에 사용자가 선택하는 항목을 정의하는 섹션
- Map 형식의 변수를 정의하는 섹션
- 구축하는 AWS 리소스를 정의하는 섹션
- 다른 리소스의 관련 항목을 참조하는 내장 함수

그림 5.97 CloudFormation 템플릿의 구성

이 템플릿은 VPC와 EC2 인스턴스를 구축하는 템플릿의 일부를 발췌한 것입니다. "Parameters"나 "Resources" 등의 섹션마다 AWS 리소스의 설정 값이나 그 후보를 정의하고 있습니다. 또한 마지막 줄에 있는 "!Ref"는 내장 함수로서 다른 리소스에 관한 설정 값이나 관련 항목의 값을 참조하는 함수입니다. 이러한 함수가 몇 개 표준으로 정의돼 있습니다.

지금부터는 템플릿의 이해를 높이기 위해 주요 내장 함수와 각 섹션에 대해 설명하겠습니다.

CloudFormation 내장 함수

템플릿에서 내장 함수를 사용해 환경에 의존하지 않고 사용할 수 있는 템플릿을 작성하는 것이 중요합니다. 왜냐하면 템플릿을 적용하는 것은 다른 계정이나 다른 리전인 경우가 많기 때문입니다. '이 환경에서만 동작하는' 템플릿을 만들어도 의미가 없기 때문에 계정이나 리전에 의존하는 정보를 최대한 하드코딩하지 않는 것이 중요합니다. CloudFormation에서 제공되는 내장 함수를 사용해 이러한 하드코딩을 피할 수 있습니다. 여기서는 대표적인 내장 함수를 소개합니다.

◆ Ref 함수

'Ref'는 지정한 파라미터나 리소스의 값을 취득하는 함수입니다. 이 함수는 동적으로 값이 정해지는 항목을 템플릿에 기재할 때 사용합니다. 예를 들어, 처음에 언급한 템플릿의 예에서는 VPC와 서브넷을 만들 때 서브넷 측에서 VPC의 ID를 지정할 필요가 있었습니다. 그러나 VPC의 ID는 구축 시에 동적으로 결정되므로 템플릿에 기재할 수 없습니다. 이러한 경우에 Ref 함수를 이용해 다음과 같이 동적으로 정해지는 VPC ID를 기재할 수 있습니다.

예제 5.6 Ref 함수의 사용 예

```
SampleVPC:
    Type: 'AWS::EC2::VPC'
    Properties:
        CidrBlock: '192.168.0.0/16'
SamplePublicSubnet:
    Type: 'AWS::EC2::Subnet'
    Properties:
        AvailabilityZone: 'ap-northeast-1a'
        CidrBlock: '192.168.0.0/24'
        VpcId: !Ref SampleVPC
```

또한 유사 파라미터라고 하는 AWS가 사전에 정의한 값을 Ref 함수에서 참조할 수 있습니다. 예를 들어, "!Ref "AWS::Region""이라고 하면 CloudFormation이 실행된 리전을 취득할 수 있고 "!Ref "AWS::AccountId""로 실행 계정의 계정 ID를 취득할 수 있습니다. Ref 함수를 잘 이용하면 리전이나 계정에 의존하지 않는 템플릿을 작성할 수 있습니다.

◆ FindInMap 함수

'FindInMap'은 Mappings 섹션에서 값을 취득하는 함수입니다. Mappings 섹션에 대해서는 뒤에서 설명하겠지만 사전에 맵 형식으로 정수를 정의할 수 있습니다. 예를 들어, EC2 인스턴스를 시작할 때 AMI의 이미지 ID를 지정해야 하지만 이 이미지 ID는 리전마다 다릅니다. 그래서 Mappings 섹션에서 다음과 같이 이미지 ID의 매핑을 정의합니다.

예제 5.7 AMI의 이미지 ID 맵의 정의

```
Mappings:
    RegionMap:
        us-east-1:
            hvm: "ami-a4c7edb2"
        ap-northeast-1:
            hvm: "ami-3bd3c45c"
```

이 RegionMap에 대해 Fn::FindInMap 함수를 사용해 이미지 ID를 지정하면 대상 리전에 연관된 이미지 ID를 취득할 수 있습니다.

```
ImageId: !FindInMap [ RegionMap, !Ref "AWS::Region", hvm ]
```

이 경우에는 앞에서 언급한 리전 유사 파라미터와 Ref 함수를 조합해서 "!Ref "AWS::Region""으로 실행 리전을 취득하고 있습니다. 이렇게 템플릿을 정의하는 것으로 리전 정보의 하드코딩을 피할 수 있습니다.

◆ Select 함수

'Select'는 리스트에서 지정한 값을 취득하는 함수입니다. 예를 들어, 다음과 같이 작성할 경우

```
!Select [ "1", [ "ap-northeast-1a", "ap-northeast-1c" ] ]
```

"ap-northeast-1c"를 취득할 수 있습니다(리스트의 선두를 0으로 나타내므로 여기서는 2번째 요소가 취득됐습니다). 다음으로 소개하는 Fn::GetAZs 함수와 함께 사용하는 경우가 많습니다.

◆ GetAZs 함수

'GetAZs'는 지정한 리전의 가용 영역(AZ)의 리스트를 취득하는 함수입니다. 예를 들어, 서브넷을 AZ마다 1개씩 작성하고 싶다면 앞에서의 Select 함수와 조합해서 다음과 같이 작성하면 해당 리전의 1번째와 2번째 AZ에 서브넷을 1개씩 만들 수 있습니다.

예제 5.8 서브넷을 AZ마다 생성

```
SamplePublicSubnet:
    Type: 'AWS::EC2::Subnet'
    Properties:
        AvailabilityZone:
```

```
            Fn::Select:
              - 0
              - Fn::GetAZs: ""
        CidrBlock: '192.168.0.0/24'
        VpcId: !Ref SampleVPC
  SamplePublicSubnet2:
      Type: 'AWS::EC2::Subnet'
      Properties:
          AvailabilityZone:
            Fn::Select:
              - 1
              - Fn::GetAZs: ""
          CidrBlock: '192.168.1.0/24'
          VpcId: !Ref SampleVPC
```

◆ ImportValue 함수

마지막으로 'ImportValue' 함수를 소개합니다. ImportValue 함수는 다른 스택에서 출력된 값을 취득할 때 사용합니다. 뒤에서 설명하겠지만, 시스템의 규모가 커지면 레이어마다 스택을 나누는 경우가 있습니다. 예를 들어, VPC나 서브넷을 만드는 네트워크 스택과 EC2 인스턴스를 생성하는 서버 스택처럼 분리해서 템플릿을 단순하게 만듭니다. 이때 네트워크 스택이 만든 서브넷의 ID를 서버 스택 측에서 참조해야 하지만 이런 경우에 ImportValue 함수를 이용하면 서브넷 ID를 취득할 수 있습니다.

섹션

이어서 CloudFormation 템플릿의 각 섹션에 대해 설명하겠습니다.

◆ Resources 섹션

템플릿 중에서도 가장 중요한 것이 'Resources' 섹션입니다. Resources 섹션에는 사용하는 AWS 서비스의 정의를 기술합니다. "Type"으로 시작하는 AWS 서비스를 지정하고 해당 서비스마다 정해진 속성을 "Properties"에서 설정합니다. 예를 들어, EC2 인스턴스를 시작하는 경우는 다음과 같이 지정합니다.

예제 5.9 EC2 인스턴스를 시작

```
Resources:
    EC2InstanceWeb:
        Type: 'AWS::EC2::Instance'
        Properties:
            InstanceType: 'm2.large' # 인스턴스 유형을 지정
            InstanceInitiatedShutdownBehavior: 'stop' # 셧다운할 때의 동작을 지정
            (이하, 생략 )
```

여기서는 EC2 인스턴스 유형과 종료 시의 동작을 정의하고 있습니다. 여기서 소개한 속성은 극히 일
부입니다. 또한 EC2 이외의 리소스에 대해서도 Type으로 제공되고 있습니다. CloudFormation에서
지원되는 리소스 유형, 리소스 유형별로 지정할 수 있는 속성 설정 값에 대해서는 AWS 사용자 가이드
에 상세히 기재돼 있으므로 참조합니다.

◆ Parameters 섹션

동일한 템플릿에도 용도에 따라 템플릿 설정 값을 변경하고 싶은 경우가 있습니다. 예를 들어, EC2 인
스턴스 유형을 운영 환경에서는 't2.large'로 지정하고 싶지만 개발 환경에서는 't2.small'로 지정하고
싶은 경우가 있을 것입니다. 그러나 실행하는 환경마다 템플릿을 준비하는 것은 유지보수의 관점에서
바람직하지 않습니다. 이러한 경우 'Parameters' 섹션을 이용해 CloudFormation 실행 사용자에게
인스턴스 유형을 선택하게 할 수 있습니다.

먼저 Parameters를 정의합니다.

예제 5.10 Parameters의 정의

```
Parameters:
    InstanceType:
        Type: String
        Default: t2.micro
        AllowedValues:
            - t2.micro
            - t2.small
            - t2.medium
            - t2.large
        Description: Select EC2 instance type.
```

이 템플릿을 실행하면 파라미터 입력이 요구됩니다. 예를 들어, 관리 콘솔에서 실행하면 아래와 같이 선택할 수 있습니다.

그림 5.98 Parameters 선택

또한 여기서 사용자가 입력한 값은 아래와 같이 Ref 함수로 참조할 수 있습니다. 환경마다 차이를 Parameters 섹션에서 해결했기 때문에 1개의 템플릿을 재사용할 수 있게 됐습니다.

예제 5.11 입력 값을 참조

```
Resources:
    EC2InstanceWeb:
        Type: 'AWS::EC2::Instance'
        Properties:
            InstanceType: !Ref InstanceType
```

◆ Mappings 섹션

FindInMap 함수의 설명에서도 등장했지만 'Mappings' 섹션에서는 템플릿의 실행 환경에 따라 달라질 수 있는 값을 사전에 맵 형식으로 정의할 수 있습니다. Mappings 섹션의 포맷은 다음과 같습니다.

리전마다 설정 값이 다른 경우 등은 Mappings 섹션에서 각 리전의 설정 값을 정의해 두고, 리전마다 사용하는 값을 변경할 수 있게 합시다.

예제 5.12 Mapping 섹션의 포맷

```
Mappings:
    MappingName:              # Mapping이름
        Key1:                 # 키 이름
            Name1: Value1-1   # 이름과 값의 페어
            Name2: Value1-2
        Key2:
            Name1: Value2-1
```

◆ Conditions 섹션

조건에 따라 템플릿의 동작을 바꾸고 싶은 경우가 있습니다. 예를 들어, '조건을 충족할 때만 EC2 인스턴스를 시작한다'라는 경우가 여기에 해당합니다. 이런 경우에는 'Conditions' 섹션이 편리합니다.

예를 들어, 운영 환경과 그 외의 환경에서 생성할 IAM 사용자를 변경하고 싶을 때는 다음과 같이 템플릿을 정의합니다. 먼저 Parameters 섹션에서 환경을 나타내는 파라미터를 만듭니다.

예제 5.13 환경을 나타내는 파라미터 생성

```
Parameters:
    Env:
        Type: String
        AllowedValues:
            - production
            - test
            - develop
        Default: test
        Description: Select Env.
```

다음으로 Conditions 섹션에서 선택된 "Env"에 의해 운영 환경인지 아닌지를 판단하는 값인 "IsProduction"을 만듭니다.

예제 5.14 환경을 판단

```
Conditions:
    IsProduction: !Equals [ !Ref Env, production ]
```

마지막으로, 리소스 측에서 "IsProduction"의 값에 따라 사용자를 만들 것인지를 판단하게 합니다.

예제 5.15 사용자를 생성

```
Resources:
    ProdUser:
        Type: AWS::IAM::User
        Condition: IsProduction
        Properties:
            # (이하, 생략)
```

Conditions 섹션을 활용하면 '운영 환경만 CloudWatch의 모니터링을 추가한다', '검증 환경에서만 검증 권한을 가진 IAM 사용자를 생성한다'라는 정의를 할 수 있습니다.

◆ Outputs 섹션

'Outputs' 섹션에서는 구축된 리소스에 관한 정보 중에서 관리 콘솔 등에 출력하는 정보를 정의합니다. 여기에 정의한 값은 관리 콘솔에서 확인할 수 있을뿐더러 다른 AWS 리소스를 구축할 때 사용할 수 있습니다. 예를 들어, 시작한 EC2 인스턴스의 인스턴스 ID를 출력하려면 아래와 같이 정의합니다.

예제 5.16 인스턴스 ID를 출력

```
Outputs:
    InstanceID:
        Description: The Instance ID
        Value: !Ref TestEC2Instance01
```

또한 다른 스택에서 출력 값을 사용하고 싶은 경우에는 먼저 Outputs 섹션에서 "Export"합니다.

예제 5.17 출력 값의 Export

```
Outputs:
    InstanceID:
        Description: The Instance ID
        Value: !Ref TestEC2Instance01
        Export:
            Name: !Sub "${AWS::StackName}-InstanceID"
```

그런 다음 다른 스택에서 Fn::ImportValue 함수를 사용해 참조하는 것이 가능합니다.

예제 5.18 출력 값 참조

```
Fn::ImportValue:
    !Sub "${AWS::StackName}-InstanceID"
```

5.10.3 CloudFormation의 베스트 프랙티스

CloudFormation을 사용하는 베스트 프랙티스를 소개하겠습니다. 인프라 설계 및 운용의 요구사항에 따라서는 반드시 딱 맞지 않는 경우도 있을 수 있지만 처음에 규칙을 고려할 때 참고하면 좋겠습니다. 다음 세 가지 관점에서 소개하겠습니다.

- 보안 측면

- 템플릿 설계 및 작성 측면

- 운용 측면

보안 측면의 베스트 프랙티스

보안 측면에서의 베스트 프랙티스는 다음과 같습니다.

◆ IAM에 필요한 권한만을 부여

CloudFormation을 이용하려면 CloudFormation의 권한에 더해 해당 스택에서 이용하는 각종 AWS 리소스에 대한 권한도 필요합니다. 3장에서도 언급했지만 권한에 대해서는 함부로 공개하지 않고 필요할 타이밍에 필요한 것만을 부여합시다.

◆ 템플릿에 인증 정보 포함하지 않기

IAM 사용자의 패스워드 및 DB 사용자의 패스워드 등을 템플릿으로 생성할 때는 직접 인증 정보를 템플릿에 포함되지 않게 합니다. 이러한 값은 파라미터화하고 사용자가 입력하게 합시다. 예를 들어, 3장에서 IAM 사용자를 생성하는 템플릿을 소개했지만 IAM 사용자의 패스워드가 하드코딩돼 있습니다 (139쪽). 아래와 같이 수정하면 템플릿을 실행할 때 패스워드를 입력하게 되므로 유출될 일이 없어집니다.

예제 5.19 리스트 패스워드의 파라미터화

```
Parameters:
    UserDefaultPassword:
        NoEcho: True # 입력값을 숨긴다
        Type: String
        MinLength: 8
        Description: Enter IAM user default password.
Resources:
    InfraGroup:
    (중략)
InfraUser:
    Type: AWS::IAM::User
    Properties:
```

```
        Groups:
            - InfraGroup
        UserName: bob
        Path: "/"
        LoginProfi le:
            Password:
                Ref: UserDefaultPassword # 파라미터를 참조한다
            PasswordResetRequired: true
```

한 가지 주의할 점으로는 파라미터로 입력받는 것만 설정할 경우에는 스택을 관리하는 화면에서 무엇이 입력됐는지 확인할 수 있다는 것입니다. 그러므로 "No Echo: True"로 설정해서 입력된 값을 숨기도록 합니다.

템플릿 설계 · 생성 측면의 베스트 프랙티스

템플릿 설계 · 생성 측면의 베스트 프랙티스는 다음과 같습니다.

◆ 템플릿을 JSON으로 써야 하나, YAML으로 써야 하나

기본적으로 어느 쪽으로 써도 기능 자체는 거의 다르지 않기 때문에 템플릿을 보고 쓰는 멤버가 이해하기 쉬운 쪽을 선택하면 됩니다.

어떤 것을 사용할지 고민하는 경우 필자는 YAML을 권장합니다. YAML은 템플릿에 코멘트를 쓸 수 있기 때문에 어떤 의도로 그런 설정을 했는지를 설명할 수 있습니다. 엔터프라이즈 규모에서 CloudFormation을 사용하면 템플릿이 커지는 경향이 있기 때문에 코멘트를 쓸 수 있는 것은 매우 고마운 기능입니다. 또한 YAML의 경우에는 JSON과 같이 괄호를 쓰지 않아도 되기 때문에 짧게 쓸 수가 있어 읽는 사람이 이해하기 쉽다는 것도 장점이라고 할 수 있습니다.

◆ 시스템의 규모에 따라 템플릿 분할 검토하기

이 책의 독자 중에는 대규모 시스템을 다루는 분, 또는 앞으로 다루게 될 분도 많을 것입니다. 대규모 시스템을 1개의 템플릿으로 쓰려고 하면 템플릿이 방대해져서 관리하기가 어려워질 것입니다. 또한 템플릿의 일부를 다른 프로젝트에 사용하는 경우에도 그 부분만을 잘라내는 것은 어려울 것입니다. 그런 경우 레이어에 따라 템플릿 분할을 검토해 보십시오. 처음에 분할을 검토한다고 하면 IAM 및 CloudTrail 등 계정 관리를 위한 레이어와 VPC, EC2 등의 시스템의 동작에 직결되는 레이어를 분할

하는 것이 좋을지도 모릅니다. 계정 관리 레이어에 AWS 계정마다 반드시 실행하는 초기 설정 및 권한 관리계를 추가함으로써 그것을 계정 간에 돌려 쓰는 것이 가능합니다.

구체적인 분할 방법을 설명하겠습니다. 우선은 지금까지 했던 대로 계정 관리용 템플릿인 'manage-aws.yaml'과 시스템용 템플릿인 'system.yaml'을 만들고 이러한 템플릿을 S3 버킷에 추가합니다. 마지막으로, 그것을 호출하는 부모 템플릿을 아래와 같이 만듭니다.

예제 5.20 템플릿을 호출하는 부모 템플릿

```
Resources:
    ManageStack:
        Type: AWS::CloudFormation::Stack
        Properties:
            TemplateURL: "https://s3-ap-northeast-1.amazonaws.com/S3-bucket-name/manage-aws.yaml"
            TimeoutInMinutes: 60
    SystemStack:
        Type: AWS::CloudFormation::Stack
        Properties:
            TemplateURL: "https://s3-ap-northeast-1.amazonaws.com/S3-bucket-name/system.yaml"
            TimeoutInMinutes: 60
```

이 부모 템플릿을 사용해 스택을 생성하면 자식 템플릿마다 스택이 생성됩니다. 위의 예에서는 시스템의 템플릿을 1개로 설정했지만 실제로는 웹 레이어와 DB 레이어 등과 같이 시스템 레이어마다 더 세세하게 설정할 수도 있습니다. 어디까지 세세하게 하느냐는 규모나 시스템의 특성에 따라 다를 것입니다. 우선은 여기서 소개한 계정 관리와 시스템 레이어의 템플릿으로 나누는 방침을 시험해 보고, 그래도 큰 경우에는 시스템 레이어의 템플릿을 여러 개로 분할하는 것을 권장합니다.

◆ 내장 함수를 사용해 환경에 관계없이 사용할 수 있는 템플릿을 지향하기

CloudFormation을 사용하는 큰 이유로 동일한 환경을 사람의 손을 거치지 않고 확실하게 구축할 수 있다는 점을 들 수 있습니다. 예를 들어, 다른 계정에 동등한 검증 환경을 만든다거나 다른 리전에 동일한 구성의 DR 사이트를 구축하는 상황이 생길 수 있습니다. 따라서 템플릿은 환경을 가리지 않고 사용할 수 있도록 범용성 있게 만드는 것을 지향합시다. 예를 들어, 지금까지의 설명과 중복되지만 다음과 같은 포인트를 염두에 두고 템플릿화를 진행합니다.

- 계정 ID 또는 리전, AZ 등의 AWS 고유의 값은 내장 함수를 사용해 정의한다

- 환경에 따라 값이 변하는 경우는 파라미터화해서 사용자가 입력하게 한다

◆ EC2 인스턴스의 OS보다 상위의 레이어에 대해서도 자동화를 검토

AWS 리소스 구축 및 설정에 대해 CloudFormation으로 자동화하면 그것보다 상위의 레이어에 대해서도 자동화를 검토합시다. CloudFormation은 "AWS::Cloud Formation::Init Type"으로 OS 사용자 설정 및 미들웨어 설치 등을 지원합니다. 또한 Chef나 Ansible 같은 도구와 연계할 수도 있습니다. Chef의 경우는 뒤에서 설명하는 AWS OpsWorks라는 서비스를 CloudFormation에서 사용할 수도 있기 때문에 도입을 검토해 보길 바랍니다.

운용 측면의 베스트 프랙티스

운용 측면의 베스트 프랙티스는 아래와 같습니다.

◆ AWS 리소스의 추가 및 갱신은 CloudFormation에서 수행

CloudFormation으로 AWS 리소스를 관리하기로 결정하면 추가 및 갱신 작업은 반드시 CloudFormation으로 합시다. 만약 CloudFormation 이외의 관리 콘솔이나 AWS CLI에서 업데이트해 버린 경우 실제 AWS 리소스 구성과 템플릿 사이에 차이가 발생합니다. 한번 차이가 발생하면 나중에 템플릿을 바탕으로 스택을 업데이트했을 때 시스템이 예상치 않은 동작을 할 가능성이 있습니다. 또한 '템플릿을 보면 시스템의 구성을 알 수 있다'는 상태에서 벗어나게 되고 구성 관리가 어려워집니다. 이렇게 되면 CloudFormation으로 관리하는 의미가 없어져 버리므로 팀 전원이 철저히 주의해야 합니다.

◆ 템플릿 버전 관리

템플릿은 Git 및 Subversion 등에서 반드시 버전 관리합니다. 버전 관리를 하면 환경을 업데이트한 후에 문제가 발생했을 때 간단히 원상 복구하는 것이 가능합니다. 또한 변경 이력을 남길 수 있기 때문에 중간에 프로젝트에 참가한 멤버가 과거의 이력을 파악하는 데 유용합니다. 게다가 환경을 업데이트할 때 템플릿 코드 리뷰도 하기 쉽고, 품질 향상으로 이어질 것입니다.

◆ 스택 정책 및 Deletion 정책을 사용해 데이터 계층 보호하기

운용을 계속 하다 보면 템플릿을 잘못 업데이트해서 그대로 스택에 적용하는 일이 발생할 수도 있습니다. 또한 스택 자체를 실수로 삭제해 버리는 일이 없다고 단언할 수는 없습니다. 템플릿이 버전 관리하에 있으면 동일한 인프라 환경을 구축하는 것은 쉽게 할 수 있으며, 그 위에서 동작하는 애플리케이션도 버전 관리가 이뤄지고 있을 것이므로 문제 없을 것입니다. 그러나 RDS 데이터나 S3에 저장하고 있는 파일에 대해서는 이 방법으로는 구제할 수가 없습니다. 그래서 이런 실수로부터 중요한 데이터를 보호하는 방법을 두 가지 소개합니다.

우선 스택 정책입니다. 스택 정책은 기존 스택의 리소스에 대한 갱신(Update:Modify) · 재작성(Update:Replace) · 삭제(Update:Delete)를 허용할지 여부를 설정합니다. 예를 들어, RDS 인스턴스 리소스에 대한 갱신은 허용하지만 다시 만들거나 삭제를 허용하지 않는다는 설정은 아래와 같은 정책으로 작성할 수 있습니다.

예제 5.21 스택 정책의 예

```
{
    "Statement" : [
        {
            "Effect" : "Deny",
            "Principal": "*",
            "Action" : ["Update:Replace", "Update:Delete"],
            "Resource" : "*",
            "Condition" : {
                "StringEquals" : {
                    "ResourceType" : ["AWS::RDS::DBInstance"]
                }
            }
        },
        {
            "Effect" : "Allow",
            "Principal" : "*",
            "Action" : "Update:*",
            "Resource" : "*"
        }
    ]
}
```

이 스택 정책이 적용된 상태에서 스택에 RDS 인스턴스 리소스를 재생성 또는 삭제하는 템플릿 수정을 적용하려고 하면 실행할 때 에러가 나고 롤백됩니다.

또 다른 방법이 Deletion 정책입니다. Deletion 정책은 모든 리소스 유형에 추가할 수 있고 스택이 삭제됐을 때 리소스를 어떻게 할지 '삭제', 'Retain(리소스를 남긴다)', '스냅숏'에서 선택할 수 있습니다. 그러나 스냅숏은 "AWS::EC2::Volume" 또는 "AWS::RDS::DBInstance"이라는 스냅숏 기능이 있는 리소스에 대해서만 선택할 수 있습니다. 예를 들어, 스택을 삭제해도 VPC만은 남겨두고 싶은 경우는 템플릿을 아래와 같이 정의합니다.

예제 5.22 Deletion 정책의 예

```
Resources:
    RetainVPC:
        Type: 'AWS::EC2::VPC'
        Properties:
            CidrBlock: '192.168.0.0/16'
        DeletionPolicy: Retain
```

이렇게 설정한 스택을 삭제하면 RetainVPC의 삭제는 건너뛰고 VPC 리소스가 계속 남아있는 상태가 됩니다. 운영 환경에서는 데이터베이스나 S3에 Deletion 정책을 설정해두고, 실수로부터 데이터를 보호합시다.

◆ 템플릿을 적용하기 전에 검증하기

작성한 템플릿이 제대로 만들어졌는지 검증하는 기능이 있습니다. 템플릿을 새로 작성하거나 수정했을 때는 CloudFormation에 적용하기 전에 이 검증을 실시합시다. 검증은 CLI를 사용해 로컬 파일 또는 S3의 파일에 대해 할 수 있습니다. 먼저 로컬 파일에 대해 검증을 실시할 때는 다음과 같은 명령으로 실행할 수 있습니다.

```
$ aws cloudformation validate-template --template-body file://kanazawa//cfn_iam.yaml
```

S3에 있는 템플릿에 대해 검증할 경우는 옵션이 조금 다르기 때문에 주의하길 바랍니다.

```
$ aws cloudformation validate-template --template-url https://s3.amazonaws.com/
(bucket_name)/cfn_iam.yaml
```

문법적으로 문제가 없는 경우에는 필요한 Parameter가 표시됩니다.

예제 5.23 필요한 파라미터가 표시됨

```
{
    "CapabilitiesReason": "The following resource(s) require capabilities: [AWS::IAM::User]",
    "Description": "Create IAM user / group sample.",
    "Parameters": [
        {
            "NoEcho": true,
            "Description": "Enter IAM user default password.",
            "ParameterKey": "UserDefaultPassword"
        }
    ],
    "Capabilities": [
    "CAPABILITY_NAMED_IAM"
    ]
}
```

템플릿에 문제가 있으면 다음과 같이 문제가 있다고 표시됩니다.

예제 5.24 문제 표시

```
An error occurred (ValidationError) when calling the ValidateTemplate operation:
Template format error: YAML not well-formed. (line 12, column 16)
```

이 검증 명령어를 사용해 사전에 템플릿이 올바른지 확인한 후 Cloud Formation에 적용하면 좋을 것입니다.

이상으로 CloudFormation의 소개를 마칩니다. AWS는 API를 이용해 프로그래밍으로 환경을 생성할 수 있기 때문에 환경을 복제하는 것은 매우 간단합니다. 하지만 구축 작업을 수작업으로 하게 되면 이런 장점을 거의 누릴 수 없습니다. 새롭게 AWS를 도입하는 경우에는 인프라 설계뿐만 아니라 구축의 자동화에 대해서도 방침을 설계합시다.

5.10.4 OpsWorks

OpsWorks는 Chef를 이용한 구성 관리의 완전 관리형 서비스입니다. 일반적으로 서버를 구축하려면 시작된 EC2 인스턴스에 SSH로 로그인해서 미들웨어를 설치하거나 설정 파일을 변경하는 작업이 필요합니다. 이러한 작업을 수작업으로 하면 환경 구축에 시간이 걸리는 데다 실수도 발생하기 쉽습니다. 또한 구성 관리 자료나 구축 매뉴얼을 만들어도 자료가 갈수록 노후화되고, 그 자료가 필요할 때는 이미 최신 상태가 아닌 경우가 흔히 발생합니다.

Chef는 인프라 구성을 코드로 관리하는 소프트웨어입니다. 레시피라고 하는 설정 파일에 서버가 갖춰야 할 상태를 기술하고 그 레시피를 적용하면 Chef가 자동으로 서버를 구축해 줍니다. 예를 들어, 아파치를 설치하고 서버를 시작할 때 자동으로 서비스가 시작되도록 설정하는 경우에는 아래와 같은 레시피를 만들고 적용합니다.

예제 5.25 서버 시작 시 자동으로 서비스가 시작됨

```
package "httpd" do
    action :install
end

package "httpd" do
    action :install
end

service "httpd" do
    action [ :enable, :start ]
end
```

레시피를 한번 만들어 두면 어떤 환경에서도 자동으로 구축할 수 있습니다. 또한 구축 작업도 짧은 시산에 실수 없이 할 수 있습니다. 아울러 구축 매뉴얼을 레시피화하면 버전 관리가 가능하게 되므로 최신 구성이 항상 레시피에 적혀 있게 되고, 앞에서 말한 인프라 구축 시의 문제를 해결할 수 있습니다.

Chef는 각 서버의 상태나 레시피를 관리하는 Chef 마스터(Server)가 각 인스턴스(Client)를 구축 관리하는 'Chef Server/Client'라는 사용법과 마스터를 두지 않고 각 인스턴스 자신이 레시피를 갖고 있는 'Chef Client 로컬 모드'라는 두 가지 사용 형식이 있습니다. 일반적으로 어느 쪽 사용 형식을 고르더라도 Chef 환경의 설정이 필요합니다. AWS가 제공하는 OpsWorks는 Chef 환경을 본인이 준

비하지 않고도 Chef의 기능을 이용할 수 있는 서비스입니다. OpsWorks에는 'OpsWorks' 스택과 'OpsWorks for Chef Automate'의 두 가지 기능이 있습니다.

OpsWorks 스택

OpsWorks 스택은 'Chef Client 로컬 모드'의 형식으로 Chef를 이용하는 기능입니다. 사용법은 먼저 이 기능의 최상위 객체인 스택을 환경(운영 환경용 스택, 개발 환경용 스택 등)마다 만듭니다. 스택 중에서 웹 레이어, DB 레이어와 같은 계층을 정의하고 레이어별로 레시피를 OpsWorks에서 정의합니다.

이 정의가 끝난 레이어에 EC2 인스턴스를 시작하면 자동으로 그 레이어의 레시피가 적용됩니다.

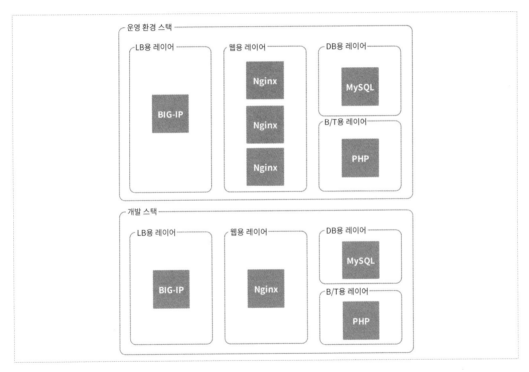

그림 5.99 OpsWorks 스택

스택은 내부의 구성을 JSON 형식으로 갖고 있고 구성에 변경이 있을 때마다 JSON 파일을 업데이트하기 때문에 이 JSON 파일을 복사해서 환경을 복제하는 것도 가능합니다. 그리고 OpsWorks 스택의 기능으로 라이프 사이클 이벤트라는 것이 있습니다. '인스턴스가 시작될 때', '인스턴스가 삭제됐을 때'와 같은 이벤트를 트리거로 스택 내의 구성을 변경하는 기능입니다. 이 기능을 이용하면 예를 들어 웹 레이어에 웹서버용 인스턴스가 추가된 시점에서 그것을 LB 레이어의 로드 밸런서용 인스턴스에 연결하는 등의 설정이 가능해집니다.

OpsWorks for Chef Automate

OpsWorks for Chef Automate는 'Chef Server/Client'의 형식으로 Chef를 도입하는 기능입니다. 이 기능에서는 처음에 AWS가 관리하는 Chef 서버가 VPC에 자동으로 구축됩니다. 이 Chef 서버에서 관리하는 인스턴스와 적용할 레시피를 정의하면 각 인스턴스가 자동으로 구축되는 구조입니다.

OpsWorks for Chef Automate에서는 보안 프로필을 미리 정의하고 관리 대상의 인스턴스군이 그것을 준수하고 있는지 확인하는 대시보드 기능이 제공됩니다. 또한 유지 관리 윈도우 및 백업 설정을 할 수 있는 등 OpsWorks 스택보다 풍부한 기능을 사용할 수 있습니다. 이러한 기능을 이용하려면 OpsWorks for Chef Automate를 채용하는 것이 좋습니다. 그러나 자동 구축되는 Chef 서버용 인스턴스가 VPC에 상주하게 되므로 AWS의 비용이 높아진다는 점에 유의하십시오.

5.10.5 Elastic Beanstalk

Beanstalk은 일반적인 인프라 구성을 자동으로 구축하는 서비스입니다. 일반적인 인프라 구성으로 아래와 같은 구성을 선택할 수 있습니다.

- **웹서버 구성**: ELB + Auto Scaling + EC2 (+ RDS)
- **배치 Worker 구성**: SQS + Auto Scaling + EC2 (+ RDS)

기존의 경우에는 EC2에 필요한 미들웨어 및 서비스를 설치하고 구성할 필요가 있지만, 그것을 모두 Beanstalk에 맡길 수 있습니다. 환경을 구축할 때 설정할 수 있는 항목으로 EC2의 인스턴스 유형에서 RDS를 사용할 것인가의 여부 등이 있습니다. 이 구축은 관리 콘솔에서 수행할 수도 있으며, CLI 및 각 언어의 SDK에서도 할 수 있습니다. 또한 Eclipse 같은 IDE에 플러그인 형태로도 기능을 제공합니다. 거기다 EB CLI라는 여러 API를 묶은 명령어가 준비된 것도 있고, CLI 등에 비해 수고가 줄고 더욱 직관적으로 작업할 수 있습니다.

또한 Beanstalk의 또 다른 큰 기능으로 애플리케이션 배포에 대한 지원이 있습니다. 배포 방식도 몇 가지가 제공되며 시스템의 특성 등을 고려해서 선택할 수 있습니다. 2017년 12월을 기준으로 다음 여섯 가지 배포 방식을 사용할 수 있습니다.

- All at Once 배포

- Rolling 배포

- Rolling with additional batch 전개 Immutable 배포

- URL Swap을 사용해 기존 환경과 새로운 환경을 교체

- Route 53을 이용해 기존 환경과 새로운 환경을 교체

여기서는 이들의 특징 및 장단점을 간단하게 소개합니다. 환경의 예로 아래와 같은 웹서버가 4대 있다고 전제하고 설명을 진행합니다.

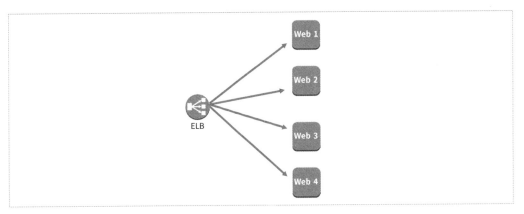

그림 5.100 이번 절에서 다룰 구성 예

All at Once 배포

1회에 모든 인스턴스에 배포합니다. 배포 실행과 동시에 Web1에서 Web4까지 모두 동시에 모듈이 바뀝니다. 배포에 걸리는 시간이 가장 짧은 것이 장점입니다.

단점으로는 배포 중에 ELB에서 모든 인스턴스가 분리되기 때문에 서비스가 완전히 정지된 상태가 된다는 것입니다. 배포에 실패한 경우 기존 모듈을 다시 배포해야 하며 정지 시간이 더 길어집니다.

Rolling 배포

일부 기존 인스턴스(예를 들어 Web1과 Web2)에만 배포합니다. 배포 대상이 된 인스턴스군이 정상적으로 ELB에 적용되면 나머지 인스턴스(Web3과 Web4)에 배포를 실시합니다.

먼저 배포하는 인스턴스의 수는 대수로 지정하는 것 이외에 비율로 지정할 수 있습니다(예: 전체의 50%에 해당하는 인스턴스를 대상으로 한다). 시스템을 중단하지 않고 릴리스 작업을 할 수 있습니다.

배포가 실패했을 때는 첫 번째 인스턴스가 분리되므로 사용자에는 영향을 미치지 않습니다. 그러나 다시 그 인스턴스에 배포할 필요가 있기 때문에 저하된 구성 시간이 길어집니다. All at Once 배포보다 릴리스에 시간이 걸립니다.

단점은 일시적으로 저하된 구성이 되기 때문에 시스템 부하가 높을 때 릴리스하면 요청(request)을 처리할 수 없게 될 우려가 있습니다.

Rolling with additional batch 배포

인스턴스를 몇 개 새로 생성하고 배포합니다(예를 들어 Web5와 Web6를 생성해서 배포합니다). 이들 인스턴스가 정상적으로 ELB에 적용되면 기존 인스턴스의 일부(예를 들면 Web1과 Web2)에 배포합니다. 그리고 이들도 문제없이 ELB에 적용되면 예전 모듈이 배포돼 있는 기존의 인스턴스(Web3와 Web4)를 삭제합니다.

새로 생성하는 인스턴스는 수 또는 비율로 지정할 수 있습니다. 저하된 구성을 취하지 않고 릴리스할 수 있습니다. 배포가 실패했을 때는 처음에 생성한 인스턴스를 분리만 하면 되고 위의 두 방식보다 실패할 위험이 적어집니다. 그러나 새로 인스턴스를 생성하기 때문에 Rolling 방식보다 시간이 더 걸립니다.

릴리스 중에는 다른 애플리케이션이 ELB 하위에 있는 시간대가 있습니다. 그래도 문제가 없는 애플리케이션의 설계 및 데이터베이스 레이어에서의 고려가 필요합니다. 일부 인스턴스가 쓰고 버리는 식이 되기 때문에 상태(스테이트)를 갖지 않도록 설계할 필요도 있습니다.

Immutable 배포

인스턴스를 1개 새로 생성하고 배포합니다(예를 들어, Web5를 생성하고 배포합니다). 정상적으로 ELB에 적용되면 나머지 인스턴스의 수만큼 인스턴스를 새로 생성하고 배포합니다(예를 들어 Web6, Web7, Web8을 생성하고 배포합니다). 그리고 그 인스턴스도 정상적으로 ELB에 적용되면 예전 애플리케이션이 배포된 상태의 인스턴스(Web1부터 Web4의 4대)를 삭제합니다.

저하된 구성을 취하지 않고 릴리스가 가능하고 배포가 실패했을 때의 위험도 적은 것이 장점입니다. 인프라를 사용하고 삭제할 수 있게 설계돼 있다는 점에서 바람직하지만 모든 인스턴스를 새로 생성하기 때문에 배포에 시간이 걸립니다.

Rolling with additional batch 배치와 동일하게 다른 애플리케이션이 ELB 하위에 있는 시간대가 있기 때문에 고려가 필요하며 모든 인스턴스가 사용하고 삭제되기 때문에 상태를 갖지 않도록 설계해야 합니다.

URL Swap으로 교체

'eb create' 명령으로 새로 환경을 만듭니다. 'eb swap' 명령으로 이전 환경과 새 환경 간에 URL을 교체합니다. 'eb terminate' 명령으로 이전 환경을 삭제합니다.

사전에 새로운 환경에서 동작 확인을 한 후에 릴리스할 수 있기 때문에 위험이 가장 적은 방식입니다. 배포에 실패했을 때 즉시 되돌릴 수 있지만 배포 시간은 앞에서 설명한 방식들보다 길어지는 경우가 많습니다.

새로운 ELB가 되기 때문에 ELB 프리워밍(prewarming)이 필요한 경우가 있고 DNS 캐시 관리가 필요합니다.

Route 53로 교체

'eb create' 명령으로 새로 환경을 만듭니다. Route 53에서 새로 생성한 환경의 정보를 추가하고 이전 환경의 정보를 삭제합니다.

'eb terminate' 명령으로 이전 환경을 삭제합니다. 사전에 새로운 환경에서 동작 확인을 한 후 릴리스할 수 있기 때문에 위험이 가장 적습니다.

배포에 실패했을 때 즉시 되돌릴 수 있지만 배포 시간은 URL Swap과 같은 정도로 길어지는 경우가 많습니다. 역시 새로운 ELB가 되기 때문에 ELB 프리워밍이 필요한 경우가 있고 DNS 캐시 관리가 필요합니다.

어떤 방식을 채용할 것인가는 시스템의 특성과 서비스 수준에 따라 판단해야 합니다. 예를 들어, 다음과 같은 선택 방법을 생각해 볼 수 있습니다.

- 운영 환경에서 이용자에게 최대한 영향을 미치지 않도록, 시간이 걸려도 원상 복구하기 쉬운 URL Swap 방식이나 Route 53의 방식을 채용한다

- 반대로 시스템이 모두 중지돼도 이용자에게 영향이 없는 개발 환경이라면 빠르게 릴리스하는 것이 바람직하므로 All at Once 방식을 채용한다

Beanstalk을 이용함으로써 인프라 구축 및 배포를 위한 스크립트 개발을 하지 않아도 되기 때문에 시스템 개발자는 비즈니스적으로 가치가 있는 기능의 개발에 모든 리소스를 사용할 수 있습니다. 신규 제품 개발과 같은 필요 충분한 미니멈 머스트(최소한의 꼭 필요한) 기능을 가능한 한 빨리 구축해야 하는 경우에 매우 적합한 서비스입니다. 그런 프로젝트를 담당하고 있는 분은 꼭 검토해보십시오.

Chapter 6
마이그레이션 테크닉

6-1

마이그레이션 대상 자산

5장에서는 온프레미스에서 가동 중인 시스템을 AWS로 마이그레이션할 때 기존 구성을 어떻게 클라우드로 가져올 것인지, 그리고 어떤 AWS 서비스를 사용하면 클라우드의 장점을 더욱 살릴 수 있는지를 패턴으로 나눠서 설명했습니다.

이번 장에서는 실제로 AWS로 마이그레이션할 때 기존 자산을 어떻게 클라우드로 마이그레이션하는가에 대해 설명하겠습니다. 기존의 자산이란 구체적으로 데이터, 서버, 데이터베이스를 말합니다. AWS는 지금까지 다른 환경에서 실행되는 가상 이미지를 AWS로 마이그레이션하는 도구 등을 제공해 왔습니다. 최근에는 마이그레이션에 관한 서비스가 강화되고 가상 이미지뿐만 아니라 데이터베이스 및 애플리케이션을 AWS로 마이그레이션하는 데 사용할 수 있는 다양한 서비스를 제공합니다.

그림 6.1 데이터 마이그레이션을 위한 서비스 AWS Snowball

데이터 마이그레이션

데이터 마이그레이션은 온프레미스에서 가동 중인 업무 시스템을 AWS로 마이그레이션하는 데 필수적인 작업입니다. 만약 마이그레이션 절차에 결함이 있으면 마이그레이션 후에 시스템에 문제가 생기는 것은 물론, 데이터의 소급 및 수정이 필요하거나 최악의 경우 시스템을 원래 상태로 되돌리는 등의 사태를 예상할 수 있습니다. 또한 마이그레이션 방식에 문제가 있으면 허용 시간 내에 데이터 마이그레이션을 완료하지 못하는 사태도 발생할 수 있습니다.

AWS는 데이터의 용량과 성질에 따라 마이그레이션할 때 사용 가능한 서비스를 여럿 제공합니다. AWS 서비스를 사용할 수도 있지만 기존에 온프레미스 간의 시스템 마이그레이션을 할 때 사용했던 데이터 마이그레이션 방식을 사용할 수도 있습니다. 또한 네트워크에 영향을 받지 않는 물리적인 데이터 마이그레이션 방법도 마련돼 있습니다. 간단한 작업이라고 여겨지기 쉬운 데이터 마이그레이션이지만 정확성이 중요시되는 작업이기 때문에 시스템에 맞는 최적의 마이그레이션 방식을 선택하는 것이 중요합니다.

이번 절에서는 AWS로 데이터를 마이그레이션하는 데 어떤 방법이 있는지를 정리하고 각 방법이 어떤 데이터를 마이그레이션하는 데 적합한지 생각해 봅시다.

6.2.1 데이터 마이그레이션에 걸리는 대략적인 시간

IoT나 빅데이터 등의 디지털 데이터의 증가로 인해 기업에서 보유하고 있는 데이터의 양도 증가하고 있습니다. 테라바이트급의 데이터는 그렇게 드문 일도 아니며, 페타바이트, 엑사바이트라고 하는 데이터 단위도 자주 듣게 됐습니다. 이러한 상황에서 온프레미스에 저장된 데이터를 클라우드로 마이그레이션하기 위해 생각해야 하는 것이 데이터 마이그레이션에 드는 시간과 설비입니다.

표 6.1 데이터 마이그레이션에 걸리는 시간

회선 속도	데이터량	마이그레이션에 걸리는 시간(대략)
100Mbps	100GB	1시간 30분
100Mbps	10TB	7일 반
1Gbps	10TB	17시간
1Gbps	1PB	74일

※ 회선의 사용 효율을 80% 정도로 가정한 경우

이 표는 네트워크를 통해 데이터를 마이그레이션하는 경우 회선 속도와 데이터 양에 따라 어느 정도의 시간이 필요한지를 간단히 정리한 것입니다. 회선의 사용 효율이 80%라는 것은 그 회선을 데이터 마이그레이션 전용으로 이용하는 것을 가정한 경우입니다. WAN을 경유한 경우는 생각만큼 속도가 안 날 수도 있습니다. 서비스에서 사용하는 네트워크를 함께 쓰는 경우에는 더더욱 데이터 마이그레이션에 걸리는 시간이 길어지고, 서비스에 영향을 줄 수도 있기 때문에 가능하면 대량 데이터를 마이그레이션 하는 경우에는 전용 회선을 준비하는 것이 좋습니다.

그러나 데이터 마이그레이션만을 위해 회선을 새로 준비하는 것은 비용 측면이나 일정 관계로 어려울 수 있습니다. 또한 고속 회선을 마련했다 하더라도 데이터 양에 따라 마이그레이션에 걸리는 시간이 시스템 마이그레이션 요건을 충족하지 못할 수도 있습니다. 그런 경우에는 네트워크를 통하지 않고 데이터를 물리적으로 케이스 통째로 이동시키는 방법도 고려해서 데이터 마이그레이션 방식을 생각하는 것이 중요합니다.

6.2.2 AWS 서비스를 사용하지 않는 데이터 마이그레이션

여기부터는 마이그레이션 대상 데이터의 양이 그리 많지 않은 경우의 데이터 마이그레이션 방식을 소개합니다.

OS 명령어를 이용한 데이터 마이그레이션

먼저 OS 명령어를 이용한 데이터 마이그레이션입니다. AWS는 다양한 OS를 EC2에서 실행할 수 있기 때문에 당연히 OS 명령어를 이용한 데이터 마이그레이션이 가능합니다. 이 방법은 AWS 및 클라우드 라고 해서 뭔가 새로운 것만 있는 것은 아니고 익숙하고 친숙한 절차로 데이터를 마이그레이션할 수 있음을 보여줍니다.

마이그레이션 대상 데이터가 소량인 경우나 데이터 마이그레이션을 할 때 시스템을 완전히 중지할 수 있는 경우에는 이 방식을 채용하는 것이 가능합니다.

◆ 대상 데이터를 모아서 마이그레이션

마이그레이션할 데이터가 변경될 가능성이 없고, 대상 데이터도 명확한 경우 tar 명령으로 데이터를 모아서 마이그레이션할 수 있습니다. 과거의 로그 데이터를 저장해 둘 필요는 있지만 급한 게 아니고 순차적으로 클라우드로 마이그레이션하면 되는 경우나 수 GB 규모로 정지가 가능한 DB 데이터를 덤프해서 마이그레이션하는 경우 등에 사용할 수 있습니다 .

다음은 파일 압축(data 디렉터리 이하를 압축)과 풀기(data 디렉터리를 /path/to 디렉터리 아래에 풀기)의 예입니다(리눅스의 경우).

```
$ cd /path/from
$ tar zcvf data_migration.tar.gz ./data/
$ tar zxvf data_migration.tar.gz -C /path/to
```

◆ 대상 데이터를 파일별로 마이그레이션

마이그레이션 대상 데이터를 모으지 않고 파일 1개씩 마이그레이션하는 경우에는 rsync 명령을 사용할 수 있습니다. 인터넷 회선을 이용해 데이터를 전송하는 경우에는 필요에 따라 SSH로 암호화하는 것을 검토하십시오.

대상 데이터의 파일 수가 많은 경우에는 마이그레이션을 실시하기 전에 정기적으로 rsync를 실행하는 것도 효과적입니다. 최종적으로 마이그레이션을 할 때 rsync를 실행하면 마지막 실행 이후에 변경된 파일만 마이그레이션 대상이 되므로 데이터 마이그레이션 시간을 단축할 수 있습니다. 이 방식은 마이그레이션 직전까지 업데이트를 멈출 수 없는 웹사이드의 콘텐츠를 매일 동기화하거나 릴리스 직전에 소량의 차분 데이터를 동기화하는 경우 등에 사용할 수 있습니다.

예를 들어, /path/from/migration 디렉터리 아래의 데이터를 /path/to/migration 디렉터리 밑으로 동기화하려면 아래와 같은 명령어를 실행합니다(SSH 설정은 돼 있다고 가정합니다).

```
$ nohup rsync -auzh -e "ssh -i /home/user/.ssh/id_rsa"
--delete --progress --partial
--append /path/from/migration/ user@대상IP주소:/path/to/migration/ &
```

그 밖에도 OS 명령을 이용한 마이그레이션 방법이 있지만 대표적인 두 가지 방법을 소개했습니다. 데이터 마이그레이션은 정확성이 중요시되기 때문에 친숙한 방법으로 데이터를 문제없이 마이그레이션할 수 있다면 검증된 방식을 채택합시다.

CLI를 이용한 데이터 마이그레이션

다음에 소개하는 방법은 AWS CLI를 사용해 S3로 데이터를 마이그레이션하는 방법입니다. 명령어 자체로는 rsync와 거의 비슷합니다. S3는 높은 내구성을 가진 오브젝트 스토리지이고, AWS를 이용할 때 데이터 저장의 핵심 서비스로 자리 잡고 있습니다. AWS로 마이그레이션한 후에는 EC2 인스턴스에 놔둘 필요가 없는 백업 데이터를 클라우드로 마이그레이션할 경우에 사용할 수 있습니다.

한 가지 주의할 점으로 작은 크기의 대용량 데이터를 S3에 업로드하는 경우 파일 1개당 오버헤드가 커지기 때문에 전송 속도가 느려진다는 것입니다. 가능하면 마이그레이션할 데이터를 tar 등으로 묶은 후에 S3로 업로드하는 것을 권장합니다.

예를 들어, /path/from/migration 디렉터리 아래의 데이터를 S3의 my-bucket에 있는 /path/to/migration 디렉터리 아래로 동기화하려면 아래와 같이 실행합니다.

```
$ aws s3 sync /path/form/migration/ s3://my-bucket/path/to/migration/ --delete
```

◆ 데이터 마이그레이션에 관한 S3의 제한 사항

오브젝트 1개의 최대 크기는 5TB입니다. 한 번의 PUT으로 업로드 가능한 오브젝트 크기는 5GB입니다.

◆ 멀티파트 업로드

파일을 업로드할 때 통신 상태 및 네트워크 회선 상황에 따라 도중에 업로드에 실패할 수 있습니다. 큰 파일을 업로드하는 동안 그런 상황이 발생할 경우 처음부터 업로드를 다시 하면 데이터 마이그레이션에 예상치 못한 시간이 걸리는 등의 위험이 있습니다. 멀티파트 업로드는 크기가 큰 파일을 분할해서 업로드하고 업로드 후에 S3 상에서 결합하는 API입니다. 분할된 파일 중 일부 파일이 업로드에 실패하더라도 해당 파일만 다시 업로드하는 것으로 해결할 수 있습니다. 멀티파트 업로드는 다음 4단계로 실행합니다.

1. 업로드 파일의 분할: 각 OS의 파일 분할 명령(split 명령 등)으로 대상 파일을 분할

2. multi-part-upload 시작(create-multipart-upload): 멀티파트 업로드의 시작을 선언하고 식별용 ID를 취득. 실제 파일 업로드 시 옵션으로 지정

3. 파일 업로드(upload-part) : 분할된 파일을 S3에 업로드

4. multi-part-upload 종료(complete-multipart-upload): 분할 업로드된 파일을 결합해 S3의 오브젝트로 저장

◆ CLI S3 Configuration

CLI 명령을 사용해 대량의 파일이나 크기가 큰 파일을 업로드할 때 병렬 수나 파일 분할 수를 지정할 수 있는 설정입니다.

원래 CLI를 사용해 S3에 파일을 업로드할 때는 파일 크기나 파일 수에 따라 AWS 측이 자동으로 조정해서 최대한 빠르게 업로드하도록 돼 있었습니다. 이 조정을 독자적으로 설정할 수 있게 됨으로써 파일 업로드에 사용하는 네트워크의 점유 상황에 따라 최적의 병렬 수나 분할 수를 지정할 수 있습니다. 예를 들어, 다른 서비스와 네트워크를 공유하는 경우 파일 업로드에 대역을 너무 많이 사용하지 않도록 제한할 수 있습니다. 반대로 회선을 전용으로 사용할 수 있는 경우에는 가능한 병렬 수를 늘려 고속으로 업로드할 수 있습니다.

표 6.2 설정용 파라미터

파라미터	내용	기본값
max_concurrent_requests	S3에 요청할 수 있는 최대 병렬 수	10
max_queue_size	S3 작업 큐의 최대 크기	1000
multipart_threshold	파일을 멀티파트로 분할하는 임곗값	8MB
multipart_chunksize	멀티파트로 나눌 때의 청크 크기	8MB

설정은 CLI의 설정 파일(~/.aws/config)에 기재합니다.

예제 6.1 config 파일에 기재하는 경우

```
[profile name]
s3 =
    max_concurrent_requests = 20
    max_queue_size = 10000
    multipart_threshold = 64MB
    multipart_chunksize = 16MB
```

또는 CLI의 aws configure set 명령으로 실행할 수 있습니다.

```
$ aws configure set default.s3.max_concurrent_requests 20
$ aws configure set default.s3.max_queue_size 10000
$ aws configure set default.s3.multipart_threshold 64MB
$ aws configure set default.s3.multipart_chunksize 16MB
```

6.2.3 AWS 서비스를 이용한 데이터 마이그레이션

다음으로 AWS 서비스를 이용한 데이터 마이그레이션 방법을 소개하겠습니다.

Storage Gateway 사용

데이터 마이그레이션에 사용할 수 있는 첫 번째 AWS 서비스는 Storage Gateway입니다. Storage Gateway는 온프레미스에 있는 데이터를 클라우드로 연계하기 위한 입구를 제공하는 서비스입니다. Storage Gateway를 사용해 연계된 데이터의 저장 위치는 S3 및 Glacier 등 내구성이 높은 저비용 스토리지를 이용합니다. 참조 빈도가 높은 데이터는 온프레미스의 고속 스토리지에 저장하고 참조 빈도가 낮은 데이터나 백업 데이터는 Storage Gateway를 이용해 클라우드에 저장하는 등 목적에 따라 나눠 사용할 수 있기 때문에 이용 목적을 명확하게 함으로써 대용량의 데이터를 효율적으로 관리할 수 있습니다.

Storage Gateway는 VMware와 Hyper-V의 가상 어플라이언스로 이미지가 제공되기 때문에 온프레미스 환경에 해당 하이퍼바이저가 이미 존재하는 경우에는 간단히 도입할 수 있습니다. 또한 EC2 인스턴스의 AMI도 준비돼 있기 때문에 AWS 상에 배치하는 구성도 가능합니다.

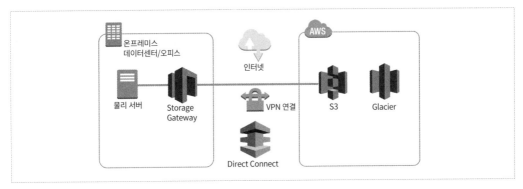

그림 6.2 Storage Gateway를 온프레미스에 배치

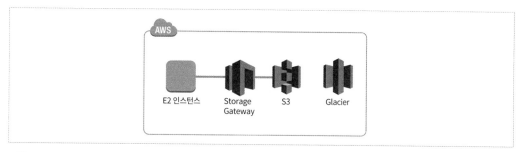

그림 6.3 Storage Gateway를 AWS에 배치

◆ Storage Gateway의 유형

Storage Gateway는 파일 게이트웨이, 볼륨 게이트웨이, 테이프 게이트웨이라는 크게 세 가지 게이트웨이 유형을 제공합니다. 그리고 볼륨 게이트웨이에는 캐시형 볼륨과 보관형 볼륨이라는 두 가지 볼륨 관리 방법이 있습니다. 데이터의 참조 빈도와 실제 데이터의 위치 등의 요구사항에 따라 최적의 게이트웨이를 선택합시다.

◆ 파일 게이트웨이

S3를 클라이언트 서버에서 NFS 마운트해서 마치 파일 시스템과 같이 사용할 수 있는 유형의 게이트웨이입니다.

생성된 파일은 비동기이지만 거의 실시간으로 S3에 업로드됩니다. 업로드된 파일은 파일 1개당 S3의 오브젝트로 취급되기 때문에 저장된 데이터에 S3 API를 통해 액세스할 수 있습니다. 한 가지 주의할 점으로 데이터의 쓰기와 읽기 속도가 로컬 디스크에 비해 느리기 때문에 고속 데이터 액세스가 요구되는 경우에는 사전에 성능 테스트를 하고 요구사항을 충족할 수 있는지 확인해야 한다는 것입니다.

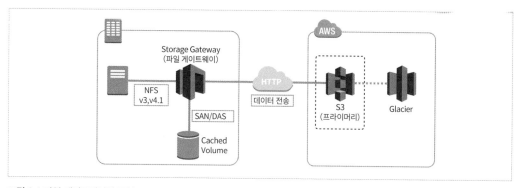

그림 6.4 파일 게이트웨이의 구성

◆ 볼륨 게이트웨이

데이터를 S3에 저장하는 것은 파일 게이트웨이와 동일하지만 각 파일을 오브젝트로 저장하지 않고 게이트웨이로 사용하는 영역을 볼륨으로 관리합니다. 따라서 S3에 저장된 데이터에 S3 API를 이용해 액세스할 수 없습니다. 또한 클라이언트 서버에서 볼륨 게이트웨이에 연결하는 방식으로 NFS가 아닌 iSCSI 프로토콜이 제공됩니다. 볼륨은 스냅숏을 취득할 수 있기 때문에 스냅숏으로 EBS를 만들고 EC2 인스턴스에 적용하면 스냅숏을 취득한 시점까지의 데이터에는 액세스할 수 있게 됩니다.

캐시형 볼륨은 자주 사용하는 데이터를 Storage Gateway의 캐시 디스크(EBS)에 저장해서 고속 액세스를 가능하게 하고 모든 데이터를 저장하는 스토리지로 S3를 사용하는 유형의 볼륨 게이트웨이입니다. 데이터의 양이 증가하더라도 로컬 디스크를 확장할 필요 없이 효율적으로 대용량 데이터를 관리할 수 있습니다. 캐시에 존재하지 않는 데이터에 액세스하는 경우에는 S3에서 취득할 필요가 있기 때문에 데이터 읽기 속도가 시스템상 크리티컬한 경우에는 주의가 필요합니다.

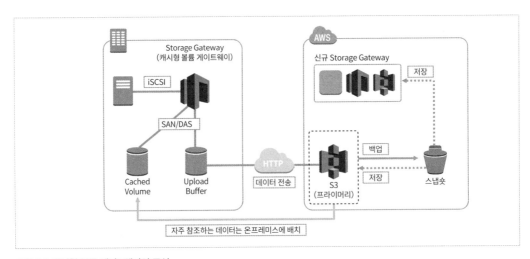

그림 6.5 캐시형 볼륨 게이트웨이의 구성

보관형 볼륨은, 데이터는 모두 로컬 스토리지에 저장되고 데이터를 정기적으로 EBS로 사용 가능한 스냅숏 형식으로 S3로 전송하는 유형의 볼륨 게이트웨이입니다. 모든 데이터가 로컬 스토리지에 저장되기 때문에 데이터 액세스 속도는 Storage Gateway를 도입해도 변하지 않습니다. 데이터의 백업에 중점을 둔 용도에 적합합니다.

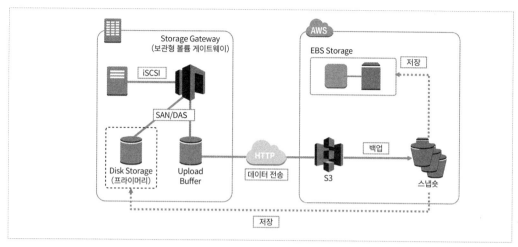

그림 6.6 보관형 볼륨 게이트웨이의 구성

◆ 테이프 게이트웨이

테이프 디바이스의 대안으로 S3 및 Glacier에 데이터를 백업하는 유형의 게이트웨이입니다. 물리적인 테이프 카트리지를 교체하거나 원격지에 오프 사이트 저장하는 등의 일을 할 필요가 없습니다. 서드파티의 백업 애플리케이션을 이용할 수 있기 때문에 이미 백업에 테이프 디바이스를 사용하고 있는 경우에는 비교적 쉽게 Storage Gateway로 마이그레이션이 가능합니다.

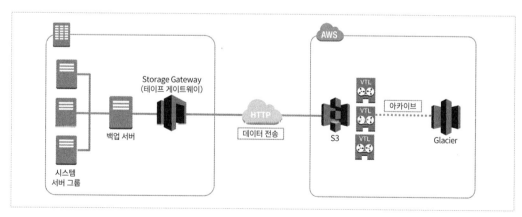

그림 6.7 테이프 게이트웨이의 구성

표 6.3 Storage Gateway의 유형

게이트웨이 유형		Storage Gateway 배치 대상	S3 상의 저장 단위	S3 상의 저장 타이밍	프라이머리 데이터의 저장 장소	파일 캐시	클라이언트 인터페이스	S3 API에서의 액세스
파일		온프레미스/EC2	파일	비동기, 거의 리얼타임	S3	있음(일부)	NFS v3, v4.1	가능
볼륨	캐시형	온프레미스/EC2	볼륨	비동기 스냅숏	S3	있음(일부)	iSCSI	불가능
	보관형	온프레미스	볼륨	비동기 스냅숏	로컬 디스크	있음(전부)	iSCSI	불가능
테이프		온프레미스/EC2	가상 백업	비동기 백업	로컬 디스크	없음	iSCSI	불가능

Storage Gateway가 제공하는 각 유형에 대한 설명은 위와 같습니다. 데이터 마이그레이션의 관점에서 Storage Gateway를 사용하는 경우에는 보관형 볼륨 게이트웨이 유형으로 마이그레이션할 데이터를 S3에 업로드하는 방식의 사용을 검토하십시오. 그 경우의 데이터 마이그레이션 절차는 아래와 같습니다.

1. 보관형 볼륨 게이트웨이 환경을 구축하고 S3로 마이그레이션할 데이터를 전송

2. 전송된 데이터의 S3 스냅숏으로 EBS를 작성

3. EC2 인스턴스에 EBS를 마운트해서 각 서버용으로 마이그레이션 데이터를 이용

Snowball 사용

이어서 소개하는 데이터 마이그레이션 서비스는 AWS Snowball(이하 Snowball)입니다. 이 서비스는 테라바이트, 페타바이트급 데이터를 모아서 AWS로 임포트하거나 AWS를 엑스포트할 때 사용합니다. Snowball은 웹 서비스가 아닌 80TB의 데이터를 저장할 수 있는 하드웨어 장비와 클라이언트 도구를 제공하는 서비스입니다.

Snowball을 이용할 때는 AWS에서 하드웨어가 배송되어 오기 때문에 그 안에 AWS로 마이그레이션할 데이터를 클라이언트 도구를 이용해 저장하고 하드웨어를 AWS에 반송합니다. AWS에 도착한 데이터는 내부의 고속 회선을 이용해 S3로 전송됩니다. 온프레미스 환경에서도 LAN의 경우 10Gbps급 네트워크 회선을 준비하는 것은 WAN 및 전용선에 비해 저비용으로 실현 가능할 것입니다. 조금 이색적인 서비스이지만 사용법에 따라 대용량의 데이터를 저렴한 비용으로 AWS로 마이그레이션할 수 있습니다.

Snowball 제품의 상세 페이지

https://aws.amazon.com/ko/snowball/details/

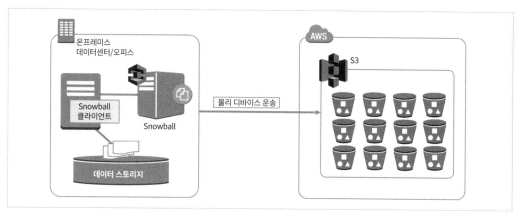

그림 6.8 Snowball을 이용한 데이터 전송

Snowball Edge

AWS Snowball Edge(이하 Snowball Edge)는 2016년 re:Invent에서 발표된 Snowball의 개선된 버전의 서비스입니다. 개선된 점은 다음과 같습니다.

◆ 데이터 전송 방식

기존에는 클라이언트 도구를 서버에 설치하고 전용 프로토콜을 사용해 Snowball에 데이터를 전송해야 했지만 Snowball Edge는 S3 API를 사용하거나 NFS v3, v4.1과 같은 좀 더 일반적인 통신 프로토콜을 사용하는 것이 가능해졌습니다. 기존 시스템에서 연결하는 것도 더 원활하고 사용하기 쉬워졌습니다.

◆ 연결 인터페이스

더 많은 데이터를 Snowball로 전송할 수 있도록 인터페이스노 확상됐습니다. 네트워크 데이터 전송 측면에서 최대 40Gbps(QSFP+)의 광섬유 인터페이스를 사용할 수 있습니다. 네트워크 연결 외에 USB 3.0이나 PCIe 포트로도 연결할 수 있게 개선되고 있습니다.

◆ 저장 데이터 용량

Snowball Edge 하나당 저장 가능한 데이터의 양은 80TB에서 100TB로 증가했습니다. 또한 Snowball Edge에서 클러스터링 구성을 할 수 있게 되어 페타바이트급 데이터를 처리할 수 있는 스토리지를 구성할 수 있습니다.

◆ S3로 전송할 때의 처리

Snowball Edge에 축적된 데이터를 S3로 전송할 때 Lambda에서 정의한 전처리를 수행할 수 있게 됐습니다. 데이터 저장 시 정해진 전처리를 수행하려는 경우에 유용합니다.

Snowmobile

AWS Snowmobile(이하 Snowmobile)은 기본적인 서비스 내용은 Snowball Edge와 동일하지만 데이터 운송용 컨테이너를 세미 트레일러 트럭으로 견인하고 Snowmobile 한 대당 100PB까지 한 번에 옮길 수 있습니다. AWS는 전 세계에 존재하는 데이터를 어디까지 모으려고 하는 걸까요.

지금까지 온프레미스에서 AWS로 데이터를 마이그레이션하는 서비스를 소개했습니다. 데이터의 특성과 양, 시간, AWS 마이그레이션 후의 용도를 분명히 하고, 목적에 맞는 수단을 제대로 선택할 수 있도록 합시다.

가상 서버 마이그레이션하기

가상 서버의 마이그레이션은 시스템을 다른 환경으로 마이그레이션할 때의 효율성이나 비용에 큰 영향을 미치는 요소 중 하나입니다. 경우에 따라서는 온프레미스에서 실행 중인 서버 구성이나 이용 상황이 정확히 파악되지 않아 새로운 환경에 처음부터 구축하는 것이 어려운 등의 문제가 있을 수도 있습니다. AWS는 온프레미스 환경에서 실행하는 가상 머신의 이미지를 그대로 클라우드로 마이그레이션할 수 있는 서비스를 제공합니다.

6.3.1 AWS Server Migration Service

AWS가 제공하는 서버 마이그레이션 서비스는 AWS Server Migration Service(이하 SMS)입니다. SMS는 가상 어플라이언스인 AWS Server Migration Connector(이하 SMC)를 사용해 온프레미스 환경에서 실행되는 가상 머신의 마이그레이션을 지원합니다.

가상 어플라이언스는 VMware에서 실행 가능한 FreeBSD(OVA 형식) 이미지로 제공됩니다. 2017년 12월 기준 SMS가 지원하는 하이퍼바이저는 VMware뿐이지만 앞으로 다른 하이퍼바이저도 지원할 것으로 기대되고 있습니다. SMS로 마이그레이션할 수 있는 OS 및 버전 등의 자세한 내용은 아래 URL을 참조합니다.

Server Migration Service(SMS) 요구사항

http://docs.aws.amazon.com/ko_kr/server-migration-service/latest/userguide/prereqs.html

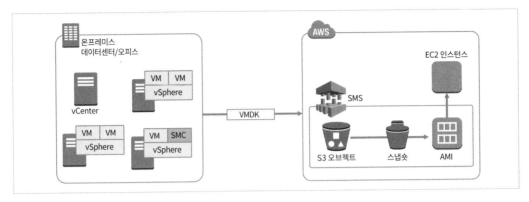

그림 6.9 SMS를 이용한 가상 머신의 마이그레이션

SMS의 구성 개요

SMS를 이용하려면 온프레미스 측과 AWS 측 모두를 설정할 필요가 있습니다. 각 설정에 대한 자세한 내용은 생략하지만 아래의 단계를 밟으면 온프레미스에서 실행되는 가상 서버를 AWS로 마이그레이션 할 수 있습니다.

1. 온프레미스에서 필요한 설정

    - vCenter에 AWS 마이그레이션용 사용자를 생성

    - VMware가 실행 중인 호스트 서버에 가상 어플라이언스(SMC)를 설치

    - SMC의 초기 설정(온프레미스, AWS 각각의 연결 정보와 사용자 정보)

2. AWS에서 필요한 설정

    - SMS에 필요한 IAM 역할의 IAM 사용자 생성 및 권한 부여

    - 관리 콘솔에서 SMC에 연결해서 VMware에서 실행되는 가상 서버의 정보를 수집

    - VMware 상에 있는 가상 서버의 복사 설정(실행 타이밍이나 빈도)

VM Import/Export와의 차이

AWS는 온프레미스에서 실행되는 가상 서버를 마이그레이션하는 방법으로 VM Import/Export라는 서비스를 제공했었습니다. SMS는 이 서비스의 후속 서비스이며, 마이그레이션에 대한 조작성과 편의 성이 상당히 향상됐습니다. 단지 SMS는 현재 VMware에서 실행하는 가상 서버만이 대상이고 아직 제

한적입니다. AWS로서는 가상 서버의 마이그레이션에는 SMS를 사용할 것을 권장하고 있기 때문에 향후 XenServer 및 Hyper-V에서 실행되는 가상 머신에 대한 대응도 진행될 것으로 기대됩니다. VM Import/Export와 SMS의 주요 차이점은 다음과 같습니다.

표 6.4 VM Import/Export와 SMS의 주요 차이점

	Server Migration Service	VM Import/Export
대상	VMware에서 실행되는 가상 서버	OVA, VMDK, VHD, RAW 형식으로 엑스포트된 가상 이미지
사전 준비	가상 어플라이언스(SMC)의 생성이 필요	가상 서버의 이미지 취득(Export)
		Export 이미지를 S3로 전송하기 위한 CLI 설치
데이터 전송	가상 어플라이언스(SMC)를 통한 자동 전송	내 이미지를 S3에 업로드
AWS에서 이미지 변환	불필요(SMS가 자동으로 수행)	필요(S3에 업로드된 이미지 파일을 AMI로 변환)
차분 전송	가능	불가능
작업 인터페이스	GUI	CUI

SMS의 특징

VM Import/Export에 비해 SMS를 사용할 때의 장점을 정리하면 다음과 같습니다.

◆ 차분 전송이 가능

SMS를 이용해 임의의 가상 이미지를 마이그레이션한 후에 온프레미스 측에 변경이 생겼을 경우 전에 마이그레이션한 상태에서의 변경을 파악하고 차분만 마이그레이션해서 새로운 가상 이미지(AMI)를 만들 수 있습니다. 첫 마이그레이션에는 모든 데이터를 전송해야 하기 때문에 이미지 크기에 따른 전송 시간이 필요합니다.

차분 전송 기능이 있으므로 사전에 가상 이미지를 AMI로 변환해 두고, 교체 시의 다운타임을 최소한으로 하고 최근의 온프레미스 가상 서버의 상태를 AWS에 재현할 수 있습니다. 또한 차분 전송에는 스케줄링 기능도 제공되며 정기적으로 자동으로 차분을 가져올 수도 있습니다. 스케줄링은 한번 설정하면 최대 90일간 실행됩니다.

◆ 마이그레이션 작업의 간략화

온프레미스 환경에 가상 어플라이언스(SMC)를 설치하고 초기 설정까지 완료하면 그 이후의 작업은 모두 AWS 관리 콘솔에서 완결, 자동화하는 것이 가능해졌습니다. VM Import/Export의 경우 '가상 이미지 Export', 'S3에 업로드', '이미지의 AMI화'를 각 환경에서 실시하고 각 작업이 끝났다는 것을 정기적으로 확인해야 하는 등의 작업 부하가 많이 있었습니다. 이 점이 개선됐다는 것이 갖는 장점은 매우 큽니다.

OS의 라이선스

라이선스 비용이 필요한 OS(Windows Server 및 Redhat Enterprise Linux 등)를 이용할 경우 기존 환경에서 실행 중인 각 가상 서버 구축 시에 필요한 라이선스를 구입할 거라고 생각합니다. 한편 AWS에서는 EC2 인스턴스의 시간당 이용료에 선택된 OS의 라이선스 이용료가 원칙적으로 포함돼 있습니다. AWS로 마이그레이션한 서버의 OS는 BYOL(Bring Your Own License)을 이용해 EC2 인스턴스를 실행하는 것도 가능하지만 OS나 라이선스의 종류에 따라 BYOL할 수 없는 경우도 있으므로 사전에 확인해 둘 필요가 있습니다.

라이선스 확인

https://aws.amazon.com/ko/windows/resources/licensing/ https://aws.amazon.com/ko/windows/resources/licensemobility/

6-4

데이터베이스 마이그레이션하기

엔터프라이즈 시스템을 구성하는 요소로 데이터베이스(RDBMS)는 빼놓을 수 없습니다. 클라우드로의 마이그레이션뿐만 아니라 시스템 마이그레이션 중에서도 데이터베이스를 어떻게 마이그레이션할 것인가는 중요한 검토 요소입니다.

AWS는 데이터베이스 마이그레이션에 사용할 수 있는 서비스에도 힘을 쏟아 개발이 진행되고 있습니다. 동일 RDBMS 간의 마이그레이션뿐만 아니라 다른 RDBMS으로의 마이그레이션도 고려한 다양한 도구가 제공됩니다. 데이터 량이나 서비스 중단 허용 시간 등의 요건을 명확히 해서 최적의 마이그레이션 방법을 채택합시다.

6.4.1 AWS 서비스를 사용하지 않고 데이터베이스 마이그레이션하기

소규모 데이터베이스나 장시간 서비스 정지가 가능(휴일은 이용하지 않는 등)한 데이터베이스의 경우에는 AWS 서비스를 사용하지 않고 간단한 데이터 엑스포트, 전송, 임포트의 작업 절차로 마이그레이션이 가능합니다. EC2에 RDB를 설치하는 경우나 RDS를 이용할 경우에도 모두 온프레미스에서 사용하던 RDBMS와 같은 것이면 각 RDBMS가 제공하는 Export/Import 명령을 사용할 수 있습니다.

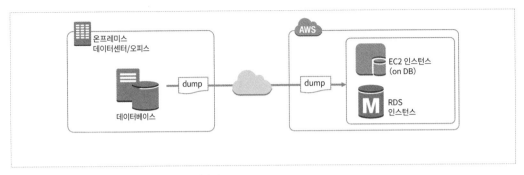

그림 6.10 수작업에 의한 데이터베이스의 마이그레이션

장시간 서비스 정지가 가능한 데이터베이스라도 마이그레이션할 데이터 크기가 큰 경우는 첫 데이터 마이그레이션 후의 차분을 정기적으로 동기화하는 시스템의 검토가 필요한 경우도 있습니다. 데이터 전송 시간에 대해서는 6.2절 '데이터 마이그레이션'에서 설명한 대로지만 데이터 크기로 인해 예상 외의 병목 현상이 발생하지 않도록 주의해야 합니다.

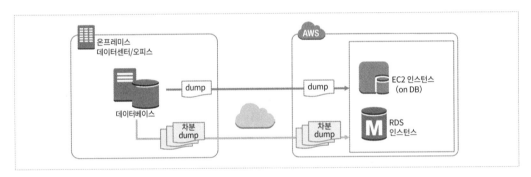

그림 6.11 차분 동기화

6.4.2 AWS Database Migration Service

AWS Database Migration Service(이하 DMS)는 데이터베이스를 AWS로 마이그레이션하기 위한 서비스입니다. 동일한 데이터베이스 시스템 간(예: MySQL에서 MySQL으로)의 마이그레이션은 물론, 다른 데이터베이스 시스템 간(예: Oracle에서 Aurora로)의 마이그레이션에도 사용할 수 있습니다. 다른 데이터베이스 간의 마이그레이션의 경우 DMS를 이용하기 전에 AWS가 제공하는 AWS Schema Conversion Tool(이하 SCT)을 이용해 데이터베이스의 시스템적 차이(칼럼 타입과 저장 프로시저 등)를 어느 정도 해결한 후 DMS에서 데이터를 마이그레이션합니다.

DMS 구성 개요

DMS를 이용하기 위한 준비로 '복제 인스턴스', '원본 데이터베이스', '새 데이터베이스', '네트워크 설정'이 필요합니다. 복제 인스턴스는 DMS의 핵심 구성 요소입니다. 원본 데이터베이스에서 새 데이터베이스에 첫 마이그레이션 및 첫 마이그레이션 완료 후 차분 동기화 등의 실행 제어 역할을 담당합니다. DMS를 이용하기 위해서는 원본 데이터베이스 또는 새 데이터베이스 중 하나가 AWS에 존재해야 합니다. 온프레미스 간의 데이터베이스 마이그레이션에는 DMS를 사용할 수 없습니다. 마지막으로 네트워크의 경우, 원본 데이터베이스와 복제 인스턴스, 그리고 복제 인스턴스와 새 데이터베이스 사이에는 데이터 마이그레이션에 필요한 포트의 통신이 허용돼 있는 것을 전제로 합니다.

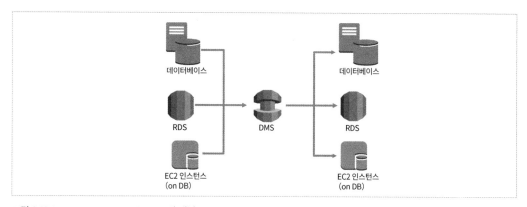

그림 6.12 Database Migration Service의 개념

DMS와 온프레미스 서버 간의 연결 경로

온프레미스 데이터베이스 서버와 DMS 사이의 연결 경로는 인터넷, VPN, 전용선(Direct Connect)의 세 종류를 들 수 있습니다. 인터넷으로 연결하는 경우에는 쌍방이 글로벌 IP 통신이 가능해야 한다는 점에 주의합니다. 또한 보안 측면에서 SSL 인증서를 이용한 통신의 암호화가 필요합니다.

표 6.5 온프레미스 데이터베이스 서버와 DMS 간의 연결 경로

연결 경로	비고(주의점)
인터넷 경유	쌍방 간에는 글로벌 IP로 연결할 필요가 있음 데이터 암호화를 위해 SSL 인증서를 DMS 측에 설치 가능
VPN 연결	데이터의 초기 마이그레이션에 시간적인 여유가 있어 차분 데이터가 그다지 발생하지 않는 경우에 가장 현실적인 방법
전용선(Direct Connect)	데이터베이스 마이그레이션만을 위해 설치하기에는 비용 측면에서 부담이 큼

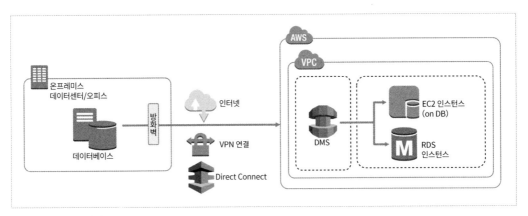

그림 6.13 DMS 연결 경로

동일한 데이터베이스 시스템 간의 마이그레이션

MySQL에서 MySQL 등, 동일한 데이터베이스 시스템 간에 데이터 마이그레이션을 하는 경우에는 DMS만으로 마이그레이션하는 것이 가능합니다. 그러나 DMS가 마이그레이션할 수 있는 대상 범위는 아래의 표와 같으며 별도로 마이그레이션이 필요한 것은 마이그레이션 도구(SCT)를 이용하거나 개별적으로 수동으로 처리해야 합니다. 서비스 시작 당초 SCT는 동일한 데이터베이스 시스템 간의 마이그레이션은 지원하지 않았지만 현재는 지원 대상이 됐습니다. 따라서 동일한 데이터베이스 시스템 간의 마이그레이션을 하는 경우에도 기본적으로 DMS와 SCT를 조합해서 작업하는 편이 원활하게 데이터베이스를 마이그레이션하는 데 도움이 됩니다.

표 6.6 DMS가 마이그레이션할 수 있는 대상 범위

마이그레이션 대상	마이그레이션 대상 외
테이블 정의	View
Primary Key	Procedure
데이터	Trigger
	Index
	각종 제약

DMS를 사용한 데이터베이스 마이그레이션의 흐름은 다음과 같습니다.

1. 원본 대상 데이터베이스의 준비

2. DMS 복제 인스턴스 만들기

3. DMS와 각 데이터베이스의 연결 정보(엔드포인트)의 정의

4. 데이터 마이그레이션 수행

다른 데이터베이스 시스템 간의 마이그레이션

Oracle에서 Aurora 등 다른 데이터베이스 시스템 간에 마이그레이션하는 경우 DMS만으로는 할 수 없습니다. 원본 및 새 데이터베이스 시스템에서 처리할 수 있는 데이터 타입이 일치하지 않는 등의 차이가 있기 때문에 그대로는 마이그레이션할 수 없는 문제가 발생합니다. 그때 SCT를 이용하면 됩니다. SCT는 데이터베이스 마이그레이션을 지원하는 편리한 도구를 모아놓은 데스크톱 애플리케이션입니다. 각 클라이언트 OS용 설치 모듈이 제공되고 있으므로 아래 정보를 참고해서 설치합니다.

한 가지 주의할 점은 SCT는 어디까지나 데이터베이스 마이그레이션을 지원하는 도구이기 때문에 도구를 사용한다고 100% 마이그레이션이 가능해지는 것은 아니라는 것입니다.

AWS Schema Conversion Tool 설치 및 업데이트

https://docs.aws.amazon.com/ko_kr/SchemaConversionTool/latest/userguide/CHAP_Installing.html

SCT가 할 수 있는 작업은 아래와 같습니다.

- 스키마 변환

- 애플리케이션 SQL 변환(소스 내의 SQL 문을 해석)

- 각종 오브젝트의 변환(View, Procedure, Trigger, Index, 각종 제약 등)

- DMS에 연결

변환(Transform)에 대해서는 SCT가 어느 정도의 규칙성을 가지고 변환 후보를 제시해 줍니다. 시스템에 따라서는 그 변환 후보로는 문제가 생기는 경우도 있을 수 있으므로 각자 변환 방식을 커스터마이징할 수 있습니다. 예를 들어, Oracle의 'Number 타입'은 MySQL에서는 'Double 타입'으로 변환하는 것이 SCT의 규칙이지만 INT 타입으로 할 필요가 있는 경우 등입니다. 스키마 변환에 대한 자세한 정보는 아래 링크를 참조합니다.

AWS Schema Conversion Tool 참조

https://docs.aws.amazon.com/ko_kr/SchemaConversionTool/latest/userguide/CHAP_Converting.html

데이터 마이그레이션 및 마이그레이션 후의 데이터 동기화

DMS는 원본에서 새 데이터베이스에 데이터를 마이그레이션하기 위한 서비스이지만 초기 데이터를 마이그레이션한 후 발생하는 차분 데이터를 지속적으로 동기화하는 등의 목적으로도 이용할 수 있습니다.

이 기능을 이용하려면 원본 데이터베이스에서 트랜잭션 로그의 출력 설정(Oracle이면 REDO 로그, MySQL이면 BIN 로그 등)이 필요합니다. 이 설정을 함으로써 데이터베이스 마이그레이션 직전까지의 데이터를 동기화할 수 있기 때문에 마이그레이션할 때 시스템 다운타임을 최대한 줄일 수 있습니다.

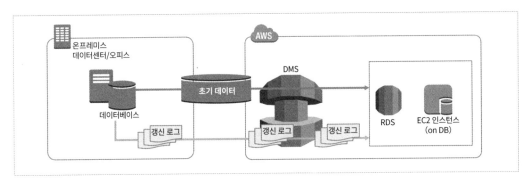

그림 6.14 DMS에 의한 동기화

이상으로 데이터베이스 마이그레이션에 관한 AWS 서비스를 소개했습니다. DMS와 SCT는 만능이 아니지만 다른 데이터베이스 시스템 간의 마이그레이션에도 사용할 수 있기 때문에 사용법에 따라 시스템의 마이그레이션 작업 시간과 비용을 대폭 절감할 수 있는 서비스라고 할 수 있습니다. 아래와 같은 경우라면 기본적으로 데이터베이스 마이그레이션에는 DMS(SCT 포함)의 사용을 검토하십시오.

- 온프레미스와 AWS 간의 DB 연결이 가능한 경우

- 동일한 RDBMS로 마이그레이션하는 경우

- 마이그레이션할 때의 데이터베이스 정지 시간을 최대한 짧게(거의 무중단으로) 줄이고 싶은 경우

Chapter7

운용 모니터링 설계 및 실시

7-1

시스템 모니터링하기

이번 장에서는 AWS로 마이그레이션된 시스템을 운용하는 데 필요한 구성과 그 구성을 실현하는 서비스에 대해 설명합니다. 엔터프라이즈 시스템에서는 시스템을 정확히 운용 모니터링하는 것은 물론, 다양한 감사 수준을 통과해야 하는 경우도 많습니다. AWS에도 그런 시스템을 대상으로 운용 관리에 관련된 서비스가 많이 릴리스되고 있습니다. AWS가 제공하는 관리 도구를 중심으로 어떻게 시스템을 운용 모니터링하면 좋을지 살펴보겠습니다.

우선 시스템을 모니터링하는 방법입니다. 시스템을 운용하기 위해서는 다양한 관점에서 시스템을 모니터링하고 문제가 발생한 것을 재빨리 감지할 수 있어야 합니다. AWS에서는 시스템 모니터링과 관련해서 다음과 같은 서비스가 제공됩니다. 서비스를 잘 조합함으로써 엔터프라이즈급 시스템을 운용 모니터링하는 구성을 채택할 수 있습니다.

- Amazon CloudWatch

- Amazon CloudWatch Logs

- Amazon CloudWatch Events

7.1.1 CloudWatch 사용하기

CloudWatch는 AWS의 각종 리소스 및 서비스를 모니터링하기 위한 핵심 서비스입니다. AWS에서 실행되는 리소스의 다양한 정보(지표)를 수집할 수 있습니다. 수집된 정보는 다른 서비스와 연계해서 알림 및 자동 복구 등의 구성으로 이용할 수 있습니다. AWS를 이용하기 때문에 모니터링해야 하는 특유의 지표도 있습니다. 그러므로 CloudWatch에서 할 수 있는 것을 제대로 이해하고 활용하는 것은 시스템의 안정적인 가동을 실현하는 데 매우 중요합니다. CloudWatch에 대응하는 서비스와 취득 가능한 지표에 대한 자세한 내용은 다음 URL을 참조합니다.

Amazon CloudWatch 지표 및 차원 참조

https://docs.aws.amazon.com/ko_kr/AmazonCloudWatch/latest/monitoring/CW_Support_For_AWS.html

표준 지표로 모니터링하기

CloudWatch로 수집된 지표를 사용해 리소스를 모니터링하는 예로 EC2 인스턴스의 CPU 사용률을 모니터링하는 방법을 설명합니다.

관리 콘솔에서 CloudWatch를 열고 '경보' 메뉴에서 '경보 생성' 버튼을 클릭합니다.

그림 7.1 경보 생성

시표를 선택하는 화면이 표시되므로 'EC2 지표' → '인스턴스별 지표'를 선택합니다. 그러면 EC2 인스턴스마다 취득할 수 있는 지표 목록이 표시되므로 경보를 생성하는 인스턴스의 'CPUUtilization'을 체크하고 다음으로 넘어갑니다.

'인스턴스별 지표'를 클릭 **①**

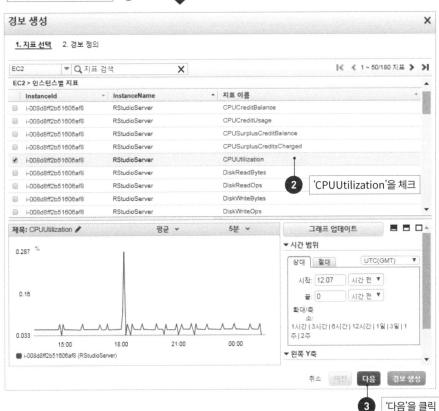

'CPUUtilization'을 체크 **②**

'다음'을 클릭 **③**

그림 7.2 지표 선택

마지막으로 임곗값과 감지 기간, 감지한 경우의 작업(어떻게 동작할지)을 설정합니다. 이름과 설명에 필요한 내용을 입력합니다. 여기서 임곗값은 '60%를 초과한 상태가 한 번이라도 발생한 경우'를 지정하고 있습니다. 오른쪽 창에서 '기간'과 '통계'를 지정할 수 있으므로 필요에 따라 변경합니다. 여기서는 '5분간의 평균 CPU 사용률이 60%를 한 번이라도 초과하면'으로 설정돼 있습니다.

추가 설정은 경보로 지정한 지표 값의 취득에 실패했을 경우에 어떻게 처리할지(양호 · 불량 · 무시)를 정의합니다. 마지막으로 작업에서 임곗값을 초과할 때의 동작을 설정합니다. 이미 설정돼 있는 SNS의 알림 대상을 지정하거나 새로운 목록을 만들 수 있습니다. 작업은 여러 개 설정할 수 있습니다. 모든 설정을 마치면 '경보 생성' 버튼을 클릭해 완료합니다.

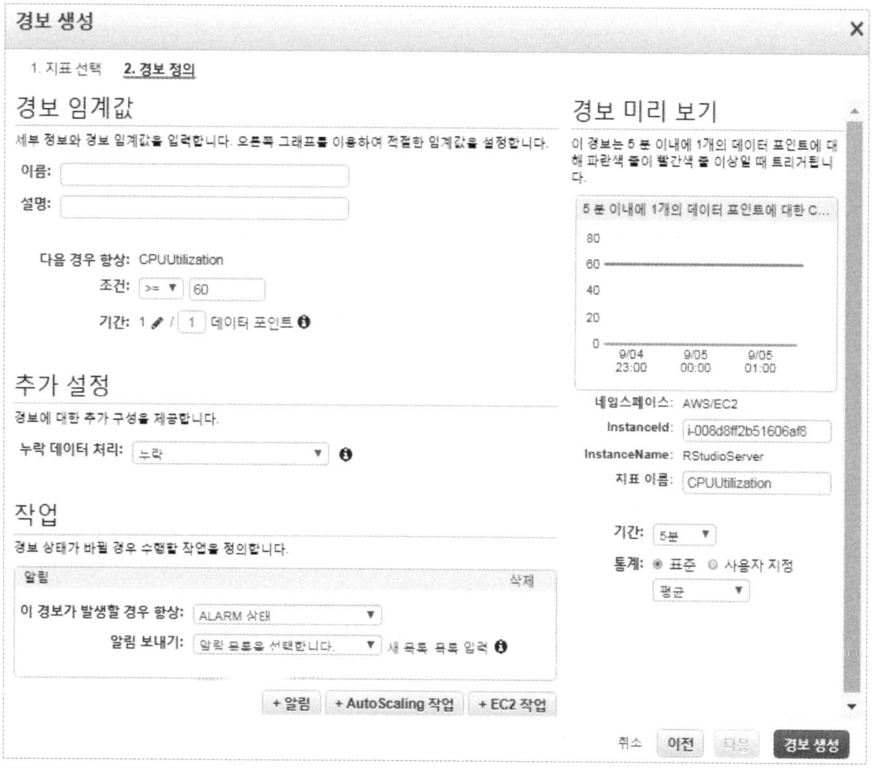

그림 7.3 경보 설정

사용자 지정 지표를 사용해 모니터링하기

지표 목록에 없는 항목을 모니터링할 경우 해당 정보를 별도로 취득해서 CloudWatch에서 관리할 수 있습니다. 이를 사용자 지정 지표라고 말합니다. 온프레미스 서버에서 자주 모니터링하는 항목 중에

CloudWatch 지표에는 존재하지 않는 대표적인 것으로 메모리 관련 항목을 들 수 있습니다. 각 인스턴스의 메모리 사용량과 빈 공간 및 스왑 사용량 등은 표준 CloudWatch 지표에서는 수집되지 않습니다. 여기서는 사용자 지정 지표를 만들고 그것을 CloudWatch에서 모니터링하는 방법을 소개합니다. AWS의 공식 문서에는 리눅스가 설치된 인스턴스(이하 리눅스 인스턴스)의 모니터링용 샘플 스크립트가 준비돼 있습니다. 이 스크립트를 사용해 리눅스 인스턴스의 메모리, 스왑 및 디스크 공간 사용 상황 등의 지표를 취득할 수 있습니다. 샘플 스크립트의 상세 내용에 대해서는 공식 문서를 참조합니다.

Amazon EC2 Linux 인스턴스의 메모리 및 디스크 지표 모니터링

https://docs.aws.amazon.com/ko_kr/AWSEC2/latest/UserGuide/mon-scripts.html

◆ 스크립트 설치

리눅스 인스턴스의 리소스 정보를 취득하는 스크립트를 설치합니다. 리눅스에 로그인해서 아래 명령을 실행합니다.

```
$ sudo yum install perl-Switch perl-DateTime perl-Sys-Syslog perl-LWP-Protocol-https
$ curl http://aws-cloudwatch.s3.amazonaws.com/downloads/CloudWatchMonitoringScripts-1.2.1.zip -O
$ unzip CloudWatchMonitoringScripts-1.2.1.zip
$ rm CloudWatchMonitoringScripts-1.2.1.zip
$ cd aws-scripts-mon
```

◆ CloudWatch에 등록하는 데 필요한 권한 설정

리눅스 인스턴스에서 취득한 리소스 정보를 CloudWatch에 등록하는 데 필요한 권한을 설정합니다. 아래의 권한을 IAM 역할에 추가합니다.

예제 7.1 IAM 역할

```
{
    "Version": "2012-10-17",
    "Statement":    [
        {
            "Effect": "Allow",
            "Action":    [
                "cloudwatch : PutMetricData",
                "cloudwatch : GetMetricStatistics",
```

```
            "cloudwatch : ListMetrics",
            "ec2 : DescribeTags"
        ],
        "Resource": "*"
    }
  ]
}
```

◆ 스크립트 실행

모든 준비가 완료되면 아래 명령을 실행해 리소스 정보를 CloudWatch에 등록할 수 있는지 확인합시다. 이 명령은 '메모리 사용량', '메모리 빈 공간'을 취득하고 CloudWatch 지표로 등록합니다. 이 스크립트로 등록된 지표는 CloudWatch에서는 'Linux 시스템'이라는 사용자 정의 네임스페이스로 관리됩니다.

```
$ ./mon-put-instance-data.pl --mem-used --mem-avail
```

이 스크립트를 cron에 등록하거나 작업 실행 도구에서 정기적으로 실행하면 메모리 사용 상황을 지속적으로 CloudWatch에 등록할 수 있게 됩니다. 경보를 생성한 이후에는 평소 CloudWatch에서 하던 작업과 동일하게 하면 모니터링 및 알림까지 수행할 수 있습니다. 이 스크립트는 어디까지나 샘플이기 때문에 이를 참고해서 시스템 특유의 모니터링 정보를 취득하는 스크립트를 직접 작성해서 CloudWatch에 등록하면 독자적인 모니터링 시스템을 만들 수 있습니다.

온프레미스 서버의 모니터링과 비교

흔히 있는 온프레미스 서버의 모니터링 항목으로 CPU, 메모리, 디스크 사용량 등이 있습니다만 그중 CloudWatch의 표준 지표로 모니터링할 수 있는 것과 할 수 없는 것을 비교하면 아래 표와 같습니다. 표준 지표에서 모니터링할 수 없는 것에 대해서는 서버에서 정보를 수집해서 사용자 지정 지표로 등록하고 모니터링합시다.

표 7.1 모니터링 가능한 항목

모니터링 항목	CloudWatch	사용자 정의 지표(또는 서드파티 모니터링 도구)
CPU 사용량	○	X
CPU 로드 애버리지	X	○

모니터링 항목	CloudWatch	사용자 정의 지표(또는 서드파티 모니터링 도구)
메모리 사용량	X	○
swap 사용량	X	○
디스크 사용량	X	○

AWS 특유의 모니터링

CloudWatch는 AWS를 잘 활용하기 위해 필요한 정보를 제공합니다.

◆ 네트워크 트래픽(EC2: NetworkIn/NetworkOut)

EC2가 어느 정도의 네트워크 대역을 사용하고 있는지를 측정하는 지표입니다. 예를 들어, EC2 인스턴스는 선택한 유형에 따라 사용 가능한 네트워크 대역도 정해져 있습니다. CPU와 메모리 리소스에 여유가 있어도 네트워크 대역을 대량으로 사용하는 시스템의 경우에는 네트워크 트래픽을 모니터링해서 인스턴스 유형의 변경이나 EBS 최적화 옵션의 도입을 검토하기 위한 판단 기준으로 사용할 수 있습니다.

◆ IOPS(RDS: ReadIOPS/WriteIOPS, EBS: VolumeReadOps/VolumeWriteOps)

RDS나 EBS 등의 디스크에 어느 정도의 I/O가 발생하고 있는지를 측정하기 위한 지표입니다. 일반적으로 많이 사용되는 볼륨 유형인 '범용 SSD(gp2)'는 1GB당 3IOPS라는 성능상의 제한이 있습니다. 어느 정도의 버스트(임시 고부하)에는 견딜 수 있는 구조입니다만 항상 IOPS가 높은 시스템의 경우 디스크 크기를 확장하고 베이스가 되는 IOPS를 늘리거나 필요한 IOPS를 확보하기 위해 '프로비전드 IOPS SSD(io1)'를 도입하는 등의 판단 기준으로 활용합니다.

지금까지 CloudWatch를 이용한 시스템 모니터링을 소개했습니다. AWS는 필요한 리소스를 필요한 만큼 사용할 수 있다는 장점이 있지만 얼마나 필요한지는 이용자가 판단해야 합니다. CloudWatch는 시스템 모니터링뿐만 아니라 AWS를 유용하게 활용하기 위한 판단 기준으로써의 정보도 제공합니다. 각 서비스가 제공하는 CloudWatch 지표의 의미를 이해해서 AWS를 잘 사용할 수 있도록 합시다.

7.1.2 CloudWatch Logs 사용하기

EC2 인스턴스에서 출력되는 로그를 수집·모니터링하고 미리 설정된 조건과 일치하면 통보하는 서비스로 CloudWatch Logs가 있습니다.

CloudWatch Logs를 이용하려면 각 인스턴스에 에이전트를 설치할 필요가 있습니다. CloudWatch Logs를 사용하면 예를 들어 자바 애플리케이션의 특정 예외가 로그에 출력된 경우에 감지하거나 아파치의 에러 로그에 특정 문자열이 출력된 경우를 감지하는 것이 가능합니다. 또한 CloudWatch Logs는 다음과 같은 기능도 겸비하고 있습니다.

- 로그의 축적 및 Export
- 검색 및 특정 문자 필터링
- 필터링 결과의 그래프화
- Amazon SNS와 연계한 경보 설정
- Amazon Kinesis나 Lambda와의 실시간 연계

이번에는 EC2 인스턴스의 messages 파일을 모니터링하고 'Error'와 같은 특정 문자열이 출력된 경우에 SNS를 사용해 통지하는 설정 방법을 설명합니다. EC2는 아래의 권한을 지닌 IAM 역할이 부여돼 있다고 전제하고 있습니다. 필요에 따라 역할을 설정하고 권한을 추가합니다.

예제 7.2 EC2에 부여하는 IAM 역할

```
{
    "Version": "2012-10-17",
    "Statement":    [
        {
            "Effect": "Allow",
            "Action":
                "logs : CreateLogGroup",
                "logs : CreateLogStream",
                "logs : PutLogEvents",
                "logs : DescribeLogStreams"
            ],
            "Resource":    [
                "arn : aws : logs :*:*:*"
        ]
```

```
        }
    ]
}
```

에이전트 설치

CloudWatch Logs를 이용하기 위해 EC2 인스턴스에 에이전트를 설치합니다. Amazon Linux이면 rpm 패키지가 준비돼 있기 때문에 yum 명령 하나로 설치할 수 있습니다.

```
$ sudo yum install -y awslogs
$ sudo vi /etc/awslogs/awscli.conf
```

설치가 끝나면 CloudWatch Logs에서 이용하기 위한 리전을 설정하기 위해 /etc/awslogs/awscli. conf 파일을 편집합니다. EC2 인스턴스에 IAM 역할을 할당하지 않은 경우 이 파일에 액세스 키와 시크릿 키를 작성해야 합니다. 그러나 서버 내의 파일에 인증 정보를 기재하는 것은 보안 위험이 높기 때문에 가급적 피합시다.

모니터링 대상 로그 설정

CloudWatch Logs로 전송하는 대상 로그 파일을 설정합니다. 설정은 /etc/awslogs/awslogs.conf 에 기재합니다. Amazon Linux에서 yum을 이용해 에이전트를 설치하면 /var/log/messages의 모니터링이 표준으로 설정돼 있습니다. 모니터링 대상의 로그 파일을 설정하는 데 필요한 정보는 아래의 URL에서 확인합니다.

CloudWatch Logs 에이전트 참조
https://docs.aws.amazon.com/ko_kr/AmazonCloudWatch/latest/logs/WhatIsCloudWatchLogs.html

여기서는 아래의 설정이 파일의 마지막에 기재돼 있음을 확인합니다.

예제 7.3 대상 로그 파일의 설정

```
[/var/log/messages]
datetime_format = %b %d %H:%M:%S
file = /var/log/messages
buffer_duration = 5000
log_stream_name = {instance_id}
```

```
initial_position = start_of_file
log_group_name = /var/log/messages
```

에이전트 시작

설치와 초기 설정이 완료되면 CloudWatch Logs 에이전트를 시작합니다. 서버 시작 시 자동으로 에이전트가 실행되는 설정도 함께 실시합시다.

```
$ sudo chkconfig awslogs on
$ sudo chkconfig --list | grep awslogs
awslogs 0 : off 1 : off 2 : on 3 : on 4 : on 5 : on 6 : off
$ sudo service awslogs start
```

● CloudWatch Logs에 전송된 로그 확인

EC2 인스턴스에서 에이전트를 통해 CloudWatch Logs에 로그가 전송되고 있는지 확인합니다. 관리 콘솔에서 CloudWatch를 열고 '로그' 메뉴를 선택합니다. 로그 그룹의 목록이 표시됩니다. 이 목록에는 에이전트를 설정할 때 /etc/awslogs/awslogs.conf에 설정한 log_group_name의 값이 표시됩니다.

그림 7.4 로그 목록

/var/log/messages의 링크를 선택하면 로그 스트리밍 화면이 표시됩니다. 이 목록에는 에이전트를 설정할 때 /etc/awslogs/awslogs.conf에 설정한 log_stream_name의 값이 표시됩니다.

그림 7.5 로그 스트리밍

로그 그룹은 이름 그대로 각 EC2 인스턴스에서 들어오는 로그의 종류를 그룹화하기 위해 사용합니다. 로그 스트리밍은 동종의 로그가 출력되는 단위(여기서는 각 인스턴스)로 그룹화하는 데 사용합니다. 로그 스트림 목록에 있는 인스턴스 ID의 링크를 선택하면 EC2 인스턴스에서 전송된 로그의 내용이 표시됩니다.

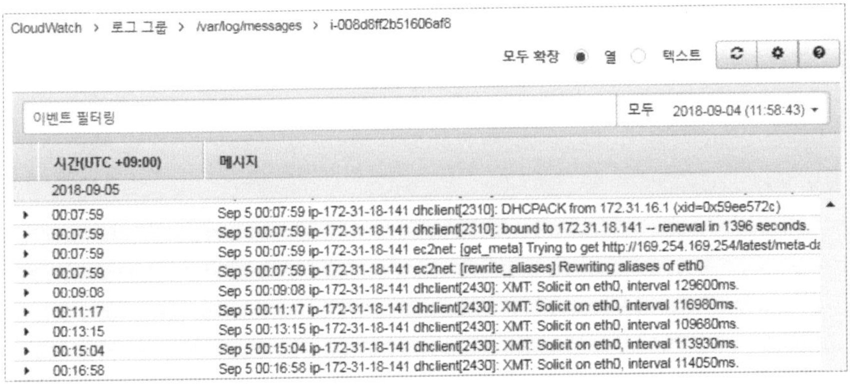

그림 7.6 로그 표시

이제 에이전트를 통해 로그가 CloudWatch Logs에 전송되고 있음을 확인할 수 있습니다.

특정 문자열 감지

CloudWatch Logs에 EC2 인스턴스의 로그를 전송할 수 있게 됐으므로 다음은 전송된 로그를 모니터링하는 규칙(모니터링 필터)을 설정합니다.

로그 그룹이 표시되는 화면에서 규칙을 만들려는 로그 그룹의 라디오 버튼을 선택하면 '지표 필터 생성' 버튼을 누를 수 있게 됩니다. 여기서 알 수 있듯이 로그에 대한 규칙(탐지하고 싶은 문자열 등)의 설정은 로그 그룹 단위가 되는 점에 유의하십시오. 같은 로그 파일이라도 인스턴스에 따라 탐지하려는 문자열이나 설정이 다른 경우에는 로그 그룹의 분할을 검토합니다.

로그 지표 필터를 정의할 때는 탐지하고 싶은 문자열을 정의하기만 하면 됩니다. 나머지는 해당 로그 또는 기존의 로그 데이터를 테스트용 폼에 입력하고 '패턴 테스트' 버튼을 클릭해 예상대로 문자열을 탐지할 수 있는지 확인할 수 있습니다.

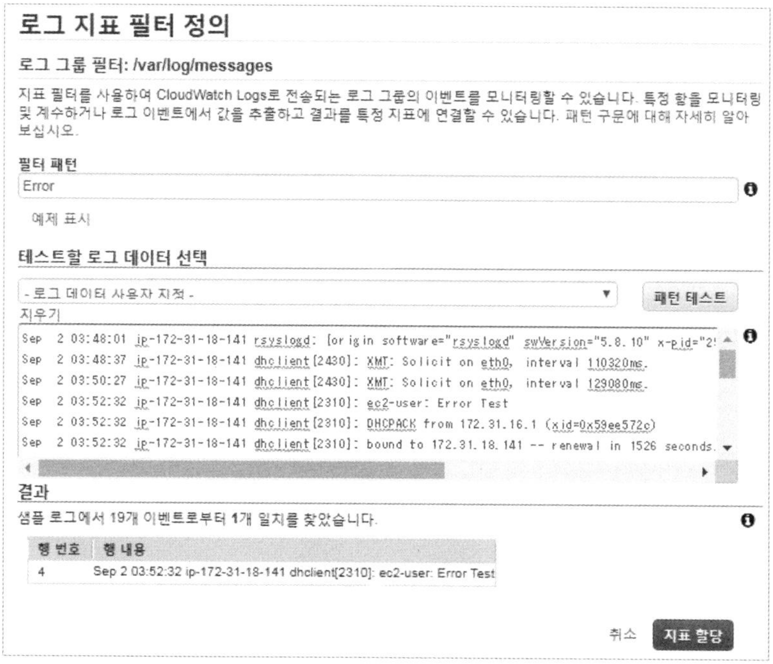

그림 7.7 로그 지표 필터 정의

예상대로 필터가 설정되면 '지표 할당' 버튼을 클릭하고, 마지막으로 필터의 이름과 지표의 상세 정보를 입력해서 생성합니다.

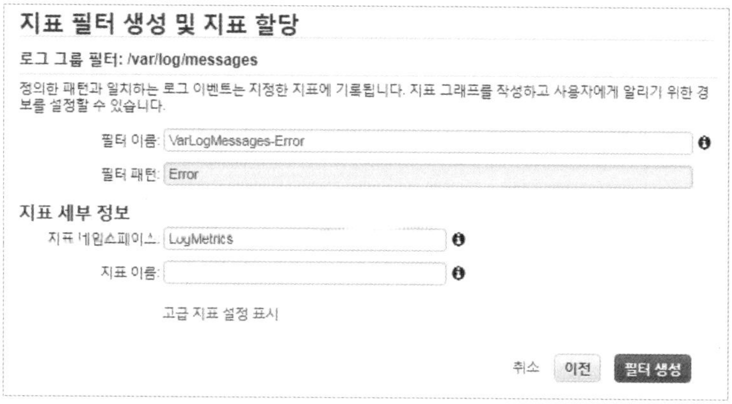

그림 7.8 지표 필터 생성

필터가 생성되면 그다음은 CloudWatch 경보 설정이므로 필요에 따라 임곗값이나 알림 대상의 SNS를 설정하면 완료됩니다. 이로써 /var/log/messages에 Error라는 문자열이 출력되면 탐지할 수 있게 됐습니다.

CloudWatch Logs의 기타 서비스 연계

CloudWatch Logs는 EC2 및 기타 AWS 서비스에서 로그를 수집하고 필요에 따라 통지할 수 있는 서비스라는 것을 이해하셨을 것입니다. 그러나 CloudWatch Logs는 수집한 각 로그를 참조하기에는 부족한 점이 많습니다. 로그를 시각화하기 위해서는 다른 서비스와의 연계가 필요합니다. AWS에는 Elasticsearch Service(Elasticsearch + Kibana)라는 로그 시각화에 사용할 수 있는 서비스가 있습니다. AWS의 각 서비스는 각자 제공하는 기능은 특화돼 있지만 서비스 간의 연계를 용이하게 함으로써 전체적으로 잘 정리된 체계적인 서비스를 구축할 수 있습니다. 서비스 측면뿐만 아니라 운용 측면에서도 마찬가지입니다.

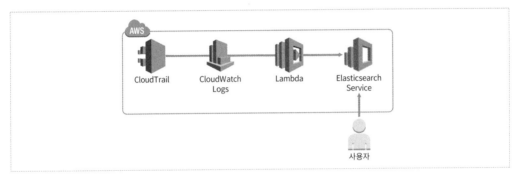

그림 7.9 CloudWatch에 연계할 서비스

이상으로 CloudWatch Logs 소개를 마칩니다. 로그를 실시간으로 로그 서버에 연계하거나 로그의 특정 문자열을 모니터링하는 도구는 지금까지도 다양한 오픈소스로 개발되고 있습니다만 CloudWatch Logs를 이용하면 로그 관련 운용을 통합할 수 있습니다. 또한 수집된 로그를 시각화하기 위한 연계도 쉽게 가능합니다. AWS를 사용한 시스템의 로그 운용은 CloudWatch Logs를 중심으로 생각합시다.

7.1.3 CloudWatch Events 사용하기

Amazon CloudWatch Events(이하 CloudWatch Events)는 AWS에서 발생하는 다양한 이벤트 정보를 수집하고 규칙에 따라 SNS나 Lambda 등과 연계가 가능한 서비스입니다. CloudWatch Events가 제공될 때까지 AWS의 각 서비스의 상태를 확인하려면 API를 사용해 상태를 취득하고 이전 상태와 비교해야 했습니다. 그러나 이 서비스가 제공됨으로써 각 서비스의 상태 변화를 이벤트로 거의 실시간으로 감지할 수 있습니다.

CloudWatch Events는 릴리스 초기에는 대상이 되는 서비스나 타깃으로 설정할 수 있는 연계 대상이 한정돼 있었지만 계속되는 업데이트를 거쳐 사용할 수 있는 범위도 넓어지고 있으며, 사용하기 쉬운 서비스가 됐습니다. 지원하는 이벤트 유형과 대상으로서 사용할 수 있는 서비스의 자세한 내용은 아래의 URL을 참조합니다.

CloudWatch 이벤트에 대한 이벤트 유형

https://docs.aws.amazon.com/ko_kr/AmazonCloudWatch/latest/events/WhatIsCloudWatchEvents.html

EC2 인스턴스의 스케줄 이벤트 알림

CloudWatch Events의 사용 예로, EC2 인스턴스의 스케줄 이벤트가 발생했을 때 SNS에 연동해서 통지할 수 있게 해봅시다. 스케줄 이벤트란 EC2에서 실행 중인 호스트 서버의 장애 및 유지보수에 따라 실행 중인 EC2 인스턴스를 정지하거나 재시작하는 등의 이벤트를 말합니다. 스케줄 이벤트는 일반적으로 약 2주 정도 전에 마스터 계정에 등록된 이메일 주소로 통지됩니다. 메일에 기재돼 있는 유지보수 시간에 EC2 인스턴스를 정지하거나 재시작이 수행되지만 타이밍이 좋지 않은 경우에는 사전에 수동으로 EC2 인스턴스의 정지 및 시작을 실시해 다른 호스트 서버로 이동시키고 유지보수를 회피하는 것도 가능합니다. 메일 알림만으로는 미처 확인하지 못할 수 있는 위험이 있기 때문에 CloudWatch Events에서 알림 방법을 추가하는 것은 매우 유용하다고 할 수 있습니다.

그럼 설정을 시작하겠습니다. 관리 콘솔에서 CloudWatch를 열고 '이벤트' 메뉴에서 '규칙 생성'을 클릭합니다. 필요한 설정은 두 가지로, 이벤트 소스와 대상입니다.

그림 7.10 일정 이벤트 생성

◆ 이벤트 소스 설정

먼저 이벤트 소스부터 설정합니다. 실행 타이밍은 '이벤트 패턴'을 선택합니다(정기적으로 실시하고자 하는 규칙의 경우 '일정'을 선택합니다). 다음으로 감지하고 싶은 이벤트의 서비스와 이벤트의 유형을 설정합니다. EC2 인스턴스의 일정 이벤트를 모니터링하기 위해서는 서비스 이름은 'Health'로, 이벤트 유형은 '특정 상태 이벤트'를 선택합니다. 그러면 어떤 상태 이벤트를 모니터링할 것인지 선택하는 메뉴 가 표시됩니다. 서비스 유형은 'EC2', 이벤트 유형은 'scheduledChange'를 선택합니다.

◆ 대상 설정

이어서 대상 설정입니다. 대상 추가 버튼을 클릭해 리스트에서 'SNS 주제'를 선택합니다. 다음으로 주제 선택 리스트에서 대상의 'SNS 주제'를 선택합니다. SNS 주제는 이미 생성돼 있다고 전제하고 있습니다만 아직 생성하지 않은 경우 SNS 주제를 먼저 작성합니다. 설정이 끝나면 '세부 정보 구성' 버튼을 클릭합니다.

그림 7.11 일정 이벤트 설정 ①

규칙의 이름과 설명을 적절히 입력합니다. 규칙을 바로 활성화하지 않는 경우에는 '상태' 체크박스를 해제합니다.

규칙 정의

이름*	Ec2ScheduleChange
설명	EC2 인스턴스에 유지보수 등의 이벤트가 발생했을 때 SNS를 통해 메일을 통보
상태	☑ 활성

이 규칙이 트리거될 때 호출될 수 있도록 CloudWatch Events가 대상에 대해 필요한 권한을 추가합니다.

* 필수   취소 뒤로 규칙 생성

그림 7.12 일정 이벤트 설정 ②

이벤트 버스

이벤트 버스는 2017년 6월에 릴리스된 새로운 서비스입니다. 이 서비스가 릴리스됨으로써 대상의 등록처로 다른 계정을 지정할 수 있게 됐습니다. 그다지 눈에 띄는 서비스는 아니지만 여러 계정을 이용하고 있는 기업이 각 계정에서 만든 이벤트 소스에 대한 동작을 관리용 계정에 설정한 대상에 통합하는 등의 사용법이 가능합니다. AWS에서 실행되는 시스템의 IT 거버넌스 강화에 도움이 되는 서비스가 될 것으로 생각합니다.

AWS 서비스나 AWS에서 실행되는 미들웨어, 애플리케이션의 모니터링 방법으로 CloudWatch 관련 서비스를 이용하는 방법을 소개했습니다. 서드파티 모니터링 도구나 SaaS 등을 사용하지 않아도 충분히 시스템을 모니터링할 수 있다는 사실을 이해했을 것입니다. 처음 만들 때는 시간과 노력이 들지만 지속적으로 개선하면서 시스템에 맞는 최적의 모니터링 환경을 만들 수 있는 서비스가 갖춰져 있으므로 꼭 도전해 보십시오.

7-2

시스템 운용하기

온프레미스에서 가동 중인 시스템을 AWS로 마이그레이션했다고 해서 그것으로 끝나는 것이 아닙니다. 마이그레이션 후에도 시스템 이용자가 안심하고 사용할 수 있는 환경을 항상 유지하는 것이 중요합니다. 이를 위해 필요한 시스템 운용 측면에서 도움이 될 만한 AWS 서비스로 다음의 다섯 가지를 소개합니다.

- AWS 서포트
- AWS Personal Health Dashboard
- AWS Trusted Advisor
- Amazon Inspector
- Amazon EC2 Systems Manager

7.2.1 AWS Support

AWS Support는 장애나 문제점의 조사뿐만 아니라 각 서비스의 사용법이나 서비스의 조합 방법에 대한 상담 등을 지원하는 매우 믿음직한 기능입니다. 서포트 수준은 '기본(무료)', '개발자', '비즈니스', '엔터프라이즈'의 4개로 나눠져 있습니다. 프로덕션 서비스를 제공하는 AWS 계정에서는 비즈니스 플랜 이상의 서포트를 이용할 것을 권장합니다.

서포트 플랜도 단계에 맞춰 유연하게 변경할 수 있습니다. 예를 들어, 시스템을 구축할 때는 개발자 플랜의 서포트를 이용하고 시스템을 릴리스한 후에는 비즈니스 플랜으로 업그레이드하는 등의 방법이 있습니다.

엔터프라이즈 플랜의 서포트는 AWS에서 실행 중인 시스템의 구성을 이해하는 전담 테크니컬 어카운트 매니저(TAM)가 지원합니다. 비용은 고액($15,000/월~)이지만 대규모 시스템을 AWS에서 운용하는 경우에는 AWS에 대한 높은 지식과 기술력을 겸비하고, 거기다 시스템 구성을 숙지한 운용 담당자가 있다고 생각하면 효과적인 서포트라고 할 수 있습니다. 엔터프라이즈에서 미션 크리티컬한 시스템을 AWS에서 여러 개 가동할 때는 사용 도입을 고려하십시오.

각 서포트 플랜의 자세한 내용은 AWS 웹사이트를 참조합니다.

AWS Support 플랜 비교
https://aws.amazon.com/ko/premiumsupport/compare-plans/

인프라 이벤트 관리(IEM)

특정 문제 해결 및 기술 검증 등을 집중적으로 수행하는 단기간의 특별 서포트 플랜입니다. 원칙적으로 엔터프라이즈 플랜의 서포트에서 사용할 수 있지만 비즈니스 플랜의 서포트에서도 추가 비용을 지불하고 사용할 수 있습니다. 'AWS의 서비스를 최대한으로 활용한 새로운 서비스를 신속하게 만들고 싶다'거나 '앞으로 예정된 이벤트에서 예상되는 부하를 감당하기 위한 대책을 세우고 싶다' 같은 상황에 유용한 서포트입니다.

서포트 문의 방법 및 응답 시간

서포트 센터(https://aws.amazon.com/support)에 접근하려면 관리 콘솔의 오른쪽 상단에 있는 '지원'에서 '지원 센터'를 클릭합니다.

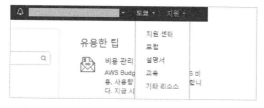

그림 7.13 서포트 센터에 액세스

서포트에 문의하는 방법은 가입한 플랜에 따라 차이는 있지만 웹, 채팅, 전화의 세 가지 종류가 준비돼 있습니다. 또한 비즈니스 플랜 이상은 IAM 사용자로 여러 명의 담당자가 서포트에 문의할 수 있지만 개발자 플랜의 경우에는 마스터 계정에서만 서포트에 문의할 수 있습니다. 채팅 서포트는 한국 시간으로 7시 ~ 23시입니다(표 7.2의 ※1). 심야나 새벽에 긴급하게 연락하고 싶은 경우에는 전화로 서포트를 받도록 합시다. 또한 심각도에 따라 서포트의 응답 시간도 달라집니다. 심각도는 비즈니스에 미치는 임팩트로 판단하는 것이 AWS의 기준입니다. 예를 들어, RDS의 문제로 인해 애플리케이션이 작동하지 않는 경우에는 '긴급' 수준입니다만 RDS가 서비스로서 복구되고 그 원인 조사를 실시하는 경우에는 '보통' 수준입니다. 이용자 입장에서는 한시라도 빨리 원인 규명을 해줬으면 하는 바람도 있지만 어디까지나 심각도의 판단 기준은 비즈니스에 미치는 임팩트라는 점을 주의합니다.

개발자 수준에서 심각도가 '장애/개발 중인 급한 질문'인 경우에는 응답 시간이 평일 9시 ~ 18시이므로 초기 응답이 다다음날이 될 수도 있습니다. 이런 부분도 고려해서 여유 있게 질문합시다. 초기 응답 시간을 단축하고 싶은 경우에는 비즈니스 플랜으로 변경하는 방안을 고려합니다.

표 7.2 서포트 플랜

서포트 플랜	포럼	웹	채팅	전화	IAM 대응	대응 시간	최저 비용(월간)
기본	○	○	×	×	×	베스트 에포트	$0
개발자	○	○	×	×	×	평일 9시~18시	$29~
비즈니스	○	○	○ (※1)	○	○	24h/365d	$100~
엔터프라이즈	○	○	○ (※1)	○	○	24h/365d	$15,000~

표 7.3 서포트 심각도

심각도	응답 시간	대응 서포트 플랜	구체적인 심각도 예
비상사태	15분	엔터프라이즈	모든 면에서 최우선으로 대응
긴급: 발생 중인 장애(비즈니스에 주는 영향이 큼)	1시간	비즈니스 엔터프라이즈	문제의 일시적 해결이 불가능. 비즈니스에 심각한 영향을 미치고 있다. 애플리케이션의 중요한 기능을 사용할 수 없다
높음: 발생 중인 장애	4시간	비즈니스 엔터프라이즈	문제의 일시적 해결이 불가능. 애플리케이션의 중요한 기능이 손상됐거나 저하된 경우
보통: 장애/개발 중인 급한 문의	12시간	개발자 비즈니스 엔터프라이즈	문제의 일시적 해결이 가능. 애플리케이션에서 치명적이지 않은 기능에서 동작 이상이 보인다. 시급한 개발 질문이 있다
낮음: 일반적인 문의/기능 요망	24시간	개발자 비즈니스 엔터프라이즈	일반적인 개발 질문 또는 기능 추가 요망. 결제에 관한 질문

리소스 제한의 증가 신청

AWS는 계정을 만들 때 각 서비스의 이용 제한을 두고 있습니다. 예를 들어, 'EC2 인스턴스는 20인스턴스까지만 만들 수 있다'라는 제한입니다. 이러한 각종 제한은 모르는 사이에 많은 리소스를 사용하지 않게 하기 위한 것이기 때문에 더 많은 리소스를 사용하고 싶은 경우에는 증가 신청을 해서 사용할 수 있습니다. 증가 신청도 지원 센터에서 가능합니다. 지원 센터의 메인 화면에서 사례 만들기를 클릭하면 서포트 내용을 입력하는 페이지가 표시됩니다. 입력란에 '내용'을 선택하는 항목이 있기 때문에 '서비스 제한의 증가'를 선택하면 각 서비스 제한 증가 신청을 할 수 있습니다.

각 서비스의 상한 값은 뒤에서 소개할 Trusted Advisor에서 확인할 수 있습니다. 증가 신청은 신청하고 나서 실제로 증가될 때까지 2~3영업일이 필요할 수 있습니다. 사전에 상한 값을 파악해두고 여유 있게 신청합시다.

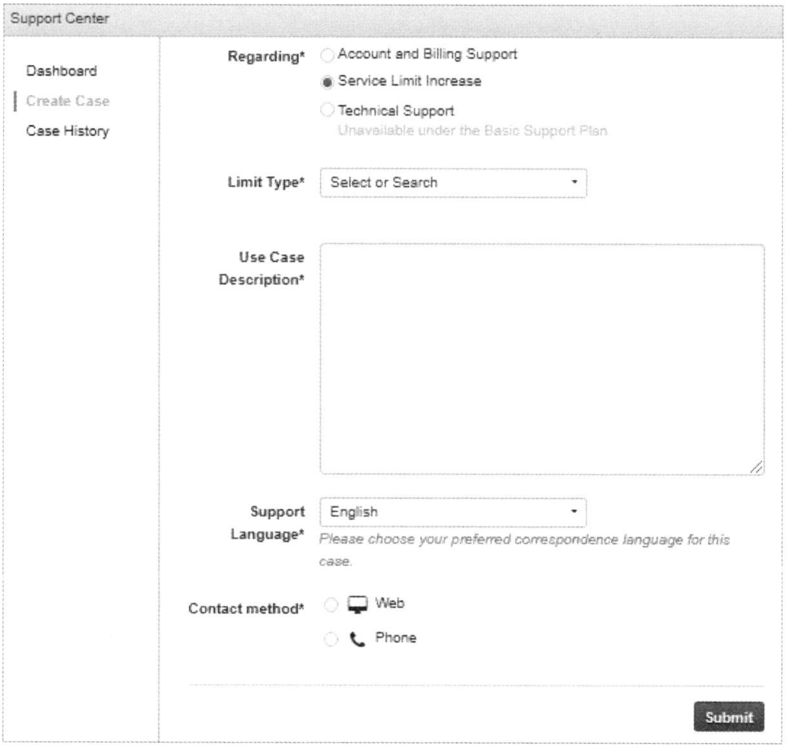

그림 7.14 서비스 제한 증가 신청

서드파티 소프트웨어 지원

EC2와 RDS 등의 인스턴스에서 실행되는 OS나 RDBMS에 대한 지원도 AWS로 통합할 수 있습니다. 이러한 지원은 비즈니스 수준 이상의 서포트 계약이 필요합니다. 또한 베타 옵션이긴 하지만 오픈소스(Apache, MySQL, Postfix 등)의 문의에 대해서도 가능한 범위에서 답변 및 조언을 받을 수 있습니다.

7.2.2 Personal Health Dashboard 사용하기

AWS Personal Health Dashboard(이하 PHD)는 AWS에서 발생하는 장애 또는 이용 중인 서비스에 특화된 유지보수 정보 등을 집중 관리하는 서비스입니다. PHD는 비즈니스 또는 엔터프라이즈의 AWS 서포트에 가입한 계정으로 이용 가능합니다.

PHD가 제공될 때까지는 AWS의 서비스에 장애가 발생했는지를 확인하는 방법으로 Service Health Dashboard(https://status.aws.amazon.com/)가 있었습니다. 그러나 Service Health Dashboard는 리전이나 서비스가 증가함에 따라 목록을 한눈에 파악하기가 어려워져서 '어디서' '어떤 문제가 발생해서' '지금 어떤 상황인지'를 신속하게 파악하는 것이 어려운 상태였습니다. 그래서 등장한 것이 PHD입니다. PHD는 '미해결 문제', '예정된 변경', '기타 알림'의 3개의 탭으로 나누어 AWS 서비스 가동 상황 및 유지보수 정보가 정리돼 있습니다.

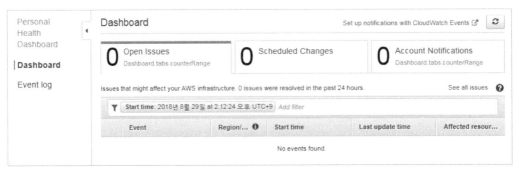

그림 7.15 Personal Health Dashboard

'미해결 문제'에는 해당 계정에서 사용하는 AWS 서비스에 장애가 발생한 경우에 장애 상황이 통지됩니다.

'예정된 변경'에서는 지금까지 메일로 통지된 EC2나 RDS, VPN의 유지보수 연락을 참조할 수 있습니다.

'펄스 대시보드'에는 CloudWatch Events로 등록한 이벤트의 알림 정보와 AWS를 이용할 때 유용한 정보 등이 통지됩니다.

각 탭에 통지된 정보를 선택하면 해당 통지에 따라 어떤 영향이 있는지와 대처 방법, 영향을 받는 리소스(EC2 및 RDS 인스턴스 ID 등)를 확인할 수 있습니다. 또한 앞에서 소개한 CloudWatch Events를 조합해서 통지에 대한 대응을 자동화하는 등의 구성을 도입하는 것도 가능합니다.

7.2.3 Trusted Advisor 사용하기

Trusted Advisor는 '비용 최적화', '성능', '보안', '내결함성'의 관점에서 AWS 사용 상황을 약 60개 항목에 대해 자동으로 체크하고 개선하는 편이 좋은 점에 대해 권장 설정을 통지하는 서비스입니다. 권장 설정은 지금까지 AWS가 수년 동안 축적해 온 정보를 바탕으로 한 베스트 프랙티스로 구성돼 있습니다.

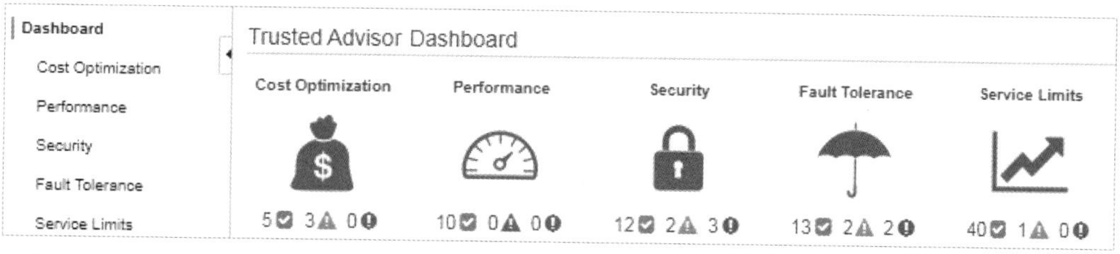

그림 7.16 Trusted Advisor

표 7.4 Trusted Advisor 체크 항목

관점	체크 내용
비용 최적화	사용률이 낮은 서비스 및 스펙 오버인 EC2 인스턴스가 없는지, 예약 인스턴스를 사용하는 편이 좋은지 등의 관점을 체크
성능	EC2와 EBS 사이의 스루풋, 보안 그룹의 과대 설정 등의 성능 관점을 체크
보안	부주의한 보안 그룹 설정이 있지 않은지, CloudTrail의 설정 유무 등의 관점을 체크
내결함성	멀티 AZ 구성이 올바르게 설정돼 있는지, 백업 취득 설정이 돼 있는지 등의 관점을 체크
서비스 제한	각 서비스의 제한값 및 현시점에서의 사용 현황을 확인 ※뒤에 설명하는 '서비스 이용 제한 확인' 참조

Trusted Advisor로 체크하는 항목

https://aws.amazon.com/ko/premiumsupport/trustedadvisor/best-practices/

Trusted Advisor는 모든 계정에서 사용할 수 있지만 가입한 AWS 서포트의 종류에 따라 사용 가능한 체크 항목이 다릅니다. 비즈니스 또는 엔터프라이즈의 AWS 서포트에 가입한 계정은 모든 항목에 대한 체크가 활성화됩니다. 그 밖의 서포트에 가입한 경우는 체크되는 항목이 제한됩니다.

검사 결과의 알림

Trusted Advisor에서 체크 결과를 담당자에게 메일로 통지할 수 있습니다. 통지할 연락처는 '결제', '작업', '보안'별로 설정할 수 있습니다. '알림 설정' 메뉴에서 'Account Settings' 링크를 눌러 '대체 연락처'에 있는 편집 링크를 클릭해 필요한 정보를 입력합니다.

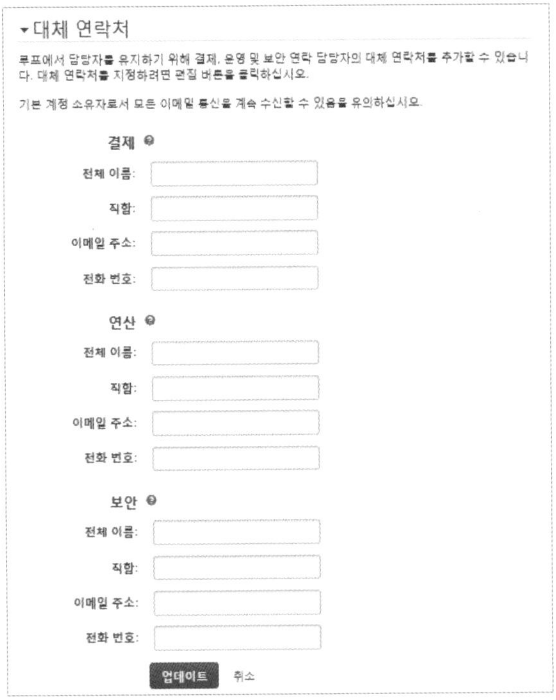

그림 7.17 알림 대상 설정

서비스 이용 제한 확인

AWS는 풍부한 리소스를 보유하고 있는 클라우드 서비스지만 각 서비스의 이용에 대해 어느 정도의 제한을 설정하고 있습니다. 이는 AWS 측에서 리소스 확장 계획의 하나의 지표로 이용하고 있는 측면도 있다고 생각합니다. 그러나 이용자 측에서 보면 모르는 사이에 리소스를 대량으로 소비해 버려 예상치 못한 사용료가 청구되지 않게 하기 위한 제한이라고 생각할 수 있습니다. Trusted Advisor의 '서비스 제한' 체크에서는 각 서비스의 제한값 및 현시점에서의 사용 현황을 확인할 수 있습니다.

예를 들어, EC2 인스턴스의 생성 제한은 기본적으로 20입니다. 20개 이상의 인스턴스를 만들려고 하면 경고 메시지가 표시되고 만들 수 없습니다. 제한은 서포트 서비스를 이용해 증가 신청을 하면 확장 가능하므로 Trusted Advisor에서 사용 상황을 확인해두고, 여유를 가지고 미리 제한 증가 신청을 합시다.

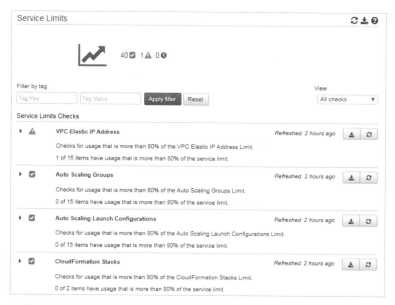

그림 7.18 서비스의 제한

7.2.4 Inspector 사용하기

요즘 OS나 미들웨어의 취약점을 노린 공격이 일반 뉴스로 보도되는 일이 증가하고 있습니다. 인터넷을 사용한 시스템 및 해당 이용자가 늘어나 공격을 받았을 때의 영향 및 피해는 향후 계속 확대될 것으로 예상됩니다. 그런 측면에서 보안 및 취약점 관련 정보를 수집하고 필요한 대책을 지속적으로 실시하는 것은 웹 서비스를 제공하는 기업 입장에서 당연하다는 인식이 확산되고 있습니다. 그러나 관련 정보의 수집과 그 대응책의 검토는 문제가 발각될 때까지 그다지 중요시되지 않는 것이 현실입니다. 그런 상황 속에서 효율적으로 문제를 찾아 적절한 대책을 실시하는 것이 필요합니다.

AWS에는 Amazon Inspector(이하 Inspector)라는 서비스가 있습니다. 이 서비스는 EC2 인스턴스에 보안 관련 취약점이 없는지를 검사하고 문제가 있을 경우에는 그 대책 방법을 제시해줍니다. Inspector가 평가하는 범위는 크게 다음 표의 네 가지로 분류됩니다.

Inspector를 실행하려면 평가 대상인 EC2 인스턴스에 에이전트를 설치해야 하는데 설치 자체는 어렵지 않습니다. 또한 관리 콘솔에서 각종 설정도 간단히 가능합니다.

표 7.5 Inspector 평가 범위

평가 항목	개요	대상 OS
공통 취약점 식별자 (CVE)	CVE는 각종 제품의 취약점에 식별 번호를 부여하고 그 취약점의 내용과 대책(완화 방법)을 모아 놓는 데이터베이스입니다. 평가 대상 EC2 인스턴스에 도입된 각종 제품의 버전 정보 등으로 CVE에 해당하는 취약점이 있는지 확인합니다.	리눅스 윈도우
보안 베스트 프랙티스	OS에 대한 기본적인 보안 항목을 평가합니다. • 인스턴스에 로그인할 때 사용하는 SSH 관련 설정이 제대로 수행되고 있는가 • OS 패스워드 제한(유효 기간, 문자 수, 문자 종류 등)이 적절하게 설정돼 있는가 • 메모리 영역이 부정 이용되지 않도록 설정이 제대로 수행되고 있는가 • OS의 데이터에 액세스할 수 있는 권한이 제대로 설정돼 있는가	리눅스
실행 시의 동작 분석	평가 대상인 EC2 인스턴스의 동작을 일정 기간 검사하고 동작 및 통신 관련 항목을 평가합니다. • 암호화되지 않은 프로토콜이 사용되고 있지 않은가 • 시스템에서 사용하지 않는 포트가 열려 있지 않은가 • 부정 실행의 대책이 마련되지 않은 소프트웨어가 실행되고 있지 않은가 • 불필요하게 루트 권한으로 프로세스가 실행되고 있지 않은가	리눅스 윈도우
Center for Internet Security(CIS) 벤치마크	CIS는 미국 정부 기관이나 기업, 교육 기관 등이 협력해서 인터넷 보안 표준화에 임하는 단체입니다. 그 단체가 OS나 기타 제품의 보안에 관한 권장 설정을 벤치마크로 정리한 항목에 대해서 검사합니다. 벤치마크의 자세한 내용은 다음 URL에서 내려받을 수 있습니다. https://learn.cisecurity.org/benchmarks	리눅스(※1) 윈도우

※1 Amazon Linux 2015.03 only

Inspector 실행

여기서부터는 Inspector의 기본적인 사용법을 소개합니다.

◆ 사전 준비

Inspector를 실행하기 위한 사전 준비로 'EC2 인스턴스에 에이전트 설치'를 실시합니다.

◆ 에이전트 설치

EC2 인스턴스에 에이전트를 설치합니다. 설치를 위해 EC2 인스턴스에 로그인해서 다음 명령을 실행합니다(이번 장에서는 EC2 인스턴스로 Amazon Linux를 사용합니다).

```
$ curl -O https://d1wk0tztpsntt1.cloudfront.net/linux/latest/install
$ sudo bash install
$ sudo /etc/init.d/awsagent start
```

이상으로 Inspector를 실시하기 위한 사전 준비가 끝났습니다. '시작하기' 버튼을 클릭해 Inspector의 실행 준비를 계속 진행합니다.

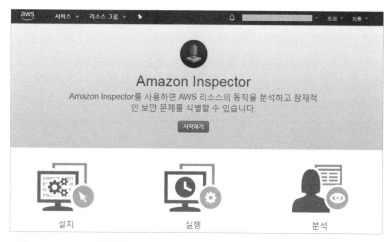

그림 7.19 Inspector 시작하기

'시작하기' 버튼을 클릭하면 아래와 같이 평가 설정 화면이 표시됩니다. 여기서는 'Run weekly (recommended)' 버튼을 클릭해 평가 템플릿을 생성합니다.

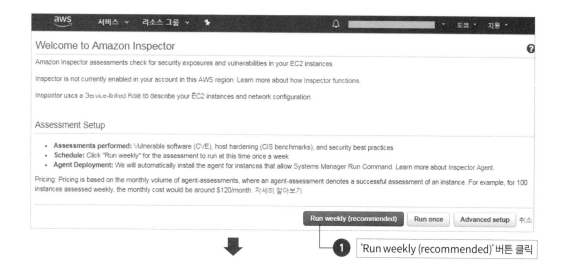

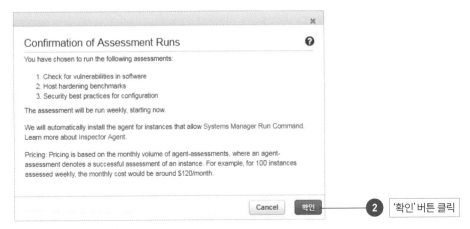

그림 7.20 평가 템플릿 생성

평가 템플릿이 생성됐습니다.

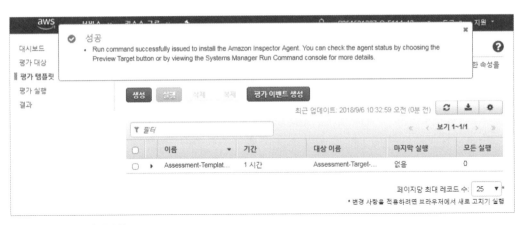

그림 7.21 평가 템플릿 생성 완료

◆ Inspector 실행

바로 Inspector를 실행해 봅시다. 생성된 템플릿을 선택하고 '실행' 버튼을 클릭합니다. 방금 전의 실행 예가 '데이터 수집 중'으로 돼 있는지 확인합니다.

그림 7.22 Inspector 실행

◆ 실행 결과 확인

화면 왼쪽의 평가 실행 메뉴를 선택하면 실행된 평가 목록이 표시됩니다. 보고서 열의 Download report 링크를 클릭하면 평가 보고서가 만들어집니다. 보고서의 내용을 확인하고 필요한 대책을 수행합니다. 결과 메뉴는 평가를 실시한 결과, 문제가 있었던 점에 대해 레벨별로 확인할 수 있는 화면입니다.

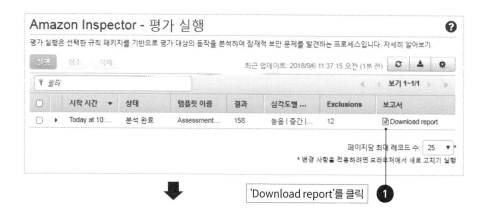

그림 7.23 평가 보고서 확인

Inspector 소개는 여기까지입니다. Inspector를 이용하면 그다지 시간을 들이지 않고도 EC2 인스턴스의 취약점이나 보안에 관한 기본적인 항목을 쉽게 확인할 수 있습니다. 시스템을 릴리스하기 전이나 수정 후는 물론이고 정기적으로 Inspector를 사용해 취약점 유무를 확인하고 필요한 대책을 실행해 안전한 상태를 유지합시다.

7.2.5 EC2 Systems Manager 사용하기

Amazon EC2 Systems Manager(이하 SSM)는 EC2 인스턴스를 운용하는 데 필요한 정보와 상태를 관리하고, 상태 변경을 자동화하기 위한 서비스의 집합체입니다.

예를 들어, 여러 인스턴스에 같은 명령을 실행하는 것을 관리하는 Run Command나 윈도우의 배치 적용 상황을 관리하는 Patch Manager 등의 서비스가 포함됩니다. 그 밖에도 여러 가지 편리한 서비스가 있으며 크게 6개의 서비스로 나눕니다.

SSM이 제공하는 서비스

SSM은 다음과 같은 서비스를 제공합니다.

◆ 공유 컴포넌트

SSM에서 제공하는 서비스의 관리 프로세스를 표준화, 자동화, 간소화하기 위한 서비스로 '설명서', '유지 관리 기간', '파라미터 스토어'의 세 가지 컴포넌트로 구성돼 있습니다.

'설명서'는 SSM이 관리하는 인스턴스(관리형 인스턴스)에서 실행되는 동작을 정의합니다. 동작을 일원화해서 관리함으로써 각 EC2 인스턴스에 동일한 작업을 수행할 수 있습니다.

'유지 관리 기간'은 패치 적용 또는 소프트웨어 설치 타이밍을 관리합니다. EC2나 RDS의 유지 관리 기간과 같은 역할을 한다고 생각하면 이해하는 데 도움될 것입니다.

'파라미터 스토어'는 SSM에서 실행되는 모든 작업에서 호출할 수 있는 변수를 관리하기 위한 기능입니다. 예를 들어, 데이터베이스에 연결하는 데 필요한 연결 정보(연결 대상이나 사용자 ID, 패스워드 등)를 파라미터 스토어를 이용해 변수로 일원화해서 관리하는 것이 가능합니다. 파라미터 스토어에 저장하는 정보는 암호화가 가능하므로 패스워드처럼 사용할 때 주의를 기울여야 하는 정보도 안전하게 보관할 수 있습니다. 그리고 파라미터 스토어는 SSM에서뿐만 아니라 CLI나 각종 SDK에서도 액세스할 수 있습니다.

◆ 자동화

EC2 인스턴스의 상태 또는 백업 운용 등의 작업을 자동화하기 위한 서비스입니다. 예를 들어, 임의의 시간에 특정 인스턴스를 시작 또는 정지시키거나 정기적으로 EC2 인스턴스의 AMI를 생성하는 등의 작업을 정의할 수 있습니다.

◆ 인벤토리 관리자

서버에 관한 메타데이터(하드웨어 정보나 OS 또는 미들웨어 등의 버전 정보 등)를 수집하고 관리하기 위한 서비스입니다. 이 서비스는 EC2 인스턴스뿐만 아니라 온프레미스에서 가동 중인 가상 서버에 대해서 실행하는 것도 가능합니다. 미들웨어의 버전 등의 정보를 집중 관리해서 미들웨어에 관한 취약점이 보고됐을 때 대상 버전에 해당하는지 바로 판단할 수 있습니다.

◆ 패치 관리자

패치 베이스라인과 EC2 인스턴스에 어떤 패치가 적용돼야 하는지를 정의하고, 미리 예정된 유지보수 시간이 되면 베이스라인에 따라 필요한 패치를 적용하는 등의 일련의 작업을 자동화합니다. 패치 베이스라인이란 예를 들면 '긴급 레벨의 패치에 대해서는 제공된 지 5일 후의 유지보수 시간에 적용한다' 같은 패치를 적용하기 위해 정의하는 정책입니다. 현재 이 기능은 윈도우에만 적용 가능합니다.

◆ Run Command

소프트웨어의 설치나 사용자 추가, 제거, 서비스 시작, 정지 등의 작업을 EC2 인스턴스에 리모트로 실행할 수 있는 서비스입니다. 작업 대상 서버는 EC2에 부여된 태그 정보로 선별할 수 있으므로 특정 그룹에 대해 일정한 작업을 일괄 수행하는 등의 작업이 가능합니다. 설명서에 독자적인 정의를 설정해서 다양한 처리를 Run Command를 사용해 자동화할 수 있습니다.

◆ 상태 관리자

EC2 인스턴스 시작 시 특정 애플리케이션을 최신 버전으로 업데이트하거나 특정 작업을 실행하는 등 공통의 작업을 정의하고 실행하기 위한 서비스입니다. 예를 들어, EC2 인스턴스에 설치된 바이러스 체크 도구의 정의 데이터를 업데이트하거나 시작 시 특정 도메인에 참가시키는 등의 작업을 자동화할 수 있습니다.

각 서비스에서 사용 가능한 설명서에는 어느 정도 템플릿이 준비돼 있지만 독자적인 설명서를 작성하면 EC2 인스턴스를 운용하는 데 있어 다양한 작업을 자동화하거나 공통화할 수 있습니다.

SSM은 눈에 띄는 서비스는 아닐 수 있으나 운용 담당자 입장에서는 아이디어에 따라 운용 부하를 줄일 수 있는 사용법이 여러 가지 떠오를 수 있는 서비스라고 생각합니다. 자사 시스템에 맞는 이용 방법을 생각해 보십시오.

⚙ Column　AWS Systems Manager

AWS Systems Manager는 2017년 11월에 발표된 EC2 Systems Manager의 확장 서비스입니다. 큰 특징은 다음의 두 가지입니다.

- 리소스 그룹
- 인사이트 대시보드

물론 EC2 Systems Manager의 기능 모두 AWS Systems Manager에서 사용하는 것이 가능합니다. 지금까지 EC2 Systems Manager로서 제공됐던 서비스는 AWS Systems Manager로 서비스 통합 및 확장될 것으로 보입니다.

리소스 그룹을 사용하면 다양한 AWS의 서비스(EC2, RDS, S3 등)를 태그를 키로 사용해 그룹화해서 관리할 수 있습니다. 예를 들어, '운영 환경용 리소스 그룹'과 '개발용 리소스 그룹'으로 나누면 하나의 AWS 계정으로 용도에 따라 관리 레벨을 정의하는 것이 가능합니다.

인사이트 대시보드는 리소스 그룹으로 통합한 서비스 단위로 다양한 관리 도구 계통의 정보를 수집할 수 있는 서비스입니다. 관리 도구 계통의 정보란 'Config, CloudTrail, Personal Health Dashboard, Trusted Advisor' 등입니다. AWS Systems Manager는 AWS의 IaaS 계통 서비스 포털로서의 활용이 계속 발전될 것으로 예상되는, 앞으로의 전개가 매우 기대되는 서비스입니다.

7-3

시스템 이력 관리하기

AWS의 서비스는 관리 콘솔이나 CLI, SDK 등 다양한 방법으로 간단히 작업할 수 있는 것이 장점 중 하나지만 섣불리 변경하는 것은 서비스 기능 측면에서 위험이 따릅니다. 그 때문에 AWS에 관한 작업을 '누가' '언제' '어떻게' 실시했는가를 관리하는 것이 중요합니다. 만일 잘못된 작업을 했더라도 변경을 통지하고 변경 전후의 이력으로 남길 수 있다면 실수로 인한 영향을 최소한으로 줄일 수 있습니다. 이번 장에서는 이 같은 문제의 해결을 지원하는 서비스를 소개합니다.

- AWS CloudTrail
- AWS Config

7.3.1 CloudTrail 사용하기

AWS CloudTrail(이하 CloudTrail)은 AWS의 서비스에 대해 실행된 모든 API 작업을 로그로 기록하는 서비스입니다. CloudTrail을 도입하면 시스템 안전성의 관점에서 잘못된 조작이 발생하지 않도록 하기 위한 로그를 취득하는 감사에도 대응할 수 있습니다. 감사 측면에서는 CloudTrail에서 생성된 로그는 '정합성 검증', '데이터의 암호화', '다른 계정의 S3에 로그 집약' 등 작업 로그의 부정 변환을 방지하는 옵션도 다수 준비돼 있습니다.

CloudWatch 로그와 연계

CloudTrail에서 수집한 정보는 CloudWatch Logs와 연계하는 것도 가능하므로 요건에 따라 특정 작업에 대한 통지나 자동 대응을 하는 것도 가능합니다. 예를 들어, 작업에 관한 관리 외에도 다음과 같은 사용법이 있을 수 있습니다.

◆ 잘못된 작업 감지

서울 리전 이외의 리전을 선택한 것을 모르고 EC2나 RDS 등의 리소스를 생성했을 때 통보합니다.

◆ MFA 미도입 IAM에 경고

API의 각 작업 로그에는 MFA 인증이 됐는지 안 됐는지도 기록되므로 MFA 미도입 사용자에게 설정하도록 경고합니다.

◆ 예상 외의 서비스 이용 감지

구축하는 시스템에서 사용하는 AWS 서비스 외의 서비스에 대해 API가 실행됐을 때 관리자에게 통보합니다.

CloudTrail 설정

그럼 CloudTrail의 설정 방법을 설명합니다. 관리 콘솔에서 CloudTrail을 엽니다. 처음 사용할 때는 '시작하기'를 클릭합니다.

◆ 추적 정보 생성

'추적' 메뉴에서 '추적 생성'을 클릭하고 추적 정보를 작성합니다. 추적 정보를 모든 리전에 적용할 것인기를 신택하는 곳이 있지만 특별한 요건이 없으면 '예'를 선택합니다. 사용 예정이 없는 리전에 대한 작업이 실행된 것도 기록으로 남길 수 있는 것이 가능할뿐더러 앞으로 새롭게 개설될 리전에 대해서도 자동으로 CloudTrail이 활성화되기 때문입니다.

그림 7.24 추적 정보 설정

다음에 설정하는 '관리 이벤트'란 AWS의 서비스에 대한 작업에 관한 이벤트의 정보를 뜻합니다. 이들 정보도 기본적으로 '모두' 취득할 것을 권장합니다. 설정 화면에서도 기본으로 '모두' 취득하도록 돼 있습니다. 만일 AWS 리소스에 대한 변경 작업과 참조 작업의 로그 저장 장소를 나누고 싶다는 요구사항이 있을 경우 여러 추적 설정을 생성하고, 한쪽은 '읽기 전용'을 선택하고 다른 한쪽은 '쓰기 전용'을 선택하는 등의 설정 방법도 고려해 볼 수 있습니다.

> **관리 이벤트**
>
> 관리 이벤트는 AWS 계정의 리소스에 대해 수정된 관리 작업에 대한 통찰 정보를 제공합니다. 자세히 알아보기
>
> 이벤트 읽기/쓰기 ● 모두   ○ 읽기 전용   ○ 쓰기 전용   ○ None   ⓘ

그림 7.25 관리 이벤트

'데이터 이벤트'의 설정 항목은 S3에 대한 오브젝트 조작 레벨에서의 로그를 저장할지 여부를 규정합니다. 버킷 단위로 설정이 가능하기 때문에 필요한 버킷에 대해 'Get', 'Put', 'Delete'에 관련된 API 조작 레벨의 로그를 취득하는 것도 가능합니다.

> **데이터 이벤트**
>
> 데이터 이벤트는 리소스에 대해 또는 리소스 내에서 수행된 리소스 작업에 대한 통찰 정보를 제공합니다. 추가 요금이 적용됩니다. 자세히 알아보기
>
> | S3 | Lambda |
>
> 개별 버킷 또는 AWS 계정의 현재 및 미래의 모든 버킷에 대해 S3 객체 수준 API 활동(예: GetObject 및 PutObject)를 기록할 수 있습니다. 추가 요금이 적용됩니다. 자세히 알아보기
>
> 표시 0 / 0 리소스
>
> | 버킷 이름 ▼ | 접두사 ▼ | 읽기 ▼ | 쓰기 ▼ | |
> |---|---|---|---|---|
> | ☐ 계정에서 모든 S3 버킷 선택 ⓘ | | ☑ 읽기 | ☑ 쓰기 | |
> | 리소스를 찾을 수 없음 | | | | |
>
> ⊕ S3 버킷 추가

그림 7.26 데이터 이벤트

마지막으로 '스토리지 위치'의 설정에 대해 CloudTrail에서 취득한 로그를 보관할 S3 버킷을 지정합니다. 로그 파일을 암호화하거나 로그가 조작되지 않았는지를 검증하고, SNS 알림 발송 여부를 설정합니다.

필요한 항목 설정이 완료되면 '생성' 버튼을 클릭합니다. S3 버킷이 생성되어 로그 취득이 시작됩니다.

그림 7.27 스토리지 위치

◆ 로그의 참조

'이벤트 기록'에서 취득한 로그를 참조할 수 있습니다.

그림 7.28 이벤트 기록 확인

7.3.2 Config/Config Rules 사용하기

AWS Config(이하 Config)는 어느 시점에서의 AWS 리소스 설정 정보를 저장하고 설정이 추가 · 변경된 것을 기록하고 필요에 따라 통지하는 것이 가능한 서비스입니다. 게다가 Config는 AWS의 각 리소스가 예상한 상태로 설정돼 있는지를 확인하기 위한 규칙(Config Rules)을 정의할 수 있습니다.

Config에서 수집한 구성 정보를 기반으로 규칙에 적합한지를 확인하고 규칙에서 벗어난 추가 · 변경이 일어났을 때 통지하는 것이 가능합니다. 하지만 Config Rules는 어디까지나 실시된 설정 내용에 대해 규칙에 적합한지를 확인하는 서비스이기 때문에 규칙에 적합하지 않은 작업을 사전에 방지하는 기능이 아니라는 점에 주의합니다. 변경 알림에는 SNS를 사용하므로 여기까지 이 책을 읽어 온 독자라면 어느 정도 상상이 갈 것이라 생각됩니다만 경우에 따라서는 Lambda 등의 서비스와 연계해서 부적합한 작업에 대한 대응을 자동화하는 것도 생각해 볼 수 있습니다.

Config를 사용하면 AWS 리소스에 대한 변경 기록, 변경 내용의 관리가 가능합니다. 또한 클라우드를 사용하는 데 있어 사내 정책을 규칙으로 정의해서 규칙에 맞지 않는 변경을 신속하게 감지해서 시정할 수 있습니다.

서비스 연계

운영 환경의 서비스에 액세스 규칙이나 변경 관리 기준 등을 갖춘 기업이라도 AWS가 제공하는 각종 서비스를 사용해 클라우드에 대한 변경 관리에 대해서도 충분히 대응할 수 있습니다. 예를 들어, 앞절에서 소개한 CloudTrail과 조합해서 변경 내용은 Config로 관리하고 변경을 실시한 작업자나 작업 내용의 상세, 실시 시간은 CloudTrail로 추적하는 것이 가능합니다.

Config가 대응하는 AWS 리소스는 아래 문서를 참고합니다.

> **지원되는 리소스, 설정 항목 및 관계**
>
> https://docs.aws.amazon.com/ko_kr/config/latest/developerguide/WhatIsConfig.html

규칙 생성

Config Rules에는 관리 규칙과 사용자 정의 규칙의 두 종류가 있습니다. 관리 규칙은 AWS가 템플릿으로 미리 생성해 놓은 규칙입니다. 2017년 12월 현재, 35개의 관리 규칙이 있습니다. 주요 규칙은 표 7.6과 같습니다. 사용자 지정 규칙은 독자적인 규칙을 Lambda 함수로 정의합니다. 변경에 대해 Lambda 함수를 실행하고 변경 내용이 규칙에 적합한지를 판단합니다[12].

표 7.6 주요 관리 규칙

규칙 이름	규칙 내용	관련 서비스
ec2-volume-inuse-check	EBS 볼륨이 EC2 인스턴스에 연결돼 있는지 확인합니다. 선택적으로, 인스턴스 종료 시 EBS 볼륨이 삭제 대기 상태가 되는지 확인합니다.	EC2
encrypted-volumes	연결 상태인 EBS 볼륨이 암호화됐는지 확인합니다. kmsId 파라미터를 사용해 암호화에 KMS 키의 ID를 지정한 경우, 이 규칙은 연결된 상태의 EBS 볼륨이 해당 KMS 키로 암호화됐는지 확인합니다.	EC2
restricted-ssh	사용 중인 보안 그룹이 SSH 수신 트래픽 제한을 허용하지 않는지 확인합니다. 이 규칙은 IPv4에만 적용됩니다.	EC2

---

12 (옮긴이) 2018년 9월 현재 Config Rules의 관리 규칙은 50개가 넘습니다. 최신 정보는 아래 URL을 참조합니다.
https://docs.aws.amazon.com/ko_kr/config/latest/developerguide/managed-rules-by-aws-config.html

규칙 이름	규칙 내용	관련 서비스
ec2-managedinstance-applications-required	지정 애플리케이션이 인스턴스에 모두 설치돼 있는지 확인합니다. 선택적으로 허용되는 최소 버전을 지정할 수 있습니다. 플랫폼을 지정해서 해당 플랫폼을 실행 중인 인스턴스에만 규칙을 적용할 수도 있습니다.	SystemsManager
ec2-managedinstance-inventory-blacklisted	AWS 시스템 관리자가 관리하는 인스턴스가 블랙리스트 상의 인벤토리 유형을 수집하도록 구성돼 있는지 확인합니다.	SystemsManager
ec2-managedinstance-platform-check	EC2 관리형 인스턴스의 구성이 바람직한지 확인합니다.	SystemsManager
cloudwatch-alarm-action-check	CloudWatch 경보에 최소 하나의 경보 작업, INSUFFICIENT_DATA 작업 또는 OK 작업이 활성화돼 있는지 확인합니다. 선택적으로, 해당 작업 중에 지정 ARN과 일치하는 것이 있는지 확인합니다.	CloudWatch
cloudwatch-alarm-resource-check	지정한 리소스 유형에 특정 지표에 대한 CloudWatch 경보가 존재하는지 확인합니다. 리소스 유형으로는 EBS 볼륨, EC2 인스턴스, RDS 클러스터 또는 S3 버킷을 지정할 수 있습니다.	CloudWatch
cloudwatch-alarm-settings-check	지정된 지표 이름의 CloudWatch 경보 설정이 지정한 설정과 일치하는지 확인합니다.	CloudWatch
acm-certificate-expiration-check	계정의 ACM 인증서가 지정 일수 내에 만료 예정인지 확인합니다. ACM이 제공하는 인증서는 자동으로 갱신됩니다. ACM은 고객들이 가져오는 인증서는 자동으로 갱신하지 않습니다.	ACM
db-instance-backup-enabled	RDS DB 인스턴스에 백업이 활성화돼 있는지 확인합니다. 이 규칙은 필요에 따라 백업 보존 기간과 백업 기간을 확인합니다.	RDS
rds-multi-az-support	RDS DB 인스턴스에 고가용성이 활성화돼 있는지 확인합니다.	RDS
rds-storage-encrypted	RDS DB 인스턴스에 스토리지 암호화가 활성화돼 있는지 확인합니다.	RDS
iam-password-policy	IAM 사용자의 계정 패스워드 정책이 지정 요건을 충족하는지 확인합니다.	IAM
iam-user-group-membership-check	IAM 사용자가 최소 하나의 IAM 그룹에 속하는지 확인합니다.	IAM
root-account-mfa-enabled	AWS 계정의 사용자가 루트 자격 증명으로 로그인하려면 멀티팩터 인증(MFA) 디바이스가 필요한지 확인합니다.	IAM
s3-bucket-logging-enabled	S3 버킷에 로깅이 활성화돼 있는지 확인합니다.	S3
s3-bucket-ssl-requests-only	요청이 SSL(Secure Socket Layer)을 사용하도록 요구하는 정책이 S3 버킷에 있는지 확인합니다.	S3

규칙 이름	규칙 내용	관련 서비스
required-tags	리소스에 지정하는 태그가 있는지 확인합니다. 예를 들어, EC2 인스턴스에 'CostCenter' 태그가 있는지 확인할 수 있습니다. 값이 여러 개인 경우 쉼표로 구분합니다.	EC2, RDS, ACM, S3
cloudtrail-enabled	AWS CloudTrail이 AWS 계정에서 활성화돼 있는지 확인합니다. 필요에 따라 사용할 S3 버킷, SNS 주제 및 Amazon CloudWatch Logs ARN을 지정할 수 있습니다.	CloudTrail

※ 규칙 이름과 규칙 내용은 관리 콘솔(한국어)에 표시돼 있는 것을 기재

Config 설정

Config 설정은 매우 간단합니다. 관리 콘솔에서 Config를 엽니다. 서비스를 처음 이용하는 경우에는 '시작하기' 버튼을 클릭합니다. Config 설정은 리전 단위로 수행할 필요가 있으므로 필요에 따라 각 리전에서 설정합니다.

◆ 설정

우선 Config에서 정보를 취득하거나 저장하기 위한 설정을 실시합니다.

'기록할 리소스 유형'에는 추적으로 남기고 싶은 작업의 리소스를 선택합니다. 또한 IAM 등의 리전을 의식하지 않는 서비스의 로그를 취득할지를 선택할 수 있습니다. 필요에 따라 대상이 되는 리소스를 선택합니다. 여기서는 모든 리소스 정보를 취득하도록 설정합니다.

그림 7.29 기록할 리소스 유형

다음으로 정보를 저장하기 위한 S3 버킷을 선택합니다. 여기서 주목해야 할 점은 다른 계정의 버킷을 선택할 수 있다는 것입니다. 하나의 기업에서 여러 AWS 계정을 사용하는 경우 로그를 관리하는 전용 계정으로 정보를 집약하는 것이 가능합니다.

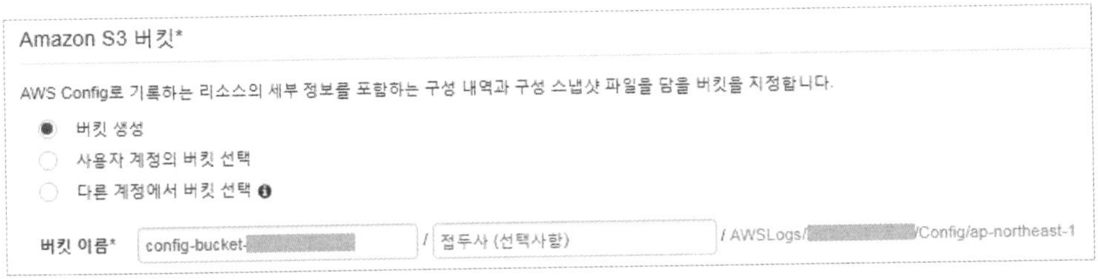

그림 7.30 S3 버킷 선택

계속해서 SNS의 설정입니다만 이미 각종 서비스의 통지(알림) 설정으로 이용하고 있을 것이라 생각되므로 여기서는 자세한 내용은 생략합니다. 필요에 따라 알림 대상을 설정합니다.

그림 7.31 SNS 설정

마지막으로, 필요한 Config 역할 설정이지만 'AWS Config 서비스 연결 역할 생성'을 선택해 Config를 이용하기 위한 최소한의 권한을 부여할 수 있기 때문에 특별한 요구사항이 없는 경우에는 새로 생성합니다. 자동으로 생성되는 역할에는 Config에 대응하는 서비스에 대한 각종 액세스 권한과 정보를 저장하기 위한 S3에 액세스 권한이 부여됩니다.

그림 7.32 Config 역할 설정

◆ 규칙

단계 2는 규칙을 설정하는 화면이지만 규칙은 나중에 설정하는 것이 가능하기 때문에 여기서는 건너뛰기를 선택합니다. 마지막 화면에서 설정 내용을 확인하고 수정 사항이 없으면 '확인' 버튼을 클릭합니다. 이상으로 Config 설정이 끝났습니다.

그림 7.33 규칙 설정

기록 확인

그럼 작업 기록이 취득되고 있는지를 확인합시다. 사전 준비로 만약 정지 중인 EC2 인스턴스가 있으면 한 번 시작해 보십시오. 그 후 Config 대시보드의 메뉴에서 '리소스'를 선택합니다.

이 화면에서는 리소스 유형 및 태그의 종류에 따라 취득한 정보를 검색할 수 있습니다. 리소스에서 'EC2: Instance'를 선택하고 '검색' 버튼을 클릭하면 EC2 인스턴스의 작업에 대한 기록이 표시됩니다. 목록에서 인스턴스의 작업 내역을 볼 수 있습니다(인스턴스의 작업 기록이 표시되기까지 다소 시간이 걸릴 수 있습니다).

그림 7.34 기록 확인

이 예제에서는 설정 변경 항목에서 'Configuration.State.Name'이 'stopped'에서 'running'으로 변경되는 것을 확인할 수 있습니다. 또한 변경 관련 CloudTrail 로그를 확인할 수 있으며, 그 작업을 실시한 사용자나 실행된 이벤트의 이름도 확인할 수 있습니다.

▼ 변경 8

　구성 변경 8

필드	시작	끝
Configuration.LaunchTime	"2018-09-05T08:23:59.000Z"	"2018-09-05T09:08:09.000Z"
Configuration.State.Name	"stopped"	"running"
Configuration.PublicIpAddress		
Configuration.PublicDnsName	""	"ec2-54-199-144-185.ap-northeast-1.compute.amazonaws.com"
Configuration.StateTransitionReason	"User initiated (2018-09-05 08:34:42 GMT)"	""
Configuration.StateReason	▼ Object 　code: "Client.UserInitiatedShutdown" 　message: 　"Client.UserInitiatedShutdown: User initiated shutdown"	

　관계 변경 0

▼ CloudTrail 이벤트 1

이벤트 시간	사용자 이름	이벤트 이름	이벤트 보기
2018년 9월 5일 오후 6:08:09	CP64621387	StartInstances	☐ CloudTrail

그림 7.35 작업 기록 확인